Bodo Witzke, Ulli Rothaus

Die Fernsehreportage

UVK Verlagsgesellschaft mbH

Praktischer Journalismus

Band 46

Bibliografische Information Der Deutschen Bibliothek
Die Deutsche Bibliothek verzeichnet diese Publikation in der Deutschen Nationalbibliografie; detaillierte bibliografische Daten sind im Internet über <http://dnb.ddb.de> abrufbar.

ISSN 1617-3570
ISBN 3-89669-333-6

Einbandgestaltung: Annette Maucher, Konstanz
Druck: Rosch-Buch Druckerei GmbH, Scheßlitz

UVK Verlagsgesellschaft mbH
Schützenstr. 24 · D-78462 Konstanz
Tel.: 07531-9053-0 · Fax: 07531-9053-98
www.uvk.de

»Ich stehe für alles,
was ich selbst gesehen habe,
insofern ich meinen Ansichten
und Einsichten trauen darf ...«
Johann Gottfried Seume

Inhalt

Einführung

Eine Reportage ist eine Reportage ist eine Reportage – gab's immer, gibt's überall, wird's weiter geben. Gerade im Fernsehen. Dort hat die Reportage in der Tat Konjunktur, seit Jahren schon und offensichtlich ohne Ende. Fast jeder ernst zu nehmende Sender schmückt sich mit einer eigenen Reportagereihe oder einem Reportagemagazin. Ob Volksbesäufnis, Brustvergrößerung, Drogenrazzia oder Taubenzuchtschau – kein Zipfelchen Wirklichkeit ohne die begleitende Reportage. Die Zuschauer wollen und sollen dabei sein, fast immer und fast überall – wobei man über das »fast« noch streiten könnte.

Für die einen ist die Fernsehreportage eine niedere Kunst, eine arme Verwandte des Hochglanz-Fiction-Fernsehens – banal, billig und schnell gemacht. Für die anderen ist die Reportage die »Königsform« des Fernsehens schlechthin. Allerdings müssen Kritiker, Zuschauer und auch die Macher selbst immer wieder feststellen, dass die meisten der Filme, die als Reportagen vermarktet werden, gar keine sind. Das schadet diesen Filmen, und das schadet der Reportage. Denn nur eine konsequent gearbeitete Reportage schafft etwas, was andere Formen des Fernsehens nicht oder nur selten erreichen: Nähe, Spannung, Unmittelbarkeit – sprich: eine hohe Erlebnisqualität.

Reportagen erzählen Geschichten. Und Geschichten zu erzählen, das ist alles andere als ein sozialromantisches Relikt, das allenfalls im Kino gepflegt werden sollte. Geschichten sind ein ideales Transportmittel für die verschiedensten Sachverhalte. »Geschichten stechen Fakten aus« – so pragmatisch, kurz, klar und wahr sehen es amerikanische Unternehmensberater (Simmons 2002). Und: Geschichten zu erzählen, das kann auch eine nicht zu unterschätzende soziale Funktion haben, als Mittel »gegen die sozialen Krankheiten unserer Tage, gegen Isolation und die neue Einsamkeit, gegen Besitzgier und Unbarmherzigkeit.« (Frühwald, in: Nadolny 1970, 19)

Reporter, die Geschichten erzählen wollen, müssen neugierig auf die Wirklichkeit sein, auf's richtige Leben, und müssen bereit sein, es bei jeder

Reportage neu zu entdecken. Es ist eine Neugierde, die sich auf allen Ebenen der Produktion widerspiegeln sollte: in der Reporterhaltung, der Kamera- und Schnittarbeit, der Dramaturgie und im Text. Das erfordert einen sehr bewussten und gezielten Einsatz aller fernsehspezifischen Mittel. Wie lautet die (nicht ganz ernst gemeinte) Faustregel alter Reportage-Hasen, die uns als Jung-Reporter mit auf den Weg gegeben wurde: »Reportage – das ist, wenn die Kamera wackelt und die Interviews im Laufen geführt werden.« - Von wegen!

Vielen Fernsehmachern ist nicht klar, dass schon eine falsch positionierte Kamera der Reportage schaden kann, sie wissen nicht, wie die Besonderheiten des Reportageschnittes aussehen, und wie Geschichten angelegt werden müssen, damit sie wirken können. Kein Wunder: In den Alltag vieler Fernsehschaffender schleichen sich berufsspezifische Stereotype und professionelle Deformationen ein, die eine gezielte, formatspezifische Anwendung filmischer Mittel erschweren. Um es mit einem Hauch Zynismus zu beschreiben: Der Kameramann denkt hauptsächlich daran, wie er besonders schöne Bilder drehen kann, die auch der kollegialen Fachsimpelei in der Senderkantine standhalten, unabhängig von der jeweiligen Geschichte. Die Cutterin hangelt sich von Zwischenschnitt zu Zwischenschnitt, um harte Bildübergänge zu vermeiden und opfert auf dem Altar der Schnitteleganz auch schon mal den Erzählfaden. Und der Reporter textet in journalistischem Vollständigkeitswahn am Ende alles zu, und sei es nur um zu beweisen, dass er ordentlich recherchiert hat.

Gerade in den aktuellen Redaktionen der Sender, in denen die meisten Fernsehjournalisten ihr Handwerk erlernen, sind handwerkliche Konventionen entstanden, die mit Reportage wenig zu tun haben. Von der gewohnten Macher-Routine konventioneller Beiträge zur besonderen Form der Reportage – das geht nicht ohne die eine oder andere sanfte Gehirnwäsche. Viele der traditionellen Regeln des Fernsehhandwerks müssen gebrochen werden, um gute Reportagen zu machen. Oft ist ein technisch schlechtes Bild das ideale Reportagebild. Oft ist ein harter, springender Schnitt authentischer als ein geglätteter Übergang. Und oft lässt ein nicht vollständiger Satz mit reduzierter Information den nötigen Platz für Emotionen und für Miterleben.

Für viele neue Adepten des Reportageformates ist es schwer zu akzeptieren, dass sich eine gute Reportage nur bedingt planen lässt. Deshalb ist es wichtig zu überlegen, wie man bei der Arbeit vorgeht, damit am Ende alles stimmig ineinander greift – Bild, Ton, Text, Dramaturgie. Dazu braucht es während des ganzen Arbeitsprozesses eine *reportagehafte Arbeitsmethode*, die dem Team neue Freiheiten beschert und die dann, im Idealfall, beinahe wie von selbst, zum gewünschten Ergebnis führt.

Dieses Buch geht die Fernsehreportage von verschiedenen Blickwinkeln an, um so die Interessen unterschiedlicher Leser zu befriedigen und jedem einen praktischen Nutzen zu bringen. Natürlich wird zunächst die Frage gestellt, was eine Reportage denn eigentlich ist und welches die besonderen Schwierigkeiten der Fernsehreportage sind. Der eilige Leser findet eine Zusammenfassung in einer verbraucherfreundlichen Checkliste. Der Leser, der mehr Zeit mitbringt, kann eine Exkursion in die Geschichte machen und z.B. an Hand des Dokumentarfilms erfahren, wie unterschiedliche Schnittphilosophien oder Haltungen beim Drehen das filmische Endergebnis radikal verändern können.

Für Anfänger wird das Kapitel »Grundlagen der Fernsehgestaltung« interessant sein, das systematisch Grundbegriffe erläutert und zwei prinzipielle dokumentarische Vorgehensweisen skizziert, die über die Reportagearbeit hinausgehen. Neben der »Fernsehreportage als Arbeitshaltung« werden alle Schritte bei der Produktion einer Reportage einzeln durchdekliniert. Natürlich wird dabei kein Arbeitsschritt und kein Gestaltungselement isoliert betrachtet. Schließlich ist es unsere aus eigener leidvoller Reportererfahrung gewachsene Überzeugung, dass eine Reportage nur gelingen kann, wenn alle Ebenen und Arbeitsschritte aufeinander abgestimmt werden. Konkrete und plastische Beispiele veranschaulichen dieses. Zitate von Pionieren und Praktikern geben Einblick, wie andere Fernsehmacher Probleme gelöst haben, mit denen sich jeder herumschlagen muss, der dokumentarisch arbeitet.

Auch bewährte Formen wie die Reportage entwickeln sich weiter und bringen verwandte Sonderformen hervor. Aus diesem Grund widmen wir ein Kapitel der »etwas anderen Reportage«, der so genannten Doku-Soap, die seit Ende der neunziger Jahre Sendeplätze erobert, und die auch die traditionelle Reportage stilistisch beeinflusst.

Dieses Buch ist das Ergebnis unserer eigenen Leidenschaft für eine Form, die wir als Reporter in vielen Berufsjahren kennen und lieben gelernt haben.

Wir hoffen, dass in jedem Kapitel etwas von der Vitalität des Formates durchscheint und etwas von dem Vergnügen aufblitzt, das die Beschäftigung mit Reportage bereitet. Dieses Buch ist der Versuch, etwas von dem weiter zu geben, was wir selbst im Laufe der Jahre von anderen gelernt und am eigenen Leibe erfahren haben. Natürlich maßen wir uns nicht an, ewige Wahrheiten und betonierte Weisheiten zu verkünden. Natürlich übertritt der eine oder andere Gedanke die Grenze zum Niemandsland der Geschmacksfragen. Aber alle Einsichten und Überlegungen sind in der Praxis erprobt, an mehr als 100 Reportagen, Dokumentationen und Dokumentarfilmen, die wir als Autoren produziert haben. Wir danken besonders unseren Teamkollegen, von und mit denen wir lernen konnten und den Filmemachern, deren Arbeiten uns beeindruckt und beeinflusst haben.

Erster Teil: Theorie und Geschichte der Reportage

1. Theorie der Reportage

Die journalistische Form der Reportage ist erst im 17ten Jahrhundert entstanden, doch als Erzählform hat es sie wohl schon immer gegeben. Es ist leicht vorstellbar, dass die ersten *Reporter* Jäger, Reisende, Entdecker, Eroberer, Kaufleute waren, die, zurückgekehrt aus der Fremde, vielleicht am flackernden Feuer, von ihren Erlebnissen berichteten.

> »Das lateinische Verb ›reportare‹ hat die Bedeutung von ›zusammentragen‹ und ›zurückbringen‹. Und dies ist genau das archetypische Grundmuster jeder Reportage seit Herodot: Der Erzähler war ausgezogen von Zuhause, hatte in der Fremde Dinge entdeckt und aufgenommen, hatte sie mitgebracht – und jetzt breitet er sie vor den Augen und Ohren der Daheimgebliebenen aus.« (Haller 1990, 19)

Die Zuhörer hatten vermutlich zwei Interessen: mehr über die Welt zu erfahren und gut unterhalten zu werden. Die besten Erzähler haben ihren Zuhörern das Gefühl gegeben, dabei zu sein, wie man in fremde Städte einzieht und fremde Menschen kennen lernt. Die Zuhörer litten bei der Schilderung der Entbehrungen der Reise mit und sie freuten sich, wenn es dann – hoffentlich – doch gut ausging. Vor ihrem inneren Auge entstanden Bilder von Gegenden, die sie selbst nie gesehen hatten. Im Grunde will auch der moderne Reporter nichts anderes erreichen, als seine Rezipienten mit auf eine Reise zu nehmen.

Verglichen mit den frühen Reportern haben es die modernen Fernsehreporter zunächst einfacher. Die Kamera liefert auf Knopfdruck Bilder der Wirklichkeit und meistens ist es auch unterhaltsam, Bilder anzuschauen. Es ist allerdings schwieriger geworden, von unbekannten Dingen zu berichten, denn der routinierte Fernsehzuschauer hat alles schon einmal über den Bildschirm flimmern gesehen und natürlich reicht es für Journalisten und Filmemacher nicht mehr, wie am Lagerfeuer drauflos zu erzählen. Außerdem sitzen dem modernen Reporter die Kritiker im Nacken – schließlich haben sich die verschiedensten journalistischen Formen herausgebildet, deren Besonderheiten man kennen sollte. Wenn einer als Fernsehreporter »hinauszieht«, um das Gesehene und Erlebte anschließend »vor den Augen und Ohren der Daheimgebliebenen« auszubreiten, dann heißt das noch lange nicht, dass das Ergebnis wirklich eine Reportage ist. Immer wieder wird von Kritikern moniert, die Form der Reportage werde nicht mit Fernsehleben gefüllt, sie bleibe oft Bericht, Feature, Live-Schaltung, Korrespondentenbericht, Dokumentation oder manche Reportage bestünde nur aus einer Aneinanderreihung kurzer aktueller Beiträge (Steinmetz 1988, 15). Oft bleibt das filmische Arbeiten auf der Strecke, weil jedes Teammitglied einfach macht, was es immer macht: Der Kameramann zoomt, weil sonst das Bild so langweilig ist; die Cutterin schneidet schnell und möglichst in die Bewegung, weil das so schön ist; der Journalist schreibt zu viel Text, weil er den Bildern sowieso nicht vertraut; und jeder beugt sich den Produktionszwängen. Einig ist man sich in Fachkreisen weitgehend darin, dass die Reportage eine schwierige journalistische Form ist. Mancher nennt nennt sie gar »die Königsdisziplin«.

Am Lagerfeuer war es noch ein Einzelner, der seine Geschichte erzählen konnte. Bei der Fersehreportage ist es immer ein Team. Journalist, Kameramann, Toningenieur, Cutterin und Redakteur beeinflussen gemeinsam mit ihrer Arbeit den Film. Alles was sie tun, muss sich einer einheitlichen Erzählstrategie unterwerfen, damit die Anstrengungen am Ende zu einer echten Reportage führen. Eine falsch positionierte Kamera kann das Endprodukt genauso gefährden wie eine falsche Recherche-strategie, eine falsche Interviewtechnik oder eine unbedachte Schnittführung. Deshalb ist es gerade bei der Teamarbeit im Fernsehen wichtig, dass alle Mitarbeiter eine genaue Vorstellung von den Zielen und den Methoden haben, die bei der Arbeit an einer Fernsehreportage zum Erfolg führen. Aber bevor wir auf die vielfältigen Gestaltungsmittel eingehen, die eine Fernsehreportage formen, soll geklärt werden, was eine

Reportage als journalistische Form auszeichnet. Es soll beschrieben werden, welche Aufgabe, welche Haltung zur Wirklichkeit ein Reporter – oder beim Fernsehen das Team – einnimmt. Die Antworten darauf sind teilweise widersprüchlich und das liegt in der Natur der Reportage.

1.1 Zwischen Subjektivität und Objektivität

Der berühmteste Reporter deutscher Feder ist Egon Erwin Kisch (1885-1948). Kisch hat Zeit seines Lebens leidenschaftlich für die Anerkennung der Reportage gekämpft und gilt heute als einer ihrer Wegbereiter. Für ihn ist die Aufgabe des Reporters klar:

> »Der Reporter hat keine Tendenz, hat nichts zu rechtfertigen und hat keinen Standpunkt. Er hat unbefangen Zeuge zu sein und unbefangene Zeugenschaft zu liefern, so verläßlich, wie sich eine Aussage geben läßt. [...] Nichts ist verblüffender als die einfache Wahrheit, nichts ist exotischer als unsere Umwelt, nichts ist phantasievoller als die Sachlichkeit.« (Kisch 1925, 9f.)

Das liest sich wie das Glaubensbekenntnis, die Welt sei objektiv zu beschreiben. Dazu brauche der Reporter nicht viel, so Kisch, nämlich Erlebnisfähigkeit und die Bereitschaft, alles in Augenschein zu nehmen. Im »Wiedergeben des Erlebten« unterscheidet sich für Kisch der Journalist vom »Durchschnittsbürger« (Kisch 1925, 208). Die einfache Aneinanderreihung von Tatsachen ergebe noch keine gelungene Reportage, Gestaltung sei nötig, ja sogar ein künstlerisches Talent. Trotzdem ist und bleibt für Kisch der feste Bezugspunkt des Reporters die faktische Außenwelt.

> »Und bei aller Künstlerschaft muß er Wahrheit, nichts als Wahrheit geben, denn der Anspruch auf wissenschaftliche, überprüfbare Wahrheit ist es, was die Arbeit des Reporters so gefährlich macht, gefährlich nicht nur für die Nutznießer der Welt, sondern auch für ihn selbst, gefährlicher als die Arbeit des Dichters, der keine Desavouierung und keine Dementis zu fürchten braucht.« (Kisch 1983, 399f.)

Ein Chronist, der lügt, sei erledigt, sagt Kisch, obwohl er selbst ab und an zum Kunstgriff der freien Erfindung gegriffen hat. Er bleibt in seinen theoretischen Ausführungen bei der Aussage, ein Werk werde »vermöge seines Stoffes sehr wichtig« (Kisch 1925, 10). Die Leistung des Autors scheint für ihn verhältnismäßig unwichtig zu sein. Ein großer Verehrer Kischs widerspricht dem Altmeister in diesem Punkt energisch: »Mir scheint, hier irrt Kisch über Kisch.« (Nannen 1978, 8) Es ist Henri Nannen, der ehemalige Chefredakteur des STERN. Nannen hat einen Reportage-Preis ins Leben gerufen, der den Namen Kischs trägt. Für Nannen bringt erst die Beobachtungsgabe und die Sensibilität des Reporters die Geschichte. In jedem Quadratzentimeter Berlins sei die ganze Welt enthalten, meint er, man müsse sie allerdings erst entdecken. Seine Schlussfolgerungen:

> »Immer bleibt die Reportage subjektiv in der Auswahl und in der Darstellung ihres Gegenstandes. Aber wo fände der Leser das schon, ein vollständiges und objektives Bild unserer Welt. Die Nachrichtenblätter selektieren auch, und was dem einen aus dem durchlöcherten Eimer rinnt, ist dem anderen einen Aufmacher wert. Kommentatoren sind meist schon mit der Tendenzbrille geboren und lassen sich durch Tatsachen nur ungern verwirren. Der Reporter, wenn er sich bemüht, mit der unbelichteten Seelenplatte aufzunehmen, was er sieht und erlebt, gibt dem Leser wenigstens das Gefühl des eigenen Miterlebens.« (Nannen 1978, 16)

Für Nannen steht also der »subjektive« Reporter im Vordergrund – auch wenn er als Journalist an anderer Stelle betont, dass Tatsachen natürlich nicht verfälscht werden dürften. Für Kisch steht der »objektive« Stoff im Vordergrund, auch wenn er zugibt, dass der Reporter Erlebnisfähigkeit brauche und die Fähigkeit, den Stoff kunstvoll darzustellen. Diese gegensätzlichen Haltungen, zwischen *subjektiv* und *objektiv,* sind typisch für die Beschreibung der Reportage und sie finden sich über die Jahre in den verschiedenen Definitionsversuchen der Reportage wieder. Die folgenden Hervorhebungen in den aufgeführten Definitionen stammen vom Autor:

- »... Reportage:... Berichterstattung für Zeitung oder Rundfunk als journalistische Gebrauchsform, gekennzeichnet durch *Nähe zur objektiven nachprüfbaren Wirklichkeit und leidenschaftslos sachlichen Schilderung* des

Details ohne einseitige Tendenz, allenfalls aus der Perspektive des Berichterstatters.« (Wilpert 1969)

- »Die Reportage steht der Nachricht am nächsten, da ihr Kennzeichen die *weitgehend ungewichtete Darstellung eines Sachverhaltes* ist, so wie er sich dem Reporter und der Kamera zu einem bestimmten Zeitpunkt darbietet.« (Radke 1979)
- »Die Reportage ist ein tatsachenorientierter, aber persönlich gefärbter Erlebnisbericht ...« (Noelle-Neumann, Schulz 1971)
- »Der Reporter soll das Ereignis schildern, soll beschreiben, wie es abläuft, er soll den Hörer die Begebenheit miterleben lassen, ihm die Szene vor Augen führen [...] Daraus folgt, daß die Reportage *eine impressionistische und somit eine subjektive Form* ist.« (Netzer 1980)

In der Tat beinhaltet die Reportage beides: Es geht um die faktische Welt und um eine lebendige und damit notwendigerweise subjektiv gefärbte Schilderung. Diese immanente Widersprüchlichkeit der Reportage, oder besser, diese Synthese von subjektiven und objektiven Elementen, macht sie so schwierig, aber auch so lebendig und spannend. Michael Haller hat diese Eigenschaft der Reportage so auf den Punkt gebracht:

> »Sie ist faktizierender Augenzeugenbericht und schildernder Erlebnisbericht in einem. Sie bezieht sich auf Ereignisse und vermittelt sie als Erlebnisse. Und stets lädt sie ihre Leser ein, über die Lektüre an den Geschehnissen teilzuhaben, wie wenn die Augenzeugenreise gerade beginnen würde.« (Haller 1990, 95)

Das Spannungsfeld zwischen *objektiven Fakten* und *subjektiven Einschätzungen* ist also ein erstes wesentliches Merkmal der Reportage.

Bei aller Widersprüchlichkeit der oben zitierten Definitionen, ist eine Gemeinsamkeit erkennbar. Immer wird Bezug auf die Person des Reporters genommen. Es geht um die Perspektive des Betrachters, die Frage, wie sich ein Sachverhalt in einem bestimmten Moment dem Reporter darbietet. Es wird Wert darauf gelegt, dass es der Reporter ist, der das Ereignis schildert. Auch Haller spricht von der Reportage als von einer »Augenzeugenreise«.

Der Reporter als *Augenzeuge* ist für alle Definitionen der Reportage ein konstituierendes und unstrittiges Element. Der Reporter fasst kein Bücherwissen zusammen und er berichtet nicht vom Hörensagen, er geht vor Ort und schaut sich die Dinge selbst an. In der Person des Reporters als Augenzeuge vereinigt sich das Spannungsfeld von objektiv und subjektiv: Als *Zeuge* ist er der Objektivität verpflichtet. Dabei verlässt er sich auf das, was er mit eigenen *Augen* sieht, auf seinen subjektiven Blick.

Um weitere Charakteristika herauszufinden, ist es am einfachsten, eine konkrete Reportage zu untersuchen und sie mit einem in der Form anderen journalistischen Produkt zu einem ähnlichen Thema zu vergleichen.

1.2 Zwischen Authentizität und Gestaltung

Egon Erwin Kisch hat in seinen Reportagen immer wieder sein eigenes Auftreten als Augenzeuge beschrieben, wie zum Beispiel im folgenden Text, der seinem Buch »Der rasende Reporter« entnommen ist. Es ist der Anfang einer 23 Seiten langen Reportage. Es geht um Mord.

> »Um fünf Uhr nachmittags war Frau Bergmann ermordet und beraubt in ihrer Wohnung aufgefunden worden, der Verdacht lenkte sich sofort auf den Geliebten der Dienstmagd (die Hausbesorgerin hatte ihn gesehen, als er um drei Uhr das Haus verließ), und um sechs Uhr waren sowohl das Dienstmädchen als auch Franz Polanski verhaftet und der Kriminalpolizei eingeliefert. Statt die Beendigung des Verhörs abzuwarten, das bei Raubmorden stundenlang zu dauern pflegt, eilte der Reporter in die Wohnung des Festgenommenen. Detektive waren bereits dort gewesen, hatten die Sachen Franz Polanskis durchsucht und sich bemüht, seine Mutter einzuvernehmen. Aber Frau Polanski verlor bei der furchtbaren Nachricht das Bewußtsein, und da es einerseits klar war, daß der Täter in der Zeit zwischen Mord und Festnahme nicht zu Hause gewesen sein konnte, andererseits alle Hausbewohner der alten Wäscherin das Zeugnis einer musterhaft ehrlichen und braven Frau ausstellten, ließen es die Beamten dabei bewenden, sie für den nächsten Tag zur Polizei vorzuladen.

> Aus der Ohnmacht erwacht, saß Frau Polanski jetzt allein in ihrer Stube, ihre Augen waren naß, dennoch weinte sie nicht, sie konnte nicht weinen, weshalb hätte sie denn weinen sollen, sie versteht ja noch gar nichts, es war ein gräßliches Unglück geschehen – ihr einziges Kind ... so etwas versteht man doch nicht sofort, so etwas will überlegt sein, aber sie überlegte nicht, sie wollte nicht überlegen, sie starrte nur aus nassen Augen in eine Zimmerecke. Das Klopfen des Journalisten, sein Eintreten, seinen Gruß beachtete sie nicht. Sie starrte nur aus nassen Augen in eine Zimmerecke. Er fragte sie, jedoch sie konnte ihm nicht antworten, ebensowenig wie sie den Polizisten zu antworten vermochte hatte.
>
> ›Verzeihen Sie, Frau Polanski – ich bin nämlich von der Zeitung ...‹
>
> Da löste sich ihr Krampf, löste sich in ein Aufheulen. Sie begriff die Öffentlichkeit ihrer Schande. ›Von der Zeitung!‹ schrie sie auf, und nun schluchzte sie Worte, eine Klage, eine Zusammenfassung ihres Lebens, die in eine Bitte mündete.
>
> ›In der Zeitung wird es auch stehen! Um Gottes willen! Mein ehrlicher Name! Mein Seliger – 20 Jahre ist er schon tot mein Seliger – hat in seinem ganzen Leben nie etwas mit der Polizei zu tun gehabt. ... geben sie es nicht in die Zeitung junger Herr.‹
>
> Der Reporter verfluchte seinen Einfall, die Mutter des Mörders aufgesucht zu haben.« (Kisch 1925, 367ff.)

Der Reporter ist als *Augenzeuge* unterwegs. Er berichtet *objektive Fakten* (»Um fünf Uhr nachmittags war Frau Bergmann ermordet und beraubt in ihrer Wohnung aufgefunden worden...«) und *subjektive Eindrücke* (»...aber sie überlegte nicht, sie wollte nicht überlegen ...«).

Als Kontrast dazu im Folgenden eine Nachricht von dpa. Sie wurde in einer Computer-Pressedatenbank mit den Suchbegriffen *Mord* und *Geliebte*, die aus dem Beginn der Kisch-Reportage stammen, gefunden.

> »New York (dpa) – Das gerichtliche Nachspiel der tödlichen Liebesaffaire zwischen einer Schulangestellten und einem Schüler, das seit Wochen die Amerikaner fasziniert, nähert sich seinem Ende. Am Mittwoch begannen vor einem Gericht in Exeter (US-Bundesstaat New Hampshire) im Mordprozeß gegen die 23 Jahre alte Pamela Smart die Plädoyers. Wenn die Jury zu dem Schluß kommt, daß die

> Angeklagte ihren 16 Jahre alten Liebhaber zum Mord an ihrem Ehemann Gregory (24) angestiftet hat, kann sie zu lebenslanger Haft verurteilt werden. An den letzten beiden Tagen der Beweisaufnahme hatte Pamela Smart das Verhältnis mit dem Schüler William Flynn zugegeben, das angebliche Mordkomplott aber standhaft abgestritten. Ruhig und gefaßt, anscheinend unberührt von der gespannten Aufmerksamkeit der Menschen im überfüllten Gerichtssaal, hatte die zierliche Blondine den Fragen des Staatsanwaltes standgehalten und kaum eine Schwäche erkennen lassen. ›Ich weiß nicht, warum Bill Flynn Gregg getötet hat‹, sagte sie mit fester Stimme, wahrscheinlich, weil er dachte, ›wir könnten dann zusammen sein.‹ « (dpa 20. März 1991)

Gemeinsam ist beiden Texten die Ereignishöhe, also der sensationelle Tatbestand. Mord interessiert immer. Unterschiedlich ist die Rolle des Journalisten. Der Reporter Kisch ist in seiner Reportage unübersehbar als Person vorhanden, der dpa-Berichterstatter bleibt anonym und formuliert so unpersönlich, als hätte auch jeder andere seiner Kollegen der Nachrichtenagentur diesen Text verfasst haben können. Wenn der Nachrichtenverfasser von äußeren Anzeichen (»ruhig und gefasst«) auf den inneren Zustand der Angeklagten schließt, relativiert und objektiviert er seine Aussage (»anscheinend unberührt«). Kisch hingegen scheut sich nicht, die Reaktionen der Mutter bildhaft zu beschreiben und auch zu deuten. (»Da löste sich ihr Krampf, löste sich in einem Aufheulen. Sie begriff die Öffentlichkeit ihrer Schande.«) Kisch macht seine Eindrücke zu einem Teil des Erzählten. Für den dpa-Journalisten kommt es darauf an, objektivierbare Fakten aufzuschreiben, die ein anderer genauso hätte aufschreiben können. Als Nachrichtenproduzent nimmt der Journalist einen überpersönlichen Standpunkt ein, versucht nüchtern, neutral und umfassend zu berichten. Das bedeutet für ihn, im Gegensatz zum Reporter, die Funktion des Moderators, des Vermittlers zu übernehmen, der sich selbst so weit wie möglich aus dem Geschehen heraushält.

In beiden Beispielen waren die Autoren am Ort des Geschehens, beide können sich im Prinzip während der Recherche ähnlich verhalten haben. Über das Vorgehen des dpa-Journalisten erfahren wir allerdings, anders als bei Kisch, in dessen Text nichts. Der dpa-Berichterstatter wirkt wie ein körperloser Beobachter, der möglichst distanziert schreibt. Kisch dagegen ist so präsent, dass er sogar Teil der Reportage wird und sein Erscheinen Reaktionen seiner Protagonistin hervorruft. Das Auftreten Kischs macht der Mutter des Mörders schmerzhaft bewusst, nun ein Gegenstand des öffentlichen Interesses zu sein. Damit ist Kisch selbst Teil des Geschehens geworden. Er beschreibt das Geschehene also aus der Perspektive dessen, der mittendrin steckt und er verleugnet nicht die Tatsache, Teil der Situation zu sein.

Der Nachrichtenjournalist bemüht sich, ein Geschehen von außen, aus allen wichtigen Perspektiven, möglichst unpersönlich zu beschreiben. Er liefert die *Außenansicht* eines Geschehens, Kisch liefert eine *Innenansicht.* Es ist typisch für den Reporter von *einem persönlichen Standpunkt* aus zu berichten. Das kann durchaus auch ein geografischer Standpunkt sein oder eine individuelle Perspektive, die, wie bei Kisch, die Emotionen des Berichtenden einschließen kann.

In der Nachricht schafft der erste Satz einen Überblick über den dargestellten Sachverhalt. Der Sachverhalt wird dann mit immer mehr Details angereichert und präzisiert. Der Nachrichtentext ist wie eine Momentaufnahme, die mit jedem Satz schärfer wird.

Bei Kisch ist der erste Satz der Ausgangspunkt für eine überraschende Entwicklung. Am Anfang weiß der Leser nicht, wohin ihn der Text führen wird. Er weiß nur, es geht um Mord. Er wird neugierig gemacht. Obwohl die Reportage Kischs im Imperfekt geschrieben ist, fühlt sich der Leser, als begleite er den Autor. Kisch folgt der Chronologie der Ereignisse, er schafft ein *Raum-Zeit-Kontinuum.* Durch die Dimension der Zeit wirkt sein Text nicht wie eine statische Momentaufnahme, sondern – um im Bild zu bleiben – wie ein bewegter Film.

Dieses innerliche Mitgehen des Lesers unterstützt Kisch dadurch, dass der Leser nie mehr weiß als der Reporter Kisch in dem erzählten Moment gewusst hat. Damit macht Kisch das Vergangene für den Leser gegenwärtig. Seine Reportage hat verschiedene Phasen. Sie führt den Rezipienten in das Geschehen ein, baut Konflikte auf, erreicht Höhepunkte und kommt zu Entspannungsphasen, sie gehorcht also den Gesetzen der Dramaturgie – mit anderen Worten, Kisch erzählt nichts anderes als die *Geschichte* seiner Erfahrungen und Erlebnisse.

Eine solche *Reportage-Geschichte* muss drei grundlegende Kriterien erfüllen:

- Die Reportage-Geschichte erzählt ein zeitlich und örtlich begrenztes Geschehen aus der Wirklichkeit.
- Die Reportage-Geschichte hat eine chronologische, lineare Entwicklung (sie schafft ein einheitliches Raum-Zeit-Kontinuum).
- Die für eine Geschichte notwendige Dramaturgie (Eröffnung / Konfliktaufbau / Höhepunkt / Entspannung) entsteht im idealen Fall aus dem Geschehen.

Die Geschichte, die der Reporter als Augenzeuge erzählt, muss aus der Unendlichkeit der Wirklichkeit herausgearbeitet werden, sie darf keine Ansammlung zufälliger Details sein. Die Tatsache, dass Kisch den Leser mit auf seinen eigenen Weg nimmt, dass er detailreich, lebendig und spannungsvoll erzählt, dient einem zentralen Ziel der Reportage. Sie will dem Rezipienten das Gefühl geben, teilzuhaben, dabei zu sein, das Geschehen *mitzuerleben* – unter Einsatz aller angesprochener Sinne, des Intellekts und der Emotion.

Während die Nachricht die Wirklichkeit auf objektivierbare, nüchterne Fakten reduziert, verspricht die Reportage einen komplexeren, sinnlicheren Ausschnitt der Wirklichkeit. Die Reportage vermittelt – in den Grenzen des Mediums – Wirklichkeit zum Anfassen, zum Riechen und das im besten Fall so authentisch, als habe man als Rezipient selbst einen Zipfel der Wirklichkeit erhascht. »Dabei sein, miterleben, selber betroffen sein, verstört oder beglückt, nachvollziehen, was da vorgeht, sich identifizieren mit den Akteuren – das vermittelt dem Leser allein die Reportage.« (Nannen 1977)

Über das Miterleben soll der Rezipient in Kontakt mit einer meist vergangenen Wirklichkeit gebracht werden. Damit das gelingt, muss eine wichtige Vorausetzung erfüllt sein: Die Geschichte muss nicht nur wirklich passiert und damit authentisch (echt, unverfälscht, glaubwürdig) sein, sie muss auch so erzählt werden, dass sie authentisch wirkt. Um diese Wirkung zu erreichen, sind Kunstgriffe nötig.

Damit ein Geschehen als authentische Geschichte erzählt werden kann, muss man sich entscheiden, welches die wichtigen Aspekte des Ereignisses sind, die in Sprache und/oder in Bilder und Töne übersetzt weden. Dieses

Rohmaterial muss dann noch in eine Form gebracht werden, wie sie eine erzählte Geschichte fordert. Alle Details, die Kisch in seiner Reportage anführt, sind zum einen Beobachtungen eines Augenzeugen. Zum anderen sind sie geschickt ausgewählte dramaturgische Gestaltungselemente, die die authentische Wirkung für den Rezipienten steigern und ihm die Möglichkeit geben, das Geschehen mitzuerleben. Details wie die genaue Uhrzeit des Mordes (»fünf Uhr nachmittags«), die Reaktion der Mutter auf das Eintreten des Reporters (»seinen Gruß beachtete sie nicht«) erhöhen die Authentizität des Erzählten und steigern das Miterleben des Lesers.

Das Auftreten des Augenzeugen Kisch hat in der Reportage zwei Funktionen. Es steigert zum einen die Glaubwürdigkeit und es zielt auf eine dramaturgische Wirkung:

Indem Kisch sich kenntlich macht, übernimmt er persönlich die Verantwortung für die Richtigkeit des Erzählten. Dass Kisch die Chronologie der Ereignisse schildert, entspricht der Haltung eines glaubwürdigen Zeugen, der möglichst ungekünstelt berichtet.

Betrachtet man die Rolle des Augenzeugen unter dem Aspekt der Wirkung, dann wird deutlich, wie er sein eigenes Auftreten als spannungssteigerndes und damit emotionalisierendes Mittel benutzt. Indem er zum Beispiel »den Einfall des Reporters verflucht, die Mutter des Mörders zu besuchen«, versichert er seinen Lesern zwischen den Zeilen, an etwas wirklich Ungewöhnlichem teilzunehmen, das über die Grenzen des alltäglichen Journalismus' hinausgehen wird. Der Reporter Kisch, der sich und seine Gefühle zum Gegenstand der Reportage macht, bietet dem Rezipienten eine Identifikationsmöglichkeit an und eröffnet ihm die Möglichkeit, die Geschichte über den Reporter mitzuerleben.

In der Praxis ist dieses Verfahren natürlich ein Balanceakt. Bringt der Augenzeuge zu starke eigene Empfindungen als wirkungssteigerndes Element ein, gerät er möglicherweise in einen Widerspruch zu seiner Aufgabe, Glaubwürdigkeit zu vermitteln, da der glaubwürdigere Augenzeuge in der Regel der distanzierte ist und nicht der erregte. Bleibt er jedoch zu distanziert, läuft er Gefahr, bei einer Außensicht stehen zu bleiben und nicht bis zur Innensicht vorzudringen.

Das Auftreten des Augenzeugen Kisch bietet also die Gewähr für die Unverfälschtheit des Berichteten und es ist gleichzeitig ein dramaturgisches, auf Wirkung angelegtes Spannungselement. Für die Reportage liegt darin kein Widerspruch. Zu Beginn hatten wir festgestellt, dass die Reportage scheinbar Unvereinbares wie objektive und subjektive Elemente in sich vereint. Für die Reportage ist es kein Widerspruch, authentisches Material liefern zu wollen, auch wenn sie es dabei wegen der beabsichtigten Wirkung durch Auswahl und Gestaltung in eine erzählerische Form bringt.

Zum Schluss dieses Kapitels sei betont, dass Begriffe wie *unverfälscht*, *authentisch* und *objektiv* natürlich nicht den Eindruck erwecken sollen, es sei möglich, Wirklichkeit eins zu eins, ohne Verzerrungen, zu vermitteln. Diese Begriffe werden als plakative Arbeitsbegriffe für die Beschreibung der Reportage benutzt. Sie stehen für den praktischen Versuch von Journalisten, einem Ideal nahe zu kommen, das nie ganz zu erreichen ist.

Weder die menschlichen Sinne, noch geschriebene Texte oder moderne Medien können die Wirklichkeit in ihrer Unendlichkeit vollständig erfassen und wiedergeben. Wirklichkeit wahrzunehmen, oder sie in einem Medium abzubilden oder nachzuerzählen, bedeutet, sie zu reduzieren. Letztlich ist es immer ein Mensch, der mit seinen beschränkten Sinnen und technischen Hilfsmitteln diese Reduktion betreibt. Damit beeinflusst der Mensch mit seiner subjektiven Wahrnehmung das Bild der Wirklichkeit, das er sich macht und das er anderen vermittelt. Die Annäherung an eine als objektiv existent angenommene Wirklichkeit durch unterschiedliche Haltungen und Arbeitsmethoden kann trotzdem besser oder schlechter gelingen. Für den Reporter steht im Mittelpunkt seiner Arbeit der Versuch, möglichst authentisches Material zu sammeln. Für den Fernsehreporter und sein Team bedeutet das, Bilder, Töne und darüber hinaus gehende Eindrücke zu sammeln. Dabei haben der Reporter und sein Team viele Freiheiten, aber nicht alle. Bevor sie ein Detail aus einem Geschehen zu einem Teil ihrer Reportage machen können, muss es erst einmal da sein – es sei denn, sie lügen, sie inszenieren oder sie irren sich. Als Journalist trägt der Reporter die Verantwortung für seine Subjektivität.

Die Struktur, nach der der Reporter in der Wirklichkeit sucht, ist die der *Geschichte*. Für den großen Geschichtenerzähler Sten Nadolny ist die Fähigkeit zu erzählen, etwas zu »narrativieren«, eine der wichtigsten Leistungen des menschlichen Bewusstseins überhaupt. (Nadolny 1990) Inhalte, die in eine Geschichte eingebettet sind, werden leichter behalten, als wenn sie es nicht wären. Das haben die amerikanischen Psychologen Bower und Clark herausgefunden. Es scheint in der menschlichen Wahrnehmung – neben anderen Strukturen – so etwas wie ein »narratives Schema« zu geben, das neu ankommende Informationen verarbeitet und organisiert. (Kiener 1999, 92)

> »Die Eigenart des narrativen Ordnungssystems zeigt sich aber darin, sich gerade solche Daten mit Leichtigkeit einzuverleiben, die mit unseren gewohnten Stereotypen oder festgelegten Weltmodellen konfligieren. Denn das Überraschende, Unerwartete bekundet sich am allerbesten als Höhepunkt einer Erzählung und es ist deshalb auch ein unabdingbares Element.« (Kiener, 1990, 101)

Das klingt doch geradezu wie ein Plädoyer für den Mut und die Risikobereitschaft der Geschichtenerzähler/Reporter, sich auf das Leben einzulassen und ihm überraschende Momente abzuluchsen. Mit der Auswahl seiner Details und der *Geschichte*, die er darin sieht und dann ausgestaltet, gibt der Reporter dabei ein Deutungsangebot der Wirklichkeit, in dem seine subjektive Sichtweise neben objektiven Fakten und kulturellen Konventionen enthalten ist. In Abwandlung von Zola, der gesagt hat, Kunst sei ein Stück Wirklichkeit, gesehen durch ein Temperament, kann man für *die Reportage* sagen, sie *ist ein Stück Wirklichkeit, gesehen mit den Augen eines Zeugen.*

Eine Geschichte muss die Regeln der Dramaturgie erfüllen, um wirkungsvoll zu sein. Niemand wird in der Widersprüchlichkeit und Vielschichtigkeit der Wirklichkeit eine Geschichte finden können, die in sich so schlüssig ist, wie die eines Drehbuchschreibers. Eine perfekte Geschichte wäre auch nicht authentisch, sie wäre unglaubwürdig. Die Details, aus denen die Reportage-Geschichte aufgebaut ist, weisen über den Zusammenhang hinaus, in den sie gestellt werden. Die Autonomie, die alle Details immer ein Stück weit behalten, ist ein Echo des unbezähmbaren Lebens und das zu spüren, macht den Reiz einer gelungenen Reportage aus. Der größte Gegensatz dazu findet sich in Bildwerken der klassischen Kunst. Dort dienen die Details einer Gesamtkomposition und unterwerfen sich der Konzeption des Werkes. Im Kunstwerk ist die Idee das Primäre, in der Reportage ist es das konkrete Detail. Der Künstler sucht die Details, die seine Idee stützen, der Reporter baut seine Geschichte aus den gefundenen Details. Beide Methoden sind legitim, aber unterschiedlich in Absicht, Vorgehen und Wirkung.

Eine Reportage zu schreiben oder zu drehen, bedeutet, die Wirklichkeit zu erkunden und das Erlebte dramaturgisch geschickt zu vermitteln.

So ist der Reporter auf der einen Seite ein harter Empiriker, der Spuren sammelt und auf der anderen Seite ein Romancier des Realen, der seine gesammelten Details zum Sprechen bringt. Sein Maßstab bleibt die Realität – siehe Kisch. Das Niveau, das er erreicht, hängt von seinen subjektiven Fähigkeiten ab – siehe Nannen.

Wer das alles für unvereinbare Widersprüche hält, der muss die Form der Reportage letztlich für unrealisierbar halten, für eine verlogene Vorspiegelung von Authentizität. Wer die Idee der Reportage akzeptiert, für den ist sie eine ursprüngliche und vitale Form, in der die Pole von Objektivität und Subjektivität, rationalem Erkennen und Mitfühlen verbunden sind.

Jede Reportage ist dabei selbst wie ein Experiment, ein Versuch mit ungewissem Ausgang. Gelingen die vielen Balanceakte, dann schenkt sie dem Zuschauer – mit all den Übertragungsverlusten – eine Berührung mit Wirklichkeit, die ohne die Reportage unwiederbringlich verloren wäre.

1.3 Die Erkundung der Wirklichkeit

Ohne einen *Augenzeugen* gibt es keine Reportage. Einen Zeugen braucht man, wenn es darum geht, einmalige Geschehnisse zu erzählen, die nur der Zeuge gesehen und erlebt hat. Der Augenzeuge war da, wo andere nicht hinkommen und doch gerne auch mal wären, weil dort etwas Interessantes, Lehrreiches, Berührendes passiert, etwas, das nicht in jedem Lexikon nachzuschlagen ist.

Eine Reportage macht nur dann Sinn, wenn sie etwas erzählt, was noch keiner der Rezipienten so gesehen und erlebt hat. Die Reportage enthält das Versprechen auf etwas Einzigartiges und Überraschendes. Für den Reporter ist es am einfachsten zu erfüllen, wenn er unbekannte Gegenden erkundet, Orte, an denen noch kein Berichterstatter vor ihm gewesen ist. Der Reporter gleicht dem Scout, der stellvertretend für alle, denen er berichten wird, eine auch für ihn unbekannte Wirklichkeit erkundet. Die Wirklichkeit ist neu und unverbraucht, sie zu erfassen, fordert alle Sinne und den Intellekt des Kundschafters.

In der Reportage erzählt der *Augenzeuge/Reporter* die *Geschichte* seiner Erkundung. Die Reportage spiegelt seinen Weg mit allen Zufälligkeiten, Widersprüchlichkeiten und mit seinen ersten Deutungsversuchen wider. Der Rezipient erfährt also nicht nur einfach Neues, er erlebt gleichzeitig mit, wie der Reporter dem Neuen begegnet, wie er es entdeckt, beobachtet, zu erklären sucht.

Viele Reporter und Dokumentarfilmer berichten, dass sich ihre konkrete Geschichte während der Dreharbeiten überraschend entwickelt. Siegfried Kracauer hat dafür den Begriff der *gefundenen Geschichte* eingeführt, den er in einem anschaulichen Bild beschreibt:

> »Wenn man lange genug auf einen Fluß oder einen See blickt, entdeckt man im Wasser gewisse Muster, die eine Brise oder Strömung erzeugt haben mag. ›Gefundene Stories‹ gleichen diesen Mustern. ...
>
> Gefundene Stories unterscheiden sich voneinander durch den Grad ihrer Kompaktheit oder Deutlichkeit. Man kann sie in einer Reihe anordnen, die von den embryonalen Story-Verläufen am einen Ende bis zu ziemlich klar umrissenen, oft mit dramatischem Geschehen gefüllten Stories am anderen Ende reicht.« (Kracauer 1979, 323f.)

Im Begriff der *gefundenen Geschichte* drückt sich aus, welche Dinge sich dem Reporter aufgedrängt haben, welche Fragen der Reporter gestellt und welche Antworten er bekommen hat. Ob eine *gefundene Geschichte* mehr über den Reporter als über die Wirklichkeit aussagt, von der er berichtet, darüber kann man im Einzelfall unterschiedlicher Meinung sein. Sicher ist, dass das wahrnehmende Subjekt, der Augenzeuge, die Geschichte mitbeeinflusst. Diese Beeinflussung so gering wie möglich zu halten, dass ist normalerweise das Ziel des Reporters.

Bei der Erkundung von etwas Neuem dabei zu sein, das auch für den berichtenden Augenzeugen Überraschungen bringt, steigert für den Rezipienten das Gefühl der *Authentizität* und die Möglichkeit, die Geschichte *mitzuerleben*. Der Reiz für den Hörer, Leser, Zuschauer ist offensichtlich. Es ist die Befriedigung der Neugierde, der archaischen Gier auf Neues. Oder es ist, wie es der Soziologe Alfred Schütz nennt, die Bereitschaft, die »Lebenswelt«, die durch Erfahrung geprägt sei, auszuweiten; schließlich bekunde sich die menschliche Existenz im Auftauchen von neuartigen Erfahrungen. (Schütz 1982, 180)

Nun kann der Reporter nicht immer in Neuland vordringen, um den Erfahrungshunger der Daheimgebliebenen zu stillen. Er kann Neues auch in längst Bekanntem finden, wenn er ungewöhnliche Blickwinkel sucht und Details berichtet, die andere bisher nicht beachtet haben. Die Wirklichkeit ist so vielfältig und reich an Fassetten, dass sie sich nie erschöpft. Jeder Mensch hat seine Geschichte, die erzählt werden kann und jede Situation ist prinzipiell einmalig. Niemand muss fürchten, dass der Beruf des Reporters irgendwann überflüssig wird, weil es nichts mehr zu erkunden gibt.

Jede journalistische, dokumentarische Arbeit will Ordnung in das Durcheinander der Wirklichkeit bringen und Erkenntnisse und Einsichten vermitteln, so auch die Reportage. Die Reportage schildert einen ersten Kundschaftergang oder die erste Begegnung mit Dingen, die bisher niemandem aufgefallen sind. Das Entdecken von etwas Neuem, und sei es nur ein Einzelfall, der anders ist als alles bisher Erzählte, gehört zur Charakteristik der Reportage. Wenn die Reportage erste Eindrücke von neuen Dingen schildert, liegt dann nicht der Verdacht nahe, sie sei eine rohe und vielleicht primitive Form? Denn wenn es auch in der Reportage darum geht, Zusammenhänge, also im weitesten Sinn Ordnungen zu entdecken – und nichts anderes sind Geschichten –, welchen Wert hat es dann, die ersten Eindrücke zu schildern? Wäre es nicht besser, die Dinge länger zu untersuchen, Zufälle auszuschließen und systematischer vorzugehen? Dinge so gründlich wie möglich zu untersuchen, das würde zu analytischen, vielleicht sogar wissenschaftlichen Erkenntnissen führen. Am Ende eines solchen Prozesses könnte eine Theorie stehen, die allgemeine Aussagen erlaubt, bei der das konkrete Einzelne aber verloren gegangen wäre.

Das analytische Vorgehen würde einem Forscher entsprechen, der von einem neuen Landstrich eine Landkarte zeichnet. Dieser Entdecker schafft einen umfassenden Überblick, aber die lebendigen Sinneseindrücke der Landschaft kann diese Karte natürlich nicht mehr enthalten. Wissenschaftler interessieren sich eher für die Strukturen, weniger für die Einzelfälle. Der Reporter ist mit jenem Typus des Entdeckers zu vergleichen, der schildert, wie er sich durch das Unterholz schlägt, um seinen Weg zu finden. Er verzichtet auf den allgemeinen Überblick, um das Konkrete zu schildern. Für ihn sind die anschaulichen Details das Entscheidende, er will seine Berührung der Wirklichkeit als Berichterstatter vermitteln. Vielleicht ist dieser Entdecker des konkreten Details mit einem Künstler zu vergleichen, der die grafische Technik der Frottage anwendet. Bei einer Frottage wird ein

Papier auf eine raue Oberfläche gelegt und die Struktur des Untergrundes durch das Schraffieren mit einem Stift auf dem Papier durchgedrückt. So entsteht der authentische Abdruck eines kleinen Stückchen Wirklichkeit. Der Reporter-Entdecker reduziert sein Interesse auf einen kleinen Ausschnitt, mit dem er sich intensiv beschäftigt und den er so lebendig und detailreich wie möglich abbildet.

Theorielastige Analysen mit ihrem übergreifenden Anspruch versuchen, die Wirklichkeit ein für alle Male in den Griff zu bekommen. Aber die verändert sich ständig, fordert die Menschen immer aufs Neue heraus, ohne ihnen je das Privileg zu gönnen, sie ganz zu verstehen.

> »Eine völlig erstarrte Welt bzw. der endgültige Abschluß des Wissenserwerbs ist [...] auf Grund der individuellen Situation in der Lebenswelt für den normalen Menschen unmöglich: Der individuellen Situation in der Lebenswelt ist sowohl die relative Undurchsichtigkeit als auch die absolute Undurchschaubarkeit der Lebenswelt auferlegt.« (Schütz, Luckmann 1991, 203)

Theorien sind unverzichtbar. Aber im Vergleich mit der Unendlichkeit, Buntheit und Widersprüchlichkeit des Lebens, von der eine Reportage erzählen kann, sind sie leblos. Das reportagehafte Eintauchen in die Zufälligkeiten und Unwägbarkeiten des Lebens kann prinzipiell immer dazu führen, dass sich alte Glaubenssätze und theoretische Erkenntnisse als untauglich erweisen. *Die besondere Qualität der Reportage liegt darin, dass sie durch ihren neuen Blick scheinbar gesichertes Wissen ständig infrage stellt.* Darin liegt ihre Faszination und ihre anarchische, vitale Kraft.

Damit dies gelingen kann, muss der Reporter einen genauen und ehrlichen Blick auf eine konkrete Situation werfen. Er muss Zufälle akzeptieren und versuchen, sich von Erwartungen und Vorurteilen zu lösen. Für manche Wissenschaftler scheint das im Alltag fast unmöglich zu sein.

> »Die empirische Norm alltäglicher Weltbewältigung ist nicht das Verhalten auf der Basis objektiver Strukturerhellung, sondern einer naiven Hingabe und Anmutung, die dann durch ein stereotypes, letztlich wiederum naives und erlerntes Kategoriensystem in eine pseudorationale Ordnung gebracht wird.« (Bergler 1966, 93)

Um nicht ausschließlich seinen eigenen Vorstellungen nachzulaufen, sollte der Reporter eine »offene Bewusstseinstruktur« haben, wie es die Sozialpsychologie formuliert. Dazu gehören »Ablehnung monolithischer Kategorien bzw. Stereotypen, Toleranz gegenüber Mehrdeutigkeit und Mehrwertigkeit, gewohnheitsmäßige Skepsis und schließlich die Bereitschaft, Unwissenheit und Fehler zuzugeben.« (Geweke 1992, 246f.) Ohne die Bereitschaft, das Leben zu nehmen, wie es kommt, funktioniert keine Reportage.

Einige Situationen machen eine *Erkundung* für einen Reporter leichter als andere und bieten sich damit für eine Reportage an:

- einmalige, unerhörte Geschehen (z.B. Katastrophen, Unglücke)
- Orte, von denen noch niemand berichtet hat (das kann z.B. auch bedeuten, hinter die sonst verschlossenen Türen eines Geheimdienstes, einer Pflegeabteilung oder eines Großunternehmens zu schauen)
- Geschehnisse, die die Dramaturgie einer Geschichte in sich bergen (Reisen, Wettkämpfe, medizinische Behandlungen, Veränderungen im Leben eines Menschen)

Es gibt Themen, die mit Reportagen kaum zu fassen sind, weil sie zu abstrakt sind, wie z.B. die Verschwendungen der Europäischen Union im Agrarsektor oder die Auswirkungen der neuesten Rentenreform der gerade amtierenden Bundesregierung. Das Leben einzelner Bauern und Rentner, ihre Konflikte, Ängste und Freuden – die kann die Reportage schildern. Sie kann auch zeigen, welche Auswirkungen Gesetze und Reformen in Einzelfällen haben *können*. Reportagen können Belege dafür sein, dass die von Politikern behaupteten Wirkungen bestimmter Gesetze zumindest bei einigen Betroffenen nicht so ankommen, wie beabsichtigt. Analysen liefern Reportagen nicht. Die Reportage verspricht, dass ein Ereignis so stattgefunden hat, wie es erzählt wird. Das sagt noch nichts darüber aus, wie repräsentativ dieser eine Fall ist und welche Verallgemeinerungen man aus ihm ziehen kann.

1.4 Das fotografische Abbild der Wirklichkeit

Man kann die Reportage als Spurensammlung bezeichnen. Die Spuren, das sind die authentischen Details, aus denen die Reportage zusammengefügt ist. Beim Fernsehen ist ein erheblicher Aufwand nötig, um authentische Spuren zu sammeln. Auf Video, Film und Tonband werden *Abdrücke* der Wirklichkeit gesammelt, die beim Zuschauer möglichst lebendige *Eindrücke* hervorrufen sollen.

Der Fernseh- oder Filmreporter gründet sein Vertrauen, authentische Spuren der Wirklichkeit sammeln zu können, zu wesentlichen Teilen auf die fotografische Methode. Schließlich ist es die Fotografie, die genauer als jedes frühere Verfahren ein Abbild der Wirklichkeit produzieren kann. William Henry Fox Talbot, einer der Erfinder der Fotografie, sagte schon im neunzehnten Jahrhundert, der Reiz von Fotos (und das gilt sicherlich auch für Film- und Videoaufnahmen) liege darin, dass sie Dinge enthielten, die ihrem Hersteller unbekannt seien, Dinge, die der Fotograf selbst erst in ihnen entdecken müsse. Er reagierte damit auf die Tatsache, dass die Foto- und Filmkamera bis zu einem gewissen Grad unabhängig von ihrem Operateur arbeitet. Trotzdem ist immer wieder heftig darüber gestritten worden, inwieweit die fotografische Methode authentische Bilder liefern kann. Diese Diskussion ist auch für die Fernsehreportage interessant.

Für Siegfried Kracauer, der »Die Errettung der äußeren Wirklichkeit« durch den Film anstrebte, so der Untertitel eines seiner Bücher, steht fest, dass die physische Natur beständig durch Ideologien verhüllt wird. Unter der Herrschaft von Wissenschaft und Technik sei uns die Realität durch unsere Gewöhnung an abstraktes Denken fremd geworden.

> »Der Film macht sichtbar, was wir zuvor nicht gesehen haben oder vielleicht nicht einmal sehen konnten. Er hilft uns in wirksamer Weise, die materielle Welt mit ihren psychophysischen Entsprechungen zu entdecken. Wir erwecken diese Welt buchstäblich aus ihrem Schlummer, ihrer potentiellen Nichtexistenz, indem wir sie mittels der Kamera zu erfahren suchen.« (Kracauer 1979, 49)

Niemand kann ernsthaft bezweifeln, dass die Entscheidung für ein Thema, die Art des Vorgehens beim Drehen und die Montage des Rohmaterials das Endergebnis beeinflussen. Schon die Wahl des Kamerastandortes und des Bildausschnittes sind »von kulturellen Konventionen und auch von der Subjektivität des Filmemachers, des Kameramanns und anderer Mitwirkender« (Blümlinger 1990, 200f.) geprägt. Die Tatsache, dass fotografische Bilder subjektiven Einflüssen unterliegen, auch wenn objektiv Vorhandenes abgebildet wird, ist für die Reportage eigentlich kein Problem, denn zu ihrer Grundlage gehört es, Subjektives und Objektives in sich zu vereinen. Schließlich stellt die Reportage ein Stück Wirklichkeit dar, gesehen durch das Auge des Reporters, oder, bezogen auf die Fernsehreportage, gesehen durch das Auge der Kamera.

Es gibt aber Stimmen, die die Fähigkeit der Kamera, wirklichkeitsnahe Bilder herstellen zu können, grundsätzlich infrage stellen. Der Dokumentarfilmer Peter Krieg gehört zu ihnen:

> »Die Kamera aber ist ein blindes Auge. Genau wie das Auge des Kameramanns nur in Verbindung mit seinem Gehirn sehen kann, so wird die Kamera erst dann sehend, wenn sie als Verlängerung des Auges und des Gehirns des Filmemachers benutzt wird. Alles, was die Kamera sieht, wie sie es sieht, was sie nicht sieht und was mit dem Gesehenen passiert, ist nur eine Funktion der Seh- und Denkweise des Kameramanns, bzw. des Filmemachers.« (Krieg 1981)

Die Filmwissenschaftlerin Christa Blümlinger zieht aus den subjektiven Einflüssen, denen jede fotographische Aufnahme unterliegt – durchaus im Sinne Peter Kriegs – den Schluss, die Kamera könne keinen objektiven Bezug zur Wirklichkeit haben. (Blümlinger 1990, 200)

Dieser Rigorosität widerspricht unsere Alltagserfahrung mit dem Medium. Sie widerspricht beispielsweise der Tatsache, dass die Fotografie als Beweismittel eingesetzt wird. Als ein bekannter Schauspieler eine Bank ohne Gesichtsmaske überfiel, wurde er auf dem Bild, das die Überwachungskamera von ihm gemacht hatte, von Menschen identifiziert, die ihn im Fernsehen gesehen hatten. Fotos werden an allen Grenzen der Welt jeden Tag mit dem Aussehen derer verglichen, die sie in ihren Pässen tragen. Beim Rasen geblitzte Autofahrer entkommen auch durch Grimassenziehen nicht der Geldbuße. Die Fotografie ist darüber hinaus ein wichtiges und akzeptiertes Messverfahren in der Wissenschaft geworden – wenn sie unter definierten Bedingungen eingesetzt wird.

Natürlich ist das Foto nur so lange ein authentisches Dokument, wie es nicht verändert, manipuliert oder im falschen Zusammenhang gezeigt wird. Seit dem Beginn der Geschichte der Fotografie gibt es Betrug mit Bildern.

Stalin ließ in Ungnade gefallene Gefolgsleute aus den offiziellen Fotos retuschieren. Im Golfkrieg zeigten die Amerikaner das Bild eines Vogels, der in öligem Wasser um sein Leben kämpfte; angeblich war der irakische Diktator Saddam Hussein Schuld daran, der als kriegerischen Akt Öl ins Meer leiten ließ. Doch Recherchen zeigten: Das Bild des Vogels stammte aus dem Archiv. Legendär wurde der TV-Fälscher Michael Born, der in der ersten Hälfte der Neunzigerjahre mindestens 16 Fernsehbeiträge fälschte, über eine angebliche KluKluxKlan-Gruppe bis hin zu vorgeblichen Briefbombenattentätern.

Die Möglichkeit, Bilder zu verändern, ist mit der digitalen Bildbearbeitung ins Unermessliche gewachsen. Bei der Reportage sind solche Eingriffe nicht erlaubt. Kommt es zu manipulativen Veränderungen der Bilder und fallen diese (hoffentlich) auf, dann haben die Fälscher ihre Reputation als verlässliche Berichterstatter zu Recht verloren. Der Reporter hat mit seinem Zuschauer einen unausgesprochenen Vertrag, authentische Bilder zu sammeln und diese nicht mutwillig zu verändern. Bricht er diesen Vertrag an einem Punkt, ruiniert er das Vertrauen in seine Arbeit und damit die Glaubwürdigkeit der ganzen Reportage.

Als Reporter muss man vermeintliche oder echte Unzulänglichkeiten der Bilder akzeptieren und darf nicht versuchen, sie nachträglich zu korrigieren. Wenn die aufgenommenen Bilder nicht dem Erleben des Reporters entsprechen oder es nicht vollständig wiedergeben, kann er das gegebenenfalls im Kommentar ausdrücken. Es kommt zum Beispiel vor, dass z.B. in Kriegsgebieten partielles Drehverbot herrscht. Ein Kommentar wie: »Die Ruhe der Bilder täuscht. Soldaten durften wir nicht drehen, schon gar nicht die vielen Verletzten ...« kann das thematisieren.

Eine Reportage über eine Frau, die als Prostituierte aus Osteuropa nach Deutschland gebracht werden sollte, zeigte ihren zukünftigen Zuhälter, der friedlich neben ihr wartete, während ein Freund der Frau auf sie einredete, nicht mitzugehen. Im Kommentar hieß es, der Zuhälter habe bis zum

Abschalten der Kamera gewartet, dann habe er den anderen Mann niedergeschlagen.

Manchmal ist es nötig, Bilder mit einem Kommentar einzuordnen, schließlich können Bilder nicht alles zeigen. Aber manipulierende Veränderungen, auch im Dienste einer vorgeblichen höheren Einsicht, sind tabu.

Bei der Produktion einer Fernsehreportage gibt es Grenzbereiche, wann Eingriffe in ein Bild noch Gestaltung sind und wann sie bereits in den Bereich der Manipulation fallen. Bei der Farbkorrektur z.B. werden Farbstiche herausgefiltert und die Farbstimmungen der Bilder werden aufeinander abgestimmt. Normalerweise ist die Filterung so, dass die Farben möglichst neutral wiedergeben werden. Es ist aber auch möglich, Motive rötlicher (wärmer) einzufärben, dann wirken sie freundlicher. Genauso leicht kann man sie bläulicher (kälter) einfärben. Besonders drastische Farbstiche können auftreten, wenn unter Leuchtstoffröhren (Neonlampen) gedreht wird. Neonlicht, das das menschliche Auge als weiß wahrnimmt, gibt die Kamera aus technischen Gründen oft als Grün wieder. Dieser Grünstich lässt Motive dreckig und kaputt wirken. Der Farbstich kann, wenn man es will, weitgehend herausgefiltert werden. Ein objektives Kriterium, ob man versuchen soll, der menschlichen Wahrnehmung in der Farbkorrektur nahe zu kommen oder ob man die Eigenarten des Kamerabildes erhält, gibt es nicht. Hier kann nur der Filmemacher entscheiden, welcher Eindruck seinem Erleben am nächsten kommt.

Bei aller Subjektivität, die in fotografischen Bildern steckt: Ein Grund, warum sie so authentisch wirken, liegt in der unerreichten Genauigkeit, mit der sie die Wirklichkeit abbilden. Möglicherweise ist wegen des inflationären Gebrauchs des Mediums Fotografie das Bewusstsein verloren gegangen, welche große realistische Kraft dieser Abbildungsmethode innewohnt. Ein erstaunliches Beispiel aus den Anfangszeiten der Fotografie im 19ten Jahrhunderts belegt, wie diese Technik die menschliche Wahrnehmung korrigieren und schärfen kann. Eine Serie von Fotografien bewies, dass ein alltägliches Geschehen objektiv ganz anders ablief, als es die Wahrnehmung dem Menschen seit Jahrhunderten subjektiv vorspiegelt hatte.

> »Höhepunkt im Erleben des ›Tempos‹ war bis zur Erfindung der Eisenbahn und noch einige Zeit darüber hinaus der Ritt, der Galopp. Für seine bildliche Darstellung hatte sich der Mensch gewisse zeich-

> nerische Konventionen geschaffen, die sich von der Zeit der Assyrer bis ins 19. Jahrhundert im wesentlichen erhalten hatten. Noch Courbet und Géricault malten den gestreckten Galopp als einen ›fliegenden‹ Galopp, bei dem die Pferde eher mit den Bäuchen als mit den Hufen den Boden berühren. [...]
>
> Um einen alten Streit der Kenner zu schlichten, ob ein Pferd im Galopp in einem gewissen Augenblick mit allen vier Beinen in der Luft ist, hatte der aus England gebürtige Muybridge in Amerika seit Beginn der Siebzigerjahre [des 19. Jahrhunderts] Versuche mit der Phasenphotographie unternommen. Eine Rennstrecke wurde präpariert, an der entlang zwölf Kameras aufgebaut waren. Quer über die Bahn wurden von den Kameraverschlüssen ausgehend Fäden gespannt, die die galoppierende Stute ›Sallie Gardner‹ nacheinander in Brusthöhe zerriß und damit die Verschlüsse auslöste. Tatsächlich wiesen die Reihenphotos einwandfrei aus, daß die vier Beine des Pferdes im Galopp im Bruchteil einer Sekunde gleichzeitig vom Boden abkommen, aber nur dann, wenn sich Vorder- und Hinterbeine unter dem Bauch begegnen. Es war also genau umgekehrt als es die Darstellungen seit Jahrhunderten zeigten, nach denen die Vorderbeine nach vorn, die Hinterbeine weit nach hinten gestreckt waren. Unter der Wirkung dieser Schnappschüsse fand man bald die Darstellungen alter Art nur noch komisch.« (Stelzer 1966, 109f.)

Nicht von jedem Foto kann man verlangen, dass es die menschliche Wahrnehmung revolutioniert. In jedem Foto steckt aber etwas Einmaliges und Einzigartiges, das sich in der Zufälligkeit und der Besonderheit der abgebildeten Details ausdrückt – darauf hofft und daran glaubt der Reporter. Siegfried Kracauer weist darauf hin, dass in Fotografien immer ein Abglanz der unendlichen Komplexität der Wirklichkeit zu finden ist, trotz aller Reduktion durch die Aufnahmetechnik und trotz aller Subjektivität des Kameramannes.

> »... denn wie wählerisch der Fotograf auch sein mag, seine Aufnahmen können die Tendenz zum Diffusen und Unorganisierten, die ihnen [den Fotografien] als Reproduktionen innewohnt, nicht verleugnen. Deshalb sind sie unvermeidlicherweise wie von einem Saum undeutlicher und vielfältiger Bedeutungen umgeben.« (Kracauer 1979, 47)

Durch die Genauigkeit des Abbildungsprozesses, durch die partiell unpersönliche und zufällige Aufzeichnung des fotografischen Bildes und durch die komplexen Bedeutungen des Aufgezeichneten entsteht Authentizität. Je weniger durchgeplant fotografische Aufnahmen sind, desto größer ist die Chance, dass Zufälliges den »Saum undeutlicher und vielfältiger Bedeutungen« vergrößert und damit auch die Bilder authentischer macht. Zum einen darf also das Geschehen so wenig wie möglich durch die Kamera verändert werden, das schließt Inszenierungen aus; zum anderen wirken geplante, also gestellte Bilder leblos und unecht. In inszenierten Aufnahmen verschwindet die Aura des Authentischen. Inszenierte Aufnahmen lassen der Wirklichkeit zu wenig Spielraum.

Für das Aufnahmeteam einer Fernsehreportage ist das keine einfache Aufgabe. Während der schreibende Reporter alleine unterwegs ist und alles verwerten kann, was er wahrnimmt, treten bei einem Fernsehteam mehrere Menschen mit erheblichem technischen Gerät auf, die nicht immer und überall drehen können. Wenn das Reporterteam zu massiv auftritt, kann es sensible Momente zerstören. Die Kamera kann nicht immer laufen und so können wichtige Momente verloren gehen. Die Versuchung, der Wirklichkeit ein bisschen auf die Sprünge zu helfen und in das Geschehen vor der Kamera einzugreifen, ist groß. Für Fernsehreporter und ihre Mitarbeiter ist es die große Herausforderung, Methoden zu entwickeln, die es ermöglichen, (möglichst) authentische Bilder und Töne zu sammeln.

1.5 Checkliste: Theorie der Reportage

- Die Reportage handelt von einer Erkundung der Wirklichkeit mit all ihren Zufälligkeiten.
- Die Reportage wird von einem Augenzeugen erzählt, der offen für Neues und Überraschendes ist.
- Die Reportage besteht aus objektiven Fakten und subjektiven Eindrücken.

  Der Reporter muss als Journalist seine Freiheit zur Subjektivität verantwortlich nutzen.

- Die Reportage erzählt eine *Geschichte.*

  Diese Geschichte wird *aus der Perspektive des Augenzeugen* erzählt.

  Sie ist die *Innenansicht* eines Geschehens, keine Außensicht.

  Sie hat eine chronologische, lineare Entwicklung (sie bildet ein *raum-zeitliches-Kontinuum*).

  Die für eine Geschichte notwendige Dramaturgie (Eröffnung / Konfliktaufbau / Höhepunkt / Entspannung) entsteht im idealen Fall aus dem Geschehen.

- Die Reportage lässt den Zuschauer das Erzählte *miterleben.*
- Das übergreifende Ziel der Reportage ist es, *Authentisches* so zu erzählen, dass es *authentisch wirkt*, um ein Stück *Wirklichkeit* so direkt wie möglich zu vermitteln.
- Die besondere Qualität der Reportage liegt darin, dass sie durch ihren neuen Blick *scheinbar gesichertes Wissen in Frage stellt.*
- Nicht alle Themen eignen sich für Reportagen, aber in (fast) allen Themenfeldern lassen sich reportagehafte Zugriffe auf Einzelgeschichten finden.

  Konkretes eignet sich besser als Abstraktes.

  Neues, Ungewöhnliches eignet sich besser als Bekanntes.

  Ereignisse, die wie Geschichten ablaufen, eignen sich besser als statische Situationen.

  Geschichten, die zum Miterleben, zum Mitfühlen einladen, eignen sich besser als sachliche Themen.

  Geschichten, die eine gewisse dramatische Ereignishöhe bieten, sind meist leichter umzusetzen, als sehr alltägliche Abläufe ohne offensichtliche Konflikte.

- Die Reportage im Fernsehen braucht *ungestellte, nicht inszenierte Bilder und Töne*, um authentisch zu sein und um authentisch zu wirken.

2. Geschichte der Reportage

Zur Geschichte der Fernsehreportage gehört die Geschichte der geschriebenen Reportage genauso wie die Geschichte des Dokumentarfilms. Beide haben die Fernsehreportage mitgeformt. Gerade im Dokumentarfilm haben wichtige Entwicklungen stattgefunden, die die Grundlagen der heutigen Fernsehreportage mitgeschaffen haben. Viele Dokumentarfilmer wollen sich mit ihren Arbeiten allerdings vom Alltagsfernsehen, wie es die meisten Fernsehreportagen repräsentieren, abheben. Deshalb hat der Dokumentarfilm auch seine eigene Geschichtsschreibung hervorgebracht, die hier in einem gesonderten Kapitel (S. 43) vorgestellt wird.

2.1 Die geschriebene Reportage

Die journalistische Form der Reportage entwickelte sich im 19. Jahrhundert. Die Massenpresse wurde zur Industrie, die Rotationsdruckmaschinen und die Setzmaschinen mussten »gefüttert« werden. Doch es gab Vorläufer. Vielleicht ist die Reportage eine Urform des Erzählens überhaupt, enstanden an steinzeitlichen Lagerfeuern. Die ersten Erzähler, die ihre Zuhörer mit packenden *wahren* Geschichten unterhalten und auch belehren konnten, müssen Leute gewesen sein, die Unbekanntes oder zumindest Ungewöhnliches gesehen und erlebt hatten. Mit ihren Erzählungen versuchten sie, ihren Zuhörern eine fremde Welt nahe zu bringen. Es ist naheliegend, im Reisebericht die Urform der Reportage zu sehen. Die Reise selbst gibt der Erzählung den Ablauf und wird zur Geschichte, die dem Zuhörer vergegenwärtigt wird. Der Reisende ist der Augenzeuge und steht damit für die Authentizität des Erzählten. Ob es dem Erzähler gelingt, den Zuhörer in seinen Bann zu schlagen, liegt vor allem an seinen sprachlichen Fähigkeiten.

Seit der Antike sind Reiseberichte, Schilderungen von Schlachten und Katastrophen überliefert, die an Reportagen erinnern. Wenn zum Beispiel Gajus Cacilius Plinius den Untergang der Stadt Pompeji im Jahre 79 n.Chr. schildert, wird er zum *Reporter*.

> »Schon fiel Asche auf uns, doch noch wenig; ich sehe mich um; ein dicker schwarzer Dampf gerade hinter uns ergoß sich wie ein Strom auf die Erde und folgte uns nach. Laßt uns auf die Seite gehen, sagte ich, da wir noch stehen, damit wir nicht auf der Straße von der zudrängenden Menge in der Dunkelheit zertreten werden. Wir hatten uns kaum entfernt, als eine Finsternis einbrach, nicht wie die einer bewölkten oder nicht vom Mond erhellten Nacht, sondern wie in einem verschlossenen Zimmer, wenn das Licht ausgelöscht wird. Man hörte nichts als das Heulen der Weiber, Winseln der Kinder, Geschrei der Männer.« (Plinius, in: Haller 1987, 27)

Mit der »Entdeckung der Welt« durch die Europäer seit dem 15ten Jahrhundert, die eigentlich mehr eine gewaltsame Eroberung und Ausplünderung war, entstand ein Boom für Reiseberichte, jeder eine potenzielle Reportage. Nie wieder gab es für Europa so viel noch nie Gesehenes zu erkunden und zu verarbeiten. Die Reisenden wurden oft durch Zufälle zu *Reportern*, die von ungewöhnlichen Abenteuern und Katastrophen zu berichten hatten, denn schon der Weg in die neuen Länder glich einer Lotterie, bei der der Einsatz das eigene Leben war.

Heutigen Ethnologen fällt es leicht, den Augenzeugen der Eroberung der Welt nachzuweisen, wie sehr sie in den Vorstellungen ihrer Zeit befangen waren. Wie sie ihre Bilder vom »Fremden«, die sie aus ihrem Kulturkreis mitgebracht hatten und die auf den Mythologien der Antike fußten, auf die »neue Welt« übertrugen. Doch in den meisten Erlebnisberichten jener Zeit steckt etwas von der fantastischen neuen Wirklichkeit. Bei allen Fehlern und Irrtümern sind diese Zeugenaussagen die Basis unserer heutigen genauen Kenntnis jener Zeit. Und es gab Chronisten, denen man auch aus heutiger Sicht zubilligen muss, dass sie versuchten, glaubwürdige Augenzeugen zu sein. Zum Beispiel der spanische Soldat Bernal Diaz del Castillo, der am 10.2.1519 unter Hernan Cortes zusammen mit 11 Schiffen, 508 Soldaten, 109 Seeleuten und 16 Pferden von Kuba aus in See stach. Die Truppe landete in Mittelamerika und erobert Mexiko. Immer wieder notierte Diaz, dass seine Kameraden in den vielen Schlachten Heilige gesehen haben wollen, die ihnen durch ihr Erscheinen zum Sieg verholfen hätten. Diaz berichtete das, fügte aber hinzu: »Ich habe sie [die Jungfrau Maria] nicht selbst gesehen.« (Castillo 1988)

Irgendwann reichen die eher zufällig entstandenen Zeugenberichte nicht mehr aus, um die Neugierde des Publikums zu befriedigen. Der Wunsch, regelmäßig Neues zu erfahren, wächst unaufhaltsam. Im 17. Jahrhundert entstehen die Zeitungen und Zeitschriften und der Beruf des Journalisten beginnt Gestalt anzunehmen.

Im Jahre 1784 »gibt« sich Karl Philip Moritz, der die Ideen der Aufklärung unterstützt, »zuweilen in reizenden Träumen der Phantasie das Ideal einer vollkommenen Zeitung zu denken hin« und bringt seine Träume auch zu Papier. Damit beschreibt er als einer der Ersten den Reporter.

> »Wer eine solche Zeitung schreiben will, muß selbst, so viel er kann, mit eignen Augen beobachten, und wo er das nicht kann, muß er sich an die Männer halten, die eigentlich unter das Volk, und in die verborgensten Winkel kommen, wo das Edelste und Vortrefflichste sowohl, als das Häßlichste und Verabscheuungswürdigste, sehr oft versteckt zu sein pflegt. [...]
>
> Er muß sich aber auch selber unter das Volk mischen, um seine Urteile, seine Gesinnungen zu hören, und seine Sprache zu lernen.« (Moritz, in: Günther 1993, 16f.)

Johann Gottfried Seume formuliert in seinem »Spaziergang nach Syrakus im Jahre 1802« Grundlegendes zur Methode der journalistischen Arbeit: »Örter, Personen, Namen, Umstände sollten immer bei den Tatsachen als Belege sein, damit so viel als möglich aktenkundig würde.« (Seume 1987, 280) Seume formuliert mit aller gebotenen Vorsicht das Credo des Reporters.

> »Ich stehe für alles, was ich selbst gesehen habe, insofern ich meinen Ansichten und Einsichten trauen darf; und ich habe nichts vorgetragen, was ich nicht von ziemlich glaubwürdigen Menschen wiederholt gehört habe.« (Seume 1978, 41)

Der Blick auf die Wirklichkeit wandelt sich. Im 19. Jahrhundert entdeckt die Literatur den Alltag der Menschen. Einige Schriftsteller können in diesem Zusammenhang zu den geistigen Wegbereitern der Reportage gezählt werden: Dickens, Balzac, Zola, Heine, Fontane.

Das politische Potenzial der Reportage wird deutlich, als vor 140 Jahren der Times-Korrespodent Howard Russel mit seinen Reportagen über die sinnlosen Angriffe der britischen Soldaten auf das russische Sebastopol ganz England aufwühlte: Sie wurden zum Beleg für die Verantwortungslosigkeit der Generäle.

Mit der Industrialisierung des Journalismus, mit den Rotationsdruckmaschinen und Setzmaschinen, entwickelte sich die Massenpresse. Trotz der Tatsache, dass Alltägliches inzwischen literaturfähig geworden war, standen die einfachen Reporter in den Zeitungen ganz unten, tief unter den Kommentatoren und Leitartiklern, die unbeschwert vom eigenen Augenschein über die Welt räsonnieren konnten. Die Reporter waren freie, ungeschützte Mitarbeiter, gegängelt von Verlegern und der Obrigkeit. Sie wurden nach Zeilen bezahlt und ihre Artikel sagten oft mehr über den Voyeurismus ihrer Leser aus, und den Zwang des Reporters, Geld zu verdienen, als über die Wirklichkeit. Der Ruf der Zeitungsreporter war denkbar schlecht. Sie wurden gerne als ungebildet, von nicht einwandfreier Vergangenheit, leichtsinnig, ja käuflich und manchmal als gewissenlos gescholten. Über die Arbeit der so Geschmähten heißt es 1927:

> »Hört er von einem Bergwerksunglück in Yorkshire – die Ziffern der Erschlagenen genügen ihm nicht mehr. Zucken muß er sie sehen. Und der ausgeschickt wird, diese Zuckungen zu belauern, ist der Reporter.« (Haller 1987, 44)

In der literarischen Realismusdedatte der 20er-Jahre wird nicht nur der schlecht bezahlte Reporter der Massenpresse kritisch gesehen. Die Form der Reportage selbst wird sehr grundsätzlich und sehr kontrovers diskutiert. Für viele scheint die Reportage eine minderwertige Form zu sein, die nicht das Niveau literarischer Kunstwerke erreicht. Der Reportage wird unter anderem von dem Marxisten Georg Lukács vorgeworfen, sie zeige nur die Fassade, während das perfekte, von Zufällen gereinigte Kunstwerk hinter die Oberfläche schauen könne und so einer *tieferen Wahrheit* nahe kommen könne. Es bleibt der Verdacht, dass Lukács damit die Nähe zur für ihn richtigen kommunistischen Ideologie meint.

Auch für Karl Kraus ist klar, dass der Reporter niemals die Stufe des Dichters erklimmen wird. Er nennt den Reporter bissig und abfällig einen »Kehrichtsammler der Tatsachenwelt« (Kraus nach Siegel 1978, 74). Mit diesem Urteil steht Kraus nicht allein. Der Schriftsteller Joseph Roth findet, »erst das ›Kunstwerk‹ ist ›echt wie das Leben‹ « (Roth 1977, 250). Egon Erwin Kisch dagegen verteidigt die Reportage und nennt sie eine »künstlerische Schöpfung‹. Der »wahre Schriftsteller« sei auch ein »Schriftsteller der Wahrheit« (Kisch 1983, 396ff.). Diese Form der wahren Schriftstellerei hält Kisch für ein schwieriges Geschäft, denn eine Reportage ist für ihn das Gegenteil einer wahllosen, unorganischen Anhäufung von Fakten und Zitaten. (Kisch 1978, 126)

> »Es ist schwer, liebe Genossen – viel schwerer, als viele von ihnen denken –, die Wahrheit genau darzustellen, ohne die künstlerische Form und den Schwung zu verlieren. Skizze oder Reportage – das ist die Schilderung der Arbeit und des Lebens, wir aber wissen, welch graues ungefüges Material sie oft in unseren Tagen darstellen. Der Novellist, der sein Ziel erreicht, ist ein echter Künstler.« (Kisch 1978, 397)

Siegfried Kracauer, der Reportagen über das Leben der Angestellten im Berlin der Zwanzigerjahre geschrieben hat, mokiert sich über die Vorstellung, Schriftsteller und Dichter umwehe, anders als die Journalisten, ein besonderer »Geruch der Ewigkeit«. Er wendet sich gegen eine voreilige Verurteilung des Journalistenhandwerks. Allerdings wirft er vielen Journalisten vor, das Leben nur ohne weitere Erkenntnisabsicht zu dublizieren. Für Kracauer ist es wichtig, dass der Reporter Fälle beschreibt, an denen etwas über das System der Gesellschaft deutlich wird. Er selbst sucht zum Beispiel Arbeitslose auf, um dem Leser deren hoffnungslose Situation prototypisch nahe zu bringen. Mit diesem Anspruch repräsentieren die Arbeiten Kracauers den Typus der *soziologischen Reportage*.

Kracauer steht mit dieser Haltung den *muck rakers* nahe. *Muck rackers*, das waren die amerikanischen Journalisten, die sich nicht scheuten, »im Dreck zu wühlen«. Es ist die Bezeichnung für sozial engagierte Journalisten, die in Amerika ab dem Ende des 19. Jahrhunderts ihre Arbeit aufgenommen hatten. Mit starkem sozialreformerischen Impetus, mit genau recherchierten und emotional aufgemachten Berichten, wollten sie die Lebensbedingungen der Unterprivilegierten verbessern und leisteten dabei sozialwissenschaftliche Pionierarbeit.

> »Sie schrieben über eine Realität, die der amerikanische Traum aussparte, sie schilderten die Not in den Armenvierteln, die individuellen Auswirkungen von Arbeitslosigkeit und Wohnungselend, Folgeerscheinungen wie Alkoholismus, Prostitution und Kriminalität. Diese Themen bearbeiteten sie mit dem Mittel der literarisierten investigativen Reportage und vor einem erweiterten Hintergrund, der über der Beschreibung der Symptome nicht die Gründe für deren Entstehen vergaß.
>
> Die ›muck rakers‹ behandelten die inoffizielle Realität der Stadt, die Wirklichkeit unter der sichtbaren, vorgezeigten Oberfläche, sie suchten die ›hidden story‹. Damit waren sie willkommene Geburtshelfer der amerikanischen Sozialwissenschaft.« (Haas 1987, 288)

Doch auch deutschsprachige Reporter können auf eine große soziologische Tradition zurückblicken. In Österreich gab es die »k.u.k muck rakers« Victor Adler (1852-1918) und Max Winter (1870-1937), die ab den 80er-Jahren des 19. Jahrhunderts mit sozialwissenschaftlichen Methoden sozialreformerischen Journalismus betrieben.

Die vielfältigen Diskussionen über Reportage, Naturalismus, Realismus, Neue Sachlichkeit rissen in Deutschland mit der Machtübernahme des Nationalsozialismus ab, der jede journalistische Form als Propaganda benutzte. Vermutlich war für die Deutschen nach dem Ende des zweiten Weltkrieges alles, was nur im Ansatz etwas mit Meinungsmache zu tun hatte, diskreditiert. Die Reportage mit ihren subjektiven und zufälligen Elementen war verdächtig und wurde (zunächst) abgelehnt. Beispielhaft ist eine Äußerung des Magazins DER SPIEGEL von 1964. Die Zeitschrift wollte auf die Reportage »mit ihrem Stimmungsgehalt, ihrem kurzlebigen Regenbogenschimmer und ihrer Subjektivität« verzichten. Man setzte auf das journalistische Verständnis der Engländer und Amerikaner, auf einen »positivistischen Nachrichtenjournalismus«.

Doch schon in den Sechzigerjahren wuchs in vielen Redaktionen die Einsicht, dass der nur nachrichtliche Journalismus ebenfalls die Realität verzerrt, indem er so tut, als sei die Gesellschaft ein Strukturgebilde aus abstrakten Daten. Es wurde analysiert, wie viel Meinungsmache und Desinformation sich auch hinter angeblich objektiven journalistischen Formen verbergen kann. So begann die Renaissance der Reportage mit ihrer typischen Mischung aus objektiven und subjektiven Elementen. Und auch

DER SPIEGEL warf sein altes Misstrauen über Bord und produzierte für einige Monate ein Reporter-Magazin, das er allerdings mangels Auflage Anfang 2001 wieder einstellen musste. Die große Reportage sollte trotzdem weiter im regulären wöchentlichen Heft ihren Platz finden.

Versucht man die verschiedenen Reportageansätze, denen wir begegnet sind, zusammenzufassen, dann kann man fünf Formen bescheiben – schließlich handelte es sich um fünf Typen von Reportern: den Reisenden, den Sensationslüsternen, den Journalisten, den Künstler, den Soziologen.

- Die *Reisereportage.* Sie ist die klassische Urform der Reportage. Sie steht für das Erzählen eines Ablaufs und dafür ist eine Reise prototypisch. Im schlechtesten Fall dokumentiert sie das Versagen des Augenzeugen vor dem Neuen. Im besten Fall erweitert sie die Weltsicht und den Erfahrungshorizont des Reporters und seiner Leser.
- Die *Event-Reportage.* Sie erzählt von ungewöhnlichen Dingen, von Katastrophen, von Spektakulärem, von Unerhörtem. Im schlechtesten Fall befriedigt sie ausschließlich die Neugierde der Rezipienten auf Einmaliges. Im besten Fall liefert sie Einsichten, wie Menschen mit extremen Situationen umgehen.
- Die *journalistische Reportage.* Sie untersucht neue und berichtenswerte Geschehnisse in einer Gesellschaft, oder beschreibt Dinge, die von der Mehrheit verdrängt werden. Im schlechtesten Fall weist sie nach, dass Journalismus eine Ware und die Lust der Leser auf Voyeurismus groß ist. Im besten Fall informiert sie über Aktuelles, Relevantes, Interessantes, Virulentes und schafft Verständnis.
- Die *literarische Reportage.* Sie zeigt den kunstvoll ausgearbeiteten besonderen Blickwinkel eines Autors. Im schlechtesten Fall sagt sie mehr über den Autor und dessen Selbstüberschätzung aus, als über die Wirklichkeit. Im besten Fall ist sie von beispielhafter formaler Geschlossenheit, sinnstiftend und über den Tag hinaus von Bedeutung.
- Die *soziologische Reportage.* Sie versucht Typisches mit Leben zu füllen. Im schlechtesten Fall versinkt sie in Statistiken und in langweiligen Allerweltsbeobachtungen. Im besten Fall führt sie die Öffentlichkeit in unbekannte oder verdrängte soziale Welten, ohne große Rücksicht auf Aktualitäten und auf Themen zu nehmen, die gerade in den Medien besonders hoch stehen.

Die aufgezählten Formen sind nicht scharf voneinander zu unterscheiden. Natürlich kann eine journalistische Reportage literarische Qualitäten haben und eine Reisereportage kann soziologische Erkenntnisse bringen. In der Praxis führen aber die unterschiedlichen Haltungen, die hier zur Reportage skizziert wurden, zu durchaus unterschiedlichen Vorgehensweisen. Wenn z.B. ein Reportageansatz für ein Thema gesucht wird, schildert der eine seine eigene Annäherung an das Thema, ein anderer sucht einen aktuellen Aufhänger, der nächste ringt um einen originellen ästhetischen Zugriff und wieder ein anderer wirft sich auf das Typische.

2.2 Der Dokumentarfilm

Erst Ende der Fünfziger-, Anfang der Sechzigerjahre des zwanzigsten Jahrhunderts war die Filmtechnik so weit, dass Fernsehreportagen im modernen Sinn gedreht werden konnten. Vorher waren die Kameras und vor allem die Apparaturen für Tonaufnahmen so sperrig, dass an das spontane Drehen authentischer Situationen, wie es heute Standard ist, kaum zu denken war. Trotzdem haben die Werke der ersten Filmemacher und Dokumentaristen in der Dokumentarfilmdiskussion noch ihre Bedeutung. Unabhängig von der Technik, die sie benutzten, können an ihnen noch immer Fragen des dokumentarischen Filmemachens mit Gewinn diskutiert werden. Auch heute ist es spannend zu sehen, wie unterschiedliche Herangehensweisen zu unterschiedlichen filmischen Ergebnissen geführt haben und wie z. B. der Versuch, reportagehaft-authentisch zu drehen, nicht zu einer Reportage führt, wenn die Montage ein anderes Ziel hat.

Die Geschichte des Dokumentarfilms kann hier nur angerissen werden. Die genannten Dokumentarfilmer stellen eine unvollständige, beispielhafte Auswahl dar.

2.2.1 Die Anfänge

Als Beginn der Filmgeschichte wird allgemein die erste öffentliche Filmvorführung gegen Eintrittsgeld am 28. Dezember 1895 angesehen, die die Gebrüder Lumière in Paris veranstalteten. Die acht bis zwölf Meter »kurzen« Filme, die dort gezeigt wurden, nennen Enno Patalas und Ulrich Gregor in ihrer »Geschichte des Films« *Reportagen* und *Dokumentarfilme*, Jerzy Toeplitz spricht in seiner »Geschichte des Films« ebenfalls von *Reportagen* und von *lebendigen Fotografien.* »Das Leben selbst, auf frischer Tat ertappt – das war das Rezept der Brüder Lumière.« (Toeplitz 1983a, 18)

> »Die teils erschreckten, teils faszinierten Zuschauer erlebten ›aus dem Alltag‹: das Baby auf den Knien der Mutter, dem sein Frühstück in den Mund gestopft wird (*Le Déjeuner de bébé*); Arbeiter, die die Fabrik der Gebrüder Lumières verlassen (*La Sortie des usines*) [...]; später fügte man die ›Ankunft eines Zuges‹ hinzu (*L'Arrivée d'un train en gare de La Ciotat*), dessen Lokomotive das Publikum, wie berichtet wird, in panischen Schrecken versetzte. Die Lokomotive taucht aus der Tiefe der Leinwand auf, wird größer und rast dicht an der Kamera vorbei.« (Gregor, Patalas 1976, 13)

Die neue Technik hatte zunächst einen sensationellen Erfolg. Dieser Erfolg konnte auch dadurch nicht aufgehalten werden, dass das hochexplosive Filmmaterial bei einer Vorführung anlässlich eines Wohltätigkeitsbasars Feuer fing und über hundert Mitglieder der Pariser Gesellschaft umkamen.

Die Brüder Lumière machten die Kamera zum Beobachter. Der Zuschauer identifizierte sich mit ihr und konnte sich so als *Augenzeuge* fühlen.

> »Der Zuschauer, der oftmals mit Bestürzung die sich nähernde Lokomotive sah, wurde eins mit der Filmkamera. Er sah den Zug mit den Augen der Kamera. In dieser Identifizierung des Zuschauers mit der Kamera steckte eine neue Art, die Umwelt zu beobachten, wie sie in anderen Medien unbekannt war.« (Toeplitz 1983a, 18)

Die neue Technik war so überwältigend, dass die Zuschauer meinten, Dinge unmittelbar *mitzuerleben.* Doch der Zauber hielt nur etwa zwei Jahre, dann hatte sich der Neuigkeitswert der Erfindung fürs Erste erschöpft. Die Gebrüder Lumière schafften es nicht, ihre Filme inhaltlich weiterzuentwickeln. Ihre Filme hatten bis auf wenige Ausnahmen keine *Geschichte*, die die Zuschauer fesseln konnte. Im modernen Sinn lieferte ihre Kamera keine Dokumentarfilme oder Reportagen, sie produzierte in der Tat »lebende Bilder«.

Das Publikum bekam seine Geschichten von dem »Illusionisten« Méliès. Für ihn war die Kamera eine Ergänzung und Bereicherung seines Theaterrepertoires. Méliès verband die Magie des Theaters mit der fotografischen und schuf so die »Filmmagie«. Er benutzte Fallklappen, Spiegel und erfand die Doppelbelichtung für den Film. Statt die Ankunft eines gewöhnlichen Zuges zu drehen, ließ er einen zum Mond fliegen (LE VOYAGE DANS LA LUNE - DIE REISE ZUM MOND 1902).

Auf seiner Suche nach dem »Wesen des Films« repräsentieren für Siegfried Kracauer die Gebrüder Lumière und Méliès die beiden entgegengesetzten Pole des Mediums. Bei seinen Überlegungen ging Kracauer zunächst von der Fotografie aus. Er hatte in der Frühzeit der Fotografie die peniblen »Realisten« und die »Kunstfotografen« entdeckt.

> »Wenn es zutrifft, dass der Film der Fotografie entwächst, müssen sich auch in ihm die realistische und die formgebende Tendenz auswirken. War es ein bloßer Zufall, dass beide sich fast gleichzeitig mit der Entstehung des Mediums manifestierten? Als gälte es, von Anfang an die ganze Spannweite filmischen Bemühens auszumessen, erschöpfte jede von ihnen ihre eigenen Möglichkeiten bis zum Rande. Ihre Exponenten waren Lumière, ein strikter Realist, und Méliès, der seiner künstlerischen Fantasie freien Lauf ließ. Die Filme, die sie machten, verkörperten sozusagen These und Antithese im Hegelschen Sinn.« (Kracauer 1979, 57)

Vielleicht kann man die moderne Reportage als eine Verschmelzung der beiden alten Antipoden sehen. Schließlich kann sie wegen des Augenzeugen Authentizität und Realitätsnähe reklamieren; und sie erzählt eine Geschichte. Die ungezügelte künstlerische Fantasie hat bei dieser Synthese allerdings nichts verloren.

2.2.2 Robert Flaherty

In der Filmgeschichte wird NANOOK OF THE NORTH (NANUK, DER ESKIMO 1922) von Robert Flaherty (1884-1951) als erster richtiger Dokumentarfilm angesehen. Mit seinem Film schuf Flaherty »zugleich ein Genre und einen Stil, dessen Meister er selber blieb.« (Gregor, Patalas 1976, 122) Mit NANOOK OF THE NORTH und seinen anderen vier langen Filmen, die er in drei Jahrzehnten vollendete, wurde Flaherty zum »Vater des Dokumentarfilms«.

Wie wenige andere Regisseure hielt Flaherty an der Thematik seines ersten Films fest: dem Kampf des Menschen mit der Natur. In NANOOK OF THE NORTH schildert er das Leben eines Eskimos. Nanook führt einen heroischen Kampf gegen die Kälte, den Wind, die Weite der Landschaft, die Tücken des Eises. Flahertys Film MOANA ist die Geschichte eines jungen Südsee-Insulaners, der sich den Riten des Tattoo unterziehen muss, um sich für das Leben auf dem Meer zu qualifizieren. In MAN OF ARAN ringen die Bewohner einer irischen Atlantik-Insel dem Meer und den kargen Böden ihre Nahrung ab.

Flaherty schildert seine Arbeitsmethode und seine Absichten in Zusammenhang mit der Entstehung von NANOOK OF THE NORTH:

> »In vielen Reiseberichten blickt der Filmschöpfer auf den Gegenstand seines Interesses von oben herab. Er bleibt stets der große Mann aus New York oder Berlin. Ich war immer von den Menschen abhängig, von denen ich im Film sprach. [...]
>
> Ich wollte die Innuit zeigen (so bezeichnen sich die Eskimos in ihrer eigenen Sprache, und das heißt: ›wir Menschen‹). Und ich wollte sie zeigen, wie sie sich selber sehen und bezeichnen, als ›wir Menschen‹, keineswegs vom Standpunkt der modernen Zivilisation.« (Toeplitz 1983a, 415)

Flaherty sagt von sich, dass er erst Entdecker war, bevor er im Alter von vierzig Jahren die Filmkamera in die Hand nahm, um die Innuit zu filmen. Zu diesem Zeitpunkt hatte er bereits über einen Zeitraum von sechs Jahren, als Teilnehmer von vier Expeditionen, die Hudson Bay Kanadas und die dort lebenden Eskimos kennen gelernt.

Das Filmmaterial seiner ersten Drehreise (70.000 Fuß) ging aus Unachtsamkeit in Flammen auf. »Aber es tat mit nicht leid; es war ein schlechter Film, langweilig und wenig mehr als ein Reisebericht; ich hatte gelernt zu entdecken – nicht aber zu zeigen.« (Flaherty 1972) Er ging erneut in den Norden und nahm eine komplette Filmausrüstung, ein Labor und einen Projektor mit. Flaherty lernte Nanook vom Stamm der Itivimuit kennen, der an der öden, unfruchtbaren Küste der Hudson Bay, auf halber Strecke zum Nordpol, in einer Ein-Raum-Hütte aus Schnee lebte. Ein Augenzeuge berichtet:

> »Es war eine kalte Arbeit, das Filmen, so kalt, dass der Film manchmal, nachdem er eingespannt war, wie Glas klapperte. Nanook mußte die Kamera in seinem Pelz nahe am warmen Körper tragen, dort, wo er auch Bobs [Robert Flahertys] Füße wärmte, wenn sie froren.« (Flaherty 1972)

Völlig überraschend eroberte der fertige Film die Metropolen der Welt. Die Menschen waren begeistert und das Eis, das zum Film verkauft wurde, trug Nanooks Namen und Gesicht. Bis heute provoziert der Film gegensätzliche Stellungnahmen, an denen unterschiedliche Haltungen zur Filmarbeit deutlich gemacht werden können.

Die Kritiker unterscheiden sich zunächst darin, ob sie Flaherty abnehmen, seine »Geschichte gefunden« zu haben oder ob sie glauben, das alles sei inszeniert. Paul Rotha schätzt den Film, weil er den zentralen Konflikt des Lebens in der Arktis beschreibt, nämlich den Kampf um Nahrung (Rotha 1952, 82). Die Dokumentarfilmchronisten Ulrich Gregor und Enno Patalas kommen zu der Einsicht, der Film habe keine »vorgefasste Geschichte« in ein Milieu hineingetragen, sondern er habe eine individuelle Geschichte, deren Helden »Namen und Vornamen« tragen, entwickelt (Gregor, Patalas 1976, 122). Andere Kritiker werfen Flaherty vor, auch wenn er im Vergleich zu anderen Filmemachern seiner Zeit sehr realistisch gearbeitet habe, so projiziere er doch seine eigenen Vorstellungen in den Film hinein und stilisiere seine Protagonisten zu »edlen Wilden«. Diese Kritiker nennen Flaherty einen »Romantiker«.

Flaherty arrangierte eine Reihe von Szenen und schaffte es so, seine Geschichte vom Überlebenskampf in der Wildnis zu erzählen. Allerdings lag ein Grund, der ihn zwang, immer wieder zu inszenieren, sicherlich in seiner technischen Ausrüstung. Im Vergleich zu heute musste er mit schwerem, unbeweglichem Gerät arbeiten und das Filmmaterial war extrem unempfindlich. Aber man kann nicht alle seine Inszenierungen mit dem Verweis auf die altmodische und schwerfällige Technik erklären. Der Filmwissenschaftler Jan Berg kritisiert Flahertys NANOOK OF THE NORTH Anfang der Achtzigerjahre von einem linken Standpunkt.

> »Das Urbeispiel negativer, d.h. vom Zuschauer nicht als Regie erkannter Inszenierung liefert NANOOK OF THE NORTH, jener Film Flahertys, der später den Genrebegriff Dokumentarfilm lieferte. Flaherty nahm den Eskimos, bevor sie vor seine Kamera traten, ihre

Waffen und Werkzeuge und ersetzte sie durch ältere, durch Knochenharpunen, Knochenmesser. An den Platz der Petroleumlampe stellte er ein Tranlicht. Der Seehund, der harpuniert wird, ist schon vorher tot, Nanook, der Held des Films, tut nur so, als kämpfe er mit dem Tier. Gespielt und inszeniert ist auch die Szene, in der die Eskimofamilie schlafen geht: Weil im Iglu zuwenig Drehlicht ist, wird es oben wie ein Frühstücksei geköpft. Die Schauspieler, zu denen Flaherty diese Familie macht, ziehen sich dann in Eiseskälte aus und stellen sich schlafend.

Flaherty schuf so für die Bewohner der imperialistischen Metropolen, die diesen Film dann sahen, durch negative, d.h. im Zuschauerkopf nicht erscheinende Inszenierung, das Bild vom ›Wilden‹, noch nicht kolonialisierten ›Naturmenschen‹; statt Klassenkampf das Bild vom Kampf gegen die Natur.« (Berg 1981, 51)

Trotz aller Inszenierungen haben Zuschauer in dem Film allerdings auch Szenen entdeckt, denen sie unmittelbare dokumentarische Kraft und große Realitätsnähe zubilligen. Berühmt ist die Szene, in der ein Grammofon in die Welt der Iglus einbricht. Hartmut Bitomsky zu »Nanooks Lächeln«:

»... und dann ist da eine Szene, in der ein Grammophon auftaucht.

Nanook hört vielleicht zum ersten Mal Musik, die aus einem Apparat kommt.

Er hört die Musik, examiniert den Apparat, und eine unbändige Freude überkommt ihn.

Man reicht ihm die Platte, er begutachtet sie und versucht, in die Platte zu beißen.

Mit der Probe der Zähne verbürgt uns Nanook seine Echtheit als Wilder. Er bezieht die Musik auf Nahrung, auf das primäre, elementare, unschuldige Bedürfnis des wilden Menschen.

Aber Nanook deutet den Biß nur an. Er stellt ihn dar. Er spielt für uns den Wilden. Er weiß, wie der Wilde sich zu benehmen hat. Er weiß, dass das Authentische immer ein Bild bestätigen muß, dass man bereits hat.

Schaut man indessen genauer hin, dann ist zu sehen, wie Nanook zum Bild hinaus, zur Kamera hin, lächelt.

> In dieses Lächeln, das eine Reflexion ganz eigener Art ist, ist die Wirklichkeit von Flahertys Film eingeschlossen, die Wirklichkeit eines Eskimos, eines Eskimos, der einer besonderen Situation ausgesetzt ist, einer Situation, in der er gefilmt wird.
>
> In diesem Moment gibt es keine Wirklichkeit mehr, die hinter dem Film stünde, oder jenseits von ihm.
>
> Die Wirklichkeit ist, was sich in diesem kurzen Augenblick zugetragen hat an diesem Ort, an dem die Kamera war und Bilder aufnahm.« (Bitomsky 1992, 182f.)

Flaherty hatte gewisse Vorstellungen von dem, was er suchte. Das brachte ihn aber nicht so weit, vor Beginn der Filmaufnahmen ein Drehbuch zu schreiben. Er ließ seinen Geschichten einen Spielraum, um sich zu »entwickeln«. Siegfried Kracauer, der den Begriff der »gefundenen Geschichte« in die Dokumentarfilmdebatte eingeführt hat, beschreibt die Arbeit von Flaherty.

> »Da es seine Idee war, ›*die wesentliche menschliche Story von innen her zu entdecken*‹, ließ er die Story sich jeweils in einer Inkubationszeit entwickeln, in deren Verlauf er das Leben des Volkes, das er schildern wollte, in sich aufnahm. Und er war so wenig bereit, seine derart gesammelten Erfahrungen und die damit verbundenen Kamerastreifzüge irgendwelchen Story-Bedürfnissen anzupassen, dass er beim Verfilmen der Story nicht ein ausgearbeitetes Skript, sondern eine bloße Skizze benutzte, die während der Aufnahme ständig geändert werden konnte.« (Kracauer 1979, 327)

Aus Sicht der Reportage ist an der Arbeit Flahertys zu monieren, dass er Menschen zu »typischen Vertretern« ihres Volkes machen wollte. Ihn interessierte das Allgemeine mehr als der konkrete Einzelne. Nicht nur in NANOOK OF THE NORTH versuchte er ein traditionelles Leben zu zeigen, das es so schon nicht mehr gab. Er verbannte häufig moderne Gerätschaften aus seinen Bildern und rekonstruierte z.B. Szenen, die längst nicht mehr benutzte Jagdtechniken zeigten, um ein scheinbar unverfälschtes, ursprüngliches Leben seiner Protagonisten zu zeigen. So scheute er nicht davor zurück, für seinen Film MAN OF ARAN Haijagden nachzustellen, die von den gefilmten Inselbewohnern schon lange nicht mehr praktiziert wurden und die diese auch nur mit Mühe und Not überstanden.

Und trotzdem: Flaherty ging nicht ins Studio; er drehte nicht mit Schauspielern. Die Menschen, die Flaherty vor seine Kamera holte, waren aus Fleisch und Blut. Die Härte ihres Lebens, die er z.T. in nachgestellten Szenen darstellte, reflektiert die wirkliche Härte ihres Alltagslebens. In schrecklicher Art und Weise wurde das deutlich, als Nanook und seine Familie kurz nach den Dreharbeiten ums Leben kamen.

> »Zwei Jahre später war Nanook tot, gestorben an Hunger wie so viele seines Volkes. Während eines Sturms im Landesinneren konnte er nicht mehr rechtzeitig die Küste und die lebensrettenden Seehunde erreichen. Aber zu dieser Zeit ging Nanook, der Film, bereits um die Welt und Nanook, der Jäger, wurde zu einem weltbekannten Charakter, überall beliebt. Die Nachricht von seinem Tod erschien überall in der Presse, auch in China und Japan. In Malaysia entstand ein neues Wort für den starken Mann ›Nanuk‹.« (Flaherty 1972)

2.2.3 Dziga Vertov

In der Sowjetunion gab es nach der Oktober-Revolution von 1917 einige Jahre lang ein kulturell fruchtbares Klima. Die besondere Aufmerksamkeit der künstlerischen Avantgarde gehörte dem modernen Medium Film. Dabei interessierten sich die Filmschaffenden besonders für die Organisation des Filmmaterials im Schneideraum, also für den Filmschnitt oder wie sie es nannten, für die *Montage*. Die russischen Filmschaffenden waren die Ersten, die systematisch die Gesetze und Ausdrucksmöglichkeiten der Montage untersucht und angewendet haben.

Bedeutenden Einfluss auf die dokumentarische Filmarbeit hatten die Filme und theoretischen Manifeste von Dziga Vertov (oder: Dsiga Wertow 1896-1954), der ursprünglich Denis Kaufmann hieß. Er kam nach der Gründung der Sowjetunion zur Wochenschau (Filmwoche) und gründete später die Monatsfilmschau KINO-PRAWDA (Kino-Wahrheit) und die Filmgruppe KINO-GLAS (oder: KINOGLAZ; KINO-AUGE).

Natürlich wurde Vertov von den kommunistischen Ideen der jungen Sowjetunion stark beeinflusst. Mindestens genauso wichtig war für ihn aber auch der Futurismus, jene Kunstbewegung, die die Dynamik und Perfektion der Maschinen mehr zu lieben schien als alles andere. Vor diesem Hintergrund erklärt sich seine Begeisterung für das neue technische Abbildungsverfahren des Films und für mechanische Apparate wie die Kamera. Für Vertov führt die mechanische Kamera geradezu ein Eigenleben. Der Operateur ist als »Kinoki-Pilot« gerade noch der Helfer des »Maschinenauges«. Vertov unterscheidet sich in seiner Auffassung, wie Kamera, Montage und Dramaturgie einzusetzen sind, diametral von Flaherty.

> »Der Ausgangspunkt ist: *die Nutzung der Kamera als Kinoglaz, das vollkommener ist als das menschliche Auge, zur Erforschung des Chaos von visuellen Erscheinungen, die den Raum füllen.*[...]
>
> Ich bin Kinoglaz. Ich bin ein mechanisches Auge. Ich, die Maschine, zeige euch die Welt so, wie nur ich sie sehen kann. Von heute an und in alle Zukunft befreie ich mich von der menschlichen Unbeweglichkeit. *Ich bin in ununterbrochener Bewegung*, ich nähere mich Gegenständen und entferne mich von ihnen, ich krieche unter sie, ich klettere auf sie, ich bewege mich neben dem Maul eines galoppierenden Pferdes, ich rase in voller Fahrt in die Menge, ich renne vor angreifenden Soldaten her, ich werfe mich auf den Rücken, ich erhebe mich zusammen mit Flugzeugen, ich falle und steige zusammen mit fallenden und aufsteigenden Körpern.
>
> Ich, die Kamera, habe mich auf die Resultante geworfen, manövrierend im Chaos der Bewegungen, eine Bewegung nach der anderen in den kompliziertesten Kombinationen aufzeichnend.« (Vertov 1975, 7f.)

Mit versteckter Kamera sollte das Leben überrumpelt werden, so forderte es Vertov. Szenen zu erfinden oder auch nur nachzustellen, war geradezu verboten. »Das Leben so, wie es ist« war der Grundsatz der Filmgruppe KINO-GLAS (Filmauge), deren Manifest im Jahre 1923 erschien. Durch die uneingeschränkte Begeisterung für die technischen Möglichkeiten der Kamera, geriet Vertov allerdings in die Gefahr, dass seine Aufnahmen zu einem virtuosen Selbstzweck wurden. Mit seinem Drang nach *authentischen* Aufnahmen, nahm er das Credo des modernen Reporters vorweg. Gleichzeitig war er der Erste, der (in einigen Fällen) Betroffene wichtig genug nahm, um sie zu interviewen und ihnen damit eine Stimme zu geben.

> »Wertow machte 1930 eine Entdeckung, ohne die das gesamte heutige Dokumentarfilmschaffen nicht mehr denkbar wäre: das synchron aufgenommene Ton-Bildinterview von einfachen Arbei-

> tern. Eine Betonarbeiterin, eine Kolchosbäuerin und eine Bäuerin in DREI LIEDER ÜBER LENIN (1934) und eine Fallschirmspringerin in WIEGENLIED (1937) sind die ersten spontan redenden alltäglichen Helden im Dokumentarfilm.« (Wildenhahn 1975, 58)

Bei der Aufnahme sollte die Wirklichkeit genommen werden, wie sie war. Für den zweiten Arbeitsschritt, die Montage, galt dieses Credo nicht. Vertov gab die Montage des Materials völlig frei, die Filmbilder konnten aus ihrem raumzeitlichen Zusammenhang gelöst werden, um sie in eine neue Ordnung zu bringen. Erklärbar ist das durch seine Absicht, hinter der Oberfläche der Dinge die Wahrheit zu suchen. Durch die Montage verwandelte sich nach Vertovs Meinung der Film von einer bloßen Widerspiegelung des Lebens zur »Organisation des Lebens selbst«. Karl Marx stand bei dieser Überlegung gedanklich Pate: »Alle Wissenschaft wäre überflüssig, wenn die Erscheinungsform und das Wesen der Dinge unmittelbar zusammenfielen.« Auch Lenin misstraute dem ersten Eindruck: »Die *Wahrheit* liegt nicht am Anfang [...] Die *Wahrheit* ist nicht der *anfängliche Eindruck*.« (Lukács 1955, 6)

Die Geschichte der Sowjetunion zeigt, dass auch die mühsam herausgearbeiteten kommunistischen Wahrheiten nicht für die Ewigkeit gemacht waren. Auch für den Reporter kann es keine endgültigen Wahrheiten geben. Alles kann zum Gegenstand seiner kritischen Neugierde und seiner Zweifel werden, alles kann neu gesehen werden.

Vertov versuchte über die Montage abstrakte Erklärungs- und Verständnismuster in das authentisch gewonnene Filmmaterial hineinzubringen. Die Filmbilder sind bei ihm nicht mehr authentische Repräsentanten der Wirklichkeit, sie werden einer abstrakten Erzählabsicht untergeordnet. Zufälle werden nur insoweit zugelassen, wie sie dem verfolgten Zweck dienen. Vertovs Ziel ist eingestandenermaßen und erkennbar die Agitation.

> »Särge von Nationalhelden werden in die Gräber gesenkt (aufgenommen 1918 in Astrachan), die Gräber werden zugeschüttet (Kronstadt 1921), Salut aus den Kanonen (Petrograd 1920), ewiges Gedenken, die Mützen werden abgenommen (Moskau 1922) – solche Dinge verbinden sich miteinander sogar bei wenig ergiebigem, nicht speziell aufgenommenem Material.« (Vertov 1975, 7)

Manchmal überwältigt Vertov die spielerische Begeisterung für die Montagemöglichkeiten des neuen Mediums. Jerzy Toeplitz wirft ihm »Montageäquilibristik« vor. Er bemerkt anklagend und gelangweilt: »Das Hissen einer Fahne in einem Pionierlager, das fast eine Minute dauerte, wurde in dreiundfünfzig Einstellungen gezeigt!« (Toeplitz 1983a, 201)

Statt sich mit der Rolle eines Beobachters, eines Zeugen oder eines Berichterstatters zu bescheiden, wird Vertov in der Montage zum überschwänglichen Schöpfer einer neuen Wirklichkeit.

> »Ich bin Kinoglaz, ich schaffe einen Menschen, der vollkommener ist als Adam, ich schaffe Tausende verschiedener Menschen nach verschiedenen, vorher entworfenen Plänen und Schemata. Ich bin Kinoglaz.
>
> Von einem nehme ich die stärksten und geschicktesten Hände, von einem anderen die schlanksten und schnellsten Beine, von einem dritten den schönsten und ausdruckvollsten Kopf und schaffe durch die Montage einen neuen, vollkommenen Menschen.« (Vertov 1975, 7)

Während Vertov für die Kameraarbeit das Reportermotto ausgegeben hatte, die Kamera müsse das Leben in seiner Unmittelbarkeit einfangen, formt er in seiner Montage aus dem Material politische Botschaften oder formale Bewegungsspiele. In seiner Montage bleibt die Authentizität der Kamera auf der Strecke. Aus Sicht der Reportage steckt in dieser Montagetechnik das mangelnde Vertrauen in die unmittelbare Aussagekraft der Bilder, vielleicht auch die Furcht des Propagandisten vor Bildern, die nicht auf eine ideologische Linie gebracht wurden. Die für die Reportage nahe liegendste Erzählform, die raumzeitlich geordnete lineare Geschichte, steht seinen Montageabsichten im Wege und ist als bürgerliches Relikt ohnehin verdächtig. Aus Sicht der Reportage enthüllt das Filmverständnis von Dziga Vertov sehr gegensätzliche Auffassungen von Kameraarbeit und Montagetechnik. Die Arbeiten Dziga Vertovs zeigen besonders deutlich, dass sich ein Film nicht nur durch einen speziellen Kamerastil oder durch eine spezielle Montagetechnik charakterisieren lässt. Das Endergebnis hängt immer von dem Einsatz aller filmischer Mittel ab.

2.2.4 John Grierson

John Grierson (1898-1972) wurde zur treibenden Kraft der britischen Dokumentarfilmbewegung. Berühmt ist in Dokumentarfilmerkreisen noch immer sein Credo, der Dokumentarfilm sei »creative treatment of actuality«. Mit diesem Ausspruch formulierte er den besonderen Qualitätsanspruch des Dokumentarfilmgenres gegenüber *newsreels* und anderer *fast-food-Ware*. Gleichzeitig steckt in dieser Bemerkung aber auch ein Misstrauen gegenüber der ungestalteten Wiedergabe der Wirklichkeit.

Grierson hatte Philosophie und Soziologie studiert. Eines seiner wissenschaftlichen Themen war die »Erforschung der Massenkommunikation und ihrer Anwendung in einer demokratischen Gesellschaft«. Er wurde vom Empire Marketing Board (E.M.B.) angestellt, das 1928 von der englischen Regierung gegründet wurde, um u.a. Werbung für Lebensmittel zu betreiben, die in den Ländern des britischen Imperiums erzeugt wurden. In diesem Werbeamt übernahm Grierson die Leitung der Filmgruppe. 1934 wurde das Empire Marketing Board aufgelöst und die Filmgruppe wurde vom General Post Office übernommen. Dort blieb Grierson bis 1937.

Grierson und seine Vorgesetzten wollten mehr als schlichte Werbung. Es ging ihnen darum, »das Empire lebendig darzustellen, das tägliche Treiben und Tun« seiner Bürger auf der Leinwand zu zeigen. Es ging ihnen um nicht weniger, als um die Darstellung der »moralischen, kulturellen und wirtschaftlichen Werte« Englands. Für Grierson war der Film weder zur Unterhaltung noch zur Kunst bestimmt, sondern zur Propaganda. Er war seiner Ansicht nach ein zeitgemäßes Mittel der modernen Industriegesellschaft, die Staatsbürger aufzuklären und zu erziehen. Grierson war der Pädagoge unter den frühen Dokumentarfilmern.

Grierson selbst schuf den Film, der am Ende der Stummfilmzeit den Anstoß zur englischen Dokumentarfilmbewegung gab. Er hieß DRIFTERS (1929) und war ein Bericht über die Arbeit der Heringsfischer in der Nordsee.

> »...[Drifters] humbly brought to the screen the labour of the North Sea herring catch from such an approach that the ordinary person was made to realize, probably for the first time, that a herring on his plate was no mere accepted thing but the result of other men's physical toil and possibly courage. It ›brought alive‹ (an E.M.B.

> phrase) not just the routine of the catch but the whole drama of emotional values that underlay the task, interpreting in its stride the unconscious beauty of physical labour in the face of work done for a livelihood.« (Rotha 1963, 97f.)

Grierson bezog sich in seinen Äußerungen ab und zu auf Vertov. Ob er allerdings dessen Filme gesehen hatte, ist nicht bekannt. Die Werke Flahertys kannte Grierson genau und er folgte ihm in wesentlichen Punkten. Für Grierson waren »authentische Menschen statt Schauspieler, natürlicher Hintergrund statt Dekorationen und authentische Geschehnisse statt ausgedachter Fabeln« wichtig. Flahertys Begeisterung für »edle Wilde« teilte er allerdings nicht. Er sah sich in einer unmittelbaren gesellschaftlichen Verantwortung und fragte nach dem Zweck und der Funktion eines Films.

> »Wenn Flaherty sagt, dass es verdammt viel heißen will, in einer Wildnis ums tägliche Brot zu kämpfen, so kann man mit einiger Berechtigung entgegnen, dass uns das Problem mehr angeht, wie die Leute inmitten des Überflusses ums tägliche Brot kämpfen.« (Gregor, Patalas 1976, 123)

Folgerichtig wandte sich die Filmabteilung des E.M.B. unter Grierson den Werktätigen zu. Die Filme des E.M.B. erschlossen zum ersten Mal außerhalb der Sowjetunion die Alltagswelt der Bauern, Fischer, Berg- und Industriearbeiter. Trotz ihrer moralischen und gesellschaftspolitischen Ansprüche interessierte die Filmemacher der einzelne Arbeiter aber nicht. Sie richteten ihren Blick mehr auf die Arbeit als auf die Menschen, die bei ihnen meist anonyme Schatten blieben. Erst später treten wie in HOUSING PROBLEMS (1935) individuelle Protagonisten auf, die auch im Interview zu Wort kommen.

> »Grierson bestand kategorisch darauf, den individuellen Helden abzulehnen, und zwar sowohl den mit echtem (Flaherty) als auch den mit unechtem Heroismus (Filmateliers). Nach Griersons Meinung steckt im Individualismus eine primitive tierische Tradition, die in weitestem Maße für die gegenwärtige Anarchie verantwortlich zu machen ist. Anstelle der privaten Person müsse man im Film den Menschen im öffentlichen Leben zeigen, und zwar als ein Element (eines von vielen) der Gesellschaft. Paul Rotha schreibt, dass in den

frühen britischen Dokumentarfilmen der Mensch, der im Film gezeigt wurde, mit seinem richtigen Namen auftreten konnte (diese Information gab der Kommentar), aber keinerlei menschliche Gefühle zum Ausdruck brachte und mit dem Milieu lediglich durch seine Arbeit verbunden war. Meist wählten die Regisseure den leichtesten Weg und behandelten die Menschen als Symbole (›der Mensch an der Maschine‹).« (Toeplitz 1983a, 827)

Die Verwandlung der gezeigten Menschen in abstrakte Symbole steht im krassen Widerspruch zur Idee der Reportage, die von konkrete Menschen erzählen will. Gerade die Darstellung von Protagonisten mit ihren persönlichen Besonderheiten und ihren, zumindest in einzelnen Aspekten einmaligen Lebensumständen, macht die vitale Kraft einer Reportage aus. In den frühen Filmen der englischen Dokumentarfilmschule dienen die Betroffenen als Beweismaterial für gut gemeinte Thesen. Das erklärt vermutlich, warum die Filme aus heutiger Sicht nicht die Betroffenheit und Anteilnahme erzielen, wie es Flahertys Nanook noch immer vermag. Pädagogische Absichten können den Blick auf das Konkrete verstellen und verhindern, dass der Filmemacher spannend erzählt und ohne moralische Vorurteile auf die Wirklichkeit zugeht. Von Ausnahmen abgesehen, sind die Produktionen der britischen Dokumentarfilmbewegung zwischen 1929 und 1933 heute nur noch von akademischem Interesse.

2.2.5 Richard Leacock und Klaus Wildenhahn

Die Entwicklung der Filmtechnik hin zu leichten und leisen Kameras, tragbaren Tonausrüstungen, hoch empfindlichen Filmmaterialien, lichtstarken Objektiven führte Ende der Fünfziger-, Anfang der Sechzigerjahre des zwanzigsten Jahrhunderts zu einem Durchbruch neuer Dokumentarfilmformen in den USA, in Frankreich und in Kanada. Mit den neuen Geräten konnte ein kleines Team verhältnismäßig unauffällig Film- und Tonaufnahmen machen und so authentische Bilder und Töne einfangen, wie sie die moderne Fernsehreportage braucht. Zu einem der Pioniere der neuen Technik und der neuen Filmformen wurde Richard Leacock (*1921), der selbst technische Verbesserungen der Aufnahmeapparaturen entwickelte. Bis in die Fünfzigerjahre hinein war es immer ein Problem gewesen, dass Kamera und Tonbandgerät mit einem Kabel verbunden sein mussten, damit beide synchron liefen. Leacock fand eine Lösung, ohne das Kabel zurecht zu kommen. Damit steigerte er die Beweglichkeit des Aufnahmeteams erheblich. Es entstanden die ersten Fernsehreportagen, die als so ungewöhnlich empfunden wurden, dass sie das Gütesiegel *Dokumentarfilm* bekamen.

(Obwohl in Deutschland beim NWDR ähnliche Techniken schon früher, Mitte der Fünfzigerjahre, entwickelt worden waren, spielen die dort gedrehten Filme in der Dokumentarfilmdiskussion nur eine untergeordnete Rolle, weil die Autoren traditionellen Erzählmustern verhaftet blieben.)

Leacock hatte bereits mit einigen amerikanischen Dokumentarfilmern zusammengearbeitet und war bei Flaherty Kameramann gewesen (LOUSIANA STORY 1948), bevor er ab 1960 mit dem neuen Gerät eine Reihe von Filmen für den Time-Life-Konzern machte. Leacock nannte sein Verfahren, mit dem er der lebendigen Wirklichkeit zu Leibe rückte, *uncontrolled cinema*; es wurde auch *direct cinema* oder, bezogen auf die Kameraarbeit, *living camera* genannt. Er wollte seine Kamera so einsetzen, dass ihre Anwesenheit auf die gefilmten Menschen so wenig Einfluss wie möglich ausübte. Leacock und seine Kollegen Drew, Pennebaker, Maysels arbeiteten in kleinen Teams, stellten keine Lampen auf und gaben ihren Protagonisten keine Anweisungen. Für Leacock besteht die Aufgabe des Dokumentaristen darin, reale Vorgänge sicht- und hörbar einzufangen, um ihnen »den Augenblick der Wahrheit abzuluchsen.« (Ebert 1978, 6)

Wie Flaherty sucht Leacock eine Geschichte, allerdings reduziert er den Eingriff der Filmemacher auf das Geschehen vor der Kamera so weit wie möglich, um authentisch zu sein. Beim Drehen geht er vor wie es Vertov verlangte, der das Leben »überrumpeln« wollte. Die Kamera wird so zum *Augenzeugen*. Anders als bei dem Russen wird bei Leacock das Material durch die Montage in seinem raum-zeitlichen Ablauf belassen. Während Grierson das Alltägliche dramatisieren wollte, sucht Leacock das Drama im Alltag, um zu seiner Geschichte zu kommen. Auch Leacock glaubt dabei an die *gefundene Geschichte*. Den meisten der von Leacock und seinen Kollegen Pennebaker, Maysels und Drew ausgewählten Sujets haftete etwas Spektakuläres an. Es geht um Autorennen, Fünflingsgeburten, Präsidentschafts- und Todeskandidaten.

> »The *Chair* schildert ausführlich die letzten Tage vor einem Hinrichtungstermin, die Bemühungen des Verteidigers um eine Revision des Todesurteils, die Vorbereitungen, die im Gefängnis getroffen werden und das entscheidende Hearing zeigt den Gefängnisdirektor, der auf Wunsch des farbigen Delinquenten die Hinrichtung selbst voll-

strecken soll, den leidlich unbekümmerten Staatsanwalt und auch den Verurteilten selbst: Wie er mit seiner Verlegerin die letzten Korrekturen seines Buchs bespricht, wie er in der Todeszelle sitzt, wie er bei der endlichen Umwandlung des Urteils in eine fast hundertjährige Zuchthausstrafe die Fassung verliert. Das Mosaik, das Leacock zusammenstellt, ist komplett. Er sitzt mit der Kamera neben dem Gefängnisdirektor als dieser zum Hearing fährt, filmt den Gouverneur bei der Unterzeichnung der Begnadigung, die Ankunft der Nachricht im Gefängnis, im Büro des Verteidigers. Man sieht den Staatsanwalt beim Golf, den Verteidiger beim Kegeln und der Erschöpfung nahe an seinem Schreibtisch, sieht ihn gähnen, lachen und weinen; durchaus nicht alles hat seinen Bezug zu dem Ereignis, das doch alles zusammenhält, aber gerade das trägt zur Zuverlässigkeit der Reportage bei. Das Hearing – die wichtigste und zugleich virtuoseste Passage des Films – blättert alle Argumente für und wider die Todesstrafe auf den Tisch, jedenfalls die, die gemeinhin gebracht werden. Leacock selbst enthält sich des Kommentars, mit keinem Wort entlarvt er die mitunter lächerlichen Züge der Debatte. Dafür entgeht ihm keine Handbewegung des Verteidigers, kein Stirnrunzeln des Staatsanwaltes, der Film ist so empirisch wie möglich.« (Nettelbeck 1964)

Wie Kundschafter durchstreifen Leacock und seine Mitarbeiter auf der Spur ihrer Protagonisten Orte, die vor ihnen noch keiner für die Kamera erschlossen hat. In langen Einstellungen nimmt er den Zuschauer auf seine Gänge durch das Gefängnis mit, z.B. wenn er den Gefängnisdirektor in den Keller begleitet, wo der elektrische Stuhl auf sein Opfer wartet. Durch das konsequente Beobachten wird die Kamera zum Auge des Reporters, nüchtern und trotzdem beteiligt, durch das die Zuschauer wie Augenzeugen sehen können. Die Kamera inszeniert nicht, sie setzt sich allen Zufälligkeiten der Wirklichkeit aus und verzichtet damit (weitgehend) auf die Kontrolle des Endproduktes. Die Montage folgt im Prinzip chronologisch den Ereignissen, manchmal werden verschiedene Handlungsstränge parallel montiert. In der abschließenden Gerichtsverhandlung werden die Aufnahmen mehrerer Kameras dramatisierend gegeneinander geschnitten. Auch hier wird der Ablauf der Verhandlung chronologisch gezeigt.

Die Filme Leacocks sind wie Geschichten angelegt. Die spektakulären Sujets garantieren aus sich heraus das *Drama*. Es sind Sets, bei denen alles auf eine Entscheidung drängt, in denen es um Leben und Tod geht. Diese Abläufe haben vorhersehbar einen Anfang, einen Konflikt und einen Höhepunkt. Sie entsprechen aus sich heraus den klassischen Grundanforderungen an die Dramaturgie einer Geschichte. Durch eine chronologische, dramatisierende Montage wird diese Geschichte für den Zuschauer vergegenwärtigt und herausgearbeitet. Der Ausgang bleibt bis zum Schluss ungewiss. Nie weiß der Zuschauer mehr, als die Protagonisten und das Kamerateam beim Drehen gewusst haben. Die dramatischen Sujets, der hohe Grad an Authentizität und das offene Ende schaffen beim Zuschauer das Gefühl des intensiven *Miterlebens*.

Auf der einen Seite versprechen Reportagen wie THE CHAIR – in den Grenzen des Mediums – die Darstellung authentischer, unverfälschter Wirklichkeit. Auf der anderen Seite muss die Reportage-Geschichte nach den Regeln der Erzählkunst gestaltet und geformt werden. Diese beiden scheinbar widersprüchlichen Aspekte finden sich auch in den Aussagen Jürgen Roths zu Leacocks Reportage THE CHAIR wieder. Einerseits sagt er, Leacocks Filme würden den Zuschauer nicht belehren, sondern ihm Material zur eigenen Beurteilung der Situation geben. Andererseits führt Roth aus:

> »The Chair unterscheidet sich in Aufnahmetechnik und Montage oft nicht von einem Spielfilm. Die Verhandlung, in der Crumps Schicksal zur Diskussion steht, ist mit mehreren Kameras aufgenommen; es gibt kommentierende Schwenks und Schnitte. Wenn der Anwalt Nizer den Brief verliest, den Crump an den Gouverneur schrieb mit der Bitte um Begnadigung, sucht die Kamera Crumps Mutter und zeigt in Großaufnahme ihre gefalteten Hände.« (Roth 1982, 14)

Den Reporter Leacock trifft die Kritik, die Reportagen oft gemacht wird: Seine Filme seien oberflächlich und könnten nur die äußerlichen Aspekte der Wirklichkeit zeigen. Sie seien zu individuell und nicht politisch genug. »Indem man Vorgegebenes nur beschreibt, hat man es schon akzeptiert«, schreibt Uwe Nettelbeck 1964 und will so Leacocks Filme der affirmativen Kritiklosigkeit zeien. Diese Kritik kritisiert Roth achtzehn Jahre später.

> »Je größer der Abstand zu diesen Filmen wird, desto spannender werden sie. Die Kritik, die sich Mitte der Sechzigerjahre vehement äußerte – die Filme blieben an der Oberfläche der Erscheinungen

> hängen, ihnen fehle jedes Bewußtsein, nie gelänge der Schritt vom Besonderen zum Allgemeinen –, muß heute fast in ihr Gegenteil verkehrt werden.« (Roth 1982, 13)

In Deutschland wird Klaus Wildenhahn (*1930) zum bekanntesten Vertreter des neuen dokumentarischen Stils des *direct cinema*. Er arbeitete zunächst als Realisator und dann als Autor bei dem NDR-Magazin PANORAMA, bevor er beginnt, lange Dokumentarfilme zu drehen. Während Leacock kaum Vorrecherchen machte und oft mit mehreren Teams für eine relativ kurze Zeit ein dramatisches Geschehen begleitete, blieb Wildenhahn Wochen oder Monate bei seinen Protagonisten. »So entsteht ein Kontakt mit den Personen vor der Kamera, der das Filmen erleichtert, ja fast zur Selbstverständlichkeit macht.« (Roth 1982, 12) Durch seine geduldige Arbeitsweise erschlossen sich Wildenhahn auch Wirklichkeitsbereiche, die nicht so spektakulär waren wie die Geschichten Leacocks. Im Zuge der Politisierung der Sechzigerjahre solidarisierte sich Wildenhahn mit den »Unterprivilegierten«, er fühlte sich als deren Verbündeter. Wildenhahns erster großer Film war IN DER FREMDE (1967).

> »Zehn Wochen lang beobachten Wildenhahn, der Kameramann Rudolf Körösi und der Tonmann Herbert Selk den Bau eines Silos in der norddeutschen Provinz. Ihr Kontakt zu den Arbeitern ist so gut, dass sie nicht nur die normalen Tätigkeiten filmen können, sondern auch die Konflikte. Zentralfigur ist der Polier, der zwischen dem Unternehmer, dessen Interessen er zu vertreten hat, und den Arbeitern steht, die, wenn sie schon fern von der Familie ›in der Fremde‹ schuften, möglichst viele Stunden am Tag arbeiten wollen, damit sich diese Streßperiode finanziell lohnt. Dieser Konflikt bekommt seine Schärfe durch seinen genauen Blick auf die Arbeitsbedingungen.« (Roth 1982, 62f.)

Bei ihren Dreharbeiten folgten Wildenhahn und seine Crews den Prinzipien des *direct cinema*. Sie vermieden es, Dinge zu arrangieren oder zu inszenieren, sie traten in einem kleinen Team auf, sie verzichteten auf Scheinwerfer.

Wildenhahn nannte seine Suche nach einer Geschichte, den Versuch, eine »Chronologie« in der gefilmten Situation zu finden. Seine Filme beginnen mit einer Exposition, in der die handelnden Personen zunächst »relativ lakonisch« vorgestellt werden.

> »[Bei IN DER FREMDE ...] werden die verschiedenen Berufssparten vorgeführt, natürlich der Polier, aber auch die anderen, die mit auf den Bau kommen, auch die Kolonne, die nachher das Gleiten bewerkstelligen wird. Es wird eine Art Umfeld hergestellt. Und dann beginnt eine wirkliche Chronologie, ein Ablauf, bei dem wir nur noch dranbleiben. [...] Es ist immer ein Teilausschnitt aus einer Chronologie, die wiederum in einer größeren Chronologie steht.« (Wildenhahn, in: Roth 1982, 62f.)

Die Methoden des *direct cinema* mit dem Einsatz der *living camera* (der *bewegten Kamera*) beeinflussten schon bald die alltägliche Fernseharbeit. Eine Zeit lang wurden die Interviews bevorzugt im Laufen gemacht. Der aufwändige Drehstil Wildenhahns mit seinen langen Drehzeiten und den unvorhersagbaren Ergebnissen blieb in dieser Konsequenz aber ein Einzelphänomen.

Auch wenn Wildenhahn in Deutschland als Dokumentarfilmer berühmt wurde und stilprägend wirkte, konnte sich der beim NDR fest angestellte Filmemacher mit seinen beobachtenden Dokumentarfilmen nur bedingt durchsetzen: Die meisten seiner Filme landeten in den Dritten Programmen. In der Dokumentarfilmerszene musste er sich in den Achtzigerjahren einer erbitterten Diskussion stellen. Ihm wurde vorgeworfen, seine Filme seien »romantisch« und suggerierten einen falschen Schein von Authentizität. Viele Dokumentarfilmer wollten das »Gemachtsein« ihres Filmes im Film selbst thematisieren und damit das Medium mitreflektieren. Während Wildenhahn dokumentarischen Film von fiktionalem (synthetischem) Film unterscheidet, können andere, wie z.B. Klaus Kreimeier und Alexander Kluge, keinen entscheidenden Unterschied zwischen einem dokumentarischen Film und einem Spielfilm erkennen. Der Dokumentarfilm sei nicht realistischer als der Spielfilm, der naive Umgang mit Dokumentarfilm sei eine einzigartige Gelegenheit, Märchen zu erzählen. (vgl. Kluge 1975, 202)

Der beobachtende Dokumentarfilm à la Wildenhahn behält seine Anhänger, aber im Zuge der Postmoderne entstehen in zunehmenden Maße essayistische Dokumentarfilme, die die Möglichkeit authentischer Widerspiegelung von Realität durch den dokumentarischen Film grundsätzlich infrage stellten.

2.3 Die Fernsehreportage in (West-) Deutschland

Zur dokumentarischen Fernsehgeschichte gibt es deutlich weniger Quellen als zum Dokumentarfilm. Es ist, als handele es sich um ein Medium, in dem kein Bewusstsein der eigenen Historie vorhanden ist und in dem deshalb, wie Zyniker sagen, das Fernsehen immer wieder neu erfunden werden muss.

Das folgende Kapitel stützt sich in der Betrachtung bis 1990 weitestgehend auf die Ausführungen des Filmwissenschaftlers Peter Zimmermann, der die Geschichte der Reportage im Fernsehen für Westdeutschland aufgearbeitet hat (Zimmermann 1994a). Eine Studie zur Geschichte der Reportage in Ostdeutschland liegt unseres Wissens nach nicht vor:

In der ersten Hälfte des Zwanzigsten Jahrhunderts wurde in Deutschland Dokumentarisches vorwiegend im Kino gezeigt. Die Hauptformen waren die Wochenschau und der Kulturfilm, die deutsche Spielart des Dokumentarfilms. Berühmt wurde der Film BERLIN. SINFONIE EINER GROSSTADT (1927) von Walter Ruttmann. Der Film zeigte in assoziativen Bildern das Leben in der Stadt und prägte den Begriff des *Querschnittsfilms*, weil er von allem etwas ins Bild setzte. Mit der nationalsozialistischen Machtübernahme wurde die Tradition des Kulturfilms für die faschistische Weltanschauung instrumentalisiert. Walter Ruttmann verherrlichte deutsche Panzer und auch andere Filmemacher wie z.B. Leni Riefenstahl (TRIUMPH DES WILLENS 1935) stellten sich mit ihren Filmen in den Dienst des NS-Regimes.

> »Der Kulturfilm im Dritten Reich zeichnete sich durch die Harmonisierung gesellschaftlicher Widersprüche und durch einen euphemistisch-idealisierenden Filmstil aus. Durch gezielte Inszenierung und suggestive Kamera-, Ton- und Montagetechnik, wurden Panoramen des Volkslebens entworfen und das eigene Volk zur Schicksalgemeinschaft hochstilisiert.« (Zimmermann 1994a, 216)

Nach dem Ende des Zweiten Weltkrieges und dem Untergang des Dritten Reiches wurde Deutschland unter alliierter Kontrolle entnazifiziert. Es begann die Phase der Reeducation, die angloamerikanische Ideen und

Vorbilder nach Deutschland brachte. Außerdem begann das Fernsehen in den Fünfzigerjahren seinen Siegeszug und das Dokumentarische wanderte aus den Kinos in die Wohnzimmer. Die dokumentarische Arbeit für das neue Medium wurde stark von zwei Faktoren beeinflusst: Auf der einen Seite folgten die Sendungen dem Vorbild britischer und nordamerikanischer Programme. Sie wurden journalistischer, informierender On- und Off-Kommentar wurde häufiger eingesetzt. Auf der anderen Seite wurde das neue Medium weiter durch die Tradition des Kulturfilms beeinflusst. Der Filmwissenschaftler Peter Zimmermann nennt als Grund für das Überleben des alten Kulturfilms die Tatsache, dass das Personal der neuen Fernsehsender zum Teil aus nationalsozialistischen Medieneinrichtungen gekommen sei. So hatte z.B. der Programmdirektor des Nord-Westdeutschen-Rundfunks (NWDR) früher in der Reichsstelle für Lehr- und Unterrichtsfilme gearbeitet.

Vor seiner Teilung in den Fünfzigerjahren war der NWDR der wichtigste Sender der Bundesrepublik Deutschland. Er bestritt in dieser Zeit etwa die Hälfte des ARD-Programms. Eine der beliebtesten Reihen des Senders war DER POLIZEIBERICHT MELDET (ab 1953) von Kameramann Carsten Diercks und Reporter Jürgen Roland. Außerdem wurden in guter, alter Tradition Städtepanoramen produziert, die allerdings informativer als die alten Kulturfilme waren.

Noch bevor sich die Bundesbürger große Reisen leisten konnten, wurde beim NWDR die touristische Reisereportage mit der Vorliebe für Exotisches zu einem der Schwerpunkte der Berichterstattung. Die erste große Afrika-Reportage des Deutschen Fernsehens drehte der spätere Chef der Tagesschau, Hans-Joachim Reiche, gemeinsam mit dem Reporter Peter Coulmas und dem Kameramann Carsten Diercks. Sie hieß MUSURI, BERICHT EINER FERNSEHEXPEDITION NACH BELGISCH KONGO (31.3./7.4.1954). Fernsehhistorisch ist sie in mehrfacher Hinsicht interessant. Mit ihr begann der NWDR eine Reihe großer Reportagen aus Übersee. Außerdem war sie die erste Synchronton-Reportage des Fernsehens. In technischer Hinsicht schlug sie damit ein neues Kapitel der Film- und Fernsehgeschichte auf. Der NWDR hatte noch vor dem Team Leacock, Drew, Pennebaker und dem *direct cinema* das so genannte *Pilot-Ton-Verfahren* entwickelt, mit dem es zum ersten Mal möglich war, Bild- und Tonaufnahmen zu machen, ohne dass die Kamera und das Tonbandgerät über ein Kabel miteinander verbunden waren. Nach Ansicht des Kameramannes und Fernsehpioniers Carsten Diercks, der MUSURI gedreht hatte, unterstrich das die

»Schrittmacherrolle«. Die Reporter und Kameraleute des NWDR schufen allerdings trotz der bedeutsamen technischen Fortschritte keinen neuen Filmstil, so wie es Leacock und seinem Team einige Jahre später gelang.

> »So neuartig der Einsatz einer leichten beweglichen Handkamera mit Synchronton auch war, so folgte MUSURI doch eher konventionellen Darstellungsmustern, wie sie im Kultur- und Tierfilm sowie im touristischen Reisefilm bereits geläufig waren. Denn den Reportern ging es weniger um die Vermittlung von Informationen über die soziale und politische Lage in Belgisch-Kongo mit Hilfe von Interviews und O-Ton-Aufnahmen, sondern um touristische Reiseeindrücke, die das unternehmungslustige Team aneinander reihte und mit heiteren Rumba- und Sambaklängen unterlegte: Das internationale Flair der großen Hotels, das erfrischende Bad im Swimmingpool und Motorbootfahrten an der ›afrikanischen‹ Riviera wechselten sich ab mit bunten Markt- und Straßenszenen, folkloristischen Tänzen und Bootsrennen der ›Eingeborenen‹ und Großwildsafaris.« (Zimmermann 1994a, 220f.)

Das neue Medium Fernsehen wurde immer wichtiger und es eroberte neue Bereiche der Berichterstattung. Der NWDR (der 1956 aus parteipolitischen Gründen in den Nordwestdeutschen Rundfunkverband NWRV umgewandelt und 1961 in den WDR und NDR aufgeteilt wurde) entdeckte die großen gesellschaftspolitischen Themen der Zeit. Mehr als zuvor vermittelten die neuen Sendungen in ihrer Machart den Gestus der Objektivität und Sachlichkeit. Zwei große dokumentarische Reihen wurden 1956 produziert und im folgenden Jahr gesendet. Sie hießen: AUF DER SUCHE NACH FRIEDEN und PAZIFISCHES TAGEBUCH. Es ging um den Kalten Krieg. Das Reporterteam Rüdiger Proske, Max H. Rehbein und Carsten Diercks berichtete von den »Schwerpunkten der westlichen Verteidigung«. Die Öffentlichkeit empfand die Stücke als sensationell. Die Filme trugen den Machern großes internationales Renommee im Westen ein. Sie zeigten vorher nie gesehene Bilder: Bombergeschwader, die in der Luft aufgetankt wurden, Flotten, die die Meere durchkreuzten, Atomraketen auf ihren Lafetten, Atomexplosionen. Dazwischen sachliche Interviews mit Militärs und Wissenschaftlern. Auch wenn die Reihen oft als »Reportagereihen« bezeichnet wurden und werden – im klassischen Verständnis der Reportage, die den Augenzeugen, die Geschichte und das

Miterleben des Zuschauers fordert, handelt es sich eher um Features oder um Dokumentationen. Peter Zimmermann bewertet die Filme so:

> »Aus heutiger Sicht wirken die beiden großen Reportagereihen des nordwestdeutschen Fernsehens zur ›westlichen Verteidigung‹ nicht nur wie Dokumente, sondern auch wie Instrumente des kalten Krieges. [...] Das Fernsehen, das zeigen diese frühen NWRV-Reihen in aller Deutlichkeit, wurde für diesen ›Medienkrieg‹ früh instrumentalisiert. [...] Lediglich die kleine Dokumentarabteilung des Süddeutschen Rundfunk unter Leitung von Heinz Huber sperrte sich gegen den skizzierten Trend. Mit dem Dokumentarbericht GENAUER BETRACHTET: DIE BUNDESWEHR (1956) brachte sie ein antimilitaristisches Gegenstück zu den Reportagereihen des NWRV ins Fernsehen und löste damit einen öffentlichen Skandal aus.« (Zimmermann 1994a, 229)

In den Fünfziger- und den frühen Sechzigerjahren entwickelte der USA-Korrespondent des NWDR/NWRV, Peter von Zahn, einen eigenen markanten Stil. Seine Reihen hießen BILDER AUS DER NEUEN WELT (1955-1962) und BILDER AUS DER FARBIGEN WELT (1957-1959). Peter von Zahn gründete 1960 in Hamburg die *Windrose Film- und Fernsehproduktion GmbH*, die für den WDR die Fernsehreihe DIE REPORTER DER WINDROSE BERICHTEN (1961-1963) produzierte. (Der WDR bemühte sich seit seiner Spaltung vom NWDR – in bewusster Abgrenzung vom NDR – um den Aufbau eines eigenen Fernsehprogramms.)

> »Peter von Zahn ging es vor allem darum, dem deutschen Publikum ein ›Fenster zur Welt‹ zu öffnen, Ressentiments der Kriegsgeneration gegenüber dem einstigen Gegner abzubauen und zur Versöhnung mit der neuen westlichen Führungsmacht beizutragen. Er war zudem einer der ersten Fernsehjournalisten, die die Konsequenzen daraus zogen, dass der Medienwechsel vom Kino zum Fernsehen und die damit veränderte Rezeptionsweise auch neue fernsehspezifische Präsentationsformen der Filmberichterstattung erforderte. Denn das Fernsehen hatte es nicht mehr mit einem in abgedunkelten Sälen versammelten Kinopublikum zu tun, sondern kam mit seinen Sendungen wie der Hörfunk in die Wohnzimmer der Zuschauer. Folgerichtig wandte er sich vom deklamatorischen Wochenschaustil ebenso ab wie vom anonymen Off-Kommentar vieler Kultur- und

> Dokumentarfilme und inszenierte in Tonfall, Wort und Bild Individualität und Privatheit. Da die Live-Übertragung des Kommentars aus dem Studio – das damals übliche Instrument einer solchen Inszenierung – aus den USA nicht möglich war, mußte er seine Auftritte in den Film integrieren. In seinen ersten Sendungen stellte er seinen Zuschauern im vertraulichen Plauderton zunächst sich selbst, sein Washingtoner Büro, seine Familie und seine Nachbarn vor, um ihnen dann nach und nach seine Impressionen und Berichte aus der ›Neuen Welt‹ zu vermitteln. Seine Beliebtheit beim Publikum resultierte nicht zuletzt daraus, dass er den parasozialen Effekt einer solchen Selbstinszenierung, die persönliche Vertrautheit suggeriert und die Glaubwürdigkeit der Berichterstattung erhöht, nach dem Vorbild der ›anchormen‹ amerikanischer Fernsehsender konsequent nutzte.« (Zimmermann 1994a, 224f.)

Damit taucht der Reporter zum ersten Mal vor der Kamera auf und wird zu einem wichtigen Teil der Reportage.

Die Dokumentarabteilung des Süddeutschen Rundfunks (SDR) übernahm in der Fernsehlandschaft der Fünfziger- und der frühen Sechzigerjahre eine Rolle, die mit der des SPIEGELS bei der geschriebenen Presse zu vergleichen war. Die Abteilung galt als kritisch und als politisch links. Leiter der Dokumentarabteilung wurde 1954 Heinz Huber, der sich vorher als Hörspielautor einen Ruf erworben hatte. Bei ihm arbeiteten u.a. die SPIEGEL-Journalisten Dieter Ertel, Peter Dreesen und Wilhelm Bittorf, später auch der Schweizer Roman Brodmann.

Die Reihe, die den Ruhm der Dokumentarabteilung des SDR begründete, hieß ZEICHEN DER ZEIT und wurde zunächst von Dieter Ertl verantwortet. Sie lief von 1953 bis 1973 und brachte 56 Filme hervor. (Die Reihe wurde später erneut aufgelegt und existiert heute noch.) Obwohl in ZEICHEN DER ZEIT sehr verschiedene Filme mit sehr persönlichen Autorenhandschriften zu sehen waren, wurden sie später unter dem Begriff *Stuttgarter Schule* zusammengefasst. Lag der Schwerpunkt des NWDR-Dokumentarismus auf der Auslandsberichterstattung, so richtete die Dokumentarabteilung des SDR ihre Aufmerksamkeit vor allem auf die innerdeutschen Zustände.

Dieter Ertl hatte vor seinem Wechsel zum SDR bei der NEUEN DEUTSCHEN WOCHENSCHAU und als Sportredakteur beim SPIEGEL gearbeitet. Er entdeckte das Prinzip der filmischen Reportage durch Zufall. Ertl wollte ursprünglich aus Archivmaterial ein großes und umfassendes Feature über die Geschichte des Boxsports machen. Als aktuellen Aufhänger und als Rahmenhandlung hatte er eine gerade in Stuttgart stattfindende Boxveranstaltung filmen lassen. Im Schneideraum kam er zu der Erkenntnis, dass das Material dieser einen Boxveranstaltung alles war, was er für einen spannenden Film brauchte. Er entdeckte, dass die Alltagsbeobachtungen von einer gewöhnlichen Sportveranstaltung stärker sein können, als eine umfassende Retrospektive aus dem Archiv. Ertel erinnert sich:

> »Ich ließ dieses Material am Schneidetisch schon einmal aneinanderhängen [...] probierte einige Schnitte aus, ließ das Produkt vor- und zurücklaufen und telefonierte schließlich Heinz Huber herbei. Er war wie ich der Meinung, dass wir es nicht mit einem Rahmen, sondern schon mit einem Film zu tun hatten. [...] Drei Jahre lang hatte ich bei der Kinowochenschau jedes biedere Handgemenge zu einer dramatischen Ringschlacht hochjubeln müssen, das lag im Prinzip dieses Ausläufers der Schaustellerbranche. [...] Jetzt nannte ich den Hauptkampf ›ruhig und undramatisch‹ und die ganze Veranstaltung ›durchschnittlich‹ – womit ihr ja auch Repräsentativität bescheinigt wurde –, zeigte die Gladiatoren in den Kabinengängen in der Armseligkeit ihres Lampenfiebers, ließ Schier-Gribowsky die kümmerlichen materiellen Verhältnisse der Akteure aufdecken. Titel des Films: GROSSKAMPFTAG.« (Ertel, in: Zimmermann 1994a, 243)

Der Film EIN GROSSKAMPFTAG. BEOBACHTUNGEN BEI EINER BOXVERANSTALTUNG (1957) wurde weder zu der geplanten historischen Dokumentation noch zu einer der üblichen Sportreportagen. Durch die Konzentration auf ein Ereignis und durch den Blick hinter die Kulissen wurde er zu einem reportagehaften Dokumentarfilm, der am Beispiel einer alltäglichen Boxveranstaltung in ironischen Kontrasten die armselige Kehrseite des Geschäfts mit den Profiboxern zeigte. In dem Film EIN GROSSKAMPFTAG waren bereits charakteristische Merkmale ablesbar, die auch die folgenden Filme der *Stuttgarter Schule* auszeichneten. Es ging nicht mehr um Berichterstattung über aktuelle, außergewöhnliche Vorgänge, sondern um die zeitkritische Beobachtung alltäglicher gesellschaftlicher Rituale und Moden der späten Adenauerära.

Bei Auswahl und Gestaltung der Themen griff Ertel in vielen seiner Filme – wie später auch Brodmann und Bittorf – auf Prinzipien einer geradezu klassischen reportagehaften Dramaturgie zurück: die Krisenstruktur des Geschehens und die Entwicklung eines raum-zeitlichen Kontinuums.

Die frühen Dokumentarfilme aus ZEICHEN DER ZEIT unterscheiden sich in einem Punkt deutlich von beobachtenden Dokumentarfilmen à la Leacock und dem *direct cinema*. Die Stuttgarter hatten eine Vorliebe für ausführliche Kommentare, die über die Filmbilder gesprochen wurden. Die Dominanz des OFF-Kommentars lässt etliche Filme aus heutiger Sicht wortlastig erscheinen. In den Filmen wurde ein ironischer und spöttischer Blick auf das jeweilige Sujet gerichtet, der sich nicht nur auf den satirisch geschliffenen Kommentar beschränkte, sondern die Filme bis in die Bild-Ton-Montagen und die Kameraführung hinein durchdrang. Ein filmisches Pendant zum SPIEGEL-Stil, von dem nicht nur Ertel, sondern auch Bittorf und Brodmann deutlich beeinflusst waren. Auch bei GROSSKAMPFTAG durchziehen kleine und große Ironien den Film: »Das Sparring ist relativ. Die Gegner des Champions trugen nichts als blutende Nasen und ein paar Prellungen davon.« (Ertel, in: Müller 1994, 113)

Der Schweizer Roman Brodmann kam 1965 zum SDR. In seinen Arbeiten verband er den zeitkritisch kommentierenden Stil der Sendereihe mit den Möglichkeiten, die die neue Filmtechnik bot. Er verkürzte allerdings den Off-Kommentar auf knappe, oft satirisch zugespitzte Bemerkungen und gab dafür den Bildern und Tönen mehr Raum. Seine Montagetechnik sollte dem Zuschauer Widersprüche, Hintergründiges, Komik pointiert nahe bringen, um so die »Zeichen der Zeit« zu verdeutlichen.

Der erste Film, bei dem er eine beobachtende Kamera einsetzte, die auf Arrangements und Inszenierungen so weit wie möglich verzichtete und die dem Ereignis folgte, hieß DIE MISSWAHL – BEOBACHTUNGEN BEI EINER SCHÖNHEITSKONKURRENZ (1966). Ein Jahr später gelang ihm ein Film, der zu den Klassikern des Genres zählt, DER POLIZEISTAATSBESUCH – BEOBACHTUNGEN UNTER DEUTSCHEN GASTGEBERN (1967). Zu Beginn sollte es ein spöttischer Film über den Besuch des Schah von Persiens in Deutschland werden. Brodmann interessierte sich zunächst nicht für den eigentlichen Staatsempfang, sondern für dessen Inszenierung. Am Anfang zeigt der Film mit Lust am komischen Detail, wie sich Hotels, Polizei, Protokollverantwortliche auf das Ereignis vorbereiten. Die Gärtner stutzen die Hecken aus Gründen der Ästhetik und der Sicherheit, im Hotel Eisenhut probt man den Hofknicks. Im Film schüttelt der Schah die Hände seiner deutschen Gastgeber im Takt der Salutschüsse. Dazu spitze Kommentierungen Brodmanns wie diese:

> »Das Bundespresseamt gibt aber zu bedenken, dass die Kosten dieses Staatsbesuchs sich durchaus sehen lassen dürfen, wenn man den moralischen Gewinn berücksichtigt, der darin besteht, dass die persische Presse zwei Wochen lang ausführlich Berichte über die Bundesrepublik brachte. Ein imposanter Hinweis. Er könnte noch mehr imponieren, wenn nicht 85 Prozent der Einwohner Persiens des Lesens und Schreibens unkundig wären.«

Doch plötzlich geraten die Filmemacher in den Strudel der Ereignisse. Bei Protesten gegen den Schahbesuch wird der Student Benno Ohnesorg erschossen; die Kamera Brodmanns gerät vor dem Schöneberger Rathaus in die Straßenschlacht zwischen Polizei, Jubelpersern und Demonstranten.

> »Der Film verliert schlagartig seine distanzierte Ironie, die Kamera ihre ruhige Distanz und wird zur reporterhaft registrierenden living camera, die sich unter den Schlägen wegduckt und damit deutlicher als jeder Kommentar die Gewalt des Polizeieinsatzes dokumentiert, der zur Radikalisierung der Studentenbewegung maßgeblich beigetragen hat.« (Zimmermann 1994a, 113)

Relativ leichte Kameras und von der Kamera unabhängige Tonaufnahmeverfahren hatten sich Ende der Sechzigerjahre in allen Sendern durchgesetzt. Wie im Kapitel »Geschichte des Dokumentarfilms« (S. 56) dargestellt, übernahm Klaus Wildenhahn die Anregungen von Leacock und dem *direct cinema* am konsequentesten. Seine beobachtenden Filme sollten – dem Zeitgeist entsprechend – eine sozialaufklärerische Funktion haben. Auch wenn Wildenhahn in erster Linie als Dokumentarfilmer bekannt wurde, so hatte er doch einen entscheidenden Einfluss auf die Entwicklung der Fernsehreportage und war dem Fernsehen immer stark verbunden. Seine ersten filmischen Arbeiten produzierte er als Realisator für das zeitkritische Magazin PANORAMA (NDR), wo er mit Kurzberichten von Parteitagen heftige Proteste bei den betroffenen Politikern auslöste. Er wechselte später in die Fernsehspielabteilung des NDR, die unter Egon Monk auch dokumentarische Filme herstellte. Dort schuf Wildenhahn 1967 die Reportage IN DER FREMDE. Später beobachtete Wildenhahn unter anderem den Umzug eines VW-Werkes von Emden in die USA aus dem

Blickwinkel der Arbeiter und ihrer Vertreter. Detaillierte Ausführungen zu seinen Arbeitsmethoden finden sich in dem Kapitel »Die Fernsehreportage als Arbeitsmethode«.

Bis in die Sechzigerjahre waren es vor allem der Norddeutsche Rundfunk mit seinen Abteilungen für Zeitgeschehen, Kultur und Fernsehspiel und die Dokumentarabteilung des Süddeutschen Rundfunks, die die wichtigsten dokumentarischen Fernsehwerke hervorbrachten. In den Siebzigern verloren beide an Bedeutung. Richtungsweisend wurden der WDR und das 1963/64 gegründete ZDF.

Im Zuge der Studentenunruhen von 1968 und einer generell gesellschaftskritischen Grundströmung wurde dem Fernsehen vorgeworfen, es unterstütze die Mächtigen, die Begriffe »Objektivität« und »Ausgewogenheit« würden nur die Parteinahme für die in der Gesellschaft herrschenden Gruppen verdecken. Die Fernsehsender reagierten in den frühen Siebzigerjahren mit medienkritischen Sendungen wie GLASHAUS (WDR), FERNSEHAUGE (NDR), BETRIFFT FERNSEHEN (ZDF). Bernward Wember analysierte die Fernsehberichterstattung in WIE INFORMIERT DAS FERNSEHEN (ZDF 1975) und attestierte den Medien eine »Verseuchung der Seh-, Hör- und Denkgewohnheiten«. Im Verlauf der Siebziger- und der frühen Achtzigerjahre wurden diese medienkritischen Sendungen wieder eingestellt.

In den Siebzigerjahren entstanden viele *Betroffenen-Filme*. Man wollte nicht mehr distanziert und scheinbar neutral über gesellschaftliche Konflikte berichten, man wollte für die Benachteiligten Partei ergreifen, die selbst zu Wort kommen sollten. Der WDR gründete in den Siebzigern die Reportagereihe VOR ORT, die auf »die üblichen Ausgewogenheitsrituale« verzichtete und für die Ziele von Bürgerinitiativen »provokant« Partei ergriff.

> »Das Fernsehen hat nicht nur die Aufgabe, widerzuspiegeln, was in der Gesellschaft läuft, sondern es muss auch Faktor der öffentlichen Meinungsbildung sein. Es hat auch voranzutreiben – im Sinne des gesetzlichen Auftrages; es muss zur sozialen Gerechtigkeit mahnen. Das heißt: Es ist eine Aktivität, die vom Journalisten verlangt wird. Nicht nur ein Reagieren, sondern ein aktives Eingreifen.« (Metzger, Schnidt 1978, 645)

Die Sendung VOR ORT wurde ebenso eingestellt wie die WDR-Serie SCHAUPLATZ (1979-1983), die Alltagsbeobachtungen ins Fernsehen brachte und sich durch den Versuch auszeichnete, kollektiv zu arbeiten, um »marktwirtschaftliche Konkurrenzverhältnisse« zu umgehen.

Nach dem deutschen Herbst, nach dem politischen Wechsel Anfang der Achtziger, wurden die Dokumentarfilme persönlicher, essayistischer und drangen nicht mehr so vordergründig wie zuvor auf politische Veränderungen.

Unabhängig von all den Zeitströmungen haben es einige Autoren geschafft, als Fernsehreporter bekannt zu werden.

Da ist zunächst Georg Stefan Troller, der in den Sechzigerjahren mit seinem PARISER JOURNAL (WDR) berühmt wurde. Troller startete 1971 als Sonderkorrespondent des ZDF seine Reihe PERSONENBESCHREIBUNGEN, in der er bis zu seiner Pensionierung 1993 etwa 70 Menschen porträtierte. Schriftsteller und Boxer waren darunter, Terroristen und Politiker, Transsexuelle und ein behinderter Cartoonist. Seit seiner Pensionierung produziert Troller u.a. unter dem Reihentitel HOLLYWOOD PROFILE (BR) Porträts berühmter Schauspieler.

Gerade die Filme, die Troller beim ZDF gemacht hat, faszinieren durch eine extrem lebendige Handkamera und eine Montagetechnik, die gegen alle konventionellen Schnittregeln Geschichten formt. Die Filme wirken authentisch und effektvoll. Sie sind von Trollers Wunsch vorangetrieben, das »wahre Gesicht« seines Protagonisten zu erkennen. Troller ist berühmt für seine indiskreten Interviews, für seine scharfzüngigen literarischen Texte und für die unverkennbare Eigenart seiner Stimme, mit der er die eigenen Kommentare spricht. (Marschall, Witzke 1999)

Max H. Rehbein war über viele Jahre einer der erfolgreichsten Reporter des deutschen Fernsehens. Die meisten seiner Filme spielen in einem dramatischen Milieu. Er dreht gerne bei Polizisten, Feuerwehrleuten und Lebensrettern. Berühmt ist zum Beispiel seine New York-Trilogie (LEFTY. ERINNERUNG AN EINEN TOTEN 1978; MARATHON IN NEW YORK 1980; MANN IN EILE 1981). Mit seinen perfekt dramatisierten Geschichten setzte er sich dem Verdacht aus, Dinge in Szene gesetzt zu haben. Auch wenn seine Filme ausgesprochen realistisch wirken und voller konkreter Details stecken, sind sie manchen Kritikern zu effektvoll gebaut, um glaubwürdig zu sein.

Männer wie Peter Scholl-Latour (ARD, ZDF) und Gerhard Konzelmann (ARD) gelangen mit Reportagen über das Ausland zu Starruhm. Scholl-Latour hatte nach dem Zweiten Weltkrieg als französischer Fallschirmjäger am Indochinakrieg teilgenommen; später berichtete er von solchen Konflikten als Journalist. Seine Filme gleichen bebilderten Leitartikeln. Konzelmanns Schwerpunktthema war die angebliche Mobilmachung des Islam gegen das Abendland. Beide Autoren neigen gelegentlich zu einer sensationellen Dramatisierung der jeweiligen Konflikte, die insbesondere das Bild der arabischen Völker und Staaten im deutschen Fernsehen negativ gefärbt hat.

Der Luxemburger Gordian Troeller wurde auf der Seite der revolutionären und republikanischen internationalen Brigaden politisch aktiv. Bekannt ist seine Reihe KINDER DER WELT (ARD seit 1984), in der er für das Verständnis anderer Kulturen wirbt. Troellers Filme wirken optisch recht konventionell. Wesentliche Teile der Aussage werden über einen aufklärerischen Off-Kommentar vermittelt. Gelegentlich läuft Troeller bei seiner Suche nach Alternativen menschlichen Zusammenlebens in Asien, Afrika und Lateinamerika Gefahr, eigene sozialrevolutionäre und romantische Wunschvorstellungen auf fremde Länder zu projizieren – so etwa, wenn er bei Amazonasindianern Formen paradiesischer Unschuld und unter dem Schleier iranischer Frauen die Freiheit zu entdecken glaubt.

In den ARD-Anstalten wurden verschiedene Reihen entwickelt, in denen immer wieder brisante Themen aufgegriffen wurden. UNTER DEUTSCHEN DÄCHERN (Radio Bremen) gehört dazu und die WDR-Reihe GESUCHT WIRD ..., eine herausragende Reportagereihe, die investigativen Journalismus in Reportageform auf den Bildschirm bringt. Die Autoren machen häufig ihre eigene Recherchearbeit zur Geschichte. Als Beispiel sei der Film GESUCHT WIRD: EINE TODESURSACHE aus den Achtzigern genannt, in dem Gerd Mohnheim dem Tod einer Frau nachgeht, die an den Nebenwirkungen eines Arzneimittels gestorben ist. Es gelingt ihm nachzuweisen, dass die Herstellerfirma und das Bundesgesundheitsamt die Nebenwirkungen frühzeitig kannten; beide waren ihrer Pflicht zur rechtzeitigen Warnung der Ärzte und Patienten nicht nachgekommen.

Aber es blieb dem ZDF vorbehalten mit der REPORTAGE AM MONTAG im Jahr 1984 einen ständigen Reportageplatz im Abendprogramm zu schaffen. In einem Konzeptpapier der beteiligten Redaktionen hieß es, die

Zuschauer sollten die Chance haben, Politik und ihre Folgen in einen nachvollziehbaren Zusammenhang mit ihrem Alltag zu stellen. (Eser 1983)

Nach den ersten hundert Sendungen wurde DIE REPORTAGE bereits in der Programmpresse als Erfolg gefeiert.

> » ›Anfangs war's ein gewagtes Experiment – von vielen hier im Haus zum Scheitern verurteilt,‹ erinnert sich der verantwortliche ZDF-Redakteur Dieter Zimmer. Doch jetzt – nach knapp hundert ›Montags-Reportagen‹ – kann er zufrieden feststellen: ›An einen solchen Erfolg haben wir nicht zu glauben gewagt!‹ In der Tat: Aus dem Wagnis wurde ein Knüller! Die ›Reportage am Montag‹ mauserte sich zu einer der beliebtesten Dokumentar-Sendungen.« (Schmittdiel 1985)

Inzwischen zählt die Reportage im ZDF mehr als 770 Sendungen. Die Reihe hat Umbenennungen, drei Sendeplatzänderungen und die Kürzung von 43 Minuten auf 29 Minuten überstanden. Sie läuft jetzt jede Woche am Sonntag um 18.30 Uhr unter dem Titel DIE ZDF-REPORTAGE. Mit dieser Sendereihe setzte das ZDF einen Trend. Die ARD zog 1993 mit einer eigenen Reportagereihe nach, die den Titel ARD-EXCLUSIV trägt. Bei den kommerziellen Sendern reicht die Bandbreite von der SPIEGEL-REPORTAGE und der Reihe 24 STUNDEN über die Filme von Kabel 1 (K1 – DIE REPORTAGE) bis zu den billigen Sex-Reportagen auf RTL 2 über das Liebesleben während des rheinischen Karnevals oder beim Urlauben auf Ibiza. Zu den traditionellen 30- bis 45-minütigen Reportagen sind Reporter-Magazine gekommen, z.B. die ZDF.REPORTER. Hier wird versucht, Kurz-Reportagen in personalisierter Form zu produzieren.

Der Begriff Reportage hat also immer noch Konjunktur. Man kann vermuten, dass dieser Trend dem Gefühl entspricht, die Wirklichkeit werde immer unübersichtlicher und fragmentierter, so dass Gesamtansichten nicht mehr möglich seien. Ideologien sind wie Kartenhäuser in sich zusammen gebrochen. Gesamtgesellschaftliche Theorien taugen nicht mehr als Erklärungsmuster. In dieser Situation kann eine Form wie die Reportage, die sich nicht mit abstrakten Zusammenhängen, sondern mit Konkretem befasst, populär werden.

Der Erfolg des Reportagegenres hat dazu geführt, dass inzwischen fast jede dokumentarische Hervorbringung in Programmzeitungen als »Reportage« annonciert wird, unabhängig von der Machart. Dazu beigetragen hat vielleicht, dass sich traditionelle Grenzen verwischen. Analytische Filme nutzen Reportageelemente und unter dem Oberbegriff »Infotainment« sind Informations- und Unterhaltungsprogramme plötzlich keine Gegensätze mehr.

Markant ist zum Beispiel die Entwicklung mehrteiliger Doku-Soaps, die zuerst in England produziert wurden. Für dieses Format werden interessante Menschen in ihrem Alltag mit der Kamera begleitet. Aus dem Material werden Geschichten geformt, die in einzelne Sequenzen aufgeteilt werden, die jeweils auf einen *cliff hanger* zielen; die Sequenzen werden danach nach dem Muster einer aus dem Fiktionalen stammenden Seriendramaturgie ineinander verschachtelt. Die bisher hergestellten Serien reichen von weitgehend gestellten Klamauk-Programmen bis hin zu reportagehaft produzierten Filmen mit journalistischem Anspruch.

Ein Vorläufer der seriellen Doku-Soaps waren die FUSSBROICHS (WDR ab 1991, zirka 90 Episoden) mit dem selbstironischen Untertitel DIE EINZIGE WAHRE FAMILIENSERIE. Die Filmemacherin Uta Diehl begleitete eine Kölner Arbeiterfamilie und schafft dabei Milieustudien, deren besonderer Reiz auf dem Sprachwitz der gezeigten Familie beruht. Situationskomik wird dadurch verstärkt, dass Dinge z.T. vorher arrangiert werden. Wenn sich die Fußbroichs einen Weihnachtsbaum unter Kamerabegeleitung kaufen, dann warten sie bis zur letzten Minute am Heiligen Abend, damit es skurriler wird. Anders als bei den späteren *Doku-Soaps* gibt es bei den FUSSBROICHS noch keine parallele Montage verschiedener handelnder Personen.

Mit OP-SCHICKSALE IM KLINIKUM (ZDF 1998 und 1999) von Heiner Gatzemeier, Ingeborg Jacobs und Hartmut Seifert begann der Boom der Doku-Soaps im deutschen Fernsehen, die über die Montage Parallelhandlungen herstellten. Es folgten die Serien FRANKFURT AIRPORT (ZDF 1998 und 1999; Ulli Rothaus, Bodo Witzke, Jürgen Rapp) und DIE MORDKOMMISSION (ZDF 2001; Michael Heuer, Heiner Gatzemeier) etc. Allerdings nannte das ZDF seine Doku-Soaps zunächst zurückhaltend und seriös *Dokumentarische Filmerzählungen*.

ARTE zeigte da weniger Scheu: Unter dem Label *Doku-Soap* lief die Serie DER WAHRE KIR ROYAL (1998/99; Christian Bauer), die die Arbeit bei einem Feinkostlieferanten in München beschrieb. ARTE schuf als erster Sender einen regelmäßigen Sendeplatz für Doku-Soaps, auf dem im Laufe einer Woche eine vier- oder fünfteilige Serie ausgestrahlt wird. Große Aufmerksamkeit errang eine Serie des WDR ABNEHMEN IN ESSEN (2000 und 2001; Claudia Richarz, Carl-Ludwig Rettinger), in der sechs übergewichtige Frauen bei ihrem Versuch abzunehmen beobachtet wurden. Parallel dazu liefen eine Reihe von Klamauk-Serien über Fahrschulen, Skischulen, etc. bei kommerziellen Sendern. Zunächst wurden die *Doku-Soaps* insgesamt von der Kritik ausgesprochen negativ gesehen; inzwischen gehört jedoch auch diese (potenziell) reportagenahe Form zum festen Repertoire des Fernsehens.

3. Formen des dokumentarischen Fernsehens

Dokumentarische Arbeiten im Fernsehen werden mit einer Vielzahl von Begriffen belegt. Einheitlich definiert sind diese Begriffe nicht und sie werden auch oft recht willkürlich gebraucht. Immer wieder gibt es Modebegriffe. Etliche Jahre lang wurde jeder dokumentarische 30-Minüter als *Feature* bezeichnet; zurzeit wird oft ohne Rücksicht auf Form und Inhalt der Begriff der *Reportage* benutzt. Trotz dieser Willkür stehen die verschiedenen Begriffe für unterschiedliche Methoden, Filme zu machen. Die wichtigsten sollen hier, in Abgrenzung von der Reportage, angesprochen werden.

Der Begriff, über den am meisten geschrieben und theoretisiert wurde, ist der des *Dokumentarfilms*. Als erster Vertreter dieses Genres gilt NANUK DER ESKIMO (NANOOK OF THE NORTH 1922) von Robert Flaherty, der im Kapitel über den Dokumentarfilm (S. 45) beschrieben ist. Kaum eine Filmform hat so unterschiedliche Produkte hervorgebracht, wie der Dokumentarfilm. Es gibt Filme, die weitgehend dem Verständnis von authentischer Reportage entsprechen; es gibt Dokumentarfilme, in denen ein Schauspieler einen Text vorliest und sonst nichts passiert; es gibt Dokumentarfilme, die aus Spielfilmszenen und Bildern von Überwachungskameras kompiliert sind.

> »Der Versuch, den Dokumentarfilm als Genre gegen andere Präsentationsformen des Fernsehdokumentarismus abzugrenzen, ist in mehrfacher Hinsicht problematisch. Zum einen besteht schon im Hinblick auf die filmgeschichtliche Traditionslinie keine Einigkeit darüber, was unter einem ›Dokumentarfilm‹ zu verstehen ist, und ob oder wie dieser vom Spielfilm oder von verwandten Formen wie Kultur-, Industrie- und Lehrfilm oder auch vom ethnographischen Film unterschieden und in seiner Eigenart charakterisiert werden kann. Orientierungen vermittelt am ehesten noch eine filmgeschichtlich mittlerweile kanonisierte Reihe bedeutender

Filmautoren, Werke und Gruppierungen, die von dem Amerikaner Robert Flaherty über die russischen Dokumentaristen um Wertow [...] und die englische Dokumentarfilmbewegung um Grierson bis zum neueren Dokumentarfilm in der Tradition des Cinéma Vérité und des Direct Cinema reicht.« (Zimmermann 1990, 99)

Dokumentarfilmer unternehmen besondere Anstrengungen, um originelle und neue Formen zu entwickeln, die sich von gängigen Fernsehformaten unterscheiden. Ihre Filme sind häufig länger als die üblichen 30 oder 45 Minuten der Reportage – ganz zu schweigen von der Länge der Beiträge in Reporter-Magazinen. Nur ungewöhnliche und trendsetzende Filme wie die amerikanischen Fernsehreportagen Leacocks bekommen das Gütesiegel *Dokumentarfilm*. Liebhaber dieses Genres, wie z.B. Elmar Hügler, klagen, die Fernsehanstalten würden bei ihren gewöhnlichen Reportagen »den Alltagsschutt der medialen Arbeit« ablagern. (Hügler 1990, 124f.)

Der Begriff *Dokumentarfilm* wird in der Diskussion gewöhnlich als abgrenzendes Qualitätsurteil benutzt und nicht als Gattungsbegriff, der ein einheitliches Genre definiert. Im Selbstverständnis der Dokumentarfilmer sind ihre Werke künstlerische Versuche des Umgangs mit der Wirklichkeit, die nicht über einen Kamm zu scheren sind und die sich der Kategorisierung weitgehend widersetzen. Dazu kommt der Anspruch, tiefere Einsichten zu vermitteln, als es die übliche Fernseh-Reportage könnte. Trotzdem findet sich die Reportagehaltung auch im Dokumentarfilm. Beobachtende Dokumentarfilme, wie die von Klaus Wildenhahn, haben die größte Nähe zu Fernseh-Reportagen.

Dokumentarfilme wollen Einzelstücke sein. Für die Beschreibung der üblichen dokumentarischen Sendungen, die auf weitgehend normierten Sendeplätzen ausgestrahlt werden, ist der Begriff wenig geeignet, weil er zu viele verschiedene Formen umfasst.

Die meisten dokumentarischen Sendungen sind journalistischer als Dokumentarfilme, d.h. sie zielen auf Informationsvermittlung und weniger auf eine individuelle künstlerische Gestaltung. Sie unterwerfen sich dem Zwang des modernen Fernsehens, Sendeplätze mit wiedererkennbarem Programm zu füllen. Der Zuschauer soll wissen, was er zu erwarten hat, damit er den Überblick im Programmwirrwarr nicht verliert. Saubere Etikettierung ist unter Quotengesichtspunkten überlebenswichtig.

Besonders an den Einzelsendungen von 30 oder 45 Minuten haben sich Begriffsdiskussionen entzündet. Bereits in den Sechzigerjahren hatte sich dabei ein Begriff durchgesetzt, der noch heute durch die Redaktionen und Fernsehkritiken geistert, das *Feature*. Bis in die Achtziger-, Neunzigerjahre war das der herrschende Begriff für die Hervorbringungen des dokumentarischen Fernsehens. Das Feature war so mächtig, dass es alle anderen Formen in sich zu verschlingen schien. Am Ende der Sechzigerjahre des zwanzigsten Jahrhunderts fasste das Rüdiger Proske vom NDR so zusammen:

> »Die Dokumentarsendungen im Fernsehen werden weithin Feature (Fietschers) genannt [...] Das Wort ›Feature‹ ist mit den englischen Controlern nach Deutschland gekommen, die nach dem Krieg den Aufbau des Rundfunks beaufsichtigten. Das Dampfradio gab den Begriff dann an das aufstrebende Fernsehen weiter. Die Programmgattungen, die sich hinter dem Wort Fietscher [...] verbergen, sind [...] Feuilletons, Reportagen und Dokumentationen.« (Zimmermann 1990, 100)

Einfach alles Dokumentarische wurde so zum *Feature* erklärt. Von manchen wird der Begriff auch heute noch so umfassend verwendet. Das verwässert ihn bis zur Unkenntlichkeit.

Der Begriff des Features wird allerdings nicht nur als ein Synonym für jedwede dokumentarische Sendung benutzt. Er hat eine zweite, sinvollere Bedeutung bekommen, die sehr viel spezifischer ist.

Im engeren Sinn ist das Feature ein dokumentarisches Format, in dem ein Autor eine Argumentation zu einem Sachverhalt entwickelt, bei der er alle denkbaren Stilelemente benutzt, um den Zuschauer zu überzeugen. Im Gegensatz zur Reportage handelt es sich um eine Form, die am Schreibtisch geplant werden kann und die keine methodischen Begrenzungen kennt.

Aus heutiger Sicht sind Reportage und Feature also zwei Paar Schuhe. Das Feature (im engeren Sinn) kann zwar Reportageelemente enthalten, aber in seiner Grundstruktur hat es andere Absichten und formale Rahmenbedingungen.

Die featurehafte analytische Form war in den siebziger und auch noch Achzigerjahren so erfolgreich, dass sie die Reportage an den Rand drängte.

> »Bauelemente des Fernseh-Features wie Interview, Statement, Reportage, szenische Darstellung, Filmbericht, Archivfilm, Fotos, Graphiken usw. werden per Montage zu einem Präsentations- und Argumentationsmuster zusammengefügt, das meist von einem journalistischen Erzählerkommentar (Off-Kommentar) getragen und geleitet wird. Polymorphie, die Vielfalt der Formen und Mittel, Diskontinuität, die Ausfächerung des Themas in heterogene Teilaspekte, und Fabulierung und erklärender Kommentar, sind Kriterien, an Hand derer die Form des Features charakterisiert worden ist.« (Zimmermann 1990, 101)

Diese Filme sind »thematische Collagen«, »visualisierte Essays«, »bebilderte Vorträge« genannt worden. Im Grunde gibt dieses Verfahren dem Autor völlig freie Hand. Er kann zusammenfügen was er will, solange ihm der Zuschauer glaubt. Filmische Mittel dienen der Autorenidee. Natürlich sind so sehr viel abstraktere Sachverhalte thematisierbar als in der Reportage.

> »Der Grundduktus des Features ist analytisch, sondierend, kritisch beobachtend und auf den Hörer [=Zuschauer] bezogen didaktisch [...] Das Feature bringt eine analysierende Betrachtung blitzlichthaft aufgegriffener Wirklichkeitsausschnitte. Diese vielschichtige und komplexe Wirklichkeit als solche zu erkennen, zu fixieren und klärend zu ihrem Verständnis beizutragen, einen Standort ihr gegenüber zu ermöglichen: das ist die Aufgabe des Features.« (Krafka 1979, 291)

> »Zwischen Feature und Reportage verläuft die Grenze zwischen deduktivem und induktivem Vorgehen: in der Reportage induktiv vom Einzelschicksal, vom konkreten Stoff zu einem übergeordneten Zusammenhang und im Feature vom Hauptthema her zu Schlaglichtern auf beispielhafte Fälle.« (Steinmetz 1988, 17)

Beim Vergleich mit unseren Reportagekriterien zeigen sich die Unterschiede zwischen den Formaten: Der Featureautor muss vieles vor den Dreharbeiten planen, sein Werk entsteht zuerst in seinem Kopf, erst dann wird es umgesetzt. Augenzeuge – wie der Reporter – muss er nicht sein.

Als Person spielt der Featureautor in der Regel nach außen hin keine Rolle; er wird nicht zur Identifikationsfigur und übernimmt auch keine dramaturgische Funktion, wie es der Reporter kann.

Der Zuschauer erhält nicht das Angebot, etwas mitzuerleben und es werden für ihn keine Ereignisse vergegenwärtigt – es werden keine Geschichten erzählt. Es geht dem Feature nicht um das Konkrete, sondern um allgemeine Schlussfolgerungen. Das Feature kann dabei (s.o.) Reportageelemente benutzen, um seine Thesen zu belegen.

Auch wenn es hervorragende Features gab, so wurde die Form durch ihre gedankenlose Anwendung zur heftig kritisierten Dokumentarform. Die Todsünden des Fernsehmachens wurden bei ihr festgestellt: Wortlastigkeit und Geringschätzung des Bildes.

> »Viele Featureautoren kommen vom Wort-Journalismus her, sie haben gelernt, an ein Thema gedanklich, d.h. sprachlich heranzugehen. Dieser Zugang bestimmt bereits alle Vorarbeiten des Autors. Es sind fast immer beschreibende Formen, in denen ein Thema entwickelt wird, ehe die Arbeit mit der Kamera beginnt. [...]
>
> Der Vorrang des Kommentars, der für die Mehrzahl der Featurefilme typisch ist, hat vielfach Anlaß zur Kritik gegeben: ›Verfilmter Hörfunk‹ heißt der oft erhobene Vorwurf gegen die Filme, bei denen die visuelle Erzählung gegenüber der verbalen vernachlässigt wird und die Bilder eigentlich nur dazu da sind, um den Kommentar auf den Bildschirm zu bringen. [...]
>
> Ein Problem der meisten Fernsehfeatures besteht darin, daß sie wortbestimmt sind, daß der Kommentar immer den Vorrang hat. Was zu einem Gedankengang gezeigt werden kann, hat bestenfalls die Qualität eines Beispiels; d.h., die Bilder im Feature sind fast immer zweitrangig.« (Burgmann 1979, 294ff.)

Die Formenvielfalt des Features führte zu einer Beliebigkeit von Inhalten und Gestaltungsmitteln. Im flotten Wechsel der Schnitte konnte die Aussage leicht verschwinden. Beim fernsehgerechten Aufmotzen abstrakter Themen wurde das *Verfietschern* wichtiger als der Inhalt. Fehlende gedankliche Durchdringung eines Stoffes ließ sich mit routinierter formaler Virtuosität überspielen. Die Form verselbstständigte sich.

Der Dokumentarist Harun Farocki schloss daraus, dass das durchschnittliche Feature Sinn nur vortäusche, dass es wie eine Beredsamkeit sei, die nichts zu sagen habe – eine gedankenlos exekutierte Technik. Feature ist für ihn ein Schimpfwort.

> »Feature bezeichnet eine bestimmte Art, Bild- und Toninformationen zu verwursten; mit einem Minimum an Informationstiefe ein Sujet zu vermarkten; mit einem Schwall von Halbheiten lieblos aufgenommener Bilder zuzudecken. Feature ist eine Bezeichnung geworden für das Verfahren, Dokumenten den Sinn abzupressen, den man am bequemsten brauchen kann; für das Verfahren, Bild- und Tonmaterial entweder so aufzunehmen oder so zu organisieren, daß man nur erfahren kann, was man schon wußte – die meisten Features sind so gemacht, das man sie sich nicht merken kann.« (Farocki 1985, 90)

Erst in den Achzigerjahren begann die Karriere der *Reportage* mit der Einführung der REPORTAGE AM MONTAG im ZDF. Das Feature, ins Gerede gekommen, wurde zumindest im ZDF abgerüstet und verwandelte sich in die bescheidenere Dokumentation.

Die *Dokumentation* ist eine reduzierte Form des Features (im engeren Sinne). Anders als das Feature präsentiert die Dokumentation – wie es der Name sagt – schwerpunktmäßig Bild- und Tondokumente, keine inszenierten Aufnahmen. Die Freiheit, beliebige Materialien zusammen zu montieren, wenn es nur der eigenen Aussage dient, ist vergleichsweise eingeschränkt. Die Dokumentation ist insgesamt weniger essayistisch als das Feature, hat aber auch meist allgemeinere und abstraktere Themen zu bewältigen. Wie jede Form unterliegt die Dokumentation zeittypischen Entwick-lungen:

- Es werden häufiger Reihen entwickelt, um im Programm aufzufallen.
- Viele Sendeplätze werden stärker formatiert, um die Wiedererkennbarkeit zu erhöhen.
- Es geht hin zu Themen, die sich auch als *Geschichte* erzählen lassen.
- Elektronisch verfremdete dokumentarische Symbolbilder werden häufiger eingesetzt (entweder für Textpassagen oder als optisch attraktive Elemente).

- Reportagehafte Sequenzen werden auch in Dokumentationen häufiger.
- Aufwändige grafische Rekonstruktionen gehören für viele historische Kulturdokumentationen zum Standard.
- Historische »Hochglanz«-Dokumentationen, wie die zeitgeschichtlichen Arbeiten von Guido Knopp und seinen Mitarbeitern im ZDF, haben zurzeit einen besonderen Erfolg und sind stilprägend.

Im Gegensatz zur Reportage, die versucht auf einen speziellen Aspekt ihres Themas zu fokussieren, zeigt die Dokumentation eine umfassende Ansicht eines Themas. Die Dokumentation hat den Anspruch, so objektiv wie möglich zu sein, die Reportage hat mehr subjektive Freiheiten. Die Dokumentation erklärt, die Reportage erzählt. Reportage und Dokumentation können als einander entgegengesetzte Formen journalistischer Dokumentararbeit gesehen werden.

> »Gemeinsam ist dem Dokumentaristen und dem Reporter selbstverständlich die Verpflichtung zur Wahrhaftigkeit und Fairneß. Ansonsten sind ihre Zugangs- und Darstellungsweisen sehr unterschiedlich.
>
> Der Reporter muß vor Ort gewesen sein, der Dokumentarist muß es nicht.
>
> Der Reporter braucht vor allem unmittelbare eigene Eindrücke, der Dokumentarist vor allem vielfältige und möglichst umfassende Informationsquellen.
>
> Der Reporter beschreibt mehr die Innensicht, der Dokumentarist mehr die Draufsicht.
>
> Das bedeutet, daß der Dokumentarist so nüchtern wie möglich alle wesentlichen Aspekte seines Themas darstellt, während der Reporter das Recht – wenn nicht gar die Pflicht – hat, seine eigene Betroffenheit mitzuteilen.
>
> Das setzt aber voraus, daß der Reporter – wiederum im Unterschied zum Dokumentaristen – als Person identifizierbar sein soll, so daß der Zuschauer sich leichter tut bei der Entscheidung, ob er dem Reporter zustimmen soll oder nicht.« (Zimmer 1985)

Die Betrachtungweise der Dokumentation und der Reportage als entgegengesetzte Formen legt eine spiegelbildliche Definition nahe.

Die Reportage

- braucht den Augenzeugen,
- erzählt eine Geschichte,
- ermöglicht dem Zuschauer das Miterleben.

Die Dokumentation

- braucht einen neutralen Beobachter,
- analysiert einen Zustand,
- zielt auf die Information des Zuschauers.

Mit diesen beiden Formaten lässt sich beispielhaft die Spannbreite journalistischer dokumentarischer Formen beschreiben.

Die **Doku-Serie (»Doku-Soap«)** hat sich als neuestes Format entwickelt. Es gibt bisher sehr unterschiedliche Serien. Ein Teil von ihnen ist reportagehaft gedreht. Ein anderer Teil arbeitet mit Inszenierungen und ist im Grunde fiktional, auch wenn es um reale Protagonisten geht. »Die serielle Reportage (›Doku-Soap‹)« wird im dritten Teil dieses Buches (S. 305) beschrieben.

Zweiter Teil: Praxis der Fernsehreportage

»Dokumentarfilme dreht man nicht nur mit dem Kopf, sondern auch mit den Bauchmuskeln.« (John Grierson)

Auch wenn es beim Fernseh-Machen nur wenig eindeutige Regeln gibt, sollte jeder Interessierte einige Grundbegriffe des Mediums und einige Besonderheiten der menschlichen Wahrnehmung kennen, bevor im Detail dargestellt werden kann, welche speziellen Anforderungen die Form der TV-Reportage an die Macher stellt. Deshalb zunächst ein Überblick über die Grundlagen und die wichtigsten Begriffe der dokumentarischen Fernseharbeit.

1. Grundlagen der Fernsehgestaltung

Fernsehen hat von allem etwas: Sprache, Bilder und Musik. Es geht um Geschichten, Information und Unterhaltung. Im Fernsehen kann ein Gesichtsausdruck genauso für Aufmerksamkeit sorgen, wie eine kühne Bilddiagonale oder ein gut formulierter Gedanke. Und das Zusammenspiel der verschiedenen Elemente vermag überraschende Attraktionen zu schaffen und neue Einsichten zu bewirken. Diese Komplexität macht das Fernsehen so überwältigend und so schwer zu analysieren. Und trotzdem ist heute jeder ein Fernsehexperte. Viele Jahre bringt der durchschnittliche Zuschauer vor dem Flimmerkasten zu. In Sekunden erkennt er, ob es sich bei der Sendung, in die er da hineinzappt, um einen alten amerikanischen Hollywoodfilm, um Nachrichten oder um eine Reportage handelt. Durch intensiven Fernsehkonsum hat sich ein meist unterbewusst bleibendes, passives Wissen angehäuft, wie Bilder einzuordnen sind. Manche Lichtsituationen signalisieren *Spielfilm*, bestimmte Kamerabewegungen signalisieren *dokumentarisch*. Eine Kamera, die auf etwas zugeht, signalisiert einen Anfang; die Kamera, die sich zurückzieht, signalisiert ein Ende. Kurzgeschnittene Bilder erzeugen Spannung, Bilder die länger stehen, deuten den Wechsel zu einer neuen Sequenz, einem neuen Thema an.

Die Sprache des Fernsehens. Bilder und Töne formen zusammen eine Fernsehsprache, deren Regeln auf den Besonderheiten der menschlichen Wahrnehmung und auf allgemein akzeptierten Konventionen beruhen. Dabei ändern sich diese Konventionen und es gibt generationsspezifische Unterschiede. Die MTV-Teens *lesen* Bilder sicherlich schneller als die Rentnerriege. Mit letzter Sicherheit kann niemand die Wirkung einer Szene theoretisch vorhersagen. Bilder und Töne spielen zu komplex zusammen und unterschiedliche Zuschauer nehmen Fernsehszenen unterschiedlich wahr. Zum Fernsehgeschäft gehört auch das Ausprobieren, das Spielen mit Regeln und das Weiterentwickeln von Gestaltungsmöglichkeiten.

Jedes einzelne Gestaltungselement einer Fernsehreportage – Kamera, Schnitt, Ton, Text – würde ein eigenes Buch rechtfertigen. Die folgenden Anmerkungen geben nur einen ersten Einblick in die Hintergründe der dokumentarischen Fernsehgestaltung. In den späteren Kapiteln werden die verschiedenen Punkte dann unter Reportagegesichtspunkten genauer betrachtet.

Zunächst die *Materialien*, aus denen eine dokumentarische Fernsehproduktion besteht:

- *Einstellungen* oder *Takes* (jede einzelne Aufnahme, vom ersten bis zum letzten Bild)
- *Original-Töne* (Geräusche, Sprache, Musik, synchron aufgenommen zu den Bildern)
- *Atmos* (Geräusche aus dem Archiv oder separat am Drehort aufgenommene *atmosphärische* Töne, die am Schneidetisch zu den ausgewählten Einstellungen und ihren Original-Tönen hinzugefügt werden oder diese in seltenen Fällen ersetzen)

- *Film-Musik* (zusätzlich am Schneidetisch hinzugefügte Musik, aus dem Archiv oder eigens für den Film komponiert)
- *Off-Kommentar* (vom Filmemacher geschriebener Text, der später im Tonstudio gesprochen, aufgenommen und zu den anderen Tönen gemischt wird)
- *Montage* (als quasi *immaterielles* Element formt sie das Material, gibt ihm seinen eigenen Rhythmus und arbeitet sinnvolle Aussagen mit Hilfe harter Schnitte oder Trickübergänge wie z.B. Blenden, Wipe etc. heraus)
- *Sequenz, Komplex, Gesamtdramaturgie* (die dramaturgischen Einheiten aus denen ein Film besteht)

Wahrnehmungsunterschiede von Auge und Ohr. Die Aufnahme des bewegten Bildes und die Aufnahme des Tones stehen im Mittelpunkt der dokumentarischen Arbeit im Fernsehen. Bild und Ton zielen auf zentrale menschliche Sinne, auf das Auge und das Ohr. Beide unterscheiden sich in ihrer Wahrnehmungsweise wesentlich voneinander. Während das Ohr unsere Umwelt kontinuierlich und umfassend wahrnimmt, liefert uns das Auge *Ausschnitte* unserer Umwelt. Dabei springt es blitzschnell von einem *Ausschnitt* zum nächsten. Vermutlich ist das der wesentliche Grund, warum im Kopf des Zuschauers aus einer Reihe unterschiedlicher Einstellungen ein zusammenhängendes Ganzes entstehen kann.

Der harte Wechsel von Tönen entspricht dagegen nicht unserer normalen Wahrnehmungserfahrung, es sei denn als außergewöhnliches Gefahrensignal. Jeder Ort hat ein charakteristisches Hintergrundgeräusch. Dieses Geräusch verändert sich meist kontinuierlich, nicht sprunghaft. Jede schlagartige Veränderung unseres akustischen Umfeldes wirkt unnatürlich und wir reagieren darauf wie auf ein Alarmsignal.

Tongestaltung. Gegenüber Veränderungen im Ton sind wir so sensibel, dass wir schon störende akustische Sprünge hören, wenn aus der Tonaufzeichnung eines Hintergrundgeräusches einige Sekunden herausgeschnitten wurden. Nun wird das gedrehte Material in der Montage fast immer auf die wesentlichen Stellen eingekürzt. Würden die Töne dabei hart aneinandergeschnitten, so würden sie in unserer Wahrnehmung *springen.* Deshalb werden die Töne, die zu den verschiedenen Takes von einem Ort gehören, beim Film weich ineinander geblendet. Die so erzeugte akustische Kontinuität nimmt der Zuschauer/-hörer als Signal für die Einheit von

Raum und Zeit wahr. Ein akustischer Sprung in der Hintergrundatmo, der im Bild nicht durch z.B. das Öffnen einer Tür legitimiert wird, deutet der Zuschauer im Regelfall als einen Ortswechsel oder er vermutet, dass etwas Unerwartetes geschehen ist. Deshalb werden härtere Tonsprünge im Regelfall auch dazu benutzt, um dem Zuschauer einen Ortswechsel zu signalisieren.

Die Bildgestaltung. Bilder existieren immer als Ausschnitte. Ihre Ästhetik wird stark davon bestimmt, wie das, was gezeigt werden soll, ins Bild gesetzt ist. Es kommt darauf an, wie und wo die Bildränder verlaufen, wo etwas auf der Bildfläche positioniert ist, was angeschnitten ist. Während Amateure das Bildwichtige in den Mittelpunkt setzen und damit Bildraum verschwenden und ungünstige Anschnitte produzieren, nutzen Profis das ganze Bildfenster aus und versuchen unmotivierte Anschnitte, wie z.B. das *Abschneiden* von Händen, zu vermeiden. Im gezeigten amateurhaften Bild (links) ist überdies unklar, worum es geht. Figur und Hintergrund sind gleichgewichtig. In dem professionellerem Ausschnitt rechts ist die Figur klar als dominierend ins Bild gesetzt. Das Bildzentrum, der Kopf, befindet sich freigestellt in der Himmelsfläche, die Linien der Dächer laufen auf ihn zu und betonen ihn so. Die Hand der Figur definiert die untere Bildkante.

Unentschlossener Bildausschnitt

Definierter Bildausschnitt

Wenn es ausschließlich um ein Gesicht geht, dann sollte es das Bildfeld ausfüllen. Normalerweise wird es nicht angeschnitten, weil das unnatürlich wirkt. Wie das Gesicht in die Bildfläche gesetzt wird, sagt etwas über die gezeigte Person aus. Ist das Gesicht im Profil zu sehen, dann wirkt es z.B. *normaler*, wenn der Kameramann freien Raum in der Blickrichtung der abgebildeten Person lässt. Setzt man den Menschen mit der Blickrichtung an den Bildrand und lässt den freien Bildraum an seinem Hinterkopf, dann wirkt der Mensch irgendwie verloren, nicht in sich ruhend. Jedes fotografische Bild enthält neben dem Faktischen der Abbildung eine Deutung durch den, der es aufnimmt.

Die Wirkung von Ausschnitten, d.h. die Wirkung der Bildränder

Dieser Deutungsanteil kann allerdings unterschiedlich stark ausfallen. Ein Beispiel: Eine Kamera, die von oben auf jemanden *herabblickt*, macht den Abgebildeten *kleiner*; eine Kamera, die von unten zum Abgebildeten *aufschaut,* macht ihn *größer*. Die Kamera kann aber auch neutral auf Augenhöhe des Abgebildeten bleiben. Wie der Zuschauer das Bild am Ende *liest*, wird auch noch durch seine persönlichen Erfahrungen und Projektionen mitbestimmt. Und trotzdem: Der Kern des journalistischen Bildes ist das Abbild eines kleines Ausschnittes der Welt. Egal wie die Figur auf den Aufnahmen ins Bild gesetzt wurde, man könnte sie wiedererkennen.

Bei Foto- und Filmaufnahmen sind einige Wahrnehmungskonventionen zu beachten. In unserer westlichen Kultur wird von links nach rechts gelesen. Diese Blickrichtung wird deshalb als *natürlich* empfunden. Entsprechend erleben wir eine Diagonale, die im Bild von links-unten nach rechts-oben verläuft, als aufsteigend. Eine Diagonale von links-oben nach rechts-unten erleben wir als absteigend. Entsprechend erscheint uns ein Schwenk von links nach rechts natürlicher als ein Schwenk von rechts nach links, der gegen unsere *normale* Augenbewegung läuft. Ein Anschnitt am linken Bildrand wirkt wie eine Barriere für den Blick in das Bild hinein. Ein Anschnitt am rechten Bildrand hält den Blick im Bild.

Schönheit hat für uns mit Symmetrie zu tun. Völlige Symmetrie allerdings ist spannungslos. Die Horizontlinie, die die Bildfläche halbiert, ist langweilig. Die klassische Ästhetik folgt dem *goldenen Schnitt.* Er beschreibt, wann ein

Verhältnis von zwei Strecken, von zwei Flächen, von zwei Mengen als ausgeglichen empfunden wird.

Für das Verhältnis von zwei Strecken gibt es die folgende mathematische Formel:

> »Eine Strecke wird so geteilt, dass sich der kleinere Teil der Strecke zum größeren so verhält wie der größere Teil zur ganzen Strecke. Also: a:b=b:c.
>
> [...] In der Bildgestaltung muss der Goldene Schnitt nicht so exakt eingesetzt zu werden. Es genügt, nach der aufgerundeten Zahlenreihe (2:3, 3:5, 5:8, 8:13 usw.) zu arbeiten.« (Mante 1969, 91f.)

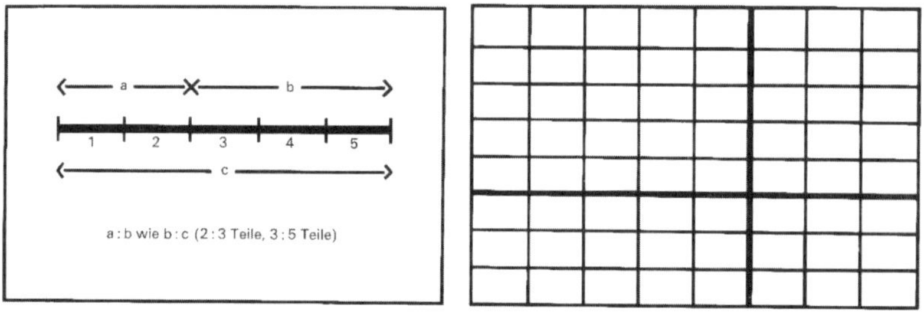

Die Größenverhältnisse beim »Goldenen Schnitt«

Entsprechend gibt es in der Fläche eines Bildes Punkte, die horizontale und vertikale Linien im Verhältnis des Goldenen Schnittes teilen. Auf diesen Punkten kann man Objekte bei der Abbildung ästhetisch ausgewogen platzieren.

Spannungslose Symmetrie

Horizont und Kirche entsprechen dem »Goldenen Schnitt«

Unterschied zwischen Fotografien und Fernsehbildern. Die Regeln klassischer fotografischer Bildgestaltung zielen auf das in sich ruhende Bild. Fotografie und bewegte Film-/Fernsehaufnahmen gehorchen nur zum Teil denselben Gesetzen. Film- und Fernsehbilder sind keine Einzelbilder, sie bekommen ihre Bedeutung in ihrer Abfolge. Besonders schöne, postkartenartige Bilder widersetzen sich als Einzelmotive einem organischen optischen Ablauf. Solche Bilder zeichnen sich oft durch horizontale und senkrechte Linien im Motiv aus, die ein Bild statisch erscheinen lassen. Durch das dadurch hervorgerufene *In-sich-Ruhen* verschwindet die Notwendigkeit, ein weiteres Bild folgen zu lassen (– es sei denn, es geht um eine elegische Landschaftsdokumentation). Ein Foto ist für sich selbst ein Ganzes; ein Film-/Fernsehbild ist Teil eines Ganzen. Film-/Fernsehbilder sind in der Regel dynamischer. Selten schaut man mit der Filmkamera flach von vorne auf ein Motiv, denn das ergibt die nicht gewünschten horizontalen und senkrechten Linien. Meist kommt der Blick von der Seite. Das ergibt schrägere, dynamischere Linien und treibt voran, weil es nach der Ergänzung des Bildes durch Aufnahmen mit entgegengesetzter Linienführung verlangt.

Waagerechte, statische Linien

Schräge, dynamische Linien

Takes im Fernsehen/Film ergänzen und beeinflussen sich gegenseitig. So kann ein Bild, dessen optischer Schwerpunkt auf der linken Seite liegt, in der Abfolge durch ein Motiv aufgefangen werden, das seinen optischen Schwerpunkt auf der anderen Seite hat. Bilder, die die Ergänzung durch das nächste Bild brauchen, machen neugierig auf das, was noch kommt und animieren zum Weiterschauen. Auch wenn ein Film-/Fernseh-Bild einen Ausschnitt zeigt, der so eng ist, dass man noch nicht mit Sicherheit erkennen kann, worum es geht, macht das auf weitere Bilder neugierig. Es sind also Detailaufnahmen möglich, die sich erst im Zusammenhang totalerer Bilder erklären. Gerade bei engen Bildausschnitten verweisen Anschnitte auf Dinge und

Menschen, die zwar im Moment nicht die Hauptrolle spielen, die aber zur gezeigten Szene gehören. Typisch ist die angeschnittene Schulter bei *Schuss/Gegenschuss*-Bilderfolgen, die oft in Dialogszenen zu sehen ist.

Die Brennweite. Entscheidend für den Bildeindruck ist neben dem Bildausschnitt die Brennweite des Kameraobjektives. Unüblich sind Festbrennweiten, die nur eine Brennweite haben. Fast immer sind Kameras mit Zoomobjektiven bestückt, die vom Weitwinkel (kurze Brennweite) bis in den Telebereich (lange Brennweite) reichen. Das Teleobjektiv entspricht einem Fernglas, das Weitwinkelobjektiv zeigt viel Raum und bildet die Dinge dafür kleiner ab.

Naturgemäß reagiert eine lange Brennweite (Teleobjektiv) sehr viel mehr auf Ruckeleien und Stöße als ein Weitwinkelobjektiv. Teleobjektive benötigen deshalb eher ein Stativ. Für den Reportagekameramann ist das Weitwinkelobjektiv ideal. Obwohl er die Kamera auf der Schulter hat, kann er mit ihr laufen, ohne dass es zu störenden Wackeleien kommt. Das Weitwinkelobjektiv hat aber im Vergleich zum Teleobjektiv noch weitere Vorteile für die Reportage: Unschärfen machen sich beim Weitwinkel weniger stark bemerkbar als beim Tele, da es aus technischen Gründen eine größere Tiefenschärfe hat. Zusätzlich zwingt das Weitwinkel den Kameramann, in ein Geschehen einzutauchen, dicht heran zu gehen, wenn er Groß- oder Naheinstellungen machen will. Diese Nähe spürt man in den Bildern. Während das Teleobjektiv distanziert wirkt und einzelne Menschen aus ihrem Umfeld optisch herauslöst, zeigt das Weitwinkelobjektiv hinter dem Menschen noch dessen Umfeld und bindet ihn so räumlich ein.

Isolierendes Teleobjektiv

Umfeld zeigendes Weitwinkelobjektiv

Im Extremfall hat man auf Grund der großen Tiefenschärfe beim Weitwinkel zwei Einstellungsgrößen in einer: im Vordergrund z.B. einen Kopf (Großaufnahme) und im Hintergrund den Raum (Totale).

Während das Teleobjektiv den Raum optisch flacher, weniger tief erscheinen lässt, betont das Weitwinkel den Raum und verstärkt/produziert so dynamische Linien, die Bewegung und Dynamik suggerieren und damit die Lebendigkeit der Reportage unterstützen.

Durch Weitwinkel in die Tiefe gestaffeltes Motiv

Die Einstellungsgrößen. Um sinnvolle Reihenfolgen von Bildern zusammenstellen zu können, braucht man unterschiedliche Ausschnitte eines Motivs. Man benötigt Nahaufnahmen und Gesamtansichten und alle möglichen Varianten zwischen den beiden. Diese unterschiedlichen Ausschnitte bezeichnet man als Einstellungsgrößen:

Groß – Nah – Totale

Die Großaufnahme liefert einen kleinen Ausschnitt, die Totale liefert eine Gesamtansicht und die Naheinstellung liegt irgendwo dazwischen.

Oft werden die Einstellungsgrößen sehr viel differenzierter angegeben, wobei im praktischen Leben die Größen nicht ganz einheitlich verwendet werden.

Detail – Groß – Nah – Halbnah – Halbtotale – Totale – Weit

Daneben gibt es noch Spezialitäten, wie z.B. die *amerikanische* Einstellung. Sie kommt aus dem Western und zeigt den Cowboy vom Kopf bis einschließlich der Pistole im Holster.

Die Einstellungsgrößen beziehen sich auf das Motiv vor der Kamera. Bei einem Film über Insekten bedeutet *Totale* etwas anderes als die *Totale* bei einer Dokumentation über die Entstehung des Weltalls.

Üblicherweise dreht man im dokumentarischen Bereich mit Menschen. Dann bedeuten die Einstellungsgrößen (Kuchenbuch 1978, 21):

Detail	=	z.B. Nase mit Auge eines Gesichtes
Groß	=	Kopf mit Hals und enger
Nah	=	Kopf mit Brust
Halbnah	=	Person vom Kopf bis zum Gürtel
Halbtotale	=	die ganze Person mit sehr wenig Raum
Totale	=	die ganze Person mit viel Raum
Weit	=	extreme Totale, z.B. Landschaften

Die Kamerabewegungen. Der wesentliche Unterschied von Film und Fotografie liegt in der zusätzlichen Dimension der Zeit. Die Filmkamera bildet nicht nur den Raum ab. Sie kann Abläufe zeigen, sie kann sich bewegen und so Verbindungen zwischen Dingen schaffen und in einem Take unterschiedliche Einstellungsgrößen anbieten. So kann schon während der Aufnahme *montiert* werden, ohne dass das die Bedeutung des Schnittes verringert. Man kann diese Form der Aufnahme *innere Montage* (Kandorfer 1994, 240) oder *Plansequenz* nennen.

Um den Einsatz einer Kamera zu beschreiben, sind neben den Einstellungsgrößen folgende Bezeichnungen wichtig:

Stand	=	Die Kamera bewegt sich nicht.
Schwenk	=	horizontale oder vertikale Kamerabewegung, oft mit Ständen am Anfang und am Ende der Einstellung
Fahrt	=	Kamera ist auf einem Wagen (Rollstuhl, Auto, Fahrspinne, Dolly, Kran) befestigt
Zoom	=	Ausschnittsveränderung über die Brennweitenveränderung eines Zoomobjektives
Gang	=	Bewegung mit der Kamera durch den Raum
Schärfenverlagerung	=	In einer Einstellung wird die Schärfe von vorne nach hinten oder umgekehrt verlagert.

Es ist wichtig zu wissen, dass das *Ranzoomen* an ein Motiv (bei dem der Kameramann stehen bleibt und nur die Brennweite des Objektives verändert) und das R*angehen* mit der Kamera (ohne Brennweitenveränderung) optisch zwei völlig verschiedene Bildeffekte ergeben, die weiter oben bei den Beispielsbildern zum Teleobjektiv und zum Weitwinkel gezeigt wurden. Beim Zoom kommt eine Ausschnittsvergrößerung zustande, bei der der Bildhintergrund gleich bleibt. Wenn sich der Kameramann physisch mit der Kamera (bei konstanter kurzer Brennweite) seinem Motiv annähert, verändern sich der Hintergrund und die Perspektive durch die Verlagerung des Kamerastandpunktes permanent während der Bewegung. Das zweite ist also im wahrsten Sinne des Wortes die reizvollere Methode.

Der Reportage-Dreh. Um beweglich zu sein, um dem Geschehen schnell folgen zu können, sollte die Kamera bei der Reportage nicht auf dem Stativ stehen. Sie wird als *Schulterkamera* eingesetzt. Beim Drehen besichtigt der Reportage-Kameramann den Ort des Geschehens wie ein neugieriger Erstzuschauer. Er bewegt sich im besten Fall so, wie sich auch der Zuschauer umsehen würde. So erlebt der Zuschauer die Erkundung eines Ortes und einer Situation. Der Kameramann verschafft sich einen Überblick, geht dann näher an Dinge oder Leute heran, um genauer hinzuschauen. Er muss sich nur im Vergleich zu jemandem ohne Kamera beherrschter und langsamer bewegen und umschauen, sonst wird dem Zweitzuschauer vor dem Fernseher schwindelig. Sich mit laufender Kamera an unbekannten Orten umzusehen, gehört zur Arbeitsmethode der Reportage und ist kennzeichnend für die Haltung des ganzen Reportageteams gegenüber der Wirklichkeit, die es erkundet. Dazu gehört nicht nur, dass die Kamera wegen der größeren Beweglichkeit als *Schulterkamera* eingesetzt wird. Es sollten keine Scheinwerfer aufgestellt werden, weil sie die Stimmung eines Ortes zu stark verändern und weil durch den Vorgang des Ausleuchtens Spontaneität verloren geht. Das Mitgehen der Reportagekamera zielt auf Miterleben, nicht auf vordergründige Schönheit oder allzu glatte Perfektion. Die klassische – und aus der Sicht des Reporters *altmodische* – Art eine Kamera einzusetzen, ist das nicht.

Die traditionelle Dokumentararbeit. Bei der traditionellen Dokumentararbeit wird üblicherweise mit einem Stativ gearbeitet, um saubere Bilder zu bekommen. Um genug Licht zu haben, um Kontraste zu mildern, um spezielle Stimmungen zu verstärken oder zu erzeugen, wird jede Szene mit Kunstlicht ausgeleuchtet. Die Handlung wird (wie beim traditionellen Spielfilm) in einzelne Takes *aufgelöst*, die in verschiedenen Einstellungsgrößen aus möglichst unterschiedlichen Perspektiven gedreht werden. In der Praxis heißt das, die Kamera und das Licht werden eingerichtet und erst danach haben die Protagonisten ihren Auftritt. Dann wird abgebrochen und der nächste Take eingerichtet. Wenn sich ein Protagonist im ersten Take genauso bewegt und aussieht wie im Folgetake, stimmt der Anschluss. Er darf also einen Gegenstand nicht einmal mit der linken und dann mit der rechten Hand aufheben oder einmal eine Brille aufhaben und dann wieder nicht.

Aus Sicherheitsgründen dreht man beim klassischen dokumentarischen Fernsehen zusätzlich so genannte *Zwischenschnitte,* die eingeschnitten werden, wenn es zwischen den einzelnen Takes trotz aller Bemühungen Anschlussprobleme geben sollte. *Zwischenschnitte* sind möglichst neutrale Takes, vielleicht ein Kalender an der Wand, ein Telefon, ein Aschenbecher, ein Buch in Großaufnahme oder ein unbeteiligter Mensch, der gerade vorbei kommt.

Bei dieser klassischen Art zu arbeiten sind die Umbauzeiten erheblich, weil jeder Take für sich ausgeleuchtet und eingerichtet werden muss. Es ist ein geplantes Vorgehen, das spontane Situationen kaum zulässt. Notwendigerweise muss hier der Autor inszenieren. Die Wirklichkeit wird sehr viel mehr auf die Kamera ausgerichtet als bei der Reportagemethode, bei der die Kamera der Wirklichkeit zu folgen versucht. Beim traditionellen Arbeitsstil entstehen saubere, oft auch ästhetisierende Bilder, die aber leicht steril und leblos wirken.

Ästhetisierung oder Authentizität. In der dokumentarischen Arbeit kann man also zwei Pole unterscheiden: einen ästhetisierenden, inszenatorischen und einen, der auf Authentizität zielt. Während der erste Stil durchgestaltete und geplante Bilder hervorbringt, akzeptiert der zweite *schmutzigere Bilder.* Unschärfen, extreme Lichtkontraste und eine tendenziell unruhige – atmende – Kamera sind im zweiten Fall kein Problem, denn vordergründige technische Perfektion geht zu Lasten der Authentizität.

Für den Reportagekameramann ist klar, welches seine Arbeitsmethode ist. Er muss seinen Protagonisten folgen und kann nichts noch einmal für die Kamera stellen. Er wird die tendenziell *schmutzigeren Bilder* bekommen – sein Lohn ist das authentische Flair seiner Bilder. Natürlich kann er während der Dreharbeiten nicht in dem Maße auf den Schnitt achten, wie es sein inszenierender Kollege tut. Es ist leicht vorherzusehen, dass die Anschlüsse, die der Reportagekameramann anbieten kann, im traditionellen Sinn nur selten wirklich stimmen werden.

Der Reportageschnitt. Der Schnitt muss sich auf die Besonderheiten des angelieferten Materials einstellen. Formalisierte inszenierte Einzeltakes brauchen einen formalisierten Schnitt. Reportageaufnahmen verlangen unorthodoxe Schnittmethoden. Bei inszeniertem Material müssen sich die hintereinander geschnitten Takes von ihrer Einstellungsgrößen her deutlich unterscheiden und die Kontinuität der Anschlüsse muss stimmen. Oft wird geschnitten, wenn Bewegungen abgeschlossen sind, also in Momenten der Ruhe. Schwenks werden laufen gelassen, bis sie zum Stand gekommen sind. Beim Reportageschnitt gibt es diese Einschränkungen nicht, ja es gehört geradezu zur Kunst, in Bewegungen zu schneiden. Die Schnitte sind weniger vorhersagbar und wirken überraschender, auch zufälliger. Cutterinnen, die nie den Reportageschnitt erlernt haben, halten Rohmaterial einer konsequenten Reportagekamera oft für unschneidbar. Dagegen halten Reportagecutterinnen den Zusammenbau durchgeplanter Takes oft für langweilig.

Während des Arbeitsprozesses wählt die Cutterin die stärksten Einstellungen aus. Sie formt das Material zu sinnvollen Einheiten. Sie sucht die Übergänge von Einstellung zu Einstellung. Sie bearbeitet den Ton.

Der erste Schritt beim Schneiden sollte immer das Sichten des Materials mit normaler Geschwindigkeit sein, nicht im Schnelldurchlauf. Dann geht es über das Auswählen der wichtigen Takes, über erste tastende Rohschnitte bis hin zum Feinschnitt. Die Cutterin prüft als *Erstzuschauerin*, die nicht von den Dreharbeiten beeinflusst ist, das Material mit den Augen eines potenziellen Zuschauers. In der Reportage ist der Rhythmus der Bilder fast so wichtig wie die inhaltliche Aussage. Um einen Schnitt zu beurteilen, sollte man nicht nur die jeweilige Schnittstelle anschauen, sondern man muss es mit einem gehörigen Vorlauf tun. Wenn man irgendwo in einer Sequenz etwas ändert, kann es leicht sein, dass vorhergehende Schnitte auch noch mal bearbeitet werden müssen – wegen des geänderten Rhythmus'.

Der induktive Effekt. In den Zwanzigerjahren haben russische Filmemacher systematisch die Wirkungen der Montage erforscht. Ihre Experimente, besonders die von Lew Kuleschow, sind so zentral für die Geschichte und die Entwicklung des Filmschnittes, dass sie hier kurz geschildert werden sollen. Sie beziehen sich in ihrer Radikalität auf eine

Periode des Stummfilms, in der versucht wurde, eine eigenständige Filmsprache zu schaffen, die auch abstrakte Aussagen transportieren sollte.

> »Kuleschows [...] Grundgedanke besagte, daß der endgültige Film erst aus der Aneinanderreihung, der Montage einzelner Szenen und Sequenzen entstünde; was also zähle, sei nicht so sehr der Inhalt der einzelnen Einstellung, sondern die Art, wie sie mit einer anderen Einstellung zusammengefügt werde. Damit hatte Kuleschow das Grundprinzip der Filmmontage formuliert.
>
> Diese Theorien erhärtete Kuleschow an einer Reihe von Experimenten, die in die Geschichte des Films eingegangen sind. 1922 filmte er zwei seiner Darsteller in verschiedenen voneinander entfernten Stadtvierteln von Moskau; an einer bestimmten Stelle des Films schnitt er eine Aufnahme des Weißen Haus in Washington ein. Zwingender Eindruck des montierten Films: die beiden Darsteller begegnen sich vor dem Weißen Haus, das seinen Platz gegenüber dem Moskauer Puschkin-Denkmal hat. ›Diese Szene bewies die unglaubliche Kraft der Montage ... Wir lernten aus ihr, daß die Hauptkraft des Films in der Montage liegt, denn mit der Montage kann man zerstören, reparieren oder sein Material vollkommen umschmelzen‹, schrieb Kuleschow über sein Experiment. Pudowkin zitiert ein anderes Experiment, das er zusammen mit Kuleschow unternahm: Ein und dieselbe Aufnahme des Schauspielers Mosshuchin kombinierte man in einem Filmstreifen mit dem Bild einer toten Frau, eines Tellers Suppe und eines spielenden Mädchens. Das Publikum, so berichtete Pudowkin, reagierte auf diesen Versuch mit Enthusiasmus: Man habe die schwere Nachdenklichkeit unterstrichen, mit der Mosshuchin die Suppe betrachte, sei gerührt gewesen über die tiefe Trauer angesichts der toten Frau und habe das leichte, glückliche Lächeln bewundert, das er dem spielenden Mädchen schenke. Daraus folgerte Kuleschow, daß das Spiel eines Darstellers den Zuschauer so erreicht, wie der Schnittmeister es will; ›der Zuschauer sieht ..., was ihm die Montage suggeriert.‹« (Gregor, Patalas 1976, 101)

Aus heutiger Sicht ist die Euphorie über die fast magische Kraft der Montage übertrieben. In neuen Experimenten konnte im Besonderen das letzte Experiment nicht verifiziert werden (Beller 1993, 155). Trotzdem ist es ein Hinweis auf die gestalterischen und auch manipulativen Möglichkeiten des Schnittes. Einstellungen beeinflussen sich gegenseitig, das haben die Russen mit ihren Versuchen als Erste bewiesen. Heute nennt man dies den *induktiven Effekt*.

> »Der induktive Effekt verhindert, dass wir eine Folge einzelner raumzeitlicher Einstellungen als getrennte Einheiten ansehen. Da es in der realistischen Wahrnehmung keine Raum-Zeit-Lücken gibt, kann es nach vorbewußter Wahrnehmungslogik auch in einem simulierten Wahrnehmungsvorgang nur die Einheit von Raum und Zeit geben. Wird durch Darstellungsfehler oder durch bewußt zu diesem Zwecke eingesetzte Gestaltungsmittel eine Einstellungsfolge als unlogisch empfunden, müssen wir diese Einstellungen getrennt wahrnehmen. [...]
>
> *Bei bewußtem Einsatz von Lücken als Gestaltungsmittel* sind diese so genau kalkuliert, dass sie [vom Zuschauer] ergänzt werden können. Diese Art der Montage steigert Aufmerksamkeit, Spannung oder Lernprozeß, solange ein bestimmter Grenzwert nicht überschritten wird. Andernfalls kommt es zur Verwirrung. [...]
>
> Bei der raumzeitlichen Einordnung ist die Handlung besonders wichtig, genaugenommen: die Bewegung. Diese Bewegung muss nicht mal vom gleichen Objekt ausgehen. Selbst ähnliche Objekte reichen aus, um einen Einstellungswechsel zu einer Raumzeit zu verbinden, wenn sich die Bewegungen der beiden Einstellungen zu einem spekulativen Handlungsverlauf koordinieren lassen. Diese spekulativen Handlungen entstehen hauptsächlich im Vorbewußtsein und stellen sich als Selbstverständlichkeit dar. Beispiel: ›Ein Mensch geht durch die Stadt‹. Solange nicht unterschiedliche Menschen ausdrücklich vorgestellt und unterschiedliche Orte definiert werden, bleibt es für den Zuschauer bei diesem einen Menschen und bei dieser einen Stadt. Die realistische Selbstverständlichkeit von Raum- und Zeiteinheit, mit der er die Darstellung betrachtet, verbindet die einzelnen Einstellungen dieser Darstellung zu einer Raumzeit.« (Kerstan 1990, 40f.)

Georg Stefan Troller geht noch weiter. Für ihn bekommen die gedrehten Einstellungen erst durch den Schnitt ihre Bedeutung, ihren Sinn. Dem zweidimensionalen zappelnden Bild werde eine dritte Dimension hinzugefügt, das »Geistige«. (Troller 1991)

Zeit und Bedeutung. Es ist eine wesentliche Entscheidung beim Filmschnitt, wie lange man eine Einstellung zeigt. Kurze Schnitte lassen nachgewiesenermaßen den Blutdruck ansteigen und verändern die Werte des elektrischen Hautwiderstandes.

> »Eine Folge kurzer Schnitte entspricht einem *oberflächlichen Sehverhalten*, das wir aus der Orientierungsphase gewöhnt sind. Lange Schnitte dagegen induzieren *Interesse* und geben dem Objekt *Bedeutung*. Dabei kommen wir natürlich mit der fehlenden Reizerneuerung in Konflikt, so daß wir bei höhreren Bedeutungsansprüchen *mehrere Einstellungen vom gleichen Objekt* in eine Sequenz aufnehmen müssen. So können wir Bedeutung und Aufmerksamkeit gleichzeitig beeinflussen. [...]
>
> Eine Totale z.B., die viele Details in sich vereinigt, muß länger eingeschnitten werden als eine Großaufnahme, die nur ein einzelnes Detail zeigt.
>
> [...] Eine wichtige Entscheidungshilfe ist dabei die *laut ausgesprochene Beschreibung des Einstellungsinhaltes.* Visuelle Wahrnehmung, Denken und Sprechen sind als Arbeitsprozeß im Gehirn miteinander verbunden. Wenn wir in einer bestimmten Zeit eine Einstellung verbal beschreiben können, haben wir tatsächlich gesehen und verstanden, was wir sagen. Für den Zuschauer dürfte das ebenfalls zutreffen.
>
> Ein praktisches Beispiel: Ich habe eine Einstellung, die nur 2 ½ Sekunden lang ist. Ich sehe den Kopf einer Frau. Wenn ich nun überprüfe, wie lange es gedauert hat, um zu sagen, was ich gesehen habe, nämlich: ›Ich sehe den Kopf einer Frau‹, dann liegt das ziemlich genau bei 2 ½ Sekunden. Ich werde nicht mehr Bildinhalt wahrgenommen haben, als diese Feststellung ausdrückt.
>
> Verlängere ich nun die gleiche Einstellung auf sechs Sekunden, so habe ich mehr Zeit, die Frau zu betrachten, und ich werde der einen Feststellung, daß es sich um eine Frau handelt, zwei weitere hinzufügen können, zum Beispiel meine Beobachtungen über die Länge ihres Haares und über ihre Augenfarbe. Diese Feststellung dauert ziemlich genau sechs Sekunden. Ich habe also mit der Verlängerung

der Einstellung gleichzeitig die Voraussetzung für zusätzliche *inhaltliche Aussagen* der Einstellung getroffen.« (Kerstan 1990, S. 35f.)

Die Bausteine des Schnittes. Wenn man den Schnitt mit der Sprache vergleicht, kann man die einzelne *Einstellung* als Wort sehen, die *Sequenz* als Satz und den *Komplex* als Kapitel. Im Mittelpunkt des Schnittes steht zunächst die Ausarbeitungen der Sequenzen. Eine (Standard-)Sequenz läuft über verschieden Stufen ab:

Orientierung – Bestätigung und Überleitung – Aussagekern – Entspannung und Rückorientierung

Zunächst wird dem Zuschauer gezeigt, worum es geht und wo er ist. Dann wird die mögliche Zufälligkeit der ersten Einstellung aufgehoben und es folgt die Bestätigung: Ja, es geht tatsächlich um den gezeigten Raum, den gezeigten Menschen, die gezeigte Handlung. Diese Bestätigung sollte man nicht unterschätzen. Es gilt die alte Cutter-Weisheit: Einmal ist keinmal. Zweimal kann kein Zufall sein. Dreimal ist immer.

Die zweite Einstellung kann schon zum Aussagekern der Sequenz überleiten. Der Aussagekern zeigt z.B. die wichtige Ecke eines Raumes oder die besondere Gemütsreaktion eines Menschen oder den überraschenden Aspekt einer Handlung. Danach kann sich die Kamera zur Entspannung zurückziehen.

Jede Einstellung muss eine inhaltliche und dramaturgische Funktion haben, sonst entsteht ein platter *Bilderteppich*, bei dem es egal ist, an welcher Position ein Bild steht und bei dem die verschiedenen Einstellungen ohne Problem miteinander vertauscht werden können.

Die (Standard-)Sequenz kann man in vielen Fällen als eine Abfolge von Einstellungsgrößen übersetzen:

Totale – Halbnah – Nah – Groß – Halbtotale

Es versteht sich, dass das Aneinanderreihen von solchen gleichförmigen Sequenzen zu Langeweile führen würde. Auch in Texten führt es zum Überdruss der Leser, wenn sich grammatisch gleichartige Konstruktionen einfallslos aneinander reihen. In der praktischen Filmarbeit gehört der Wechsel von kürzeren und längeren Sequenzen zu einer gelungenen filmischen Erzählung. So kann man zur Abwechslung mit einer Großeinstellung statt mit einer orientierenden Totalen beginnen. Wenn beispielsweise die Verlorenheit eines Protagonisten in einer riesigen Gebäudeanlage ausgedrückt werden soll, ist der Aussagekern nicht in einer Großeinstellung, sondern in einer Totalen zu finden.

Beispiel einer Standardsequenz (Totale, Halbtotale, Halbnah, Groß, Halbtotale)

Die Basisregeln des Schnittes. Die immerwährende Frage des Schneideraumes lautet, welche Einstellungen *aneinander gehen* und welche nicht. Feste Regeln helfen wenig. Es gibt nur eine und die gilt immer: alles auszuprobieren. Oft wird man auch als erfahrener Cutter überrascht, was alles möglich ist. Trotzdem gibt es einige Anhaltspunkte, was besser und was schlechter zusammenpasst:

- Statisches passt besser an Statisches.
- Bewegung geht gut an Bewegung.
- Grafisch sehr unterschiedliche Bilder passen gut aneinander.
- Bilder, die sich allzu ähnlich sind, *springen*, wenn man sie hintereinander schneidet.
- Eine heftige Bewegung und ein lauter Ton können das *Springen* abmildern. Statik verstärkt den Effekt des *Springens*.

Ein klassisches Beispiel für einen *springenden* Schnitt entsteht, wenn zwei Bilder hintereinander geschnitten werden, die in derselben Einstellungsgröße zwei verschiedene Köpfe zeigen. Das irritiert den Zuschauer. Der Grund liegt vermutlich in unserer Wahrnehmungsstrategie, zuerst auf die Umrisse zu schauen. Im Moment des Umschnittes halten wir den neuen Kopf für den alten, weil die Umrisse so ähnlich sind. Da der neue Umriss aber doch ein bisschen anders ist, fragt sich der Zuschauer: Ist der Kopf, den ich eben gesehen habe, ein Stück zur Seite, nach oben, nach unten gesprungen? Dann bemerkt er den Irrtum. Der Prozess läuft in Sekundenbruchteilen ab, verursacht aber trotzdem eine kurze Irritation. Aus demselben Grund springen starke graphische Linien in aufeinanderfolgenden Bildern. Telegraphenmasten sind hierfür ideale Kandidaten.

Die Konsequenz aus diesen Phänomenen ist, dass sich sehr unterschiedliche Bilder problemlos aneinander schneiden lassen. Nun wollen wir aber mit unseren Bildern Sequenzen aufbauen, die nicht aus beliebigen verschiedenen Bildern bestehen, sondern die von einem Ort oder von gleichbleibenden Menschen erzählen. Notwendigerweise haben wir also oft dieselbe Person, denselben Gegenstand, denselben Ort vor der Linse. Was ist also zu tun, um *schneidbare Bilder* zu bekommen?

Takes, die deutliche Unterschiede in den Einstellungsgrößen aufweisen, kann man leicht aneinander schneiden, wie zum Beispiel eine Totale an eine Großaufnahme. Am wirkungsvollsten ist es, wenn mehrere Einstellungsgrößen übersprungen werden.

Es ist für den Schnitt hilfreich, wenn die Kamera den Standpunkt bei den verschiedenen Takes verändert und nicht nur aus einem Blickwinkel schießt. Klassisch ist die Methode, einen Menschen für die Totale von der Seite aufzunehmen, um dann für die Naheinstellung mit der Kamera etwas mehr in die Blickachse des Protagonisten zu gehen. Die Großeinstellung macht man dann direkt von vorne. Die veränderten Perspektiven entsprechen der emotionalen Logik. Ich komme von den Einstellungsgrößen dem Menschen immer näher und wandere dabei von einer distanzierten Seitenansicht in eine persönlichere Vorderansicht, wie es auch bei der gezeigten Beispielssequenz der Fall ist. Der Perspektivwechsel verändert die Umrisse des Gezeigten und er verbessert die räumliche Orientierung des Zuschauers.

Die reportagehaften Bildübergänge. Bei inszenierten Filmen hat der Regisseur Zeit, um abwechslungsreiche Perspektiven zu suchen und auf die richtigen Anschlüsse zu achten.

Bei reportagehaft gedrehtem Material ergibt sich der Wechsel der Perspektiven durch die Bewegungen, mit denen der Kameramann dem Geschehen folgt. Der Verzicht auf künstliches Licht und auf das Stativ macht die Kamera sehr beweglich. Deshalb kann sie schnell von links und von rechts schauen, dicht herangehen und sich wieder entfernen. Eine bewegte Kamera, die den Aktionen folgt und die sich neugierig umschaut, ist auch wegen des Schnittes sehr wichtig für die Reportage. Sie erleichtert unkonventionelle Schnitte, ja macht sie oft sogar erst möglich.

Die Erfahrung lehrt, dass sich in einer Situation Handlungen oder Aussagen in ähnlicher Weise wiederholen. Diese Tatsache lässt sich für den Schnitt nutzen.

Da die Reportagekamera ausgiebig beobachtet und häufig die Perspektiven wechselt, ergeben sich oft überraschend viele Möglichkeiten, Schnittübergänge zu finden. Wenn sich ein Koch bückt (um eine Pfanne aus dem Schrank zu holen), kann man in das Bild umschneiden, wie er (mit einem kleinen Topf in der Hand) hoch kommt – wenn es nicht gegen die Logik der Geschichte geht. Die Unterschiede (im klassischen Sinn die *Anschlussfehler*) werden durch die Bewegungen der Kamera oder durch Bewegungen im Bild überspielt. Ja es kann sogar passieren, dass kleine Anschlussfehler das Gefühl des Authentischen sogar noch erhöhen.

Die hohe Kunst der Reportage-Cutterin ist es, die beiden Punkte zu finden, in denen sich die vielen, oft gegensätzlichen Bewegungen eines Bildes in dem Folgebild fortsetzen und damit beim Reportageschnitt ein Gefühl der Kontinuität zu schaffen. Wichtiger als der richtige Anschluss ist es, den Fluss der Bewegung von Einstellung zu Einstellung zu erhalten. Einen spannenden Take, der die Geschichte vorantreibt, nicht zu nehmen, nur weil der traditionelle *Anschluss* nicht stimmt, sollte nicht vorkommen. Und umgekehrt sollte kein Take genommen werden, nur weil er ein *Anschlussproblem* löst.

Insgesamt ist es wichtig, dass jeder Schnitt, jeder Take der dramaturgischen Logik der Geschichte folgt. Das entspricht paradoxerweise den Anforderungen eines Spielfilms.

Zwischenschnitte. Auch in einer Reportage gibt es die Verlockung, sich der Schnittprobleme mittels neutraler *Zwischenschnitte* zu entledigen. Legendär ist das Bild des Aschenbechers, wenn es darum geht, ein Interview zu kürzen. Wenn es nicht gerade um das Rauchen geht, ist das Bild des Aschenbechers sinnlos. In modernen Filmen nimmt man statt sinnloser »ZwieSchnies« lieber harte Schnitte in Kauf. Aus Reportagesicht ist ein Take, der keine andere inhaltliche Aufgabe hat, als ein Schnittproblem zu lösen, ein schlechter Take. Aus den Einstellungen soll sich die Geschichte entwickeln. Das ist wichtiger als saubere Schnitte.

Gerne wird von Kameramännern am Anfang und am Ende eines Takes ein neutraler Bildausschnitt gesucht. Das heißt, die Kamera kommt von oder endet auf einem neutralen Gegenstand, z.B. einer Deckenlampe, einem Aktenstapel, einem Ölgemälde. Das wird *Anschwenk* oder *Abschwenk* genannt. Um solche Schwenks in den Film zu schneiden, müssen sie erzählerisch einen Sinn ergeben. Entweder geht es um das Gezeigte oder die Schwenks müssen zumindest den Anfang oder das Ende einer Sequenz markieren. Belässt man einen Abschwenk innerhalb einer Sequenz, signalisiert das für den Zuschauer ein *Ende* vor der Zeit. Außerdem lenken solche An- oder Abschwenks von den Menschen oder der Handlung ab, um die es eigentlich geht. Sie neutralisieren nicht nur das Bild, sondern bringen oft auch die Spannung auf Null. Deshalb ist es für die Reportage nicht vorteilhaft, an neutralen Stellen zu schneiden, sondern an den Stellen von einem Bild in das andere zu gehen, an denen es *bildüberlappende Elemente* gibt, wo z.B. noch zumindest der grüne Ärmel des Polizisten durch das Bild wischt, der in der vorherigen Einstellung zu sehen war. Bildüberlappende Elemente helfen, dicht an einer Geschichte dran zu bleiben. Allerdings sorgen sie häufig für Anschlussprobleme, wenn z.B. unser Held im ersten Take eine Brille trägt und im zweiten nicht, er aber wegen der Kontinuität in beiden Einstellungen zu sehen sein sollte. Manchmal muss man solche Unstimmigkeiten in der Reportage einfach ignorieren.

Anschlussmotiv mit Bildüberlappung

Anschlussmotiv ohne Bildüberlappung

Der Achssprung. Ein weiterer Begriff in der Schnittdiskussion ist der *Achssprung*. Am einfachsten ist der Achssprung am Beispiel zweier Menschen zu erklären, die sich gegenüber stehen und sich dabei anschauen. Man stelle sich vor, dass durch die beiden eine Gerade läuft. Das ist die so genannte Achse.

Nur der Vollständigkeit halber sei angemerkt, dass sich die Achse verändert, wenn sich die Personen bewegen und wenn mehrere Personen miteinander agieren. Sie kann sich bereits ändern, wenn eine Person den Kopf dreht. Nur in unserem Beispiel ist die Achse etwas Statisches.

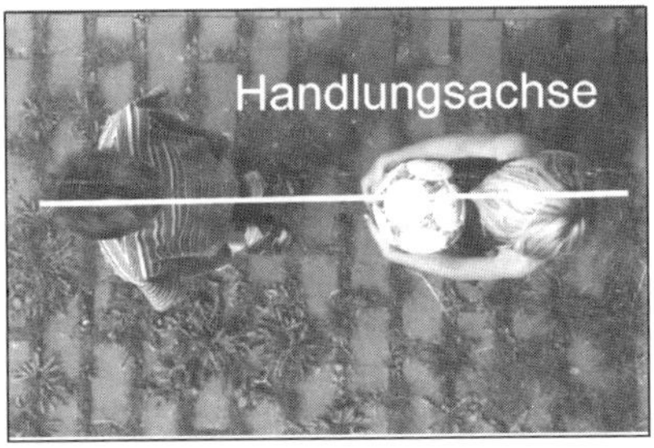

Von den beiden sich gegenüberstehenden Jungen sollen mehrere Takes aufgenommen werden, die im traditionellen Sinn gut *aneinander gehen* sollen. Das bedeutet, wir brauchen verschiedene Kamerastandpunkte. Um Bilder zu erhalten, die mit größtmöglicher Sicherheit keine Irritationen bei den Zuschauern auslösen, wenn man sie hintereinander montiert, darf die Kamera dann entweder nur auf der einen Seite der Achse oder nur auf der anderen Seite der Achse stehen. Mischt man Bilder von beiden Seiten der Achse, verwirrt man die Zuschauer.

Die Ausgangslage mit der Handlungsachse und verschiedenen Kamerapositionen:

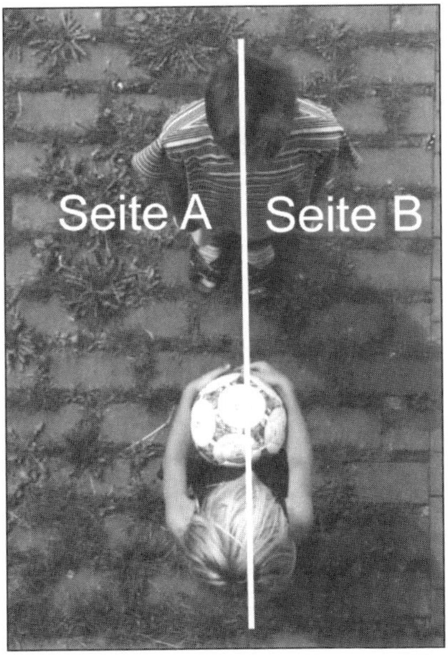

Die korrespondierenden Bilder von der Seite A:

Kameraposition A2

Kameraposition A1

Die korrespondierenden Bilder von der Seite B:

Kameraposition B2

Kameraposition B1

»Springt« man über die Achse, geht die räumliche Orientierung verloren:

Kameraposition A2

Kameraposition B2

Der Grund für die mögliche Irritation liegt in der räumlichen Positionierung der beiden Menschen, die für den Zuschauer mit dem ersten Bild festgelegt wird. Der eine Protagonist ist dann derjenige, der links steht und nach rechts blickt; der andere ist derjenige, der rechts steht und nach links sieht. Von allen Kamerapositionen einer Seite bleibt diese Positionierung erhalten oder, konkret gesagt, die Nasen der beiden zeigen immer in jeweils dieselbe Richtung. Die eine nach links, die andere nach rechts. Überschreitet man die Achse mit der Kamera, auch wenn es nur Zentimeter sind, ändert sich die Nasenrichtung der Protagonisten im Bild und damit wird für den Zuschauer der Linke zum Rechten und der Rechte zum Linken. Die Folge kann Desorientierung beim Zuschauer sein, zumindest bei der traditionellen Erzählweise.

In der Reportagepraxis kann der Kameramann aber auf die Achse manchmal wenig Rücksicht nehmen. Glücklicherweise akzeptieren Zuschauer in der Reportage Achssprünge, wenn sie klar erkennbar sind. Das ist zum Beispiel der Fall, wenn die Kamera im fertigen Film von frontal vorne genau hinter die gezeigten Personen springt. Dann ist der Sprung so stark, dass er als absichtlich erkannt werden kann. Außerdem müssen die Bilder so eindeutig sein, dass der Zuschauer sich in ihnen sofort zurecht findet und nicht verwirrt oder desorientiert wird.

Definierter Achssprung

Heftige Bewegungen in den Bildern und starke Größendifferenzen der Takes können helfen, einen Achssprung akzeptabel zu machen. Manchmal verändert der Blick eines Protagonisten zur Seite für einen Moment die Handlungsachse so, dass ein Achssprung keiner mehr ist. Und manchmal stimmt der Anschluss wieder, wenn zum Beispiel im ersten Bild eine Stewardess in einem Flugzeug von vorne gefilmt die rechte Reihe bedient;

im zweiten Take – die Kamera steht jetzt hinter ihr – bedient sie die andere, die gegenüberliegende Seite. Die Positionsveränderung der Kamera und die andere Handlungsrichtung der Protagonistin heben sich gegenseitig auf und machen einen Schnitt möglich, am besten natürlich in einer Bewegung.

Der Ton. Die Bedeutung des Tons wird bei der Filmarbeit oft unterschätzt, sowohl am Drehort, wie auch im Schneideraum. Gerade bei der Reportage ist der Original-Ton wichtig. Seit dem Aufkommen der elektronischen EB-Kameras ist das ehemals übliche Team von Kameramann, Kameraassistent und Tonmann nicht mehr die Regel. Heute zieht ein Reporter meist mit einem Kameramann und einem so genannten Multimann los, der keine spezielle Tonausbildung hat. Und vielleicht liegt die Zukunft im Ein-Mann-Team, Reporter inklusive. Diese Entwicklung führt leider oft zu schwer verständlichen O-Tönen, denn präsente Geräusche und gute O-Töne sind mindestens so schwer aufzunehmen wie gute Bilder. Zwar sollte das Reportageteam klein und beweglich sein – ein zusätzlicher Tonspezialist, der sich nur auf seine Aufgabe konzentriert, kann jedoch ein Team schneller und besser machen. Das gilt vor allem für lange Reportagen, in denen die Geschichte weitgehend mit Bildern und O-Töne erzählen soll und nicht durch den Text.

Im Schneideraum werden die Töne sorgfältig bearbeitet. Atmos und andere Toneffekte werden hinzugefügt. Da läuten die Glocken in der Dorftotalen und im Morgengrauen bellt ein entfernter Hund. Weil der Ton den Bildern eine zusätzliche emotionale Dimension verleiht, intensiviert die Vertonung die Wirkung eines Filmes. Gleichzeitig dient der Ton der Orientierung, er signalisiert dem Zuschauer räumliche und zeitliche Kontinuität oder aber einen Ortswechsel. Mehrere Tonspuren sind die Regel, mindestens zwei, manchmal vier, fünf oder sechs, bei der dokumentarischen Arbeit sind es nur in seltenen Fällen mehr. Die Bänder mit den disparaten Tönen werden dann im Tonstudio von einem Mischmeister *zusammengefahren.*

Der Off-Kommentar. Im Tonstudio wird der *Kommentartext* aufgesprochen. Dieser Text beantwortet, soweit es die Bilder und die O-Töne nicht können, die Fragen nach dem Wer, Wann, Wo, Was und vielleicht nach dem Warum im Film. Außerdem soll er natürlich die Stimmung des Films unterstützen. Texte in der Reportage sind nicht berichtend und abstrakt, sondern lebendig und konkret. Um dieses Prinzip für die Sprache der geschriebenen Reportage zu verdeutlichen, stellt Walther von LaRoche eine dpa-Meldung und eine dpa-Reportage nebeneinander:

> »Die Meldung: ›Eine schwere Gasexplosion, die am Montagmorgen ein fünfstöckiges Wohnhaus im Münchner Stadtteil Schwabing vollkommen zerstörte, forderte bisher zwei Menschenleben und verletzte 18 Personen zum Teil schwer. Nach Angaben der Polizei wurde am Nachmittag immer noch ein Hausbewohner vermißt.«
>
> »Die Reportage: ›7 Uhr 18 zeigte die weißlackierte Küchenuhr, die unter den Gesteinstrümmern auf der Straße lag. Zu dem Zeitpunkt war sie unter der Wucht einer der größten Gasexplosionen, die München nach dem Krieg erschütterten, durchs Fenster geflogen. Rundherum lagen verstreut noch andere Küchengegenstände, zertrümmerte Fernsehapparate, Möbel und ein blutiges Leintuch.«
> (LaRoche, Walter von 1975, 139)

Der Fernsehreporter hat gegenüber seinem schreibenden Kollegen den Vorteil, dass er nicht alles beschreiben muss. Bei ihm können Bilder und Töne für sich selber *sprechen*. Der Nachteil des Fernsehreporters ist aber auch offensichtlich: Er muss sich mit seinem Text zurücknehmen, um den Bildern und Tönen ihren Platz zu lassen. Ihm bleiben im Regelfall nur wenige Sekunden für seinen Text. Wie soll er alle seine Eindrücke und Erkenntnisse da unterbringen? Und in der Zeit, die für den Kommentar bleibt, muss der Fernsehreporter oft noch mit seinem Text die Dramaturgie und Organisation des Films unterstützen und sich dabei dem Tempo und Rhythmus des Films anpassen.

- Der Reporter darf nicht nacherzählen, was man ohnehin schon sieht – er darf sich aber auch nicht zu weit vom Bild entfernen, sonst schwebt sein Text wie ein Fremdkörper über dem Film.
- Natürlich muss der Text sofort und beim ersten Hören verständlich sein. Schachtelsätze und Fremdworte sind verboten.
- Der Text muss sich gut sprechen lassen. Deshalb haben Fernsehtexte kurze Sätze und das Prädikat wird aus Verständnisgründen gerne vorgezogen.

- Der Text darf nicht zu ausgearbeitet und kunstvoll wirken, sondern wie gerade im Moment erdacht, um das Authentische der Reportage zu unterstützen. Fernsehsätze sind oft wie Schlaglichter, Anregungen, manchmal Fetzen. Und dann soll der Text – trotz aller Sachzwänge – auch noch schön und originell sein.

Insgesamt scheint es um den Text im Fernsehen nicht gut bestellt zu sein. Auf jeden Fall reißen die Kritiken nicht ab. Kameraleute und Cutterinnen klagen sowieso, denn sie begreifen sich als Vertreter der Bilder und Töne, denen der Text Aufmerksamkeit wegnimmt. Ungerührt davon texten viele Redakteure zu viel, schon um zu beweisen, dass sie Bescheid wissen und oft, weil es mühsamer ist, eine präzise kurze Formulierung zu finden als eine lange. Martin Ordolff und Stefan Wachtel haben sich umgeschaut:

> »Unverständliche Sätze, Ausdrücke, die nur Fachleute verstehen, oder Text- und Bildaussagen, die auseinanderklaffen: Das sind nur einige Beispiele für formal schlechten Fernsehjournalismus, der uns in vielen TV-Texten immer wieder begegnete. Oft stießen wir auf journalistische Stilformen, die für das Fernsehen ungeeignet sind. Zu lange Sätze etwa erschweren das Verstehen von Fernsehbeiträgen, auch wenn sie in Zeitungsartikeln durchaus üblich sind. Immer wieder trafen wir auch auf die Sprache des Radios, die Vorgänge und Ereignisse exakt beschreibt und deshalb für das Bildmedium Fernsehen nur bedingt brauchbar ist. Sprachliche Plattitüden, Klischees oder abgedroschene Wendungen, wie ›im Vorfeld wurde abgeklärt‹, kamen oft hinzu.
>
> Um die Verständlichkeit von Fernsehbeiträgen steht es schlecht. Das belegen mehrere Untersuchungen aus der Medienwirkungsforschung. Selbst ausgewählte Testpersonen konnten selten mehr als 10% der Inhalte einer Nachrichtensendung behalten.« (Ordolff, Wachtel 1997, 5)

Die Bild-Text-Schere. Viele Filme stellen einen wahren Generalangriff auf die Sinne dar. Bilder, Töne und der Kommentar prasseln in dichter Folge auf den Zuschauer ein. Sind die Bilder bewegt und schnell geschnitten, sind die Töne präsent und ist der Kommentar an dieser Stelle kompliziert, kann das den Zuschauer überfordern. Die meisten Zuschauer konzentrieren ihre Aufmerksamkeit dann auf das Bild und hören nicht mehr zu. Einige wenige hören lieber, statt zu schauen. In beiden Fällen gehen Informationen verloren. Deshalb müssen Bild, Ton und Text sorgfältig aufeinander abgestimmt werden. Besonders fatal wird es, wenn Bild und Text auseinander laufen und der Text keinen Bezug mehr zum Bild hat. *Bild-Text-Schere* hat Bernward Wember das in den Siebzigerjahren genannt, ein auch noch heute gültiger Begriff. Wenn Bild und Text auseinander klaffen, bleibt die Aufmerksamkeit des Zuschauers auf der Strecke. Bei der natürlich begrenzten Wahrnehmungsfähigkeit des Fernsehpublikums verkomme in solchen Fällen »der Text zur plappernden Geräuschkulisse« oder »das Sehen zum Glotzen« (Wember 1976, 167).

Zur Notwendigkeit des Kommentars. Manchen Dokumentarfilmern gilt es als die höchste Kunst, einen Film ohne Kommentar zu machen. Doch um ohne Off-Kommentar zu arbeiten, braucht man viel Zeit, also lange Sendestrecken, damit sich die Geschichten wie von selbst erzählen können. Im normalen Fernsehleben hat man weder die Sendezeit, noch die geduldigen Zuschauer, die bereit wären, lange auf Erklärungen zu warten. Je kürzer die Filme sind, desto textlastiger sind sie meistens. Und viele Dinge erklären sich auch einfach nicht von selbst. Bekannt ist der Satz von Bert Brecht:

> »Eine Photographie der Krupp-Werke oder der AEG ergibt beinahe nichts über diese Institute.« (Brecht 1967, 161)

Text im Film muss kein notwendiges Übel sein. Der Dokumentarist Georg Stefan Troller, der seine reportagehaften Filme aus der Reihe PERSONENBESCHREIBUNG mit größtem Erfolg und dabei mit größter Lust am Text hergestellt hat, wehrt sich gegen die Meinung, ein Off-Kommentar sei immer nur eine Verlegenheitslösung.

> »Ich verteidige das Gegenteil, ich verteidige den Text, durch den, über Film gesprochen, noch eine neue Ebene, eine neue Realitätsebene über das Ganze gebreitet wird. Wir haben schon die Realitätsebene des Bildes, der Selbstdarstellung der Person, des Interviews, und dann kommt noch eine Ebene, wenn ich über das, was hier bereits als Film fertig ist, einen Text verfasse und spreche. Allerdings keinen Text, der die Sache durchplaudert, der über alles hinweg seinen Grießbrei ergießt. [...] Es geht darum, daß dieser

> Kommentar eins mit dem Bild wird. [...] Wie kann man das machen? Indem man ihn so kurz wie möglich macht, so prägnant wie möglich, indem ganz kurze Sätze verwendet werden, manchmal nur einzelne Worte. Ich sage: ›Ganz schön‹ oder so etwas, lasse das nur so hineinperlen in das Bild, ohne daß ich das Bild schwer überlagere. [...] Und dieser Kommentar, von dem ich spreche, ist ein Stück Suggestion. Die beruht zum Beispiel rein technisch darauf, daß ich nur auf Totalen spreche, nicht auf Großaufnahmen und nicht auf bewegte Einstellungen, sondern nur da, wo in den Bildern eigentlich nichts oder nur wenig passiert. Diese Totale ist möglicherweise, für sich gesehen, ein bißchen langweilig, ist nicht sehr ausdrucksstark. Aber je näher du an eine Sache oder an ein Gesicht kommst und je stärker der Ausdruck wird, desto mehr hast du den Mund zu halten. Du sprichst da, wo es nicht so auffällt.« (Troller 1999e, 154ff.)

Troller billigt dem Wort eine »ungeheure Ausdrucksstärke« zu, und er schildert, dass man ihn oft auf Bilder in seinen Filmen angesprochen habe, die gar nicht in den Filmen zu sehen waren.

> »Ich habe sie suggeriert, ich habe so getan, als wären sie da gewesen: Der Kameramann hat versagt, ich habe versagt, es hat geregnet, das Bild war in dem Moment nicht zu drehen. Aber ich wußte, ich brauche es, und ich habe es durch ein paar richtig angebrachte Worte suggeriert.« (Troller 1999e, 157)

Am Ende müssen die verschiedenen Gestaltungsmittel wie Text, Interviewführung, Kameraführung, Montage so eingesetzt werden, dass sie einen stilistisch einheitlichen Film ergeben. Die Reportage lebt durch Authentizität, nicht durch vordergründige Ästhetik und Schönheit – das ist der gemeinsame Nenner, auf den all die unterschiedlichen Gestaltungsmittel gebracht werden müssen.

Typische Fehler. Bevor die verschiedenen Gestaltungselemente gezielter untersucht werden, hier noch eine (abschreckende) Liste typischer Fehler, die immer wieder bei der Analyse von Fernsehfilmen zu finden sind. Die Liste erhebt keinen Anspruch auf Vollständigkeit.

- Es gibt von allem zuviel: Zu viele Protagonisten, zu viele Drehorte und im Besonderen wird *zuviel kommentiert*, Bilder und Töne haben keine Chance zu wirken und für sich eine Geschichte zu erzählen.
- Der Inhalt von O-Tönen wird überflüssigerweise durch den Kommentar (im *Antext*) vorweggenommen.
- Die *Kamera zoomt* und schwenkt *sinnlos* hin und her.
- Protagonisten werden bis zur Lächerlichkeit dem Diktat einer *Inszenierung* für die Kamera unterworfen.
- Die Einstellungen addieren sich zu einem beliebigen *Bilderteppich*, bei dem die dritte Einstellung mit der fünften und die achte mit der zweiten ohne Probleme ausgetauscht werden könnten.
- Es herrscht fantasieloser *Kopfsalat*, denn es wurde ein Interviewpartner an den anderen geschnitten.
- Kommentar und Einstellungen laufen gegeneinander – sie bilden eine *Bild-Text-Schere*; üblicherweise entscheiden sich Zuschauer in so einer Situation entweder dafür, das Bild anzuschauen und den Kommentar zu überhören oder den Kommentar zu verfolgen und das Bild zu ignorieren.
- *Stilmischmasch*: Ein einmal gewählter Stil wird nicht konsequent durchgehalten, wenn z.B. ohne Systematik Licht eingesetzt wird oder z.B. Schulter- und Stativkamera unmotiviert miteinander gemischt werden.
- Der Film wirkt wie eine Aneinanderreihung von kleineren Magazinbeiträgen, weil *keine Gesamtdramaturgie* entwickelt wurde.
- Der Reporter und sein Team sind *nicht neugierig auf die Wirklichkeit*, sie suchen nur die Bestätigung ihrer Überzeugungen, die vorher am Schreibtisch gewonnen wurden.

2. Die Fernsehreportage als Arbeitsmethode

Der *Augenzeuge*, zieht hinaus und – das bedeutet das lateinische Wort *reportare* - er bringt etwas zurück, nämlich die gefundene *Geschichte*, die er dann so erzählt, dass die Zuhörer meinen könnten, sie seien dabei gewesen und würden alles geradezu *miterleben*. Dabei, so sagt der Reportageexperte Michael Haller, ist die Reportage »faktizierender Augenzeugenbericht und schildernder Erlebnisbericht in einem« (Haller 1990, 19). *Um das im Fernsehen zu erreichen, braucht die Reportage ungestellte, nicht inszenierte Bilder und Töne, um authentisch zu sein und um authentisch zu wirken.*

Für ein mehrköpfiges Fernsehteam ist die größte Herausforderung, bei der Produktion einer Reportage die Wirklichkeit so wenig wie möglich zu verändern und dabei gleichzeitig alle Dinge zu berücksichtigen, die die Technik und das Handwerk von ihnen verlangen. Auch der schreibende Reporter verändert durch seine Anwesenheit und Fragen die Umgebung, in die er sich begibt – allerdings in einem viel geringeren Maße, als es ein Kamerateam tut. Dabei ist Kamerateam nicht gleich Kamerateam. Es liegen Welten zwischen einem Team, das sich für den Nabel der Welt hält und entsprechend fordernd auftritt und einem anderen, das sich in eine Situation einfügt und sich zurückhält. Einige bekannte Dokumentarfilmer und Reporter, auf die auch schon in dem Kapitel zur Geschichte des Dokumentarfilms (S. 43) und der TV-Reportage (S. 62) Bezug genommen wurde, haben sich geäußert, mit welcher Haltung man wie vorgeht, um gute Reportagebilder zu bekommen. Denn am Ende entscheiden die Haltung und die Arbeitsmethode darüber, wie *reportagehaft* das Ergebnis sein wird.

Als einer der Ersten wollte der Russe Dziga Vertov das Leben mit der Kamera »überrumpeln«. Seine Absichten und seine leidvollen Erfahrungen beschreibt er 1927:

> »Mit deiner Kamera springst du in den Strudel des Lebens, das Leben geht seinen gewohnten Gang. Es läßt sich nicht aufhalten. Niemand

beugt sich dir. Du mußt dich so anpassen, daß du deine Studien treibst, ohne jemanden zu stören.

Die ersten Fehlschläge. Man schaut auf dich. Kleine Jungen sammeln sich um dich. Die Gefilmten blicken in die Kamera. Du wirst erfahrener. Du wendest alle möglichen Tricks an, um unbemerkt zu bleiben, um mit deiner Arbeit weiterzukommen, ohne die Arbeit der anderen aufzuhalten.

Jeder Versuch, laufende, essende, arbeitende Menschen zu filmen, schlägt fehl. Die Mädchen beginnen ihre Frisur zu ordnen, die Burschen machen ein ›Fairbanks‹- oder ein ›Conrad Veidt‹-Gesicht.

Alle grüßen freundlich in die Kamera, manchmal stockt der Verkehr.

Noch schlimmer ist es am Abend, wenn das Lampenlicht eine Menge Neugieriger anlockt.« (Vertov, in: Wildenhahn 1975, 5f.)

Auch wenn heute ein Fernsehteam nicht mehr die Sensation darstellt wie in den Zwanzigerjahren in der Sowjetunion, so ist es im Grundsatz heute nicht anders als damals. Und je wichtiger sich das Team nimmt, je mehr Technik es glaubt mit sich führen zu müssen, desto schlimmer wird es.

Spätestens seit den späten Fünfzigern und den frühen Sechzigern ist die Frage der Inszenierung für Reporter und Dokumentarfilmer entscheidend geworden. Bis dahin genügte es, seinen Stoff aus der Wirklichkeit zu nehmen, also keine erfundenen Geschichten zu erzählen. Dabei war es sogar erlaubt, Szenen zu rekonstruierten. Seit Beginn der Sechzigerjahre geht es darum, jede Form von Inszenierung zu vermeiden. Der Amerikaner Richard Leacock war einer der Ersten, der mit leichten Schulterkameras arbeitete und wegweisende Filme drehte. (In dem Kapitel zur Geschichte des Dokumentarfilms wird seine Arbeit ebenfalls behandelt, wie auch die von Klaus Wildenhahn, der Leacocks Arbeitsstil nach Deutschland brachte und für sich modifizierte; S. 56.)

Lichtstarke Objektive und hoch empfindliche Filme erlaubten es zum ersten Mal, auf Scheinwerfer zu verzichten, deren Aufbau zeitraubend ist und die die Atmosphäre des Ortes verändern. Der Filmemacher arrangiert nichts und stellt nichts nach. Er reagiert so schnell wie möglich, ohne etwas wiederholen zu lassen, auf das, was im Idealfall auch ohne seine Anwesenheit passieren würde. Für dieses Verfahren haben sich auch noch – neben der Bezeichnung *uncontrolled cinema* – die Begriffe *direct cinema* oder *living camera* eingebürgert. Die Filmemacher werden zu Beobachtern.

Selbstverständlich ruft der Anspruch, Wirklichkeit mit der Kamera authentisch einfangen zu wollen, Kritiker auf den Plan. Das Gegenargument lautet: Jedes Filmteam, und sei es noch so klein, verändert die Situation vor Ort. Und Leacock weiß: »Alles, was wir tun können, ist, unsere Gegenwart auf ein Minimum zu reduzieren.« (Leacock, in: Wildenhahn 1975, 11) In einem Interview des NDR erläutern er und seine Kollegen 1964 ihre Vorgehensweise.

Frage:	»Wie unterscheiden Sie sich vom konventionellen Kameramann?«
Leacock:	»Der traditionelle Kameramann ist eigentlich ein Fachmann für Beleuchtungseffekte. So gesehen sind wir keine Kameraleute. Natürlich müssen wir wie Photographen Gefühl für Bildkomposition haben. Aber im Grunde sind wir Beobachter, kritische Beobachter. Wir stellen uns mit der Person, die wir filmen, auf die gleiche Ebene. Wir respektieren und vertrauen uns. Es ist nicht die Beziehung zwischen Kameramann und Objekt. Oft legen wir die Kamera weg und sind nur Gesprächspartner.«
Maysles:	»Wir kennen unsere Leute kaum vor dem Filmen. Wir machen keine ausführlichen Recherchen vorher. Bei der Filmarbeit entdecken wir sie.«
Pennebaker:	»Es ist wie ein Spiel, dessen Regeln wir nicht erklären. Kommt die Hauptperson ins Zimmer, wir aber hatten keinen Film eingelegt, wird dieser Vorgang nicht wiederholt. Keine Fingerzeige, wie wir was haben wollen. Keine Regie. Am Ende lebt der Gefilmte sein Leben, eine Idee intensiver, aber er lebt sein Leben mit dem Gefühl, etwas zu entdecken von sich, das er anders nicht finden kann.«
Frage:	»Drängt die Kamera den Gefilmten nicht in eine bestimmte Rolle?«

Pennebaker: »Tendiert man zu einer Rolle, wird man sie vor der Kamera bewußter übernehmen.«

Leacock: »Das macht aber nicht die Kamera. Das macht die Anwesenheit einer anderen Person. [...]«

Maysles: »Wenn wir fühlen, die Kamera wird aufdringlich – und wir haben ein feines Gefühl dafür – unterbrechen wir, bis der Mann wieder er selbst ist.

Es ist leicht genug, Leute in eine Rolle zu drängen. Das darf nicht sein.

Reißen wir jedesmal die Kamera hoch, erzählt der andere einen Witz, dann entgeht uns 90% des wirklichen Geschehens.« (Wildenhahn 1975, 153f.)

Die Kamera wird bei Leacock zum Augenzeugen und er selbst sucht die Geschichte, die später im Schnitt herausgearbeitet wird.

> »Wir begannen zu begreifen, daß, ebenso wie ein theatralisches Bühnengeschehen sich letztlich aus der Realität entwickelt, auch Leute in realen Situationen so etwas wie ein Drama produzieren – vorausgesetzt, daß wir beim Filmen geschickt und sensibel genug vorgehen und daß wir bei unserem Grundsatz bleiben, niemals in die Vorgänge zu intervenieren.« (Leacock, in: Gregor 1983, S. 550f.)

Roth beschreibt die vier *Tricks*, die Leacock benutzt, um möglichst ungestellte Szenen zu bekommen:

> »Man filmt Situationen, die so aufregend sind, daß die Beteiligten die Kamera mit der Zeit tatsächlich vergessen [...]
>
> Man berichtet über Ereignisse, die sich ohnehin in der Öffentlichkeit abspielen – mit Protagonisten, die das Licht der Öffentlichkeit gewohnt sind. [...]
>
> Man filmt Personen in einer Entscheidungssituation, in einer Prüfung, einer Krise, in der sie wiederum die Kamera vergessen und sich zudem ihr wahrer Charakter enthüllen soll. [...]

›Wir verbrauchen ungeheure Mengen Film ... Als wir THE CHAIR drehten, brauchten wir beinahe 25.000 Meter und verwendeten siebenhundert‹ - also ein Drehverhältnis von 1:35, das extremste, das Leacock je hatte. Die Folge ist jedenfalls: Wenn fast ununterbrochen gefilmt wird, gewöhnen sich die Leute schneller an die Kamera. Zudem drehen Leacock und sein Team oft mit der Kamera unter dem Arm. ›Die Leute wissen, daß ich da bin und sie aufnehmen kann. Ich möchte nur nicht, daß sie wissen, in welchem Moment ich sie aufnehme.‹« (Roth 1982, 11f.)

Leacock beschreibt seinen Arbeitsstil an einem Beispiel: Es geht um eine Reportage über eine Familie, in der die Frau Fünflinge zur Welt gebracht hat. Zu dem Zeitpunkt der Dreharbeiten standen die Fishers, so hieß die Familie, im Mittelpunkt eines Medienspektakels. Das hatte die Familie zu Medienprofis werden lassen.

»Alle Touristen und alle Pressefotografen wollten Aufnahmen von dem Platz machen, wo Mr. Fisher gearbeitet hatte. Er hatte Urlaub genommen und arbeitete nicht mehr da. Also sagte er: »Ich werde mal zur Arbeit gehen.« Er wollte gefällig sein. Diese armen Kerle hatten nichts, was sie aufnehmen konnten, und Fisher tat das aufrichtig leid. Also sagte er auch zu mir: ›Warum gehen wir nicht mal zu meinem Arbeitsplatz?‹ Wir fuhren hin, stiegen aus dem Wagen und er sagte, ›also, möchten Sie, daß ich rein gehe?‹ Und ich sagte, ›ich möchte überhaupt nicht, daß Sie etwas für mich tun.‹ Er sagte, ›vielleicht sollte ich reingehen und dem Chef die Hand schütteln, und den Kollegen Guten Tag sagen?‹ Ich sagte, ›nein!‹, ich sagte, ›wollen Sie denn den Kollegen Guten Tag sagen?‹ Er sagte, ›nein‹. Also sagte ich, ›dann bloß nicht. Fahren wir nach Hause!‹ Verstehen Sie, wenn er erstmal damit anfängt, wird er so weitermachen, nur um mir einen Gefallen zu erweisen. Und ich bin nicht daran interessiert, daß er mir einen Gefallen tut. Es spielt keine Rolle, wie unzufrieden ich bin. Ich will nicht, daß er mir einen Gefallen tut. Ich möchte, daß er tut, was er will. Wenn ich erst einmal anfange, ihn herumzudirigieren, dann ist es aus mit mir.

Ich denke, ich arbeite mit einer harten Disziplin. So ungefähr, wie wenn man ein Sonett schreibt. Verletzt man die Regeln nur ein einziges Mal, dann hat man etwas anderes, kein Sonett.

> Möglicherweise wird es etwas Besseres, das weiß ich nicht. Vielleicht klappt es eine Zeitlang, aber dann kriegt man Verzerrungen.« (Leacock, in: Wildenhahn 1975, 160f.)

Der wichtigste deutsche Vertreter der *direct cinema*-Bewegung war Klaus Wildenhahn. Er nutzte die Methode für beobachtende und teilnehmende *Sozialreportagen*. Anders als Leacock setzte er nicht auf spektakuläre Ereignisse, die ihm seine authentische Geschichte quasi automatisch lieferten. Er erwarb sich durch lange Recherchezeiten das Vertrauen der Betroffenen und wurde so beim Drehen beinahe ein selbstverständlicher Teil der Situation. Dadurch gelang es ihm, Menschen eine Stimme zu geben, die sonst in den Medien kaum zu Wort kamen. Sein erster langer Film war IN DER FREMDE (1967). Klaus Wildenhahn sagte zu seiner Arbeitsweise und der Schwierigkeit, aus der komplexen Wirklichkeit die Teile einer Geschichte *herauszulesen*:

> »Da war natürlich in überhaupt keiner Art und Weise ein Drehbuch vorgegeben, sondern man arbeitete ohne Netz und doppelten Boden und wußte nicht, was dabei rauskam. Man hatte einen handwerklichen Instinkt, daß die Sache gelingen *könnte*, aber man wußte es natürlich nicht. Infolgedessen mußte man natürlich ein ganz anderes Drehverhältnis wählen, es hat sich dann herausgestellt, daß wir 1 : 15 im Schnitt gedreht haben. [...] Also insofern ist es eine total andere Situation, weil beim Drehen überhaupt erst die ganze Geschichte entsteht und nicht wie beim Journalismus sozusagen eine Tendenz vorher rausgearbeitet worden ist, eine Geschichte [...].
>
> Das, was mich dabei besonders berührt und ich sehr schön finde an der dokumentarischen Arbeit, ist das freie Improvisieren vor Ort. Wenn man sein Thema und seine Leute gefunden hat, daß man sich mit ihnen einstimmt und ja dann auch nicht mehr unbedingt bestimmt, nein: man bestimmt überhaupt nicht, sondern daß man mitschwingt, mit den Leuten, ihren Abläufen, ihrem Tag. Und da das nicht vorbestimmbar ist, ist ein guter Teil dieser dokumentarischen Arbeit Improvisation unter Ausnutzung aller handwerklichen und technischen Fähigkeiten.« (Wildenhahn, in: Duisburg 1981, 81f.)

Dieses Improvisieren ist für Wildenhahn ausgesprochen wichtig. Es geht ihm nicht um vordergründige handwerkliche Perfektion, quasi als Selbstzweck.

> »Neben einer hochgradig entwickelten, ja spezialisierten handwerklichen Verfahrensweise – wenig beachtet in der Rezeption – steckt im guten Dokumentarfilm auch das Experiment des Laienproduktes. Das ist ihm anzusehen, findet auch das Mißfallen der Perfektionisten.« (Wildenhahn 1981, 196)

Die Begriffe des *Mitschwingens*, des *Improvisierens* und des *Unperfekten* drücken die Bereitschaft Wildenhahns aus, sich auf die Situation um ihn herum einzulassen und Rücksicht zu nehmen. Es steckt auch die Bereitschaft darin, Dinge zu akzeptieren, die im klassischen Sinn als handwerkliche Fehler angesehen werden, um authentische Szenen zu bekommen. So akzeptierte die Kamera bei ihm ungünstige Blickwinkel, um nicht in sensiblen Momenten durch plötzliche Veränderungen des Standortes für Unruhe zu sorgen.

Immer wieder gibt es während der dokumentarischen Arbeit die Verlockung, die Szenen nachzustellen, die man so nötig für einen Film zu brauchen meint, wenn sie sich einfach nicht von selbst ergeben, um so dem eigenen professionellen Glück etwas auf die Sprünge zu helfen.

Brillant kommentiert der Dokumentarist Roman Brodman in einem Brief an eine Kollegin deren Inszenierungsabsichten. Die Filmemacherin hat sich auf der Suche nach der »idealen« Bauernhochzeit verrannt.

> »Sie wollen eine Bauernhochzeit filmen. Ich weiß nicht, warum. Vorerst habe ich die Tatsache zu respektieren. Es gibt keinen zwingenden Grund, eine Bauernhochzeit nicht zu filmen. [...] Ich beobachte nur beiläufig und mit Abstand, aber doch mit wachsendem Unbehagen, wie lange sie auf Motivsuche waren. Wie ein Strahler, der Bergkristalle sucht in einer längst ausgeplünderten Gegend. Suchten Sie ein Museumsstück? Wenn ja, warum? Um zu zeigen, wie unsere Welt nicht mehr ist? Gestern nun schossen Sie das Blitzlicht ab, als Sie erzählten, daß just an diesem Tag der Hochzeit, die nun inzwischen ausgemacht und festgelegt ist, ein Fußballspiel übertragen wird. Sie sagten, es sei nun Ihre ganze Sorge, daß es im Saal dieses Landgasthofes möglicherweise Empfangsgeräte geben könnte, die der Hochzeit die Schau stehlen, also auch den Ablauf des Films beeinträchtigen würden. Und hier ist die Frage nach dem Sinn Ihres Vorhabens bereits von fataler Dringlichkeit.

Da erkennt man die Symptome einer Krankheit, die es bei der Zahl schon vorhandener Abwehrkörper eigentlich gar nicht mehr geben dürfte. Sie wollen einen sogenannten Dokumentarfilm (oder, branchenüblicher, ein Feature) drehen zum Beweis, daß die Vorstellungen, die Sie sich über eine Sache gebildet haben, zutreffen. Die Wirklichkeit soll sich ihrem Film soweit anpassen, daß die im Exposé aufgerissene Dramaturgie wieder stimmt. Man muß sich das vor Augen halten, Ihr Schicksal webt an einem Dokumentarfilm, wie er nur in Sternstunden entsteht: eine Bauernhochzeit mit allem tradierten Drum und Dran geht vorübergehend unter in einer Fußballübertragung des Fernsehens. Ganz unerwartet bietet sich ein gesellschaftliches Lehrstück an, wie es eindrücklicher kaum denkbar wäre. Mit enthüllenden Zusammenstößen dieser Art wäre Filmgeschichte zu machen, aber Sie wollen Ihre ungestörte Bauernhochzeit haben, mit Hochzeitsgästen, die Ihre Identität an der Garderobe abgeben. Ich war schon immer der Meinung, daß für Dokumentarfilme keine Drehbücher geschrieben werden sollten. Jetzt weiß ich, daß man auch das Drehbuch im Kopf verbieten müßte. Diese Strenge ist nun gleich zu relativieren mit dem Hinweis auf die Größe der Versuchung und mit dem Eingeständnis, daß es wohl keinen unter uns gibt, der dieser Versuchung nie erlägen wäre: ein Gefäß aufzustellen und es im Sinne seiner Erwartung zu füllen. Wie sollte man ohne Erwartung überhaupt zum Thema kommen? Wie sollte man das Interesse an einem Stück dieser Welt mit der Leidenschaftlichkeit ausstatten, die unsere Neugierde fordert, wenn dieses Interesse nicht zielgerichtet sein darf? Es ist ja schon ein Teil der redaktionellen Forderung, daß ein besonderer Aspekt das Thema zu rechtfertigen hat. Es muß einer wenigstens Werner Herzog heißen, um sagen zu können: ›Ich mache einen Film über Bäume, und was dabei herauskommt, werdet ihr dann schon sehen‹. Der Fußgänger unter den Dokumentarfilmern braucht die gezielte Erwartungshaltung schon als Legitimation seines Ansinnens, fünftausend Meter Kodakmaterial belichten zu wollen. Aber er darf sich, wenn er einmal ein Herzog werden möchte, von dieser Notwendigkeit einer Zielprojektion nicht die Neugier auf das Tatsächliche verstellen lasse, und das Tatsächliche ist immer anders als unsere Vorstellungen.« (Brodmann, ohne Datum)

Die Offenheit, die Brodmann für die Dreharbeiten fordert, muss sich durch den ganzen Bearbeitungsprozess hindurchziehen. Reporter sind dabei wie Geburtshelfer, die einen Film mehr begleiten als konstruieren. Diesen offenen Prozess schildert die Dokumentaristin Susanne Müller-Hanpft:

> »Dokumentarfilmen ist Fragestellen an die Wirklichkeit. Man denkt sich was, sammelt Material dazu, und dann kommt der Moment, wo das ganze Konzept umkippt, dann diktiert das Material selbst, wie es bearbeitet werden muß. Wenn man genau hinschaut am Schneidetisch, zeigt einem das Material, was man selbst nicht gewußt hat, und das sind die glücklichsten Momente bei der Arbeit. Man sammelt ein wie ein Fischer mit einem großen Netz und erkennt erst im Nachhinein, welche Antworten das Material auf die Fragen gibt. Dokumentarfilmen ist permanentes Recherchieren.« (Müller-Hanft, in: Zschau 1990, 181)

Wie die Arbeit an einer Reportage nicht ablaufen darf, ist nie so gut beschrieben worden, wie in einem Sketsch von Loriot. Ein Team überfällt eine Wohnung und baut sie fernsehgerecht um, probt den Protagonisten in Grund und Boden, erschlägt jede Form von Spontaneität, Authentizität und Leben. Das alles geschieht in dem plüschigen Wohnzimmer des Rentners Erwin Lindemann. Lindemann sitzt wie angenagelt in seinem gelben Plüschsessel, umlagert von den Fernsehschaffenden. Zunächst wird der Text geübt, die Kamera läuft noch nicht.

Regisseur:	»Also Herr Lindemann..., Sie wissen ja worum es sich handelt. Ein kleiner Film für den Kulturbericht der Abendschau. Sie sagen jetzt kurz, wie Sie heißen ...«
Lindemann:	»Lindemann.«
Regisseur:	»Richtig. Und dass Sie fünfhunderttausend Mark im Lotto gewonnen haben und was Sie damit machen wollen. Wir probieren das jetzt mal ohne Kamera.«
Lindemann:	»Ja ebent, dass ich Erwin Lindemann heiße ...«
Regisseur:	»Im ganzen Satz: ICH HEISSE ERWIN LINDEMANN.«

Lindemann:	»Ich heiße Erwin Lindemann, bin Rentner und 66. Mit meinem Lottogewinn von 500.000 Mark mache ich erst mal eine Reise nach Island. Dann fahre ich mit meiner Tochter nach Rom und besuche eine Papstaudienz. Und im Herbst eröffne ich dann in Wuppertal eine Herrenboutique.«
Regisseur:	»Genauso. Können wir?«
Kameramann:	»Wir können.«

Vor Beginn der Dreharbeiten schafft Lindemann es ein einziges Mal, sein Statement zusammenhängend hinzubekommen. Dann geht die Inszenierungs-Maschinerie los, die ihn verwirrt und immer nervöser macht. In der ersten Klappe entscheidet sich der Kameramann, das Licht umzubauen, eine Stehlampe geht zu Bruch. In der Klappe »Lottogewinner eins, die zweite«, ist Lindemann schon 500.000 Jahre alt. Beim zweiten Anlauf fällt das Licht aus. In der Klappe »Lottogewinner eins, die dritte« eröffnet Lindemann eine Herrenboutique auf Island. Dann tauft er sich in Erwin Lottomann um. In der Klappe »Lottogewinner eins, die fünfte« hat er 500.000 Mark mit seiner Tochter in Wuppertal gemacht. Bei 1/6 ist das Mikro im Bild, und der Papst eröffnet mit Lindemanns Tochter eine Herrenboutique in Wuppertal. – Der Sketsch unterscheidet sich nur graduell von manchen Drehsituationen.

Wer gestaltete Bilder, geplante Übergänge und vorher festgelegte Aussagen will, kann einen guten Film machen, eine lebendige Reportage wird er nicht bekommen. Nur wer die *Arbeitsmethode der Reportage* anwendet, wird am Ende auch als Produkt eine Reportage bekommen.

- Das Team *reagiert auf die Wirklichkeit*, es regiert sie nicht.
- Das Team verzichtet auf Inszenierung, sucht nach Authentischem, respektiert Zufälle.
- Das Team ist nicht auf ein bestimmtes Arbeitsprodukt fixiert, es bewahrt seine *Offenheit während des ganzen Arbeitsprozesses.*

3. Eine Fernsehreportage entsteht

3.1 Redaktion und Thema

Eigentlich sind Reporter und Redakteur die Vertreter zweier Welten, wie sie gegensätzlicher nicht sein könnten. Der Reporter kann sich kaum im Vorhinein auf etwas festlegen, weil er sich von der Wirklichkeit überraschen lassen will. Sein zuständiger Redakteur möchte am liebsten vor dem Dreh einen Pressetext haben, mit den Namen der wichtigsten Protagonisten und vielleicht schon mit dem Titel der Sendung.

Jedes ernsthaft betriebene Reportageprojekt steht in einem Spannungsverhältnis zu Fernsehanstalten, die möglichst planvoll und kalkulierbar arbeiten müssen. Redaktionen müssen Termine einhalten und können den Reportern nur festgelegte Sendelängen anbieten, unabhängig von ihren Erfolgen oder Misserfolgen beim Drehen. Außerdem sind die finanziellen Mittel begrenzt. Kamerateams können nicht beliebig lange bereitgestellt werden, um auf *das* Ereignis zu warten. Bei kurzfristig geplanten Reportagen kommt es vor, dass Reporter in Pressemeldungen die Kernaussagen ihrer Reportagen beschreiben müssen, ohne dass auch nur ein Meter gedreht wurde. Es wird manchmal zum Problem, dass Teams unter Zeitdruck zusammengestellt werden, die nicht gut miteinander auskommen oder zu unterschiedliche Vorstellungen von der Arbeit haben. Die Zwänge haben zu manch einem bitteren Kommentar Anlass gegeben:

> »Ja, es stimmt, der ganze Apparat des öffentlich-rechtlichen Rundfunks mit seinen Prognosezwängen, Arbeitszeitordnungen und Wirtschaftlichkeitsnormen, mit der wuchernden Bürokratie und Drehverhältnisauflagen, mit seinen festgelegten Schnitttagen und verängstigten Mitarbeitern, die allzu oft die Schere im Kopf haben, entfaltet eine Eigendynamik, die den Ansprüchen, dokumentarisch zu arbeiten, entgegensteht.« (Filmer 1990, 131)

Dazu kommt der Quotendruck, der gerade auf den Prime-Time-Sendeplätzen lastet und das Gefühl, in diesen schnelllebigen Zeiten müsse man immer kurzfristiger auf kommende Themen reagieren, man müsse aktueller werden.

Das alles kann die handwerkliche Qualität dokumentarischer Reportagearbeit untergraben, gerade wenn Geschwindigkeit zum Selbstzweck wird. Es ist ein redaktioneller Irrtum, die Reportage sei grundsätzlich und vorrangig eine aktuelle Form. Sicherlich gibt es eine Reihe von Ereignissen, die eine schnelle Berichterstattung erfordern. Ein *Kundschaftergang* braucht aber normalerweise seine Zeit. Zwar haben wir die Reportage als eine *Ersterkundung* einer Situation beschrieben. Damit ist aber keine gedankenlose Hektik gemeint. Das Eintauchen des Reporters in das Leben, das Entstehen von Nähe und Vertrauen brauchen meist ihre Zeit. Reportagen zu machen, heißt nicht, aus der Hüfte zu schießen, sondern auf den richtigen Moment zu warten.

Die Leichtigkeit und scheinbare Einfachheit, mit der eine gute Reportage daherkommt, verführt zu der Annahme, es genüge, die Kamera irgendwo draufzuhalten und dann die besten Stellen aneinander zu kleben. Auch der Schnitt darf in seiner Bedeutung und in seiner Zeitintensivität nicht unterschätzt werden. Es braucht Zeit, die Geschichte, die im gedrehten Material versteckt ist, herauszuarbeiten und für den Zuschauer sinnlich nacherlebbar werden zu lassen. Der Reporter Egon Erwin Kisch, der mit seinem Buchtitel DER RASENDE REPORTER das Klischeebild vom atemlosen Augenzeugen mit geprägt hat, war selbst ein Beispiel für langsames und zielstrebiges Arbeiten.

> »Er beobachtete genau und gelassen, recherchierte oft wochenlang, stöberte längst verschwunden geglaubte Dokumente auf, verglich sie, las Akten und Bücher durch, ehe er sich hinsetzte und in seiner durch bedächtige Schnörkel eher verzögernden Schrift zu schreiben begann und das Geschriebene immer wieder veränderte und neu formulierte. Er gehörte zu denen, die es sich schwer machen, damit es der Leser um so leichter hat.« (Nannen 1978)

Den Journalistenkollegen, der »immer schussbereit an der Schießscharte der Zeit« (Kisch1983, 210) steht, hält Kisch für ein Opfer seines Berufes.

Der Kollege ahne nur, dass er – weil er immer auf dem Laufenden sein wolle – »an allen Wahrheiten vorbeiläuft«. Etwas von dieser Ruhe wäre manchen Redaktionen und manchen Reportern zu wünschen.

Themenauswahl. Vieles kann zum Thema werden, aber Sender, Sendeplätze und Redaktionen unterscheiden sich natürlich in ihren Profilen. Und die muss man als Autor kennen. Die einen Redaktionen wollen aktuell sein. Die anderen berichten gerne über ausgefallene und bildstarke Berufe. Die dritten interessieren sich für menschliches Elend und haben schon lange nichts mehr über Obdachlose gemacht. Die vierten wollen boulevardhafter werden. Die fünften suchen Reportagezugänge für eigentlich strukturelle politische Fragen. Die sechsten wollen Erotik. Die siebten suchen einfach nur irgendwie etwas Ungewöhnliches, etwas worauf man am grünen Tisch nicht kommt. Am liebsten wäre es den meisten, wenn alles zusammenkommen würde: Zeitkolorit, etwas Symptomatisches über die großen gesellschaft-lichen Trends, ungewöhnliche Personen, starke Bilder, Bezug zum Alltag der Zuschauer (wegen der Identifikation) und gleichzeitig etwas, was darüber hinausweist (wegen der Projektion). Und einigen ist das auch alles egal, wenn nur die Quote gut zu sein verspricht.

Die komplizierte seelische Lage eines öffentlich-rechtlichen Redakteurs schildert Dieter Zimmer, der im ZDF von 1984 bis 2002 für die innenpolitischen Reportagen zuständig war, mit einem kleinen zynischen – aber zeitlosen – Zungenschlag. Zimmer hatte es sich noch zu DDR-Zeiten ab und an geleistet, über die kirchliche Oppositionsbewegung zu berichten, die der Nukleus der ostdeutschen Revolution wurde.

> »Die Verantwortlichen müssen sich immer wieder überlegen: Welche Themen kommen an? Sie dürfen aber dabei nicht die Frage vergessen, welche Themen wichtig sind. Leider sind die wichtigen Themen nicht immer diejenigen, die ankommen. Selbst in der Verpackung einer Reportage wollen die Leute manches Thema einfach nicht sehen. Die Redaktionen haben da ihre Erfahrungen: Abenteuer und Exotik gehen gut, allgemein Menschliches ebenfalls (Schlankheitskuren, Ehevermittlung), Umwelt wird nicht so gerne genommen, Politik ebenfalls nicht, DDR kommt überhaupt nicht an, DDR und Kirche ist eine absolut tödliche Mischung für die Einschaltquote. Dennoch wurden über das wichtige Thema: Kirche in der DDR

zweimal Reportagen gesendet [...] Diese Themen werden nicht der Einschaltquote geopfert. Aber zwischendurch gibt es Abenteuer und Exotik ...« (Zimmer 1988, 112)

Vermutlich ist es inzwischen eher deutlich mehr als weniger Exotik.

Wer ein Reportagethema bei einem Sender unterbringen möchte, der weiß, wie schwer Redaktionen zu überzeugen sind, wenn man nicht schon mindestens ein halbes Dutzend erfolgreicher Filme vorzuweisen hat – und auch das hilft nicht immer. Redaktionen suchen neben der ausgewiesenen Reporterhandschrift und Reporterpersönlichkeit das überzeugende Thema. Das muss so griffig vorgestellt werden können, dass es in vielen Sitzungen die Zustimmung der zuständigen Hierarchen gewinnen kann.

Sicherlich kann man nicht erwarten, als Anfänger eine große Reportage in der Prime Time machen zu können. Aber es hat schon Fälle gegeben, in denen relative Anfänger ein gutes Thema vorgeschlagen haben, das ins Konzept der Redaktion passte, das sie dann – um sicher zu gehen – zusammen mit einem alten Hasen realisieren konnten. Und manchmal sind auch schon Filme geplatzt, die schon einen sicheren Sendeplatz hatten und es öffnen sich unerwartet Löcher in der Sendeplanung, die kurzfristig gestopft werden müssen.

Bei allen Absichtserklärungen und thematischen Strategien von Redaktionen: Im Zweifelsfall entscheidet der höchstrangige Redakteur nach seinem Gefühl, ob ein Thema gemacht wird oder nicht. Das ist nicht ganz unverständlich, schließlich kann niemand sicher vorhersagen, was aus einem Exposee, das notwendigerweise mehr Absichten als Tatsachen beschreibt – und dem Bemühen eines mehr oder minder bekannten Autors – werden wird. Der Redakteur kauft letztlich immer die Katze im Sack. Ob er am Ende einen Tiger oder einen Bettvorleger bekommt, stellt sich erst Monate später heraus.

Tendenziell werden Redaktionen randständige, komplizierte und zunächst wenig reportagenah scheinende Themen von erfahrenen Autoren machen lassen. Anfänger sind im Allgemeinen erfolgreicher, wenn sie Themen suchen, deren gesellschaftliche Bedeutung und deren Attraktivität offensichtlich sind. Sie sind erfolgreicher, wenn sie Türen öffnen können, die für andere verschlossen sind, wenn sie an Protagonisten herankommen, die nicht mit anderen drehen würden. Sie machen sich unnötige Arbeit, wenn sie Themen vorschlagen, die in *ihrer* Redaktion bereits vor kurzem gesendet worden sind.

In den theoretischen Überlegungen wurde darauf hingewiesen, dass es Themen gibt, die sich mehr für die Reportageform eignen als andere. Trotz aller Subjektivität bei der Themenvergabe erhöht ein Anfänger seine Chancen, wenn er Stoffe vorschlägt, die schon von ihrem Zuschnitt her mit hoher Wahrscheinlichkeit eine gelungene Reportage ergeben, weil sie attraktive Bilder und spannende Geschichten liefern – ansonsten heißt es nachzudenken, welche anderen Sendeplätze und andere Formen es noch gibt. Denn nicht alles kann zur Reportage werden und auch Redaktionen wissen trotz des Reportagebooms, dass ein Themenfeld fast nie nur mit den Möglichkeiten der Reportage umfassend dargestellt werden kann. Aus Sicht der Programmverantwortlichen klingt das so:

> »Für das Gesamtprogramm heißt das: Andere Sendeformen, wie Dokumentationen, Diskussionen etc. müssen neben die Reportage treten, um ein umfassendes Bild der Wirklichkeit zu erhalten.« (Blank 1984)

Besonders nahe liegend ist es für jemanden, der Reportagethemen verkaufen will, sich wichtige Themen vorzunehmen, von denen man hoffen kann, sie würden alleine wegen ihrer Wichtigkeit den Weg durch die Instanzen schaffen. Solche Themen sind allerdings oft zu allgemein für die Reportageform. Während eine Dokumentation abstrakte Themen verträgt (»Die neueste Gesundheitsreform und ihre Auswirkungen auf das Portemonnaie des durchschnittlichen Patienten«), muss die Reportage Konkretes bieten (»Das Hafenkrankenhaus von St. Pauli, das aus finanziellen Gründen geschlossen werden muss, aus dem Blickwinkel der Bürger, die gegen die geplante Schließung kämpfen«). Die Dokumentation kann einen Überblick verschaffen, die Reportage sucht das Detail, das exemplarisch sein kann, aber es nicht sein muss, das Detail, das vielleicht eine kunstvolle Erzählweise erlaubt, das vielleicht spannend zu beobachten ist, das vielleicht einfach neu ist.

Abgeleitet von der Definition der Reportage (siehe: »Checkliste: Theorie der Reportage« S. 34) und dem bisher Ausgeführten können die folgenden Fragen an einen Themenvorschlag gestellt werden:

- Geht das Thema die Zuschauer etwas an?
- Hat das Thema Relevanz?
- Ist das Thema schon gemacht worden?
- Welche objektiven Fakten und subjektiven Eindrücke kann der Reporter liefern, die über das Bekannte hinausgehen?
- Welches ist die neue, überraschende Perspektive, die der Reporter einnehmen will?
- Kann die Reportage lieb gewordene Vorurteile in Frage stellen?
- Kann man das Thema als Geschichte erzählen, als Ablauf in einem raum-zeitlichen Kontinuum, mit einem Anfang, einem Konfliktaufbau, einem Höhepunkt und einer Entspannung?
- Liefert die Geschichte voraussichtlich dramaturgisch nutzbare Konflikte zwischen den Protagonisten?
- Liefert die Geschichte emotionale Momente zum Miterleben für den Zuschauer?
- Gibt es Protagonisten, die *rüberkommen*?
- Kann die Geschichte authentisch erzählt werden, d.h. kommt man zu ungestellten Szenen, kann man in den entscheidenden Momenten ungehindert drehen? (»Beobachtbare Dramen«)
- Gibt es interessante Bilder und Aktionen, nicht nur *talking heads*?
- Hat das Thema eine symptomatische Bedeutung?
- Sind Zuschauer voraussichtlich neugierig auf das Thema, wollen sie wissen, was da *wirklich* los ist?
- Kann die Reportage Erfolg haben? (Quote, Image)
- Passt die Geschichte zum Profil des angestrebten Sendeplatzes?
- Ist die Reportage mit den verfügbaren Mitteln (Zeit, Geld, Personal) herstellbar?
- Ist der Autor von seinem Thema selbst überzeugt?
- Vertraut die Redaktion dem Autor?

Zu einem Themenvorschlag gehört ein kurzes Exposee. Am besten ist es, wenn sich die vorgeschlagene Geschichte mit ihren Protagonisten und den zu erwartenden Konflikten in einen Satz fassen lässt, wie: »die geplante Reportage begleitet einen Nachlassverwalter, dessen Aufgabe es ist, die Erben von Gestorbenen zu finden, bei denen kein Testament gefunden wurde und von denen keine Verwandten bekannt sind«. Je kürzer so ein Satz ist, desto besser. Leacocks Film THE CHAIR bekäme den Satz: »Strafverteidiger will Verurteilten in allerletztem Moment vor dem elektrischen Stuhl retten.«

Dann sollte kurz und klar beschrieben werden, was von welcher Person zu erwarten ist und was das Thema besonders reportagegeeignet macht. Vielleicht kann man erwarten, durch eine Reportage über einen Nachlassverwalter Einblick in fremde Lebenswelten zu bekommen. Vielleicht kann man etwas über die Einsamkeit in Teilen unserer Gesellschaft erfahren; dann ist es einfach spannend, den Nachlassverwalter bei seiner Suche nach wertvollen Dingen in der fremden Wohnung zu begleiten – was wird er finden, was bleibt von einem Leben übrig? Und schließlich muss er dann noch die Erben suchen – wird er Erfolg haben? Und was passiert mit den Sachen, wenn er keine Erben findet? In den kurzen Bemerkungen zu den Möglichkeiten des Themas »Nachlassverwalter« deuten sich schon komplette Reportage-Sequenzen und Komplexe an, die entstehen werden, wenn man einen geeigneten Protagonisten eine Zeit lang mit der Kamera begleitet. Die meisten Exposees kranken daran, Themen zu abstrakt vorzustellen, keine Geschichtsansätze zu liefern und sie machen zu wenig neugierig.

Wenn das angebotene Thema in eine der typischen Reportagekategorien passt, dürfte der Erfolg wahrscheinlicher sein. Einige Formen sind in dem historischen Teil bereits genannt worden. Ein Versuch der Typisierung, ohne Anspruch auf Vollständigkeit und mit Varianten, die in der Praxis kaum je in Reinform zu finden sind:

- Die *Reisereportage*. Sie ist die klassische Urform der Reportage. Sie steht für das chronologische Erzählen einer Erkundung, wofür eine Reise prototypisch ist.
- Die *Event-Reportage*. Sie erzählt von ungewöhnlichen Dingen, von Katastrophen, von Spektakulärem, von Unerhörtem.

- Die *journalistische Reportage.* Sie erforscht neue und berichtenswerte Geschehnisse in einer Gesellschaft.
- Die *Recherche-Reportage.* Sie macht die Recherchearbeit zur Geschichte.
- Die *investigative Reportage.* Sie enthüllt Skandale.
- Die *künstlerische Reportage.* Sie zeigt den formal kunstvoll ausgearbeiteten besonderen Blickwinkel eines Autors.
- Die *soziologische Reportage.* Sie versucht Typisches mit Leben zu füllen.
- Die *Porträt-Reportage.* Sie stellt einen interessanten Menschen in den Mittelpunkt.
- Die *Langzeit-Reportage.* Sie beobachtet Abläufe über eine größere Zeitdauer.

Aber die Auflistung aller Kriterien, die ein Reportagethema auszeichnen sollen, erklärt noch nicht, wie man dieses Thema finden kann. Die meisten Reportagethemen entstehen, wenn ein Reporter einem besonderen Menschen begegnet oder auf die Spur einer ungewöhnlichen Geschichte stößt, oder einen Ort unter einem neuen Blickwinkel erforscht. Lesen hilft dem Zufall natürlich auf die Sprünge. Aber am Ende muss sich der zukünftige Reporter hinausbewegen und den Geschmack und die Farbe seiner Geschichte entdecken. Nicht selten kommen Reporter von Dreharbeiten mit zwei, drei neuen Themen zurück. Im Kern ist es die Neugierde, die den Reporter treibt. Irgendetwas will er herausfinden, einen kleinen Zipfel des Schleiers heben, der über der Welt liegt. Ein exemplarischer Fall für diese Haltung ist Egon Erwin Kisch:

> »Ich kann in keiner Straßenbahn fahren, ohne herauskriegen zu wollen, welches Buch der Herr in der entgegengesetzten Ecke liest. Ich verfolge ein Paar durch mehrere Straßen, um zu erfahren, welche Sprache sie sprechen. Ich gaffe in fremde Fenster, ich lese alle Wohnungsschilder in dem Haus, in dem ich zu Besuch bin, ich durchforsche Friedhöfe nach vertrauten Namen. Gleichgültige Menschen frage ich über ihr Leben aus. Ungewöhnliche Straßenbezeichnungen zwingen mich, zu ergründen, warum sie so lauten. Jede Rumpelkammer und jeden Stoß alter Papiere möchte ich durch-

suchen, jedes ›Eintritt verboten‹ lockt mich zum Eintritt, jede Geheimhaltung zur Nachforschung.« (Kisch, in: Nannen 1978)

Ein Redakteur, der einen Themenvorschlag beurteilt, spürt, ob ein Reporter sein Thema nur aus der Zeitung kennt, oder ob er am Ort des Geschehens war, ob er mit Herzblut bei der Sache ist, ob er bereits eine Beziehung zu den Protagonisten hat. Diese Begeisterung des Reporters ist wichtig, um eine Redaktion von einem Thema zu überzeugen.

Oft kommt es vor, dass eine Redaktion ein bestimmtes Themenfeld wie »Die Wohnungsnot« oder »Die Pleitewelle« für wichtig hält und in einer Reportage bearbeiten will. So allgemein sind die Themen noch zu abstrakt formuliert, um reportagetauglich zu sein. Die Suche nach geeigneten Erzählansätzen zu den beiden Themenfeldern hat auf dem Sendeplatz der ZDF-REPORTAGE diese Reportageansätzen ergeben:

Im Fall der Wohnungsnot geht die Reporterin Ursula Scheicher in die Anzeigenannahme einer Lokalzeitung und versucht jemanden kennen zu lernen, der eine Anzeige für eine leer stehende Wohnung aufgibt. Schon dieses erste Kennenlernen wird mit laufender Kamera dokumentiert. Die daraus entstandene Reportage mit dem Titel DAS INSERAT (ZDF 1992) erzählt die Geschichte des angehenden Vermieters und die Geschichten der Bewerber, die um die Wohnung kämpfen. Es geht um konkrete Menschen, um einen Konflikt mit offenem Ausgang. Die Dramaturgie des Films entwickelt sich aus der Geschichte. Die ungewöhnliche Perspektive ist der Blick auf die Wohnungsnot von der Seite des Vermieters. Der Zuschauer erlebt den Vermieter, der die vielen Bewerbungen sortiert, der manchmal soziale Überlegungen anstellt und der manchmal einfach nur seinen Vorurteilen folgt. Über die Beobachtung des Vermieters erlebt man, was Wohnungsnot bedeuten kann und wie chancenlos manch ein Bewerber ist.

Zum Thema Pleitewelle begleitet die Kamera in der ZDF-Reportage UNTER'M HAMMER (1996, Reporter Bodo Witzke) einen heiteren Versteigerer, der in jahrmarktreifen Aktionen Konkursunternehmen Schraube für Schraube an den Meistbietenden losschlägt. Die Kamera trifft in seinem Fahrwasser Pleitiers und deren ehemalige Mitarbeiter, die plötzlich arbeitslos geworden sind. Im Kontrast zu ihnen stehen diejenigen, die aus jedem Unglück noch die schnelle Mark schlagen. Den formalen Rahmen geben die Versteigerungen, die mit dem Auflisten des Inventars beginnen und die enden, wenn die Hallen leergeräumt sind und die letzten ehemaligen Arbeitnehmer gegangen sind. Auch hier liefert das Geschehen selbst die Dramaturgie. Ein Höhepunkt entsteht, wenn der westdeutsche Versteigerer bei der Pleite eines ostdeutschen Unternehmens seinen eigenen Oberklasse-Mercedes (er will sich einen neuen, besseren kaufen) zusammen mit zwei Trabis der Pleitefirma versteigert. Der Mercedes bringt inklusive Zuschläge 19.837 Mark und 50 Pfennige, die Trabis werden unter Gejohle im Doppelpack für 30 Mark weggegeben. Auf diese kleinen anschaulichen Geschichten und Zufälle ist die Reportage immer angewiesen. Sie können in ihrem Symbolgehalt über das konkrete Geschehen hinausweisen. Die Machtverteilung zwischen Ostdeutschen und Westdeutschen noch Jahre nach der Wende wird so schlagartig verdeutlicht.

Die Vorarbeiten, um an Vermieter und Wohnungssuchende zu kommen, um Versteigerer und Pleitiers zu finden, ist meist ebenso aufwändig, wie die Recherchen für eine umfassende Dokumentation. Auch der Reporter muss sich schließlich in seinem Thema auskennen. Und dann muss er seine Protagonisten sorgfältig aussuchen, denn von ihnen hängt sein Erfolg ab. Allerdings: Ohne ein gewisses Risiko gibt es keine Reportage, und auch etwas Reporterglück gehört dazu.

3.2 Recherche, Fokussierung, Planung

> »Hin und wieder stößt man auf die Überzeugung, eine Reportage sei eine sehr schlichte journalistische Form. ›Da fährt der irgendwohin, guckt sich ein bißchen um und schreibt auf, was er gesehen hat.‹ Der intellektuelle Aufwand, den allein die Recherchenplanung erfordert, ist oft größer als der beim Verfassen eines Leitartikels zum selben Thema. Die Reportage ist die aufwendigste, frustrierendste und beglückendste journalistische Form. Da man bekanntlich nur sieht, was man weiß, lese ich vor den eigenen Erkundigungen alles, was ich über das Thema in die Finger bekommen kann. Bei einer Reportage über das Massaker von My Lai waren es rund dreitausend Seiten Vernehmungsprotokolle; bei einer Reportage über die Haifischjagd vor Englands Südküste verschlang ich sechs Hai-Bücher; das Zirkusfestival in Monte Carlo war erst nach einem Schnellkurs in Zirkusgeschichte ein Thema. [...] Nur ein Bruchteil der Vorbereitungen findet sich später in irgendwelchen Halbsätzen in der Reportage

wieder, aber ich bin fest davon überzeugt, dass jeder Leser merkt, ob ein Journalist eine Reportage mal eben aus dem Ärmel geschüttelt oder sich erarbeitet hat.« (Schnibben, in: Haller 1987, 299)

Der das schreibt, ist der SPIEGEL-Reporter Cord Schnibben. Für ihn ist eine gründliche inhaltliche Vorbereitung so etwas wie ein »Augenöffner«. Eine solide Vorrecherche ist das Sprungbrett für eine Reportage. Der Rest muss selbst erlebt und herausgefunden werden. Wer sich auf seinem erarbeiteten oder angelesenen Wissen ausruht, der ist kein Reporter, denn dem Reporter geht es um die eigene Ansicht der Dinge. Und dann geht die Recherche weiter, beim Drehen, vor laufender Kamera. Denn wer schon alles vor Drehbeginn erkundet, gefragt und vorrecherchiert hat, der bringt sich um die authentischen Szenen, die sein Film braucht.

Die Recherche begleitet den Reporter also durch sein ganzes Projekt. Sie beginnt schon bei der Themenfindung. Spätestens wenn das Thema von einer Redaktion akzeptiert worden ist, muss man wissen: Wo soll gedreht werden, wann und mit wem? Selbstverständlich sollte der Reporter in der Lage sein, alle Quellen, die Journalisten zugänglich sind, von der Datenbank bis zum Experten, anzapfen zu können. Dass es damit nicht immer zum Besten steht, beschreibt Michael Haller. Er ärgert sich darüber, dass in Deutschland der »Second-Hand-Journalismus« (Haller 2000, 17) überwiege. Journalisten würden sich hier zu Lande zu stark auf Agenturmeldungen und Pressecommuniqués verlassen. Nur zirka 21 % recherchierten regelmäßig, während es in den USA über 40 % seien. Die Arbeit erschöpfe sich für viele Journalisten darin, den »Informationsinput« zu verarbeiten und bestünde nicht darin, sich eigenständig Informationen zu beschaffen.

Gerade darin, sich selbst ein Bild zu machen, Neues herauszufinden, besteht aber die Leistung des Reporters. Dabei ist es im Prinzip egal, ob er ein offenes Thema recherchiert, um »Trends oder Milieus zu beschreiben oder zu bewerten« oder ob er einen geheimen Vorgang erforscht, um »Insider-Informationen öffentlich zu machen«. (Haller 2000, 38)

Schon um nicht das Vertrauen seiner Protagonisten zu verlieren, darf der Reporter, bei aller naiven Neugier, die auch zu seiner Rolle gehört, nicht ganz unbeleckt an den Drehort kommen. Es schadet nicht, wenn er ab und an durchblicken lässt, dass er ein ernst zu nehmender Partner ist. Natürlich darf der Reporter nicht mit seinem Wissen protzen und schon gar nicht darf er sich in Konkurrenz zu seinen Protagonisten begeben; die Hauptrolle gehört den Menschen vor der Kamera. Nicht aufzufallen, kein Fremdkörper in der Umgebung zu sein, aus der man reportiert, das ist die Devise erfolgreicher Reporter. Cord Schnibben über sein Erscheinungsbild:

> »Bescheidenheit hat mir immer sehr geholfen, Unauffälligkeit auch. Wenn ich mit Menschen zu tun habe, die ich nicht mag, ist es gut, wenn die mich unterschätzen. Wenn ich mit Menschen zu tun habe, die ich mag, ist es gut, wenn sie mich nicht überschätzen. In beiden Fällen mache ich sie sicher und verhindere, daß sie sich verstellen.« (Schnibben, in: Haller 1987, 299)

Es bleibt die Frage: Wie viel Recherche ist genug? Und: Gibt es ein Zuviel an Recherche? – Schließlich soll die Reportage die Geschichte einer möglichst spontanen Ersterkundung sein. Verhindert eine zu ausführliche Recherche dann nicht die notwendige Authentizität und Spontaneität? Ist ein Reporter, der schon alles zum Thema gelesen hat, vor Ort noch neugierig? Richard Leacock und die Vertreter des *direct cinema* haben vor den Dreharbeiten zu ihren Filmen nur wenig recherchiert. Die Geschichte sollte sich beim Drehen entwickeln, nirgendwo anders.

Andere haben die Geschichte ihrer eigenen Recherche zur Reportage gemacht. In der ausgezeichneten WDR-Reportage GESUCHT WIRD: EINE TODESURSACHE (1986) ist Gerd Mohnheim der Frage nachgegangen, warum eine Frau, der ein bestimmtes Medikament verordnet worden war, gestorben ist und ob man ihren Tod hätte verhindern können. Schritt um Schritt begleitet die Kamera Mohnheim dabei, wie er aufdeckt, dass der verantwortliche Pharmakonzern und das später aufgelöste Bundesgesundheitsamt bereits von den gefährlichen Nebenwirkungen des Medikamentes gewusst hatten, an denen die Frau gestorben ist. Doch niemand hatte seiner Pflicht Genüge getan, entsprechende Warnungen zu publizieren. Am Ende geht Mohnheim zu den Verantwortlichen und konfrontiert sie mit seinen Erkenntnissen.

Bis Mohnheim mit den Dreharbeiten beginnen konnte, bis ein erfolgversprechender Fall gefunden war, waren allerdings Monate der Vorrecherche vergangen.

Es hängt von der Art des Themas ab, wie viel Recherche im Vorfeld nötig ist. Eine thematisch überschaubare Beobachtung braucht weniger Recherche, ein eher abstraktes, investigatives, konfliktorientiertes Thema braucht mehr.

Den Konflikt zwischen der Notwendigkeit gründlicher Recherche und den Fesseln, die das Wissen dem Reporter anlegen kann, beschreibt der Dokumentarist Roman Brodmann mit wunderbarer Genauigkeit und Praxisnähe.

> »Es geht [...] um ein Berufsprinzip, das Prinzip der intellektuellen Redlichkeit. Große Journalisten unserer Sprache zeichneten sich nicht dadurch aus, dass sie für ihre Ansichten Belegstücke sammelten, sondern dass sie über gesammelte Belegstücke Ansichten bildeten. [...] Als Journalist hat man nicht eine Meinung, sondern man erarbeitet sie, und dieser Vorgang muss jederzeit die Möglichkeit einschließen, dass man zu Ergebnissen kommt, die mit einer eigenen tendenziellen Grundvorstellung nicht mehr übereinstimmen. Und wenn Sie denken, das lasse sich alles ganz leicht daherreden und in der Realität sei alles weit schwieriger, dann haben Sie natürlich Recht. [...] Bei der Recherche beginnt die Frage nach der journalistischen Qualität. Nun ist es Zeit zur Feststellung, dass die journalistische Qualität auch an der Recherche zugrunde gehen kann. Ich denke dabei an die mit falschem Eifer in die falsche Richtung übertriebene Recherche, die mir die Unbefangenheit nimmt, mit der ich stellvertretend für den Zuschauer neugierig zu sein habe. Kürzlich zeigte mir eine Kollegin voll Stolz die Vorbereitungen, die sie für ein Feature über eine berühmte Schriftstellerin getroffen hatte. Auf ihrem Schreibtisch türmten sich sämtliche Werke von der Autorin und über die Autorin. ›Alles gelesen‹, sagte meine Kollegin, und dann rollte sie einen großen Papierbogen aus, auf dem alle zu stellenden Fragen nach Themenkreisen gruppiert waren und farbig geordnet: rote Schrift für Fragen zum Privatleben, grün für politische Fragen, blau für Religion, gelb für Psychologisches und so weiter. Das war die totale Vorbereitung eines Filmes mit einer deutschen Gründlichkeit, die sicher manchen praxisfernen Programmdirektor tief beeindrucken könnte, und ich fragte meine Kollegin scherzeshalber, aber auch mit halben Ernst, ob sie nicht auch schon die Antworten mit den

entsprechenden Farben eingeplant habe. Ich denke, Sie merken schon, worauf ich hinauswill. Wenn ich mir über die Thematik und den Personenkreis einer Reportage einen Wissensstand verschaffe, der mich bereits als Insider ausweist, dann verliere ich unter Umständen mein Selbstverständnis als Frager und Vermittler. Die Recherche soll mir die Kompetenz verschaffen, die es mir erlaubt, die richtige Frage im richtigen Augenblick so zu stellen, dass die Frage sowohl wie die Antwort von meinem Publikum begriffen und richtig eingeordnet werden. Und der Befragte soll noch die Chance haben, mich betroffen zu machen, was dann wiederum meine Chance ist, mit nachhakenden Fragen beweglich zu reagieren. Geplante und in Einzelheiten abgesprochene Interviews haben mit sorgfältiger Recherche gar nichts mehr zu tun, sie sind ein Publikumsbetrug und töten jede Möglichkeit lebendiger Spontaneität. Das gilt natürlich nicht nur für das Interview, sondern für die Planung eines Features, eines Berichts, einer Reportage überhaupt. Der ganze Aufwand an Fleiß und Mühe für die Recherche ist für die Katz, wenn mich der Kenntnisstand in Fesseln schlägt, das heißt, wenn ich auf Unvorhergesehenes nicht mehr beweglich reagieren kann. Es wird sich in manchen Fällen sogar als tunlich erweisen, auf die Vorausrecherche weitgehend zu verzichten, also beispielsweise für einen Fernsehfilm Kamera und Mikrophon recherchierend einzusetzen, um den Vorgang unserer Ermittlungen ganz transparent zu machen: Der Zuschauer begleitet mich Schritt für Schritt von einer Erkenntnis zur nächsten. Diese Identifikation mit dem Reporter schafft sicher mehr Interesse und Verständnis als die besserwisserische Arroganz, mit der so mancher Fernsehmacher mit seinem Publikum Nachhilfeunterricht für Schwachbegabte betreibt.« (Brodmann, ohne Datum)

Weniger ist mehr. Gründliche Recherche bringt es mit sich, dass man immer mehr Aspekte eines Themas, immer mehr potenzielle Protagonisten und Möglichkeiten entdeckt. Irgendwann quillt der Schreibtisch über von Büchern, Broschüren, Computerausdrucken und Gesprächsprotokollen. Zu diesem Zeitpunkt stellt sich ziemlich sicher das Gefühl ein, dass es eigentlich unmöglich ist, einen Film zu machen, weil die Welt einfach zu kompliziert und vielfältig ist. Manch einer scheitert in diesem Stadium, weil er versucht, zu viel von dem Recherchierten in den Film hinüberzuretten. Der reportagehafte Rechercheverlauf geht von einem interessanten Punkt aus und weitet sich wie ein umgekehrter Trichter. Danach muss der Reporter wieder auf einen Aspekt des Recherchierten fokussieren. Immer wird er verschiedene Aspekte zur Auswahl haben, auf die er fokussieren kann. Für einen muss er sich entscheiden.

Eine der wesentlichen Rechercheleistungen ist es daher, sich darüber klar zu werden, welches der für einen selbst richtige und wichtige Aspekt eines umfangreichen Recherche-Ergebnisses ist. Für Überblicke und vordergründig ausgewogene Berichterstattung sind andere zuständig, nicht der Reporter. Bei den meisten Sendungen, auch bei so genannten Reportagen, kann man getrost die Hälfte der behandelten Aspekte wegstreichen und es bleiben noch genug Ansätze für zwei Reportagen übrig. Niemand soll sich täuschen: Das Fokussieren ist auch ein für Profis schwieriger und schmerzhafter Prozess. Aus der Sicherheit eines umfassenden Rechercheergebnisses begibt man sich wieder in das unvorhersehbare Risiko eines Einzelfalls. Aber erst der ist spannend für den Reporter und den Zuschauer.

Um der schmerzhaften Aufgabe des Fokussierens aus dem Weg zu gehen, gibt es den typischen und für die Reportage oft wenig überzeugenden Ausweg, zu einem Thema drei verschiedene Fälle zu suchen, die dann nacheinander abgehandelt werden. Das gibt natürlich erst einmal Sicherheit:

- Der Autor muss sich nicht vorwerfen lassen, einseitig zu sein;
- wenn einer der Protagonisten sich als schwach erweisen sollte, dann wird es ein anderer schon ausgleichen, und jeder bekommt sowieso nur ein Drittel des Films;
- wenn in der Drehzeit nicht viel passiert, dann hat man immerhin den Wechsel zwischen verschiedenen Personen und das ist ja auch schon etwas;
- als Journalist kann man sich leichter hinter einer Fülle von Personen, Orten, Fragen und Blickwinkeln verstecken.

Der Preis, den man für die Sicherheit bezahlen muss, kann hoch sein. Schon aus Zeitgründen werden vermutlich alle drei Geschichten an der Oberfläche bleiben. Fast immer lohnt sich die Fokussierung, die Verengung des Blickwinkels für die Reportage, da sie das genaue Hinsehen ermöglicht und erzwingt. Selbst gestandenen Reportagemachern fällt die Reduktion im

Vorfeld schwer. Fragen wie: »Soll ich bei der Reportage über den Pflegenotstand vielleicht doch lieber zwei Altersheime nehmen, ein ländliches und ein städtisches?« sind typisch. Der Reporter sollte aber das Wagnis eingehen, sich für einen Drehort zu entscheiden. Er muss sich bei der Entscheidung davon frei machen, den Fall finden zu wollen, der in allen Aspekten repräsentativ ist. Schließlich haben Einzelfälle die Eigenschaft, immer bis zu einem gewissen Grade untypisch zu sein.

Wer zum Beispiel jemals versucht hat, den typischen Kindergarten für eine Reportage zu finden, weiß, dass es den nicht gibt. Es ist schon unmöglich, die Zahl der Kindergärtenplätze in den verschiedenen Bundesländern zu vergleichen, weil jedes Land andere statistische Kriterien zu deren Erfassung hat. Und nun soll der Reporter die Entscheidung für einen Kindergarten zwischen Dresden und Köln treffen. Welchen soll er nehmen?

- Soll er aufs Land oder in die Stadt gehen?
- Sollte er einen neuen oder einen alten, einen schönen oder einen hässlichen Kindergarten nehmen?
- Was ist mit dem Ausländeranteil?
- Zeigt man einen Kindergarten mit Halbtagesplätzen oder Ganztagesplätzen?
- Darf es untypischerweise ein Kindergartenleiter statt der üblichen Kindergartenleiterin sein?
- Wie viel Dialekt kann man für einen bundesweit ausgestrahlten Film akzeptieren?

Für seine Reportage muss der Reporter den Rahmen, in dem sich sein Film entfalten soll, zum Teil definieren und zum Teil finden. Er muss sich zum Beispiel für eine Region entscheiden, dann vielleicht für eine Stadt, für eine Organisation, für eine Person und am Ende vielleicht für die Schilderung nur einer einzigen Aufgabe, die dieser Mensch zu erfüllen hat. Die Entscheidungen, so durchdacht sie auch sein mögen, werden immer auch durch Zufälliges mitbestimmt. Aber schließlich ist der Reporter auf die produktive Kraft des Zufalls angewiesen, nur so entdeckt er Neues.

Für den Reporter ist es wichtig, egal ob er in Bayern oder in Sachsen, auf dem Land oder in der Stadt dreht, dass seine potenziellen Protagonisten auch wirklich mitmachen wollen und dass er einen Draht zu ihnen hat.

Wie eine Geschichte allmählich fokussiert wird, wie sie geplant und entdeckt wird, nicht nur während der Recherche, sondern bis hin zum Schnitt, das sei an einem Beispiel gezeigt, das aus der dokumentarischen Serie des ZDF FRANKFURT AIRPORT (1999) stammt. Die Geschichten in der Serie stellen immer eine Person in den Mittelpunkt, die dann mit der Kamera reportagehaft begleitet wird. Und so liefen die Entscheidungen ab, die zu einem zirka acht Minuten langen Reportagestück als Baustein einer 45-minütigen Sendung führten:

- Die Serie spielte am Frankfurter Flughafen. Geschichten und Personen, die mit anderen Flughäfen zu tun haben, kommen nicht vor. Der Frankfurter Flughafen bildet den großen Rahmen.
- Die Flughafenklinik war nach der Vorrecherche ein interessanter Drehort.
- Mehrere Personen kamen für Dreharbeiten in Frage. Da zu diesem Zeitpunkt bereits viele Männer in leitenden Positionen als Protagonisten der Serie gedreht worden waren, entschied sich das Team gegen die Ärzte und für eine Krankenschwester. Dass diese Krankenschwester aus dem ehemaligen Jugoslawien stammte, spielte zum Zeitpunkt der Entscheidung keine Rolle.
- Während der Drehzeit wurden albanische Flüchtlinge aus dem umkämpften Kosovo in Frankfurt eingeflogen. Schwester Sonja, die Protagonistin, hatte sich zur Verfügung gestellt, um zu helfen. Sie wollte ihre Sprachkenntnisse für Übersetzungen zur Verfügung stellen. Diese Aktion gab den konkreten Rahmen für die Dreharbeiten.
- Im Flugzeug mit den Flüchtlingen waren Mütter, deren Kinder Krankheitssymptome aufwiesen und die zur Untersuchung in die Krankenhausklinik eingewiesen wurden. Aber die albanischen Mütter wollten mit Schwester Sonja nicht auf serbo-kroatisch reden, weil das für sie die Sprache der Aggressoren war und wiesen ihr Hilfsangebot zurück.
- Die Mütter wurden nach der Erstuntersuchung weiter in die Uniklinik gefahren. Schwester Sonja blieb traurig und gekränkt zurück, den Tränen nahe.

Am Ende ergab sich aus den Dreharbeiten eine zwar nur wenige Minuten lange aber anrührende Geschichte. Sie schilderte die Geschichte, von der

Landung der albanischen Flüchtlinge bis hin zu deren Weiterfahrt. Bei aller Zufälligkeit der Entwicklung ist eine prototypische Szene entstanden, die im Kleinen zeigt, wie der Krieg menschliches Miteinander vergiften kann, auch wenn jemand in bester Absicht zu helfen versucht. Natürlich sind an dem Tag auf dem Flughafen und in der Klinik noch viele andere Dinge passiert, aber das war die Geschichte, die sich dem Team am Ende *aufgedrängt* hat und die im Schnitt dann herausgearbeitet wurde. Dabei zeigt es sich, dass die Geschichten für Reportagen manchmal sehr *klein* sein können. Kriterien, die darüber entscheiden, ob ein Geschehnis es in die Nachrichten schafft, sind hier ungültig. Vielleicht ist es sogar so, dass der Erzählanlass umso *unbedeutender* sein kann, je mehr Sendeminuten die Reportage hat, weil sie dann die Zeit hat, Hintergründiges zu zeigen.

Die Menschen vor der Kamera. Fakten kann sich der Journalist verhältnismäßig leicht in Büchern, im Internet, bei Pressestellen und an vielen anderen Stellen besorgen. Der entscheidende Unterschied bei der Recherche für eine Reportage im Vergleich zu anderen journalistischen Formen liegt – neben der Fokussierung – im Finden von geeigneten Protagonisten. Deren Bereitschaft sich vielleicht tagelang beobachten zu lassen, muss der Reporter gewinnen, ohne sie dabei über den Tisch zu ziehen.

- Gerade bei fernsehunerfahrenen Protagonisten gewinnt der Journalist Vertrauen, wenn er sich nicht wichtiger nimmt als die Menschen vor der Kamera und wenn er ihnen mit einem Höchstmaß an Ehrlichkeit begegnet.
- Der Reporter sollte nicht versprechen, was er nicht halten kann, z.B. dass der Fernsehauftritt die Probleme eines Protagonisten löst. Er kann nur versprechen, dass er den Problemen des Protagonisten journalistischen Raum gibt. Im Regelfall kann der Reporter wegen seiner eigenen journalistischen Unabhängigkeit keinem Protagonisten versprechen, dass er vor der Ausstrahlung den fertigen Film sehen darf. Er kann aber versprechen, mit ihm Details vorher abzuklären, die für das Leben des Protagonisten wichtig sind.
- Protagonisten zu bezahlen, ist ein zweifelhaftes Verfahren. Ein Vertrauensverhältnis zu entwickeln ist mehr wert als Geldhonorare. Viele Protagonisten werden auch misstrauisch, wenn sie die umfassenden Verträge unterschreiben sollen, die mit Honoraren zumindest bei öffentlich-rechtlichen Sendern verbunden sind. Außerdem sind gekaufte

Protagonisten oft nicht so gut, wie solche, die aus Spaß und Neugierde mitmachen.

- Der Reporter trägt immer eine gewisse Verantwortung seinen Protagonisten gegenüber. Besonders wenn er es mit sozial schwachen und fernsehunerfahrenen Personen zu tun hat, die nicht überschauen, worauf sie sich einlassen, muss er sie manchmal vor sich selbst schützen.

Wer der richtige Protagonist ist, das kann am Ende nur der Instinkt des Reporters sagen. Es sollten aber Personen sein, von denen man vermuten kann, dass sie dem Zuschauer auch emotional etwas geben. Experten sind schwierig, weil sie oft ihr Spezialwissen vor sich hertragen und ihre Persönlichkeit dahinter verbergen. Allzu fernseherfahrene Protagonisten haben sich ihre Fernsehrolle zurechtgelegt und schauspielern sich selbst, wenn die Kamera läuft. Oft sind diejenigen, die einem mit den Worten: »Nehmen Sie den Herrn Maier, der macht das immer und der drückt sich auch kurz aus« empfohlen werden, am schlechtesten für eine Reportage geeignet.

> »Der Alltag ist voller Abenteuer, und die wahren Helden wohnen nebenan. [...] Politiker-Statements gibt es in einer Minute. Fernsehunerfahrene Menschen aber brauchen Zeit. Doch oft erfährt man von ihnen Erhellenderes über den wahren Zustand unserer Gesellschaft als von noch so klugen und mächtigen Leuten. Deshalb brauchen wir im Fernsehen mehr Zeit für die Wirklichkeit um uns herum, für die Helden von nebenan.« (Blank 1992)

In einer Schule kann der Hausmeister spannender sein als der Schuldirektor. Wichtig ist, wie ein Mensch erzählt und ob er etwas mit anderen macht, ob er z.B. vor einer wichtigen Entscheidung steht und nicht nur Akten studiert. Will er irgendetwas unbedingt und besteht für ihn die Gefahr des Scheiterns? Ist der Mensch nüchtern und kühl oder fabuliert er schon bei kleinen Anlässen? Eine ausgeprägte Mimik, ein besonderes Aussehen oder eine ungewöhnliche Handlung kann die Verbindung zum Zuschauer herstellen. Außerdem: Hat der potenzielle Protagonist ein Ziel, das er unbedingt erreichen will, am besten gegen Widerstände? Menschen, die etwas erreichen wollen, ergeben fast von alleine eine Geschichte.

Als Reporter muss man in der Recherchephase prognostizieren, ob jemand die Kamera beim Drehen weitgehend vergessen wird (was meistens passiert, wenn das Team schnell und unaufdringlich arbeitet), ob er im Medium *rüberkommt*. Nur selten wird ein Probedreh möglich sein. Es sind nicht immer diejenigen am besten geeignet, die dem Reporter am sympathischsten sind. Manchmal sind es gerade nicht die armen Opfer, die man in die Arme schließen möchte, sondern die Täter, die Profiteure von anderer Leute Unglück, die interessant sind. Meistens wird es wohl so sein, dass in den Menschen von allem etwas steckt – und sie alle sind mit der nötigen Fairness zu behandeln.

Für den Fernsehreporter entsteht immer ein Dilemma, wenn er in der Vorrecherche noch ohne Kamera herausfinden will, ob ein Mensch für seinen Film geeignet ist. Wenn sich der Reporter nämlich schon im Vorgespräch alles Wichtige erzählen lässt, dann ist die Luft raus, wenn endlich gedreht wird. Wenn der Reporter Pech hat, bekommt er später beim Drehen auch noch im O-Ton auf jede Reporterfrage zu hören: »Wie ich Ihnen schon gesagt habe ...«

Im Vorgespräch soll der Reporter mit seinen Fragen nicht so weit gehen wie später beim Drehen. In der Phase der Vorrecherche wird man meistens Sachfragen stellen. Die späteren Fragen vor der Kamera werden persönlicher sein und die wesentlichen Konflikte des Menschen berühren, soweit das möglich, gewollt und verantwortbar ist. Allerdings sollte man seinen potenziellen Protagonisten schon im Vorgespräch mit der einen oder anderen kleinen Provokation testen, um herauszufinden, wie er reagiert, ob er Emotionen rauslässt, ob er plastisch erzählen kann, ob er so selbstbewusst ist oder durch seine Situation so beschäftigt ist, dass ihn Kamera und Fragen vermutlich nicht stören werden. Die wichtigen Fragen stellt man auf keinen Fall bevor die Kamera läuft, um nichts vorwegzunehmen, was in die Reportage gehört. Denn für die Reportage ist nicht nur wichtig, was einer sagt, sondern auch wie er es sagt. Und da ist das erste Mal (fast) immer am besten.

Nach der Recherche, muss der Reporter der Redaktion Rede und Antwort stehen. Er muss alle Angaben parat haben, die nötig sind, um die kommende Reportageproduktion organisieren und kalkulieren zu können.

Die Kalkulation. Drehzeiten, Reisezeiten, Schnittzeiten, Termine für die Postproduktion werden im Hinblick auf den Sendetermin festgelegt. Man bekommt beim ZDF zirka zehn Drehtage (plus Reisetage) und zirka zehn Schnitttage für eine 30-Minuten-Reportage. Bei vielen anderen Sendern, besonders den Kommerziellen, stehen deutlich weniger Tage zur Verfügung.

Die Drehzeit. Sie wird am besten in einen Zeitraum gelegt, in dem wichtige, vielleicht entscheidende Dinge für den Protagonisten geschehen und in der sich voraussichtlich Situationen ergeben, in denen sich das widerspiegelt. Wenn diese mit effektvollen Bildern und optisch starken Orten einhergehen – umso besser.

Der Drehplan. Mit vielen Partnern muss man realistischerweise Drehtermine absprechen, da das Team sonst keine Dreherlaubnis bekommt, wie bei Unternehmen, Behörden. Es empfiehlt sich aber, die Drehzeit nicht von Anfang bis Ende *zuzuplanen*, um noch Zeit für Reaktionen auf Unerwartetes zu behalten.

Man sollte im Laufe der Dreharbeiten die Möglichkeit offen halten, zu wichtigen Personen und an wichtige Orte zurückkehren, um durchgehende Geschichten zu bekommen, die sich über mehrere Schritte entwickeln.

Wenn möglich, sollte den Dreharbeiten eine eigene *Dramaturgie* gegeben werden. Am Anfang ist es ratsam, sich ein, zwei Tage mit einer weniger wichtigen Situationen zu beschäftigen, während der sich das Team aufeinander einspielen kann und mit der Geschichte und den Protagonisten vertraut wird. Dann sollte man sehr schnell zu den wesentlichen Ereignissen kommen, um dann zum Schluss die Lücken zu füllen.

Teamzusammenstellung und Drehvorbereitung. Entscheidend für den Erfolg sind die Reportagefähigkeiten des Teams und seine Bereitschaft zusammen zu arbeiten. Das Team sollte so klein wie möglich sein. Das ist allerdings kein pauschales Plädoyer gegen das klassische Drei-Mann-Team aus Kameramann, Kameraassistent und Toningenieur, das aus Sparsamkeitsgründen nur noch selten eingesetzt wird. Denn ein Drei-Mann-Team ist paradoxerweise manchmal weniger störend und effektiver als ein kleineres – wenn der Kameramann zum Beispiel beim Laufen geführt werden muss, wenn in Ausnahmefällen zusätzlich eine Handlampe gehalten werden muss, wenn einer aus dem Team Neugierige davon abhalten muss, den Dreh zu stören. Außerdem führt der Einsatz eines Zwei-Mann-Teams aus Kameramann und Kameraassistent in der Praxis oft zu einer mangelhaften

Qualität der aufgenommenen Töne. Die werden vom Kameraassistenten aufgenommen, dem die entsprechende Ausbildung und Erfahrung fehlt, die ein Tonmann besitzt. Dabei ist der Ton bei der Reportage besonders wichtig und besonders schwierig aufzunehmen.

Eine Reportage sollte durchgehend von einem Team gedreht werden, denn jedes Team entwickelt seine Handschrift und die sollte für einen Film einheitlich sein. Bei Reportagen, die an verschiedenen Orten spielen, gilt es, das Ansinnen abzuwehren, aus finanziellen Gründen an jedem neuen Drehort ein anderes Kamerateam einzusetzen. Das würde der Qualität der Reportage schaden und es entmündigt auch die Kameracrews, die mangels Kenntnis des Gesamtprojektes nur noch ausführen können, was der Reporter ihnen aufträgt und nur noch schwer eigene Ideen einbringen können.

Bei jedem Film entscheidet es sich neu, wie viel Konzept nutzt und ob es einen Punkt gibt, ab dem zu viele konzeptionelle Vorgaben einschränken. Das hängt im Wesentlichen vom Thema ab, von der Flexibilität der Reportagecrew und davon, an wie viele Ereignisse sich das Team *dranhängen* kann, die quasi wie von selbst zu einer Abfolge von Drehsituationen führen. Meist werden die Filme am spannendsten, bei denen eine Drehsituation die nächste nach sich zieht und man nur ahnt, was man am nächsten oder übernächsten Tag drehen wird.

3.3 Der Reporter

> »Früher trug der Reporter gern Seidenschals und viel Wildleder, bei schlechtem Wetter einen Trenchcoat, den Kragen halb hochgeschlagen, Pfeife natürlich – die kalkuliert zufällige Eleganz des Mannes, dem der Duft der großen, weiten Welt in den Kleidern steckt.« (Friedrichs, in: Siegel 1978, 49)

Das Outfit hat sich geändert, aber Selbstinszenierungen gehören weiterhin für manche Reporter zum beruflichen Auftreten. Manch einer steht dramatisch in kugelsicherer Weste bei seinem Aufsager aus einem echten oder vermeintlichen Kriegsgebiet im Bild und es soll sich auch schon mal einer optisch wirkungsvoll mit Marmelade Verwundungen zugefügt haben.

Inzwischen sind Reporter auf Dutzenden von Kanälen in allen Lebenslagen zu bewundern. Sicherlich hat der Mythos des Reporters durch die Sendervielfalt an Exklusivität eingebüßt. Aber auch ohne Trenchcoat und Pfeife hat der Beruf des Reporters immer noch etwas Besonderes. Zum Start des ZDF.REPORTER-Magazins (März 2001) schreibt die Zeitschrift »Fernseh-Information«:

> »Journalist zu sein, weil man Reporter sein will, ist immer noch ein Wunschtraum für viele angehende, aber auch gestandene Kollegen. Reporter – das schmeckt nach Mittendrin, Dabeisein, Abenteuer, nach Einmaligkeit und Freiheit (und wenn es nur die von 1'30 ist!) Ins volle Menschenleben greifen, wie es in Goethes ›Faust‹ heißt; das Leben zeigen, wie es wirklich ist – treffen sich hier die Träume von Journalist und Zuschauer nach einem Stück ›Leben pur‹?« (Vieweg 2001)

Oft ist gefragt worden, welche Eigenschaften der Reporter haben sollte, der den Griff ins volle Menschenleben wagt. Im theoretischen Teil wurde beschrieben, dass ein Reporter eine »offene Bewusstseinsstruktur« haben sollte, bereit sein müsse, Neues zu entdecken und zu akzeptieren. Mit den Worten der Sozialpsychologie heißt das, er solle »monolithische Stereotype« ablehnen, »Toleranz gegenüber Mehrdeutigkeiten« haben, gewohnheitsmäßig skeptisch sein und bereit sein, »Unwissenheit und Fehler zuzugeben« (vgl. das Kapitel »Die Erkundung der Wirklichkeit«; S. 24).

Ryszard Kapuscinski, der in seinem Heimatland Polen zum »Jahrhundert-Reporter« ernannt worden ist, formuliert etwas bescheidener, ein Reporter solle einfach aufmerksamer sein können als andere Menschen. Wenn Kapuscinski gefragt wird, was die Voraussetzung für eine gute Reportage sei, dann antwortet er, man müsse die Menschen mögen. Man müsse sie verstehen, um ihre Motive nachvollziehen zu können. Ihm selbst jedenfalls sind die Begegnungen mit den Menschen am wichtigsten, dafür lässt er auch Krankheiten und Gefahren über sich ergehen. Er zieht mit den Nomaden durch die Wüste oder lebt bei den Bauern in der Savanne. Auf diese Weise gewinnt er ihr Vertrauen, erfährt ihre Geschichte, die Grundlage seiner Reportagen sind. Neben der *Menschenliebe* soll der Reporter noch *politisches Verständnis*, eine *starke Psyche, Fremdsprachenkenntnisse, Gesundheit, Glück* und *Neugierde* haben. Und für den Reporter, der das Ausland erforschen will, insbesondere die Länder der Dritten Welt, hält er noch ein ganz spezielles

Kriterium bereit: Der Reporter müsse einen guten Magen haben, denn er müsse bereit sein alles zu essen.

> »Essen gehört zur Kultur und man muß mitessen, um akzeptiert zu werden. Sogar wenn man dadurch krank wird. Es hilft nichts: Man muß mit den Menschen essen, von denen man was erfahren will.« (Kapuscinski, in: Süddeutsche Zeitung 2000)

Mittendrin sein, teilnehmen, Neues erfahren. Für den Fernsehreporter ist das nur ein Teil seiner Arbeit. Naturgemäß ist er an allen Stadien der Filmherstellung beteiligt, von der Ideenfindung bis zur Endfertigung. Er hat darauf zu achten, dass alle Fernsehgestaltungsmittel stimmig eingesetzt werden. Als Reporter trägt er die Hauptverantwortung für das Gelingen (oder Misslingen) des Films und dafür, dass die Freiheiten, die die Reportage bietet, verantwortlich genutzt werden.

Als das ZDF 1984 als erster Sender eine wöchentliche Reportage ins Leben rief, war es für die beteiligten Redaktionen besonders wichtig, die Frage zu beantworten, wie der Reporter mit der ihm in der Reportage zugestandenen Subjektivität umgehen soll. Schließlich war es bis dahin üblich gewesen, zu jedem Thema Politiker von links und rechts gleichermaßen einzuvernehmen, um parteipolitisch nicht anzuecken. Aber in der Reportage sollten nicht mehr Politiker unterschiedlicher Couleur als Zeichen (vordergründiger) Ausgewogenheit befragt werden. Jetzt ging es auf einmal um Betroffene, um konkrete Einzelfälle, nicht mehr um abstrakte und allgemeine Aussagen.

Reinhard Appel, der 1984 als Chefredakteur des ZDF die Reportagereihe auf den Weg schickte, gab ihr diese Worte mit:

> »Für die Reportage ist charakteristisch, daß sie lediglich Ausschnitte der Realität bietet, sie ist eher eine Momentaufnahme als eine Rundumbetrachtung. [...] Sie lebt ganz entscheidend von der persönlichen Handschrift des Reporters und seiner Betrachtungsweisen, [...]. Wichtig ist dabei, daß der Reporter – für den Zuschauer ersichtlich – die Grenzen seines Blickfeldes definiert. Er darf nicht den Eindruck einer umfassenden Berichterstattung erwecken. [...] Der Reporter soll sich nicht als allwissender Journalist aufspielen, sondern seine Karten

> offenlegen. Seine Haltung sollte sein: Das waren meine Fragen, dazu habe ich das erfahren und gesehen, daraus ziehe ich diesen oder jenen Schluß.[...] Der Zuschauer [...] wird nicht von hoher Warte belehrt, sondern in den Erkenntnisprozeß einbezogen, weil er die Erkenntnisbausteine des Reporters kennt.« (Appel 1986, 316)

In einem internen Papier hieß es, diese Form erfordere »exakte Recherche, viel Fairness und ein wenig Mut, seine Erkenntnisse auch selbst zu vertreten, zu verantworten«. (Blank 1984)

Für den Reporter gehört es zu einer der wichtigsten Aufgaben, seine Rolle und die des Teams in der Reportage für den Zuschauer erkennbar zu definieren. Zu seinen Freiheiten gehört es, sich dem Geschehen in unterschiedlichen Haltungen nähern zu können. Der Reporter kann nüchtern oder emotional beteiligt sein. Bei seinem Erkundungsgang kann er ein zurückhaltender Beobachter sein, der das Gesehene für sich selbst sprechen lässt, der das Auge der Kamera praktisch zum Auge des Zuschauers werden lässt. Je nach Situation und Thema kann er aber auch der zielgerichtet Recherchierende sein, der den Ablauf seiner eigenen Nachforschungen zur Reportage-Geschichte macht.

Dabei ist es die wichtigste Aufgabe des Reporters, zusammen mit seinem Team die Reportage-Perspektive zu entwickeln oder zu entdecken, aus der sie die Wirklichkeit betrachten. Es kann natürlich nicht darum gehen, eine Sichtweise einzunehmen, die alle einnehmen oder die von einem, aus welchen vorgeblich moralischen Gründen auch immer, erwartet wird.

Der schreibende Reporter Kai Herrmann, der durch Bücher wie »Die Kinder vom Bahnhof Zoo« berühmt geworden ist, ist der Ansicht, Recherchen führten in der Regel zu der unangenehmen Erkenntnis, dass alle Geschichten mehrere Wahrheiten hätten, die sich oft auch noch widersprechen würden. Redaktionen forderten meist die politisch korrekte Sicht der Wirklichkeit, doch für den Reporter komme es darauf an, seinen eigenen Blickwinkel zu finden.

> »Ich möchte über eine Geschichte sprechen, die ich vor einigen Jahren gemacht habe.
>
> Es war im Bayrischen Wald. In einem Dorf wurde, offenbar mit Unterstützung des ansässigen katholischen Pfarrers ein Haus

angesteckt, das für behinderte Kinder bestimmt war. Es gab europaweit einen Aufschrei der Empörung. Ich wurde damals vom Nachrichtenmagazin *Der Spiegel* in dieses Dorf geschickt, um irgendwie in diesen Chor der Empörung einzustimmen. Ich habe aber dann angefangen, mich mit den Dörflern und dem Pfarrer zu unterhalten und fand heraus, daß der Betreiber des Heims ein ganz windiger Geschäftsmann, wenn nicht sogar ein Gangster war. Und daß diese Dörfler, die sehr arm waren, gerade angefangen hatten, Tourismus aufzubauen. In ein Dorf mit etwa fünfzig Einwohnern wären hundert behinderte Kinder aus Frankfurt gekommen.

Ich habe das Ereignis schließlich aus der Perspektive des Pfarrers und der Einwohner geschrieben. Von den drei geistig behinderten Menschen berichtet, die in diesem Dorf lebten und voll in die Gemeinschaft integriert waren. Ich habe die Dörfler zitiert, die sagten: ›Wir kümmern uns doch selbst um unsere Deppen. Warum können die Frankfurter das denn nicht auch? Warum müssen diese hundert behinderten Kinder ausgerechnet zu uns kommen? Und ein Geschäftemacher auf unsere Kosten reich werden?‹

Das war eine andere Wirklichkeit oder Wahrheit, als sie die übrigen Medien verbreiteten – vom gottlosen Pfarrer und seiner herzlos brandschatzenden Gemeinde.

Der *Spiegel* hat das auch nach einigem Zögern gedruckt. Aber unvermeidlich kam dann der Vorwurf, ich hätte einen empörenden Vorfall verharmlosend gerechtfertigt. Denn wo das Gute, wo das Böse ist, scheint oft schon vor Beginn der Recherche festzustehen.« (Hermann 2001, 15f.)

Unabhängig von den subjektiven Freiheiten, die ein Reporter hat, kann der Zuschauer von ihm verlangen, die Erkundung der Wirklichkeit mit allem verfügbaren Wissen, mit der gebührenden Hartnäckigkeit, dem notwendigen Maß an Zweifel aber auch mit der Bereitschaft, ungewöhnliche Sichtweisen einzunehmen, durchzuführen. Anders ist Erkenntnis nicht möglich.

Der Journalist darf seine Verantwortung für das Gezeigte nicht aufgeben, nur weil er als Reporter *Authentisches* berichtet. Dubiose Sachaussagen von Protagonisten sollten für ihn Anlass zu weiteren Recherchen sein. Ist das nicht möglich, kann der Reporter in seiner Reportage darauf hinweisen, dass die Aussagen nicht überprüft werden konnten. Außerdem kann der Reporter den Interviewten mit seinem eigenen Zweifel konfrontieren und das wiederum zum Teil der Reportage machen. Der Reporter ist dabei nicht der Richter, der jede Gemütsbewegung seiner Protagonisten bewertet, er ist aber auch nicht der Mikrofonhalter, der jede Lüge klaglos schlucken muss.

Der Reporter muss sich darüber im Klaren sein, dass Authentisches nicht auch automatisch wahr ist. Wenn ein Interviewpartner in einer Reportage schwört, er sei von Außerirdischen entführt worden, dann ist es wahr, dass er geschworen hat, von Außerirdischen entführt worden zu sein. Stimmen muss seine Aussage deshalb noch nicht. Trotzdem kann so ein Interview ein spannendes Dokument sein.

In Grenzgebiete begibt sich der Reporter, wenn er sich Protagonisten aussucht, deren Taten und Aussagen nicht unkommentiert gezeigt werden können, weil sie Illegales tun, lügen oder den Reporter benutzen wollen. Rechtsradikale gehören zu dieser zweifelhaften Klientel. Der Anspruch, Authentisches zu zeigen, ist kein Freibrief, der es einem erlaubt, die Verantwortung für das Gezeigte abzugeben. Auch Leni Riefenstahl, die für TRIUMPH DES WILLENS (1935) einen Parteitag der Nazis in Nürnberg filmte, hat sich später darauf berufen, nur Authentisches gezeigt zu haben. Allerdings identifizierte sie sich filmisch in einem Maße mit dem Geschehen vor der Kamera, dass sie zur Propagandistin wurde. Historisch interessant sind ihre Bilder trotzdem.

Die Reportage will das *Miterleben* des Zuschauers ermöglichen. Das kann dazu führen, dass der Reporter die Distanz verliert. Dies zu bedenken und verantwortlich damit umzugehen, gehört zu den Aufgaben des Reporters. Dass er nicht alle Widersprüche wegbügelt, sondern sich als einen Suchenden präsentiert, gehört zu seiner Wahrhaftigkeit. Dabei ist er weder Pädagoge noch Moralapostel. Deshalb muss die Reportage Vertrauen in den Zuschauer setzen und ihm die Möglichkeit einräumen, seine eigenen Schlüsse zu ziehen.

Im journalistischen Alltagsgeschäft geht es für den Reporter um pragmatische Kriterien, die die Regeln für *guten Journalismus* (Kübler 1979, 264) beschreiben. Gefordert sind:

- solide Sachkenntnis,
- genaue Recherche,
- größte Fairness des Handelns,
- größtmögliche Distanz von der eigenen politischen Einstellung,
- differenzierte Darstellung des beschriebenen Sachverhaltes.

Hans-Dieter Kübler spricht in diesem Zusammenhang von »verantworteter« oder »reflektierter Subjektivität« (Kübler 1979, 264).

In der Reportage können nur Einzelbeispiele gezeigt werden. Jeder Zuschauer hat den natürlichen Drang Beispiele zu verallgemeinern. Deshalb ist es notwendig, dass der Reporter die Wahl seines Reportagethemas und sein Erkenntnisinteresse vorstellt und so die Reportage für den Zuschauer in einen einschätzbaren Zusammenhang bringt. (»Ein Schicksal von Tausenden...«, »Uns interessiert: Welche Folgen hat die Werksschließung für die Belegschaft...«, »Diese Klinik ist ein Modellversuch – was kann hier geheilt werden, was anderswo nicht geheilt werden kann?« etc.) Damit macht er seinen Ansatz transparent und die Perspektive seiner Reportage deutlich, die ja immer nur einen kleinen Ausschnitt der Wirklichkeit thematisieren kann. Die authentische Aussage eines Sozialhilfeempfängers, die nichts anderes ist als die Aussage eben dieses Sozialhilfeempfängers, wird sonst allzu leicht in der Präsentation durch den Reporter oder in der Wahrnehmung durch den Zuschauer zur Meinung aller Sozialhilfeempfänger. Der Reporter sollte deshalb durch genaue Nennung von individuellen Daten den Einzelfall betonen. Die journalistischen Basisfragen (»Wer? Wo? Wann? Was? Warum?«) müssen beantwortet werden. Hält der Reporter Einzelaussagen für verallgemeinerbar, muss er das begründen.

Eine alte Journalistenregel heißt *audiatur et altera pars*, man müsse auch immer die andere Seite hören. Für einen Journalisten sollte es selbstverständlich sein, sich einem Thema von verschiedenen Seiten zu nähern, um herauszufinden, welche Argumente es für oder gegen einen Standpunkt gibt. In seiner Reportage, die nur einen begrenzten Bereich beleuchtet, kann der Reporter aber nicht alles wiedergeben, was er recherchiert hat. Meist reicht es aus, dem Zuschauer den Blickwinkel zu verdeutlichen, aus dem der Reporter berichtet (»Wir sind hier bei den Streikenden, die den Betrieb seit zwei Tagen besetzt haben.«). Gegenpositionen können z.B. in den

Kommentar genommen werden (»Der geschäftsführende Vorstand hält es dagegen für unmöglich, das Werk weiter wirtschaftlich zu betreiben.«). Oder man kann wichtige Gegenpositionen in die Reporterfragen aufzunehmen (»Sie streiken seit einigen Tagen. Damit, so sagt der Vorstand, gefährden Sie vernünftige Sozialpläne...« Oder: »Werke in anderen Ländern produzieren billiger, weil dort niedrigere Löhne gezahlt werden, sagt die Geschäftsleitung. Da nützt doch auch kein Streik.«)

Es ist ideal, wenn die Gegenseite während der Dreharbeiten mit aufgenommen werden kann (»Wir begleiten einige Streikende zu einem Gespräch mit der Geschäftsleitung.«). In den meisten Fällen wird das so nicht gelingen und es ist auch für eine Reportage, die ihren Zugang zum Thema klar definiert und offen legt, nicht notwendig, da sich politische Ausgewogenheit über das gesamte Programmangebot eines Senders einstellen muss.

Das Verfahren stößt da an seine Grenzen, wo konkrete Vorwürfe gegen Dritte erhoben werden, die möglicherweise sogar rechtlich relevant sind. Presserechtlich ist ein Journalist mitverantwortlich für das, was Dritte in seinem Film sagen. Von daher ist im Einzelfall zu entscheiden, ob bei gravierenden Aussagen von Protagonisten, die andere belasten, der Reporter seine beobachtende Rolle verlassen muss, um Vorwürfe zu klären oder einzuordnen. In der Reportage GESUCHT WIRD ... DAS SPRACHROHR GOTTES (WDR 1991) berichtet Felix Kuballa über ein angebliches Heilwasser der Sekte Fiat Lux. Nach seinen Recherchen soll das Heilwasser nicht nur medizinisch unwirksam sein, es soll Menschen sogar krank gemacht haben. Der Reporter nimmt eine Flasche mit der strittigen Flüssigkeit, geht zum Gesundheitsamt und lässt die Flüssigkeit analysieren. Die Heilflüssigkeit, so zeigt sich, ist gewöhnliches Wasser, das allerdings gesundheitsgefährdende Keime enthält.

Von einem Journalisten kann man verlangen, auf der Höhe des zur Zeit verfügbarem Wissens zu sein und keine wissentliche Falschaussage zu machen. Wenn ein Journalist eine Meinung verbreitet, so fordert es Roman Brodmann als Minimalanspruch an verantwortlichen Journalismus, dann soll es zumindest keine sein, die er einfach hat, sondern eine, die er sich erarbeitet hat (Brodmann, ohne Datum). Bei einer Reportage sollte sich der Zuschauer zumindest darauf verlassen können, dass der Reporter selbst Zeuge war, dass das Material nicht, wie es ab und zu vorkommt, gekauft wurde oder aus dem Archiv stammt. Er muss sich darauf verlassen können, dass nach den Grundregeln des journalistisch-dokumentarischen Handwerks gearbeitet wurde.

> »Ein Augen- und Ohrenzeuge vermittelt etwas von seinen Eindrücken. Sein Film sagt: Das und das habe ich gesehen und gehört. Und der Film zeigt etwas von dem, was er gesehen und gehört hat. Indem uns der dokumentarische Augen- und Ohrenzeuge an seinen Erfahrungen Anteil nehmen läßt, vermittelt er sie, aber er ersetzt sie nicht. Selbstverständlich ist die (auch von Dokumentaristen verehrte) Vorstellung, der Dokumentarfilm substituiere durch die Darstellung die dargestellte gesellschaftliche Erfahrung, naiv. Aber ich beharre darauf, daß der Dokumentarist, dem ich Glauben zu schenken bereit bin, dafür bürgt, daß die zweite Wirklichkeit seines Films etwas mit dem zu tun hat, was er als Subjekt in der ersten Wirklichkeit wahrnahm. Seine Zeugenschaft ist sich des Als-ob seiner Abbildung ebenso bewußt, wie sie sich die Bearbeitung des Materials eingesteht.« (Lederer 1990, 185)

Wenn es heißt, der Reporter müsse seine Rolle definieren, dann gehört dazu auch die ganz praktische Frage, ob ein *Reporter im Bild* auftauchen sollte. Diese Frage kann sehr unterschiedlich beantwortet werden. Gegen die optische Präsenz des Reporters spricht, dass die Personen vor der Kamera wichtiger als der Reporter sind. Außerdem kann der Auftritt des Reporters zu leicht eitel wirken. Zu viele Auftritte eines Reporters gefährden zudem die authentische Stimmung.

Für einen Auftritt des Reporters spricht die Tatsache, dass viele Zuschauer einfach gerne wissen wollen, wer ihnen die Geschichte erzählt und ob er glaubwürdig wirkt.

Am einfachsten ist es, den Reporter oder das Team im Film auftauchen zu lassen, wenn es selbst Teil der Geschichte wird. Klassisch ist z.B. der Fall, wenn die Crew bei Dreharbeiten plötzlich von Polizei oder Militär gestoppt wird. Dann ergeben sich aus dem Fluss der Geschichte glaubwürdige und begründete Bilder mit dem Team. Auch wenn der Reporter eine aktive Rolle einnimmt, mit dem Mikrofon auf Menschen zugeht, seine eigene Arbeit thematisiert, ergeben sich glaubwürdige Bilder mit ihm. Korrespondenten wie Gerd Ruge (ARD) oder Klaus Richter (ZDF) haben den Bekanntheitsgrad und das Format, um als Person im Bild durch Reportagen zu führen, ja ihre Auftritte vor der Kamera werden selbst zu einem roten Faden der Geschichte. In der Regel ist dieses Verfahren jedoch nicht zu empfehlen. Meist sind die Aufnahmen des Reporters oder des Teams gesucht und wirken verkrampft und lächerlich. Wenn sich Situationen anbieten, in denen der Reporter (und das Team) begründet im Bild erscheinen können, sollte das gedreht werden. Ansonsten sollte man sich Zurückhaltung auferlegen, weil sonst das Auftreten des Teams oder des Reporters im Film zu artifiziell wirkt.

Allerdings muss das Team die Chancen, die sich ihm bieten, nutzen: Bei Dreharbeiten zur ZDF- Serie FRANKFURT AIRPORT (2000) fragte plötzlich ein geistig behinderter Mann: »Wer ist der Regisseur hier?« und begrüßte dann den Reporter, der sich ins Bild beugen musste, mit Handschlag. Im traditionellen Fernseh-Verständnis sollen Protagonisten so tun, als sei die Kamera nicht da und so eine Szene wäre abgebrochen worden. In der Reportage kann das die Authentizität steigern und den Reporter ganz ungekünstelt zeigen – wenn der Kameramann nicht vor Schreck sein Gerät ausschaltet. In vielen Fällen kann nur vermutet werden, wie das Team im Bild auf Zuschauer wirkt. Wenn z.B. morgens um sechs ein Bundesgrenzschutzkommando an die Tür eines mutmaßlichen Schleusers wummert, kann man darüber diskutieren, ob es die authentische Spannung zerstört, wenn man sieht, wie der Tonmann neben den Polizisten, die schusssichere Jacken tragen, kauert, oder ob es sie geradezu steigert.

Auch auf die Frage, ob der Reporter den *Kommentar* zu seinem Film *selbst sprechen* soll, gibt es keine eindeutige Antwort. Dafür spricht, dass Reportagen subjektive, persönliche Werke sind. Allerdings ist das Sprechen von Kommentartexten eine Kunst, die nicht vielen gegeben ist. Amateurstimmen sind oft schlecht zu verstehen. Professionelle Sprecher artikulieren präziser, sie können aber steril wirken und damit gegen das Reportagegefühl arbeiten. Eine Lösung für dieses Dilemma gibt es nicht. In kaum einem Punkt gehen die Meinungen so weit auseinander, wie bei der Bewertung einer Sprecherleistung. Eine Faustregel ist, dass der Reporter bei Filmen, in denen er sich persönlich stark einbringt, selbst spricht. Bei Filmen, in denen das Reporter-Subjekt keine so große Rolle spielt, sollte ein Profisprecher zum Zuge kommen.

Das sind – zusammengefasst – die Aufgaben des Reporters:

- Er definiert seine Rolle und die des Teams in der Reportage (Herangehensweise; Auftreten im Film).
- Er schafft Transparenz über seine Rolle und Absichten gegenüber Protagonisten und Zuschauern.
- Er hat Empathie für die Protagonisten, identifiziert sich aber nicht zwingend mit den Betroffenen.
- Er hat genug allgemeines Recherchewissen, um die konkrete Situation einordnen zu können.
- Er behält das kritische Selbstverständnis bei (gegebenenfalls bezieht er Gegenpositionen zu seinen Protagonisten).
- Er macht seine Subjektivität nachvollziehbar (definiert seine Perspektive, ordnet Einzelfälle ein).

An eines sollte der Reporter bei seiner Arbeit immer denken: Er trägt Verantwortung gegenüber Menschen. Zum einen ist da sein Team, das Anrecht auf faire Arbeitsbedingungen hat. Zu oft kommt es in der Praxis vor, dass Dreh- und Reisezeiten zu knapp bemessen sind, und dass zu vieles ohne Überlegung gedreht wird, zulasten der Teams. Zum anderen sind da natürlich die Protagonisten, die Anrecht auf einen fairen Umgang haben. Wenn sie fernsehunerfahren sind, haben sie sogar den Anspruch auf einen gewissen Schutz. Zur Fairness und zur Verantwortung gehört auch, dass sich der Reporter nach einer Sendung noch mal bei den Protagonisten meldet und nachfragt, wie die Umgebung reagiert hat, und seinerseits von Reaktionen im eigenen Kollegenkreis, von Kritiken und Quoten zu berichten. Vielleicht wird der Reporter dann nicht ganz zu dem »Menschenfresser«, als den der Dokumentarist Georg Stefan Troller sich und seine Berufskollegen sieht:

> »Wir sind nicht nur Anteilnehmende, ja Liebende, wir sind auch Menschenfresser. Unsere Kamera verschlingt die Realität, verleibt sie sich ein, um sie als etwas Neues wieder auszuspeien. Nämlich als Bild-Ton-Text-Gesamt-Kunstwerk. Und zwar als unser Werk und unser Besitztum. Denn bei der Bearbeitung, am Schneidetisch, am

Schreibtisch des Texters, bei der Sprachaufnahme und Mischung wird aus der Wirklichkeit, die uns zu überwältigen droht, eiskalt jene Realität zusammengebraut, die wir beherrschen. Das ist der Vorgang, wenn er auch manchmal unter Tränen stattfindet. Wir, kleine Demiurgen, kleine Künstler minderer Gattungen, verwandeln wie die anderen auch Chaos zu Ordnung, Sinnloses zu Sinnvollem, Äußeres zu Innerem, ja sogar (nur mit Zittern und Zagen sage ich es) Fleisch zu Geist. Jede Kunst ist Kannibalismus, aber unsere vielleicht die gefährlichste, weil sie am lebendigen Material operiert. [...] Ich bleibe dabei: wir sind letzten Endes Menschenfresser, die sich vom warmen Blut der anderen, der naiven Lebenden ernähren. Unsere Entschuldigung, unsere einzige Rechtfertigung vor uns selbst: daß wir das Gute wollten. Dokumentaristen sind gute Menschen, wenigstens beruflich. Schon aus der bloßen Zwangslage heraus, daß wir uns sonst nicht in die Augen schauen könnten.« (Troller 1999b, 140)

3.4 Das Interview

»Ein gut gefragtes, gut geschnittenes Interview ist ein Stückchen Filmkunst.« (Troller, in: Kardoff 1990, 153)

Dieser Satz stammt von dem Dokumentarfilmer und Reporter Georg Stefan Troller, der wegen seiner indiskreten Art zu fragen, berühmt wurde. Auch wenn er mit dieser Behauptung Recht haben sollte, bleibt die Frage, ob ein Interview überhaupt in eine Reportage gehört. Schließlich soll ein Reportageteam so wenig wie möglich in das Geschehen vor der Kamera eingreifen. Die Fragen des Reporters verändern die Situation erheblich. Dazu kommt, dass viele Kameraleute Interviews nicht leiden können, weil die meist nur verhältnismäßig langweilige Bilder bieten und Zeit für andere visuell interessantere Motive wegnehmen. Doch Troller findet, dass dem Augenzeugen, der nicht ab und zu mal nachfragt, wichtige Bereiche der Realität verborgen bleiben.

»Das Interview [...] ist für mich eine sehr wichtige Sache, denn wir sind alle Menschen, die sprechen, wir drücken uns in Sprache aus. Die Subtilität unserer Gedankengänge ist ohne Sprache gar nicht rüberzubringen. Und die Vorstellung, [...] es muss alles Wichtige im

> Bild gezeigt werden, nur das Unwichtige kommt in den Dialog, entspricht nicht unserer Realität vom Ende des zwanzigsten Jahrhunderts, wo unsere Gedankengänge, aber auch unsere Lebensvorgänge, alle in Worte gefasst werden.« (Troller 1999e, 152)

Sowohl in dem Gesagten wie auch in den nonverbalen Signalen drücken sich innere Prozesse der befragten Menschen aus. Diese Gefühle zeigen sich nur in Extremsituationen von alleine. Der sprechende Mensch ist es, der seine Gefühle meist am direktesten ausdrücken kann; aber er spricht oft nur, wenn er gefragt wird. Zu manchen Emotionen, Gedanken oder Hintergründen kann der Reporter nur mithilfe von Fragen vordringen.

Natürlich muss das Interview in der Reportage so angelegt werden, dass es deren Regeln nicht verletzt. Das Interview muss also Teil der Geschichte sein, es muss in das raum-zeitliche Geschehen eingebettet sein. Auf jeden Fall muss eine Reportage mehr sein, als eine Aneinanderreihung *sprechender Köpfe*. Das Interview kann, dosiert (!) eingesetzt, den Produktionsprozess transparent machen. Durch seine Fragen zeigt der Reporter, wo sein Erkenntnisinteresse liegt und er kann Sachverhalte thematisieren, die nicht durch Bilder und O-Töne dargestellt werden können.

Interviews sind eine Herausforderung für die Reportage. Das Team muss alles tun, damit die Interviews nicht wie Fremdkörper im Fluss der Geschichte wirken und die suggestive, erzählerische Kraft der Reportage zerstören. Ein geglücktes Interview, das sich organisch aus der gefilmten Handlung entwickelt, kann die Innensicht eines Protagonisten erschließen und ihn so charakterisieren. Das bringt ihn dem Zuschauer näher und es erleichtert die Identifikation mit ihm. Wichtig ist nicht nur, *was* er sagt, sondern auch, *wie* er es sagt. Auf jeden Fall sollen die Antworten spontan und authentisch sein. Deshalb dürfen z.B. die Interviewfragen vorher nicht abgesprochen werden. Bei Interviews sind Wiederholungen (»Sagen Sie doch einfach noch mal ...«) tödlich, weil sie den Reportage-Charakter zerstören. Auch wenn der Inhalt des wiederholten Interviews der gleiche bleibt, geht die ursprüngliche Spannung verloren. Wiederholungen wirken bei Interviews – wie auch bei anderen Drehsituationen – meist nicht mehr authentisch, sondern leblos, eben wie abgesprochen.

In welcher Stimmung, in welcher Tonlage etwas gesagt wird, ist genauso wichtig, wie der Inhalt der Aussage. Sachorientierte Journalisten, die sich für

Faktisches, aber nicht für Atmosphärisches, Gesten, Untergründiges interessieren, haben Schwierigkeiten, das zu akzeptieren. Für den beobachtenden Dokumentarfilm beschreibt Klaus Wildenhahn die zusätzliche Ebene des gesprochenen Wortes so:

> »Und gerade die Zurückhaltung, die du ausüben musst, [...] die Leute kommen zu lassen, und wenn sie dann ihre Äußerungen machen, dass sie dann richtig kommt, auch mit einer vollen emotionalen Intensität, dass eben das Wort ›Ich bin arbeitslos‹ so und so gesprochen werden kann, weil es so und so viele Unter- und Oberschwingungen haben kann, und wenn du das reduzierst auf den einfachen Satz ›Ich bin arbeitslos heute‹ dann kann das so flach wirken, dass alles platt ist.« (Wildenhahn, in: Duisburg 1981, 83)

Es wird nur wenige Fernsehreportagen geben, bei denen der Reporter auf Interviews verzichten kann und will. Situationen, in denen von sich aus viel geredet wird, werden weniger Fragen offen lassen als wortkargere Situationen. Ein Verhör, ein Seminar, das Informationsgespräch vor einer Operation bieten viele O-Töne. Protagonisten, die immer wieder in Konflikte mit anderen Menschen geraten, wie z.B. Politessen, die Knöllchen verteilen und dabei mit den wütenden Parksündern zu tun bekommen, werden mehr O-Töne bringen als ein einsamer Broker, der sich nur mit seinen Tabellen auf dem Computerschirm unterhält und per Mausclick weltweit Millionenwerte in Aktien verschiebt.

Die Reportage ist insgesamt auf Lebendigkeit und Authentizität angewiesen. Und auch das Reportageinterview soll eine spannende und unmittelbare Begegnung zweier Menschen sein. Der Reporter Wolfgang Korruhn schildert sein Vorgehen:

> »Oft gehe ich mit irgendeiner Vorstellung los, und es kommt etwas völlig anderes dabei heraus. Ich mache keine Drehbücher vorher, ich spreche auch keine Interviewfragen vorher ab. Am liebsten arbeite ich schnell und geräuschlos, mit 'nem ganz kleinen Team. Also ich finde immer, der Aufwand steht häufig in 'nem umgekehrten Verhältnis zum Ergebnis. Denn der Aufwand bildet sich ab. Jedes Stativ, jede Lampe bedeutet Angst bei den Redenden. Mein Traum ist, mit einer Kamera zu gehen, die ganz kaputt aussieht, mit Leuko-

plast zugeklebt ist, nach nichts aussieht. Und der Kameramann muss Löcher im Pullover haben. Dann reden die Leute. Aber wenn das große blaue Auto mit vier Weltmeistern vorfährt, die Möbel verrückt, die Bilder abhängt, vier Lampen aufgestellt werden – na, grässlich. Dann sagen die Leute nichts mehr, dann reden sie alle wie Köpcke. (lacht) Nichts gegen Köpcke. Aber die Leute, die ich mir vorstelle, müssten anders sprechen. Also kleinklein, small is beautiful.« (Korruhn, in: Bachmüller 1986)

Jedes Interview ist eine Annäherung an einen Menschen. Noch einmal Georg Stefan Troller, diesmal schildert er sich selbst als »Objekt« des Interesses von interviewenden Journalistenkollegen.

»Lassen Sie mich noch ein bisschen über das Interview sprechen, das irgendwie doch meine Spezialität ist; ich bin auch oft genug interviewt worden. Grundsätzlich sagt der Herr zu mir, der mir so etwas anträgt: ›Wir machen ja gar kein Interview. Es wird bloß eine Plauderei! Eine Konversation.‹ Er glaubt, dass er mich damit irgendwie beruhigt, dass er die Sache entschärft, dass ich keine Angst haben muss, und versteht überhaupt nicht, dass das Interview, je treffender, je schärfer und auch je aggressiver es ist, umso ansprechender für den Menschen ist, an den es herangetragen wird. Weil er hoffen kann, bei dem Interviewer auf Verständnis zu stoßen, ja, vielleicht sogar auf Verständnis für Dinge, die er selber auf diese Art noch gar nicht kennt. Er hofft, durch das Interview vom Interviewer Neues über sich selbst zu erfahren. Und das ist für viele von uns der einzige Reiz eines solchen Interviews, dass da ein Verhörer, ein Vernehmer oder auch ein Beichtvater an dich herankommt und dich Dinge fragt, die du dich selbst nie gefragt hast, oder nur im ganz stillen Kämmerlein, oder die du verdrängt hast, weil du diese Frage dir nicht stellen wolltest. Und da geht es, wenn ein Interviewer weit genug geht, um ganz schön intime Dinge. Und diese intimen Dinge aus den Leuten herauszuholen, natürlich nicht spöttisch, nicht indem man sie fertig oder lächerlich macht, sondern so, dass der Zuschauer sich auf einmal angesprochen fühlt und sagt: ›So bin ich doch auch! Der hat ja meine Probleme!‹, das ist das Höchste, was man überhaupt erreichen kann: die Identifizierung der Zuschauer mit den Menschen auf dem Schirm. [...] Und bringen Sie das heraus aus der Person, mit der Sie solch einen Film machen, dann haben Sie gewonnen. Der Zuschauer spürt etwas, er fühlt etwas diesem anderen Menschen gegenüber. Und was wollen wir denn anderes, auf dem kleinen Schirm oder auf der Leinwand, als etwas fühlen, als etwas spüren – und zwar menschliche Identität oder, sagen wir, überhaupt Menschliches? Das Interview bringt das heraus. Es hat den spezifischen Auftrag, dies herauszubringen. Und alle Interviews im Dokumentarfilm, die sich mit sachlichen Problemen befassen oder Informativem, liegen daneben. Das Interview hat sich nur mit dem rein Menschlichen und dem Emotionalen zu befassen. Dahin musst du kommen, und du musst den Mut haben, dich dahin vorzutasten, bis dorthin, wo der andere Mensch eigentlich nicht mehr antworten will.« (Troller 1999e, 154)

Troller selbst hat sich nicht gescheut, den querschnittsgelähmten Cartoonisten Callahan nach dessen sexuellem Verhältnis zu den Frauen zu fragen, einen Afroamerikaner danach, was passieren würde, wenn er ihn »Nigger« nennen würde, bei einem homosexuellen Paar hat er auf die Liaison des einen mit einer Frau hingewiesen und einen irisch-katholischen IRA-Terroristen hat er erbarmungslos mit Bibelzitaten zur Nächstenliebe konfrontiert. Die Liste ließe sich beliebig fortsetzen.

Das Expertenstatement. Es ist das abschreckende Gegenbeispiel zum gelungenen Reportageinterview. Im schlimmsten Fall ruht die Kamera festgemauert auf einem Stativ und der Spezialist sitzt sorgfältig ausgeleuchtet vor seiner Bücherwand und doziert über irgendeinen Sachverhalt, der ihn persönlich wenig oder nichts angeht. Alles was in so einem Statement geschieht, widerspricht den Anforderungen an die Reportage.

- Experten sprechen abstrakt über Dinge, die sie nicht persönlich berühren; in der Reportage sollen die Betroffenen selbst zu Wort kommen.
- In *Statements* spielt der Ort, an dem das Treffen stattgefunden hat, keine Rolle; in der Reportage will man wissen, wo man ist und in welchem Zusammenhang ein Gespräch stattfindet.
- Künstliches Licht und eine statische Kamera erzeugen eine sterile Atmosphäre, die nicht zur lebendigen Stimmung einer Reportage passt.

Auswahl der Interviewpartner. Die erste wesentliche Entscheidung bei einem Interview ist die, wer befragt werden soll. Im Fall der Reportage sind es weder Experten noch zufällige Passanten wie bei einer Straßenumfrage. In einer Reportage geht es immer um bestimmte Menschen in einer konkreten Situation und um Fragen, die einen direkten Bezug zu ihnen und zu ihren Erfahrungen haben.

Als Reporter sollte man sich für einen Protagonisten entscheiden, zu dem man einen persönlichen *Draht* hat. Es kann nicht jeder mit jedem. Ein paar allgemeine Anhaltspunkte, welche Eigenschaften Protagonisten vermutlich zu guten Interviewpartner werden lassen:

- Menschen, die sich nicht von einer Kamera beeindrucken oder einschüchtern lassen;
- Menschen, die gerne plastisch und bunt erzählen und nicht jene, die am liebsten Nachrichtensprecher imitieren würden;
- Menschen, die voraussichtlich während des Drehens in Konfliktsituationen geraten werden und nicht solche Menschen, die nur über Dinge aus der Vergangenheit erzählen können;
- Menschen, die durch spannende äußere Dinge von den Dreharbeiten abgelenkt sind (z.B. der Rennfahrer vor einem Autorennen).

Schwierig dagegen sind Menschen, die ihre Geschichten schon oft erzählt haben, denn allzu routiniert vorgetragenen Geschichten fehlt das Leben und die Spontaneität.

Der Instinkt des Interviewers hat bei der Auswahl von Protagonisten immer mit zu entscheiden. Denn niemand kann sicher vorhersagen, wie sich ein Protagonist verhält, wenn die Kamera läuft und wie er auf dem Bildschirm wirkt. Im Zweifelsfall ist es besser, einen Menschen vor die Kamera zu bekommen, den die Beobachtungssituation nicht stört und der *rüberkommt*, als einen, der alle die formalen und inhaltlichen Kriterien erfüllt, die man vielleicht bei der Suche nach einem idealen Protagonisten am grünen Tisch zusammengestellt hat.

Am Ende kann das Gelingen einer ganzen Reportage davon abhängen, ob eine Person einen Film trägt. Man sollte also vor Drehbeginn möglichst viel über diesen Menschen erfahren, um beurteilen zu können, ob sich der Aufwand der Dreharbeiten lohnt. Allerdings – wenn alles bereits vor den Dreharbeiten besprochen und erzählt wurde, dann ist später vor der laufenden Kamera die Luft raus und die Spontaneität ist weg. Normalerweise wird man an einem Ort oder zu einem Thema mehrere potenzielle Protagonisten ins Auge fassen, um dann im Laufe des Drehens zu entscheiden, wer das Zeug zur Hauptperson hat. Oft setzt sich am Ende eine Person durch. Zum Thema »Reichtum in Deutschland« sollten in der ZDF-Reportage DER MULTIMILLONÄR (1994, Reporter: Ulli Rothaus) zunächst drei Millionäre mit der Kamera begleitet werden. Der erste, Werner Metzen, war so originell und die Begleitung mit der Kamera konnte so viel vom Leben eines Neureichen enthüllen, dass auf die anderen beiden verzichtet wurde.

Das Spontan-Interview. Es ist das typische Interview in der Reportage. Es soll im idealen Fall kurz sein und es soll sich aus dem raum-zeitlichen Ablauf der Geschichte entwickeln. Die Kamera begleitet also ein Geschehen und plötzlich ergibt sich eine Situation, die nach einer Frage verlangt. Ohne die Dreharbeiten abzubrechen, gehen Kamera und Reporter auf den Protagonisten zu und der Reporter fragt in die laufenden Szenen hinein, bekommt eine erste Antwort, fragt kurz nach und zieht sich wieder zurück. Das Ganze dauert bei einem 30-Minuten-Film höchstens eine, zwei oder in Ausnahmefällen zweieinhalb Minuten. Bei dieser Form des Interviews hat der Reporter häufig nur Zeit für eine Eröffnungsfrage und vielleicht eine oder zwei Nachfragen. Vom Reporter verlangt das kurze Fragen, die kurze Antworten provozieren. Er muss bereit sein, das Gegenüber durch schnelle und entschiedene Nachfragen zu unterbrechen, um ihn an langen *Statements* zu hindern. Nach dem Interview zieht sich der Reporter zurück. Im besten Fall läuft das Geschehen vor der Kamera weiter, als ob nichts geschehen wäre.

Bei diesem *Spontaninterview* geht es nicht um Vollständigkeit, es geht darum, eine interessante, überraschende, bewegende Aussage herauszufinden. *Spontaninterviews* sind riskant, das macht sie so spannend und lebendig. Nicht alle werden gelingen – aber eine Reportage soll am Ende ja auch nur wenige Interviews enthalten. Den Schneideraum überstehen nur die besten.

Ein beispielhaftes *Spontaninterview* ist das folgende Interview der ZDF-Reporterin Ursula Scheicher aus einer Kleiderkammer (DIE ZDF-REPORTAGE. HILFE AUS DEM SAMMELSACK 1988), in der sich Bedürftige umsonst Kleidung aussuchen dürfen. Das Gespräch zeigt, dass *Spontaninterviews* nicht zur Oberflächlichkeit führen müssen.

Die Kamera zeigt zunächst eine Mitarbeiterin der Kleiderkammer, die für jemanden Sachen einpackt; dann schwenkt die Kamera auf Kleiderständer, zwischen denen eine bescheiden, aber gutbürgerlich gekleidete Frau Mitte vierzig steht und das Angebot untersucht. Das Interview findet statt, während die Frau an den Kleidungstücken hantiert. Nach dem Ende des Interviews schwenkt die Kamera weiter durch den Raum, in dem noch andere Menschen gebrauchte Kleidung suchen. Wegen der kurzen Fragen und der kurzen Antworten sind es ungewöhnlicherweise acht Fragen und acht Antworten. Trotzdem dauert das Interview nur 58 Sekunden.

Frage:	»Dürfen wir mal fragen, was Sie suchen?«
Antwort:	(erstaunter Blick)»Was ich suche? Röcke und ....«
Frage (unterbricht):	»Für sich selber?«
Antwort:	»Für mich selber. Und für meine Tochter.«
Frage:	»Können Sie sich das nicht kaufen?«
Antwort (zunächst leise):	»Nein, ich krieg Sozialhilfe, das kann ich mir nicht leisten. (Jetzt lauter) Wenn ich das kaufen könnte, würde ich bestimmt nicht hier stehen.«
Frage:	»Sind Sie arbeitslos?«
Antwort:	»Ja, mein Mann auch.«
Frage:	»Schon lange?«
Antwort:	»Mein Mann, schon seit .... booh, (guckt an die Decke) jahrelang, der war so krank und jetzt kann er nicht mehr arbeiten.«
Frage:	»Wie alt ist er denn?«
Antwort:	»Mein Mann ist 47.«
Frage:	»Und er hat welchen Beruf?«
Antwort:	»Koch.«
Frage:	»Und kriegt keine Arbeit mehr, kann nicht mehr...«

Antwort: »Nein, kann nicht mehr, ist krank. (Kleine Pause) Ja, ist nicht so einfach. Er hat damals eine Niere gespendet, für seine Schwester, und seitdem ist er krank. Seitdem geht nichts mehr.«

(Die Kamera zieht sich zurück und die Frau sucht weiter Kleidung)

Die Reporterin geht auf einen Menschen zu, der sie nicht kennt, deshalb die vorsichtige Annäherung »Dürfen wir fragen ...« mit der direkten und konkreten Fokussierung »... was Sie suchen?« In der zweiten Frage unterbricht die Reporterin und fokussiert weiter auf die befragte Frau »Für sich selber?« Das Unterbrechen gibt ein Temposignal. Mit der Antwort ist die Einleitung, das *warming up,* abgeschlossen. Jetzt kommt die erste Hauptfrage, provozierend, die die Befragte zu einer Reaktion zwingt. Die Frage greift gleichzeitig mögliche Vorurteile von Zuschauern auf und gibt der Frau damit die Möglichkeit, darauf zu antworten. »Können Sie sich das nicht kaufen?« In der Antwort ist die Tonlage beinahe wichtiger als der Inhalt. Wie sie sagt: »Wenn ich das kaufen könnte, würde ich bestimmt nicht hier stehen«, da klingt durch, dass sie alles tun würde, um dieser entwürdigenden Situation zu entkommen.

Damit ist der erste dramaturgische Bogen abgeschlossen. Die Reporterin ist noch nicht zufrieden. Im Mittelteil des Gespräches sucht sie etwas Persönliches, ohne zu wissen, was es sein könnte und ob es ihr in der kurzen Zeit, die sie hat, gelingen wird, überhaupt etwas zu finden. Noch hat die Reporterin nicht verstanden, dass das Drama weniger bei der Frau als bei ihrem Mann liegt. »Sie sind arbeitslos?« In der Antwort wird der Mann eingeführt. Die Reporterin verlässt den alleinigen Fokus auf die Frau. Die Frage »Schon lange?« kann sich sowohl auf die Frau, wie auch auf den Mann beziehen. Jetzt rückt der Mann in den Mittelpunkt. »Wie alt ist er denn?« »Und welchen Beruf hat er?« sind immer noch Suchfragen, die den Abwesenden plastischer werden lassen. Es sind gleichzeitig Angebote an die Frau, z.B. darüber zu sprechen, wie es ist, als älterer Mensch seine Arbeit zu verlieren. Obwohl das Interview zu diesem Zeitpunkt noch nichts wirklich Persönliches erbracht hat, gibt die Reporterin nicht auf und flüchtet nicht in allgemeine Befindlichkeitsfragen (»Wie fühlt man sich ohne Arbeit?«). Ihre Fragen beziehen sich immer auf die Frau vor sich, oder auf ihren Mann, also auf die konkreten Menschen. Nur deshalb erfährt sie am Ende von dem persönlichen Unglück.

In der letzten Frage *spiegelt* die Reporterin die Aussagen der Frau an diese zurück, »Und kriegt keine Arbeit mehr, kann nicht mehr...« Es ist, als ob Ursula Scheicher hier einen Gedanken der Frau wiederholt, ohne Subjekt, es ist wie ein Satz, der der Ergänzung bedarf. Diese Frage schließt den dramaturgischen Bogen von der Eröffnung, über die Provokation und das Suchen bis hin zum Ausdruck des Verstehens, dem Höhepunkt. In diesem Moment erzählt die Frau das Drama ihrer Familie. Die Antwort ist wie ein Schlaglicht auf das mögliche Entstehen von Armut, das in dem Film über den Einzelfall hinausverweist. Dabei erlebt der Zuschauer eine Annäherung zweier Menschen, die selbst wie eine kleine Geschichte ist. Besonders eindrucksvoll ist es, dass die Reporterin die Kraft hat, sich mit der letzten Antwort zu begnügen und den Zuschauer seinen Gedanken zu überlassen. Die Kamera wandert dann weiter durch die Kleiderkammer. Gute Fragen zu finden, ist schon nicht leicht. Im richtigen Moment mit dem Fragen aufzuhören, ist noch schwieriger.

Interviews werden kaum einmal am Beginn der Dreharbeiten stehen. Der Zuschauer am Bildschirm möchte bei der Reportage erst mal etwas sehen und erleben, bevor ihm die Fragen kommen. Bevor das oben zitierte Interview begann, konnte sich der Zuschauer in der Kleiderkammer umschauen. Auf jeden Fall sollte der Reporter dem Kameramann genügend Zeit lassen, Szenen zu drehen, in denen nicht interviewt wird. Sonst bringt sich der Filmemacher um die Möglichkeit, später im Schneideraum eine Sequenz ausschließlich in Bildern und O-Tönen zu erzählen. Es ist ein Fehler, zu oft in Szenen hineinzufragen. Einige Interviews, gut eingebaut, können eine Bereicherung der Reportage sein, zu viele werden mit großer Sicherheit ihren Erzählfluss ruinieren.

Das Tiefeninterview. Manchmal wird der Reporter seinen Protagonisten länger und systematischer interviewen wollen, um nicht so vom Zufall abhängig zu sein, wie beim *Spontaninterview*. Vielleicht will er sich erst im Schneideraum entscheiden, welche Fragen und Antworten ihm am wichtigsten sind. Umfassendere Interviews, *Tiefeninterviews*, sind in ruhigen Momenten möglich. Sie sind besonders dann interessant, wenn eine Person im Mittelpunkt des Interesses steht und sich die Reportage in Richtung Porträt bewegt. Allerdings ist das *Tiefeninterview* nicht automatisch die bessere Interviewform. Manchmal kann sich mehr Wahrheit in einer spontanen Antwort als in einem längeren Gespräch enthüllen. Außerdem ist das *Tiefeninterview* für die Reportage nicht ganz unproblematisch. Während das

Spontaninterviews optisch verhältnismäßig leicht in die Geschichte eingebunden werden kann, gerät das *Tiefeninterview* schnell in die Gefahr, durch allzu große Statik optisch aus dem Ablauf der bewegten Reportagebilder herauszufallen und zu einem leblosen *Statement* zu werden.

Wenn man sich zu einem *Tiefeninterview* entschließt, wird man sich meist vorher Zeit und Ort sorgfältig aussuchen. Man braucht einen Ort und eine entsprechende Situation, an dem ein ruhiges Gespräch natürlich und ungestellt wirkt. Es muss Einstellungen geben, die zu dem Ort des Interviews hin- und/oder wegführen. Für *Tiefeninterviews* sind Orte günstig, an denen der Befragte von sich aus zur Ruhe kommt. Wartezimmer sind solche Orte oder Züge, Flugzeuge und Autos. Bei einem Film über einen Tänzer, der aus Altersgründen mit Mitte 30 sein Theater verlassen muss, kann das Interview in der Garderobe beim Abschminken nach einem letzten beglückenden Bühnenerlebnis stattfinden. Oder der Reporter nutzt in dem Beispiel die Eisenbahnfahrt, die seinen Protagonisten zu einem Vortanztermin führt, um ihn vor der Kamera zu befragen. Vielleicht möchte der Reporter seinen Protagonisten aber auch erst nach dem voraussichtlich vergeblichen Vortanzen interviewen. Dann bietet sich wieder ein Umkleideraum an, gleich nach dem Vortanzen. In jeder Situation wird das Interview andere Fragen verlangen und andere Ergebnisse bringen. Will der Reporter mehrere Tiefeninterviews, sollte er darauf achten, dass sein Interviewpartner in unterschiedlichen Stimmungen ist, mal hoffnungsvoll, mal enttäuscht, mal glücklich. Der richtige Ort, die richtige Stimmung und die Seelenlage des Protagonisten sind entscheidend.

Da man bei *Tiefeninterviews* häufig vorher weiß, wann und wo man sie führen will, ist die Verlockung groß zu inszenieren. Man sollte sich aber davor hüten, plötzlich mit Sprüchen anzufangen, wie: »Setzen Sie sich doch hier hin, oder vielleicht doch lieber hier hin...«. *Tiefeninterviews* funktionieren in der Reportage nur, wenn sie wie *Spontaninterviews* gefilmt werden und wenn etwas Authentisches vor der Kamera passiert. Spontaneität und Lebendigkeit sind gefährdet, wenn man die Fragen vor Drehbeginn abspricht, wenn anders als sonst Kunstlicht eingesetzt und ein Stativ benutzt wird. Auch das spätere Zusammenmontieren von mehreren kurzen Aussagen im Schneideraum kann leicht zum Stilbruch führen, wenn sonst durchgehende und langlaufende Reportageeinstellungen den Rhythmus vorgeben. Interviewteile mit Schwarz- oder Weißfeldern zu trennen, ist ein unpassendes Stilmittel für die Reportage, weil dadurch die raum-zeitliche

Kontinuität für den Zuschauer gestört wird. Man sollte versuchen, sich auch bei *Tiefeninterviews* für einen durchgehenden Take zu entscheiden, im besten Fall mit An- oder Abschwenk, um den Take optisch einzubinden. Weniger ist meist mehr. Interviewinhalte, die nicht verloren gehen sollen, kann man, wenn sie nicht zu persönlich sind, in den Kommentar übernehmen.

Der Interview-Ort muss reportagegemäß eingeführt werden. In dem oben beschriebenen Beispiel begleitet die Kamera den Tänzer von der Bühne bis in die Garderobe, bis zum Beginn des Abschminkens. Dabei bietet sie Abschwenks zur Neutralisierung des Bildes, also als Schnittmöglichkeit, an. Danach folgt im Film ein Ausschnitt aus dem langen Interview, gedreht aus der Hand, ohne weiteres Licht. Auch hier ist es reportagehafter, das Gespräch während des Abschminkens zu drehen, und nicht, wenn alles vorbei ist, wenn der Gesprächspartner abgeschminkt ist. Wenn das Team den Interview-Ort schon kennt, muss man sich besonders vor einer erwartenden Kameraposition hüten (siehe Kamerakapitel, S. 178).

Inszenierungen, um ein Interview einzuleiten, wie sie oft in Nachrichten und Magazinen zu sehen sind, sind für die Reportage tödlich: Eine Person kommt auf die Kamera zu, versucht verzweifelt normal zu gucken und geht an der Kamera vorbei aus dem Bild. Schnitt. Dann steht dieser Mensch irgendwo und redet in die Kamera. Das wirkt nicht nur völlig unnatürlich und gestellt, es ist auch inszeniert – und zwar schlecht.

- Interviews müssen Teil der Geschichte sein und optisch wie inhaltlich in den Fluss der Reportage eingebunden sein.
- Bei Interviews sollen Inszenierungen vermieden werden, auch dann, wenn der Interview-Ort schon vorher feststeht.
- Fragen sollen nicht vorher abgesprochen werden.

Möchte man in einem Film mehrere Tiefeninterviews mit einem Gesprächspartner führen – was unter Reportagegesichtspunkten riskant ist, – dann sollte man die Gespräche an verschiedenen Orten mit verschiedenen Frageschwerpunkten drehen. Es entspricht in der Regel nicht dem Format der Reportage, ein einziges langes Interview mit dem Hauptprotagonisten an einem Platz zu machen und es dann portionsweise über den Film zu verteilen. Dieses Verfahren bricht die zeitliche Kontinuität, auf die in der Reportage großen Wert gelegt wird, weil es eines der wichtigsten dramaturgischen Elemente der reportagehaften Erzählhaltung ist.

Die richtige Reporter-Frage. Ob bei einem *Spontan-* oder bei einem *Tiefeninterview*, immer muss der Reporter Fragen stellen, die eine *emotionale Reaktion bei den Betroffenen* hervorrufen. Mit Sachfragen schafft er das so gut wie nie. Überdies kann in einer Fernseh-Reportage der Journalist sehr viel genauer und kürzer Sachinformationen im Text zusammenfassen, als es normalerweise ein Interviewter in einem O-Ton kann. Fragen in der Reportage sollen immer konkret an die Erfahrungen, an die Situation des befragten Menschen anknüpfen. Oft zielen Fragen auf einen zentralen, prototypischen Konflikt des Betroffenen, auf etwas, das ihn bewegt und beschäftigt.

Um eine Reaktion zu erzielen, sollte der Reporter versuchen zu antizipieren, wo (im Rahmen unseres Reportagethemas) der *innere Konflikt* des Protagonisten liegt. Dabei sollte der Reporter nicht zu ängstlich sein.

In jedem Fall ist es hilfreich, sich vorher Fragen und Frageabläufe zu überlegen, um sich auf verschiedene Möglichkeiten vorzubereiten. Allerdings darf man sein Fragekonzept nicht einfach der Wirklichkeit überstülpen, sondern muss immer bereit sein, auf Neues einzugehen. Leider spürt man allzu häufig, dass Reporter ihre Fragen abspulen, ohne auf die Antworten zu hören. Das *Zuhören*, auch im Stress der Dreharbeiten, ist die zentrale Fähigkeit des interviewenden Reporters. In fast jeder Antwort finden sich Angebote für weitere Fragen. Man muss sie nur heraushören. Zum Training kann man sich Interviews im Fernsehen anschauen und überlegen, was man selbst als Reporter jetzt fragen würde. Gleichzeitig ist es spannend darauf zu achten, welche untergründigen Gesprächsangebote der Kollege auf dem Bildschirm vielleicht gerade überhört hat. Im Prinzip hat der fragende Reporter die Aufgabe, ein Katalysator zu sein. Im Idealfall erfährt der Reporter und mit ihm der Zuschauer in der Antwort etwas Neues, Nichtvorhersehbares. Für den Reporter steht beim Interview die richtige Frage im Mittelpunkt – am richtigen Ort, zur richtigen Zeit, an die richtige Person, im richtigen Tonfall und so, dass die Aufnahmen des Kamera- und des Tonmannes gelingen. Die *richtige* Reportagefrage ist die, die beim Befragten eine *authentische Reaktion* hervorruft.

Abstrakte und in gestelzter Journalistensprache vorgetragene Fragen ruinieren die Stimmung vor der Kamera. Möglichst einfache, umgangssprachliche und unprätentiöse Formulierungen – ohne sich anzubiedern –

sind die besten. In einer Reportage zum BSE-Skandal wäre die Frage an den Bratwurstesser nicht: »Wie schätzen Sie die aktuelle Gefährdung beim Verzehr dieser Wurst ein?« sondern ein schlichtes: »Und? ... Schmeckt's noch?«.

Nicht ohne Grund weist die Kommunikationsforschung darauf hin, dass jedes Gespräch, jedes Interview eine Inhalts- und eine Beziehungsebene hat und dass die Beziehungsebene mindestens so wichtig ist wie die Inhaltsebene. Schwierige, persönliche Fragen lassen sich leichter stellen, wenn Tonfall und Körpersprache Zuwendung und Akzeptanz signalisieren. Wenn man es mit Menschen zu tun hat, die ein geringes Selbstvertrauen haben, ist es oft ratsam, Konfliktträchtiges als Meinung Dritter anzuführen, es zu entpersönlichen. (»Als Mutter kleiner Kinder arbeiten zu gehen... Es gibt Menschen, die das nicht verstehen können ...«)

Manchmal braucht der Reporter etwas Mut oder – wie man will – etwas Dreistigkeit. Ist der Reporter aber nur dreist und kann keine Sympathie, kein Verstehen vermitteln, dann verschließen sich die Menschen. Jeder Mensch vor der Kamera hat ein Recht auf fairen Umgang. Interviewpartner sollen etwas preisgeben, sie dürfen aber nicht bloßgestellt werden. Menschen, die kaum Medienerfahrungen haben, haben das moralische Recht auf Schutz ihrer Persönlichkeit als Gegenleistung für das Vertrauen, das sie dem Reporter entgegenbringen. Zu einem fairen Umgang gehört es, niemandem Dinge zu versprechen, die man hinterher nicht halten kann. Axel Buchwald hat den *kategorischen Imperativ* Kants abgewandelt: »Was du nicht willst, dass man dir tu', das füg auch keinem (Interview-)Partner zu.« (Buchwald 1990, 282)

Nur selten nehmen Protagonisten dem Reporter provokante Fragen krumm, wenn es ihm gelingt, deutlich zu machen, dass er die Menschen vor der Kamera ernst nimmt, dass er gerade deshalb auch vor schwierigen Fragen nicht zurückschreckt, weil er sie der Sache zuliebe stellt und nicht aus persönlicher Boshaftigkeit. Eine gewisse Distanz, die Sympathie nicht ausschließt, ist meist wirkungsvoller, als wenn der Reporter betroffener als die Betroffenen ist. Unfair wird es dann, wenn der Reporter später kritische Anmerkungen über den Interviewpartner in seinen Kommentartext nimmt, dem Betroffenen aber keine Chance gibt, auf diese Punkte im Interview zu reagieren.

Mögliche Vorurteile von Zuschauern sollte man als Frage aufnehmen, um den Befragten die Möglichkeit zu geben, direkt darauf einzugehen. (»Sie sind Sozialhilfeempfänger und rauchen wie ein Schlot. Wie können Sie sich das denn leisten?« »Soll ich das jetzt auch noch aufgeben, bei dem Stress den ich habe, mir bleibt doch nichts ....«)

Die wirkungsvollste Nachfrage auf eine Antwort ist manchmal das Schweigen. Fast immer wird es als eine Aufforderung verstanden, tiefergehend zu antworten, persönlicher zu werden. Viele Reporter haben allerdings nicht die Nerven, zu warten, einmal nichts zu sagen. Auch das Schweigen beim Befragten, sein Ringen um eine Antwort, kann eine starke Antwort sein. Solche aussagestarken Reaktionen und eindrucksvollen Pausen sollten später im Schnitt erhalten werden.

Manche Fragehaltungen kann man sich bei Psychologen abschauen. Sie setzen z.B. die Technik, Aussagen zu *spiegeln* (s.o.), sie wieder an den Antwortenden zurückzugeben, mit großem Erfolg ein, um Menschen zum Reden zu bringen. (Antwort: »Ich stand auf der Brücke, oben, und wusste nicht weiter...« Frage: »Sie waren ratlos und alleine?«) Natürlich darf man solche Techniken nur vorsichtig und in beschränktem Maße einsetzen, schließlich ist ein Interview eine öffentliche Angelegenheit und keine Therapiestunde. Ein ganzes Interview wie ein Psychologe zu führen, ist unfair, weil es dem Befragten eine Situation suggeriert, die so nicht existiert. Man sollte immer wieder zu journalistischen und distanzierteren Fragen zurückkehren.

Um die richtige Reporterfrage zu finden, gibt es keine starren Regeln. Ob man eine »Motivationsfrage« stellt, eine »direkte« oder eine »indirekte« Frage, eine »provozierende«, eine »faktizierende«, eine »offene« oder eine »geschlossene« (Haller 1991, 222), entscheidet sich aus der Situation und dem Temperament des Fragenden. Trotzdem einige Hinweise für den Reporter:

- Der Interviewer stellt Fragen, die auf einen typischen Konflikt des Protagonisten zielen und die eine authentische Reaktion hervorrufen sollen; Sachfragen sind dazu wenig geeignet.
- Der Reporter entwickelt Fragen aus den Antworten des Protagonisten. Dafür muss er vor allem zuhören (!) können. Seine Fragen bauen

aufeinander auf und thematisieren etwas Konkretes, das zum Erfahrungs- und Erlebnisbereich des Betroffenen gehört.

- Die Fragen nehmen vermutete Zuschauerfragen auf.
- Die Fragen sind knapp gehalten, umgangssprachlich formuliert, verständlich und möglichst eindeutig;
- Einige Fragen können provokativ sein, ohne dabei die Beziehungsebene zum Interviewten (z.B. durch aggressives Auftreten) zu gefährden und ohne unfair zu werden.
- Der Reporter wechselt seine Haltung (Warming up, Provokation, Verständnis), um dem Gespräch eine Struktur zu geben und um lebendige Reaktionen seines Protagonisten zu bekommen.
- Der Reporter bleibt bei aller Sympathie für die Befragten Journalist, der gegebenenfalls kritisch nachhakt.

Beim Interview muss der Reporter nicht nur die richtigen Fragen finden, er hat noch eine Reihe von anderen Aufgaben zu erfüllen:

Verständlichkeit. Der Reporter muss auf die Verständlichkeit des Interviews zu achten. Wenn z.B. ein Wachmann, der gerade bei laufender Kamera Bettler aus einem halböffentlichen Bereich vertreibt, erklärt, die werde er, wenn er ihrer habhaft werde, zum »Neunzehnten« bringen, dann muss der Reporter als Service für den Zuschauer schlagfertig einwerfen: »Das ist das nächste Polizeirevier.« Wenn ein Professor ein Fremdwort wie z.B. »Utilitarismus« in seiner Antwort benutzt, hilft den meisten Zuschauern der Reportereinwurf: »Wenn's also nur um den Nutzen geht...«

Verhältnis zur Kamera. Bei Reportageinterviews muss das Team auch physisch eine Einheit bilden. Das bedeutet für den Reporter, dicht neben der Kamera zu stehen, den Kopf in der Nähe des Objektives. Der folgende Fehler ist in Filmen immer wieder zu sehen: Der Kameramann geht vor einem Schreibtisch in die Hocke, um einen besseren Blickwinkel zu bekommen; der interviewende Reporter bleibt stehen. Der Befragte schaut jetzt nach oben aus dem Bild. Kamera- und Blickachsen laufen auseinander.

Reporterregie. Während der Kameramann in Situationen, während derer beobachtet wird, die erste Geige spielt, dirigiert beim Reportageinterview der

Reporter das Geschehen. Er geht dicht an die Kamera, er »alarmiert« den Tonmann und durchbricht die Beobachtung mit seiner Frage. Wenn der Reporter nicht im Bild ist, kann er die Szene mit vollem Körpereinsatz steuern. Er kann nicken und lächeln, um den Protagonisten zum Sprechen zu motivieren. Weil gerade *Spontaninterviews* kurz sein müssen, kann es nötig sein, zu unterbrechen. Ein plötzlich erhobener Zeigefinger und ein fragender Gesichtsausdruck des Reporters können Wunder bewirken. Und wenn sich der Reporter am Ende körperlich zurückzieht und vielleicht noch mit erhobenen Händen deutlich macht, »das war's von mir, machen Sie ruhig weiter in dem, worin ich Sie unterbrochen habe«, dann kann es gelingen, dass die Handlung nach dem Interview vor der Kamera einfach weiterläuft und das Interview optisch wunderbar in die Handlung eingebunden ist. (Weitere Hinweise im Kapitel: »Der Ton«, S. 195.)

Das Eindringen in die Sphäre eines anderen Menschen. Interviews zu machen, das kann bedeutet, in die Privatsphäre eines anderen Menschen einzudringen und das Ergebnis einer breiten Öffentlichkeit vorzustellen. Für den Dokumentaristen Michael Rabinger besteht die Legitimation darin, dass der Interviewer dem Befragten so eine »Stimme geben« kann. Besonders wichtig sind ihm solche Menschen, die am Rand stehen und normalerweise in der gesellschaftlichen Diskussion keine Stimme haben.

> »Interviewing is [...] a means of guiding others into eloquence, particulary those unused to speaking about their innermost lives.« (Rabinger 1992, 147)

Rabinger nennt es eine Sternstunde des Interviews, wenn er den Befragten vor der Kamera zu Überlegungen und Gedankengängen führen kann, die dieser vorher noch nicht gedacht hat und zum ersten Mal durchlebt. Rabinger ist sich des Risikos solcher Interviews bewusst:

> »This is where we touch the duality of documentary. Interviewing, like documentary relationship itself can create a liberating arena for discovery and growth, or it can become an exploitative intrusion. This is also true for all human relationships. A friendship, for example, can be kept safely limited, or it can by mutual agreement be steered into areas of risk. The more there is at risk, the greater is the

> potential for growth – and for damage. No gain without pain, they say.
>
> In documentary filmmaking, the relationship is seldom as equal as it is between friends. The director comes in with many advantages hoping to be given access to another person's life – indeed, he has no film without such access. So there is an obligation to be sensitive yet also assertive.« (Rabinger 1992, 139f.)

Im Laufe der Vorgespräche und während der Dreharbeiten muss der Reporter ein Vertrauensverhältnis zu den Protagonisten aufbauen. Anständigerweise gehört auch ein »Abnabeln« nach der Sendung zur Arbeit des Reporters. Er sollte Zeitungskritiken weiterleiten und sich für Auswirkungen der Sendung auf den Protagonisten interessieren. Auch der Umgang mit den Menschen vor der Kamera hat seine Dramaturgie. Leider betreiben einige Journalisten eine Politik der verbrannten Erde. Ihnen sind die Menschen vor der Kamera relativ gleichgültig, sobald sie ihre Szenen im Kasten haben.

3.4.1 Das fremdsprachige Interview

Wie gut man als Reporter ein fremdsprachiges Interview führen kann, hängt natürlich davon ab, wie gut man die Sprache spricht. *Spontaninterviews* sind nur möglich, wenn man die Alltagssprache verstehen kann. Beherrscht man die Fremdsprache nur schlecht oder muss sogar seinen Übersetzer die Gespräche führen lassen, dann wird man sich für die Form des *Tiefeninterviews* entscheiden, um einfach durch längere Befragungen die Wahrscheinlichkeit zu erhöhen, eine brauchbare Aussage zu bekommen.

Die wesentliche Herausforderung beim fremdsprachigen Interview, wie auch bei jedem anderen fremdsprachigen O-Ton, liegt in der Übersetzung. Für die Übersetzungen hat der Reporter drei Möglichkeiten. Er kann Untertitel einsetzen. Er kann jedem Interviewten eine eigene Synchronstimme zuordnen. Er kann den Kommentarsprecher alle Interviewübersetzungen (in leicht geändertem Tonfall) mitsprechen lassen.

Unterzeilen haben den Nachteil, dass viele Zuschauer inzwischen mehr *Hörer* als *Zuschauer* sind. Unterschiedliche Sprecherstimmen – für jeden Protagonisten eine – können in dokumentarischem Material leicht lächerlich wirken, zumal eine Qualität wie man sie aus synchronisierten Spielfilmen gewohnt ist, aus finanziellen Gründen kaum realisierbar ist. Wenn es sich um eine überschaubare Anzahl von fremdsprachigen O-Tönen handelt, fährt man mit einem guten Sprecher am besten, der sowohl den Kommentar als auch die Übersetzungen spricht.

Untertitel verlangen kurze Übersetzungen. Aber auch beim Übersprechen ist es wichtig, die Übersetzung so kurz wie möglich zu halten. Nur so kann man die Originalsprache des Interviewten zwischen den übersetzten Passagen an möglichst vielen Stellen durchklingen lassen. Wenn Satzteile oder Worte der Originalsprache frei stehen, bekommt der Zuschauer den Sprechduktus des Interviewpartners mit und spürt, welche Gefühle in dem Gesprochenen mitschwingen. Für Zuschauer, die die Fremdsprache beherrschen, sind frei stehende Interviewteile ein zusätzliches Stück Authentizität.

Die Übersetzung muss mutig verkürzen, auf das Wesentliche verdichten, im Rahmen des Vertretbaren zuspitzen, Redundantes und unklare Seitenaspekte auslassen. Und jeder einzelne Satz muss exakt platziert werden, damit frei steht, was frei stehen soll.

Im folgenden Beispiel müssen zwei Passagiere im Frankfurter Flughafen auf ihr Gepäck warten. Sie haben eine Flughafenangestellte gefunden, die aber nicht für die Gepäckabfertigung zuständig ist, denn das gehört zu den Aufgaben der Fluggesellschaften. In diesem Fall handelt es sich um die Übersetzung eines englischen O-Tones ohne Reporterfragen. Das Beispiel stammt aus der ZDF-Doku-Serie FRANKFURT AIRPORT (2000, Staffel 2, Folge 3).

Links findet sich der Originaltext, rechts die Übersetzung. Die Passagen, die vom Kommentarsprecher übersprochen wurden und in der Sendefassung nicht hörbar sind, wurden durchgestrichen. Das Gespräch ist stellenweise sehr schnell. An einigen Stellen gibt es kurze Pausen, die für Übersetzungen genutzt werden. Eine wörtliche Übersetzung der Szene hätte ungefähr 170 Wörter gebraucht. Die geraffte Form kommt mit weniger als 90 Wörtern aus. Entscheidende Passagen stehen – soweit es möglich ist – frei.

Schweizer : »Why don't they tell us? ~~Nobody...«~~	*Kommentarsprecher:*
Japaner: ~~»I missed one train.«~~	»Keiner sagt uns was.«
Service-Dame: ~~»I think, you were...«~~	»Ich hab' ...

Japaner: ~~»I missed a~~ second train. ~~I travelled here for business.~~ I lost a whole working day.«	…. zwei Züge verpasst. Ein Arbeitstag – weg.«
Service-Dame: »Sir, you did not complain with Lufthansa, now you are complaining with me. « *Japaner:* ~~»I am not complaining with you.«~~ *Service-Dame:* »~~I'm with the airport~~.«	»Sie haben sich nicht bei der Lufthansa beschwert und jetzt beschweren Sie sich bei mir. – Ich bin vom Flughafen.«
Japaner: »I am here, I am here, to try to find a person, I can talk to.« *Service-Dame:* ~~»Okay.«~~	»Ich will doch nur mit jemandem reden.
Japaner: »~~We can not just wait here, until when? Until midnight? Waiting~~ for my luggage?«	Soll ich bis Mitternacht warten? Auf mein Gepäck?«
Service-Dame: »What do you want me to tell you now?«	»Was soll ich Ihnen sagen?«
Japaner: »I want to know when. I want to know the schedule. ~~*I can understand, that I can wait here,* but~~ I want to know the schedule.«	»Ich will wissen, wann mein Gepäck da ist.«
Japaner: ~~»I can plan to do something. If you tell me, my luggage is here five thirty, fine...«~~	»Wenn Sie mir sagen, wann, dann kann ich wenigstens planen.«
Service-Dame: »I can't tell you! ~~I don't know!«~~	»Ich kann es nicht sagen, ich weiß es nicht.«

Japaner: ~~»..five thirty, I'll come here, and pick up my luggage. Then I can do something. I don~~'t ~~have~~

to stand here, looking for my luggage.«

»Wenn ich weiß wann, dann muss ich hier nicht herumstehen.«

Nur der Vollständigkeit halber, eine ausführliche Übersetzung könnte so lauten:

Schweizer: »Warum sagen sie uns nichts? Niemand...«. Japaner: »Ich habe einen Zug verpasst.« Service: »Ich denke, Sie waren...« Japaner: »Ich habe einen zweiten Zug verpasst. Ich bin geschäftlich hier her gereist. Ich habe einen ganzen Arbeitstag verloren.« Service: »Sir, Sie haben sich nicht bei der Lufthansa beschwert, jetzt beschweren Sie sich bei mir.« Japaner: »Ich beschwere mich nicht bei Ihnen.« Service: »Ich bin vom Flughafen.« Japaner: »Ich bin hier, ich bin hier, um jemanden zu finden, mit dem ich reden kann.« Service: »Okay.« Japaner: »Wir können nicht einfach hier warten, bis wann? Bis Mitternacht? Während ich auf mein Gepäck warte?«; Service: »Was möchten Sie, dass ich Ihnen jetzt sage?« Japaner: »Ich möchte wissen wann. Ich möchte den Zeitplan wissen. Ich kann verstehen, dass ich hier warten kann. Ich möchte den Zeitplan wissen. Wenn Sie mir sagen, mein Gepäck kommt um halb sechs, gut ...«; Service: »Ich kann es Ihnen nicht sagen! Ich weiß es nicht.« Japaner: »... um halb sechs komme ich her und sammle mein Gepäck auf. Dann kann ich etwas machen. Ich muss nicht hier herumstehen, um mein Gepäck zu suchen.«

3.5 Die Kamera

Nicht jeder Journalist ist ein Reporter und nicht jeder Kameramann ist ein Reportagekameramann. Mit kleinem Team und möglichst wenig Aufwand zu drehen, die Wirklichkeit zu akzeptieren wie sie ist, technische Unzulänglichkeiten hinzunehmen und nichts zu inszenieren, das alles scheinen manchen unakzeptable Einschränkungen zu sein. Dabei ist dies der einzige Weg, um authentische Bilder einzufangen und nichts anderes ist die Aufgabe der Reportagekamera. Solche Bilder sind nie »geleckt« und zeigen keine Szenen, die wie im Studio ausgeleuchtet sind.

Carl Franz Hutterer, vielfach preisgekrönter dokumentarischer Kameramann des ZDF, hat das pointiert ausgedrückt:

> »Ein technisch perfektes Bild ist oft ein journalistisch schlechtes Bild.« (Hutterer, in: Kammann 1990, 213)

Natürlich ist das kein Freibrief für Dilletantismus. Manchmal allerdings können verwackelte, unscharfe und unterbelichtete Bilder mehr Stimmung schaffen als technisch und ästhetisch perfekt geleckte Bilder. Und doch sollte sich dadurch niemand täuschen lassen, es geht bei der Reportagekamera immer um maximale Präzision unter oft schwierigen Bedingungen. Der Kameramann muss sein Gerät mit nachtwandlerischer Sicherheit bedienen können und die Technik darf ihm nicht sein Gefühl für Situationen und Menschen rauben. Schnell muss er sein und immer mittendrin. Der ZDF-Kameramann Harry Erben formulierte, es sei, als steige er in einen Fluss, wenn er anfange zu drehen; und dann ließe er sich ein Stück mit dem Fluss treiben.

Die Arbeit des Kameramannes ist wegen ihrer zentralen Rolle für die Reportage bereits an einigen Stellen dieses Buches ausführlicher thematisiert worden, so in den Kapiteln »Grundlagen der Fernsehgestaltung« (S. 85) und »Die Fernsehreportage als Arbeitsmethode« (S. 116). Zusammengefasst sind die Aufgaben der Reportagekamera, wie sie bisher beschrieben wurden, die Folgenden:

- Die Kamera sucht authentische Momente.
- Sie ordnet sich dem Geschehen unter, sie dominiert es nicht.
- Sie ist im Geschehen, nicht außerhalb.
- Sie folgt Bewegungen und ist selbst schnell und beweglich.
- Sie beobachtet ausdauernd.
- Sie akzeptiert im traditionellen Sinn technisch/handwerkliche Unzulänglichkeiten, wenn das die Authentizität erhöht.
- Sie schafft Orientierungen, folgt Handlungssträngen und entwickelt optische Zusammenhänge.

- Sie montiert bereits innerhalb einer Einstellung durch Bewegungen oder Größenveränderungen.
- Sie sammelt Material, das zu Sequenzen montiert werden kann, die den Eindruck einer raum-zeitlichen Kontinuität geben.

Leider kann jeder Reporter aus seiner Praxis viele Situationen schildern, in denen beim Einsatz der Kamera gegen die einfachsten Regeln der Reportage verstoßen wurde. Zum Beispiel versenkte sich ein Kameramann, der einige Menschen in ihrem Büro bei der Arbeit filmen sollte, völlig in seinen Lichtaufbau. Zum Führungslicht stellte er eine Lampe in den Hintergrund, die er dann blau abtönte, um mehr räumliche Tiefe zu erzielen. Er merkte nicht, dass die Angestellten, einer nach dem anderen, den Raum verließen, der für sie immer ungemütlicher wurde. Als der Kameramann endlich mit seinem Licht zufrieden war, blickte er sich um und fragte empört seinen Reporter: »Was wollen wir denn hier drehen, es ist doch niemand da.«

In den spannendsten Momenten ist keine Zeit zum Diskutieren oder um eine Lampe aus dem Kofferraum zu holen. Ein Zeitungsjournalist beschrieb Dreharbeiten bei einer Reportage von Georg Stefan Troller und Kameramann Arno Scheffler in Guatemala, noch zu Zeiten des 16 mm-Films, aber immer noch aktuell von der Arbeitshaltung her:

> »Endlich zeigt die Gewalt ihr Gesicht. An der Route 15, die durch Guatemala führt, steht eine Todesschwadron der Geheimpolizei G 2 am Straßenrand. Junge Burschen in Zivil, die ihre Maschinenpistolen lässig über die Schulter gehängt haben. Stolze Kerle in grünen Tarnjacken. Sie tragen amerikanische Sturmgewehre. Schräg auf dem Mittelstreifen steht ein Geländewagen, die Fahrertür offen. Daneben, als sei er direkt vom Sitz auf die Straße gefallen, ein zugedeckter Körper. ›Das Bild brauchen wir‹, ruft Georg Stefan Troller. ›Klappe – Ton – läuft‹, zischt Kameramann Arno Scheffler. Dann pirschen sie sich an den Posten, einen Burschen von vielleicht zwanzig Jahren, heran. Langsam fährt die Kamera am Gewehr des Postens entlang, bleibt auf seinem Gesicht stehen. Dicht neben der Kamera Troller, der Regieanweisungen flüstert: ›Geh jetzt auf die Leiche. Zurück auf sein Gesicht.‹ Auf dieses Bild hat er lange gewartet. [...] Im Straßengraben sieht Scheffler plötzlich eine zweite Leiche. Doch die Soldaten

werfen hastig eine Plane über den Toten. Ein Offizier klettert die Böschung hinauf: ›Sigue! Sigue! Fuera de aqui!‹ brüllt er. Abhauen soll das Team, schauen, dass es weiterkommt. Arno Scheffler drängelt sich um die Soldaten herum, die ihm jetzt den Weg verstellen. Er versucht, wenigstens eine Sekunde lang die Leiche im Graben zu erwischen. Doch die Einstellung ist verloren. Als die Soldaten ihre Gewehre in Anschlag bringen, lässt Scheffler die Kamera sinken. ›Schon gut, wir gehen ja‹, ruft er auf spanisch. Dass er aus der Hüfte weiterdreht, merken die Soldaten nicht.« (Kreye 1992)

Die geschilderte Geschichte erinnert auf den ersten Blick an die Arbeit eines Nachrichten-Kameramannes, der draufhält um zu kriegen, was kommt, egal wie. Und doch unterscheidet sich der Reportagekameramann vom News-Mann. Der Reportagekameramann sucht eine komplette Geschichte, nicht *nur* einzelne Schlüsseleinstellungen und Symbolbilder, die für ein Nachrichtenstück addiert werden. Er sucht nicht die Momentaufnahme, sondern die Entwicklung eines Geschehens, mit Anfang, Höhepunkt und Ausklang. Er will die Atmosphäre einfangen, dabei soll er noch die räumliche Orientierung des Zuschauers sicherstellen und die Einstellungen sollen sich am Schneidetisch zu Bilderfolgen zusammensetzen lassen, die aus sich heraus Handlungsabläufe und Geschichten erzählen.

Also muss der Reportagekameramann – wie der News-Kameramann – die entscheidenden Momente einfangen und er muss sie darüber hinaus als komplette Geschichte, mit Orientierungseinstellungen, Überleitungen, Anschlüssen, Höhepunkt, Entspannung anliefern. Das heißt, er muss wissen, was im Schneideraum gebraucht wird. Die Kamera fängt also Zeitabläufe ein, schafft Räume und setzt die handelnden Personen optisch zueinander in Beziehung. Deshalb versucht die Reportagekamera z.B. oft, auf eine Achse mit zwei wichtigen Personen zu kommen, die eine im Vordergrund, die andere kleiner dahinter.

Häufig konzentriert man sich beim traditionellen Drehen nur auf die Schlüsselszenen, in denen Entscheidendes passiert. Die Reportage aber braucht das Drumherum, das Vorher und das Nachher. In der Reportage sind z.B. die Wege, die die Protagonisten zurücklegen, wichtige Motive. Sie geben der Reportage Bewegung, *drive* und führen uns in neue Situationen. Generell sind Entwicklungen, die zu interessanten Situationen hin- und auch wieder wegführen, unverzichtbar. Jeder wichtige Ablauf muss Schritt für Schritt gedreht werden, selbst wenn schon beim Drehen klar ist, dass der größte Teil des Materials bereits bei der ersten Sichtung aussortiert wird.

Geschichten nach den Regeln der Dramaturgie mit Bildern und Tönen zu erzählen, das ist die Spezialität des Spielfilms. So gesehen ist der Reportagekameramann die Synthese aus News- und Spielfilmkameramann. Er muss schnell reagieren und gleichzeitig eine komplette Geschichte in den Kasten bekommen.

Künstliches Licht. Bei der praktischen Kameraarbeit an einer Reportage ist der erste mögliche Streitpunkt die Frage nach zusätzlichen Scheinwerfern. In der strengen Theorie ist jedes künstliche Licht in der Reportage verboten. Richard Leacock hat sich in seinen Reportagen daran gehalten und es ist faszinierend, seiner Kamera durch einen dunklen Kellergang zu folgen, in dem schemenhaft Heizungsrohre vorbeihuschen, auf dem Weg zum elektrischen Stuhl in einem amerikanischen Gefängniskeller. In der alltäglichen Fernsehpraxis geht es nicht immer so düster zu, und manche Kameraleute halten es hin und wieder für nötig, für Aufhellung zu sorgen. Dabei ist aber die Richtung klar: Wenn es sich in einigen Extremsituationen nicht vermeiden lässt, dann so wenig Licht wie möglich, im Zweifelsfall kein Kunstlicht. Lampen dürfen die natürliche Lichtstimmung nur verstärken. Statt Scheinwerfer aufzubauen, kann es sinnvoller sein, stärkere Glühbirnen in die vorhandenen Lampen einzuschrauben – wenn das die Protagonisten nicht ablenkt. Es ist für einen Film tödlich, wenn in manchen Szenen viel Licht und in anderen kein Licht aufgebaut wird. Dann geht die einheitliche Stimmung eines Films verloren. Theoretisch stimmen die meisten Kameraleute dem Minimierungspostulat zu und stellen in der Praxis doch zu häufig Lampen auf.

Irgendwie sind Scheinwerfer für die Reportage immer ein Problem. Oft entwickelt sich gerade dort die lebhafteste Aktion, wo die Lampe im Bild steht. Oder der Kameramann steht auf einmal so unglücklich vor seinem Scheinwerfer, dass er einen Schatten auf das Gefilmte wirft, der für den Zuschauer unerklärlich und unnatürlich ist. Theoretisch wäre das kein Problem, denn die Reportage darf Arbeitsatmosphäre zeigen, praktisch stört es aber doch meistens die Stimmung. Zumindest aber ärgert es am Ende den Kameramann, der die Lampe aufgestellt hat. Bei der Lichtfrage reagieren Kameraleute sehr unterschiedlich. Wo der eine sich weigert zu drehen, liefert ein anderer stimmungsvolle Bilder. Allerdings muss bei riskanten

Drehs das Vertrauensverhältnis zwischen Reporter und Kameramann stimmen. Der Kameramann muss sich darauf verlassen können, dass es später keine Beschwerden hagelt, wenn in den Mustern Unschärfen oder ein zu dunkles Gesicht auftauchen. Wenn ein Kameramann allerdings zu Beginn des ersten Vorgesprächs nach dem Beleuchter fragt, dürfte er für eine Reportage ungeeignet sein. Jeder Kameramann sollte sich einmal darauf einlassen, völlig ohne künstliches Licht zu drehen.

Stativ- und Schulterkamera. Der nächste Diskussionspunkt ist dann meist die Frage, ob vom Stativ gedreht werden soll oder von der Schulter. Fast immer ist bei der Reportage die Entscheidung für die Schulterkamera richtig. Sie ist beweglicher und kann deshalb schneller reagieren. Nur die Schulterkamera ist wirklich mitten im Geschehen. Szenen, die von der Schulter gedreht worden sind, passen am Schneidetisch nur schlecht mit Aufnahmen vom Stativ zusammen. Deshalb ist es ratsam, auch bei Aufnahmen, bei denen man üblicherweise zum Stativ greifen würde, weiter von der Schulter zu drehen. Gemeint sind beispielsweise totale Einstellungen von Häusern (außen) und Interviews. Das *leise Atmen* der Handkamera gibt auch diesen Takes einen authentischeren Charakter und schafft einen einheitlichen Gesamteindruck. Natürlich ist darauf zu achten, dass bei längeren Interviews der Kameramann einen guten Stand hat. Nur bei Teleaufnahmen, die auf Grund der langen Brennweite leicht wackeln, hat das Stativ seine Berechtigung. Bei aller Liebe zur Handkamera dürfen Reporter allerdings nicht vergessen, welche körperliche Belastung die Handkamera für Kameraleute bedeutet.

Die Brennweite. Zur Handkamera passt das *Weitwinkelobjektiv,* die kurze Brennweite. Sie unterdrückt das *Wackeln* und gibt mehr Tiefenschärfe als das Teleobjektiv. Die kurze Brennweite zeigt – ebenfalls anders als das Teleobjektiv – das Umfeld, in dem Menschen und Dinge stehen. (Siehe Kapitel »Grundlagen der Fernsehgestaltung«, S. 92).

Der Zoom. Wie fast überall im dokumentarischen Fernsehen wird auch in der Reportage der Zoom zu häufig und zu unüberlegt eingesetzt. Dazu gehört die Unsitte, beim Drehen von irgendwelchen unsinnigen Details aufzuziehen oder auf sie zuzufahren, um die Aufnahmen schneidbarer zu machen. Beliebt sind für solche Übungen Wandlampen, Tischdekorationen etc. Diese allzu gewollten Übergänge stören beim Schnitt den Fluss der Geschichte und die Cutter schneiden sie zu Recht weg.

Es ist für jeden Kameramann eine gute Übung, komplette Szenen mit einer Festbrennweite zu drehen. In der Reportage ist es fast immer besser, wenn sich die Kamera einer Person oder einem Ding bei konstanter Brennweite physisch annähert oder sich von ihr entfernt. Die körperliche Bewegung intensiviert für den Zuschauer das Gefühl von Annäherung oder Entfernung viel mehr, als es ein Zoom tut. Die längere Brennweite, die das *Ranzoomen* zur Folge hat, lässt den Hintergrund leicht unscharf werden und zeigt außerdem im Hintergrund weniger Umfeld; beides (s.o.) löst den Protagonisten gegen die Idee der Reportage aus seinem Umfeld. Es gibt Reportageautoren, die ihre Kameraleute deshalb zu (kurzen) Festbrennweiten »verdonnern«.

Die Großaufnahme. Nähert man sich einem Objekt mit einem Weitwinkelobjektiv sehr an, dann treten optische Verzerrungen auf. Das ist besonders störend bei Gesichtern, die aus großer Nähe gefilmt werden. Hier haben mittlere Brennweiten ihre Berechtigung. In der Reportage sind allerdings *zu große* Großaufnahmen oft störend. Großaufnahmen lösen Menschen und Gegenstände aus ihrer Umgebung und isolieren sie damit. Großaufnahmen zerstören Verbindungen und schaffen abstraktere Bilder. Es ist eine Glaubensfrage, wie nah Menschen in der Reportage maximal aufgenommen werden sollten. Einige Reporter stört es, wenn das Gesicht angeschnitten ist.

Großaufnahmen geben den abgebildeten Personen eine besondere Bedeutung: Ein häufig zu sehender Fehler ist es, dass eine wichtige Aktion relativ total aufgenommen wurde; die ergänzenden Bilder hingegen sind sehr groß. Ein Beispiel: Eine Auseinandersetzung zwischen zwei Personen wird relativ total gedreht und die unbeteiligten Zuschauer werden groß aufgenommen. Das gibt den unbeteiligten Zuschauern wegen der größeren Abbildung eine unangemessene Bedeutung. Die Erklärung, warum dies oft so passiert, ist einfach. Die Aktion wird totaler gedreht, weil der Kameramann bei dieser wichtigen Szene auf Sicherheit gehen wollte, oder weil die Bewegungen so stark waren, oder weil die Tiefenschärfe bei dem geringen Licht gering war. Vielleicht war auch die Kamera gerade in einer anderen Ecke, als die Aktion plötzlich begann. Bei den später gedrehten ergänzenden Aufnahmen der Zuschauer konnte der Kameramann in aller Ruhe seine Aufnahmen machen. Er hat Zeit gehabt, dichter heranzugehen. Das Ergebnis sind relativ große Aufnahmen, die schlecht mit der »totaler gedrehten«

zentralen Handlung zusammen passen und die den filmischen Schwerpunkt auf die inhaltlich unbedeutenden, ergänzenden Bilder legt.

Die Eigenschaften des Reportagekameramannes. Jeder Kameramann arbeitet anders, hat ein anderes Temperament, hat seinen Stil. Doch alle guten Reportagekameraleute haben zwei gemeinsame Merkmale: Sie haben die *Geduld*, auf den entscheidenden Moment zu warten und sie haben eine traumwandlerische *Sicherheit beim Drehen*. Sie entscheiden sich aus dem Moment heraus für ihren Ausschnitt, für Gänge und Kamerabewegungen und sie stehen zu ihren Bildern.

Ungeübte Kameraleute korrigieren unentwegt, zoomen etwas heran, gehen ein wenig nach links oder rechts und zoomen wieder einen Hauch weg. Ihre Bilder wirken unentschlossen, als ob sie ihren Einstellungen selbst nicht trauen würden. Die Aufnahmen unsicherer Kameraleute verraten, welche Überlegungen ihnen beim Drehen durch den Kopf gegangen sind. Ein winziger Ranzoom - »Passiert da hinten etwas?« - noch ein winziger Zoom - »Sollte ich etwa näher herangehen?« - dann erst kommt die Ranfahrt. Genauso verhält es sich mit den Schwenks, wenn der Stand erst unruhig wird, bevor der Schwenk dann endlich, nach Zögern und Nachdenken, kommt.

Bei guten Reportage-Kameraleuten sieht man Unsicherheiten und Zögern nicht. Wenn die Einstellung steht, dann steht sie und es wird nicht mehr am Bildausschnitt herumgewerkelt, bis die nächste Ausschnittsveränderung organisch kommt. Am besten ist es, wenn Kameraveränderungen eine Bewegung im Bild aufnehmen, wie eine Körperdrehung, ein vorbeifahrendes Auto. Dann wirken Kameraveränderungen organisch und begründet. Jeder, der Reportagen macht, kennt diese *magischen Momente*, in denen sich plötzlich alles auf einen Höhepunkt zu bewegt, Kamera, Protagonisten, Handlungen und Aussagen finden zusammen und verdichten sich plötzlich und unerwartet für einige Sekunden vor dem Objektiv zu einem eindrucksvollen Ganzen.

Trotz der Gemeinsamkeiten bei guten Reportagekameraleuten gibt es jede Menge individueller Unterschiede. Das fängt schon damit an, wie einer die Schärfe hält. Alle können – wenn es darauf ankommt – gleichzeitig die Brennweite und die Schärfe verändern. Wenn dann noch gleichzeitig die Blende gezogen werden soll, dann wird es für einen allein allerdings schwierig. Manche Kameraleute können in schwierigen Lichtsituationen und auch bei wildem Geschehen einen bis auf den Zentimeter konstanten

Abstand zum Aufnahmeobjekt einhalten und damit für einige Zeit in einer einmal gefundenen Schärfe bleiben. Andere arbeiten mit einem Assistenten zusammen, dessen Hand, auch bei unerwarteten Bewegungen des Kameramannes, am Entfernungsring des Objektivs klebt und der die Entfernung nach Gefühl und ohne auf das Objektiv zu schauen in Sekundenbruchteilen einstellt, besser als jede Automatik.

Einige hervorragende Reportagemacher verzichten lieber auf Motive, statt zur Lampe zu greifen. Andere Meister ihres Faches nehmen manchmal in Innenräumen mit Deckenlampen eine kleine Lampe auf die Kamera; weniger aus Helligkeitsgründen, mehr um den Menschen vor der Kamera besser ins Gesicht sehen zu können, um den dunklen Augenhöhlen etwas Licht zu geben.

Manche Reportagekameraleute laufen ohne je einen Stand anzubieten und machen es dem Schnitt so unnötig schwer. Andere machen zu lange Stände, aus übertriebener Rücksicht auf den Schnitt und gefährden damit den harmonischen Fluss ihrer Aufnahmen. Sie zwingen den Cutter an Stellen zu schneiden, an denen dieser sich vielleicht lieber eine durchlaufende Einstellung mit lebendigen Ausschnittsveränderungen gewünscht hätte.

Manche Reportagekameraleute wollen vor den Dreharbeiten die Drehorte sehen, andere weigern sich, an einer Vorbesichtigung teilzunehmen, um ihre Spontaneität nicht zu verlieren.

Manche Kameraleute drehen gelegentlich Zwischenschnitte – zur Sicherheit. Andere verweigern jeden Zwischenschnitt, weil das dem Reportageprinzip widerspräche. Einige drehen manchmal ohne durch das Okular zu sehen, weil sie wissen wollen, was um sie herum passiert und schnell reagieren wollen. Die meisten sind in der Lage, gleichzeitig mit einem Auge durch das Okular zu schauen und sich mit dem anderen weiter umzuschauen, um den Überblick zu behalten.

> »Ich habe mich auch oft geweigert, Vorbesichtigungen zu machen, weil man anfängt, sich nach einer Vorbesichtigung Gedanken zu machen. Ich habe einen Film mit Georg Stefan Troller über einen Transvestiten in Paris gemacht, Jean Claude Dreyfus. Ich bin nach Paris angereist. Am Abend hat Troller gesagt: ›Ja, wir gucken uns die Show einmal an, und dann wissen wir am nächsten Tag, was wir drehen wollen. Danach gehen wir gut essen.‹ Da sagte ich: ›Ja, O.K.‹

> Doch dann hab' ich ihn sofort wieder zu Hause angerufen: ›Wir gehen gleich essen. Ich will die Show gar nicht sehen.‹ Er: ›Du solltest aber. Da sind unheimliche Lichtunterschiede auf der Bühne.‹ Aber ich wollte nicht. ›Nein, laß uns morgen mit der Kamera hingehen.‹ Und das war es. Hätte ich da am Abend zur Vorbesichtigung gesessen, ich hätte versucht, mir einen Plan zu machen: die eine Szene mehr von da, die andere von dort. Es wäre eine Theateraufzeichnung dabei herausgekommen [...,] so habe ich intuitiv zum ersten Mal die Atmosphäre hinter der Bühne und auch das Rausgehen auf die Bühne, mit Lichtunterschieden von fünf, sechs Blenden miterlebt. Eigentlich waren die Lichtunterschiede gar nicht zu meistern, mit Überstrahlungen und so. Ich habe später jemanden gefragt: ›Kam da Spontaneität rüber?‹ Einige Leute, auf deren Urteil ich Wert lege, haben bestätigt: ›Enorm, es kam ein Miterleben mit der Kamera rüber.‹« (Hutterer, in: Marschall, Witzke 1999, 76)

Ein Reportagekameramann muss beweglich sein. Er muss beispielsweise in der Lage sein, aus einem zum Stehen gekommenen Auto mit laufender Kamera auszusteigen. Er muss in der Lage sein, sich rückwärts vor seinen Protagonisten mit laufender Kamera zu bewegen. Dass er bereit sein muss, zu drehen, ohne zu wissen, was passiert, versteht sich von selbst. Und er muss bereit sein, schon mal zu drehen, selbst wenn er den Verdacht hat, es könne umsonst sein – meistens passiert dann etwas, wenn keiner damit rechnet. Wenn gedreht wurde, wie zwanzig Schrottlaster, die nach Afrika transportiert werden sollen, ohne größere Probleme in einen Frachter verladen werden, dann kann immer noch beim einundzwanzigsten ein Reifen platzen.

Manche Kameraleute praktizieren die Unsitte, bei Szenen, die Ihnen beim Drehen missraten scheinen, rasch die Hand vor die Linse zu halten, um sie für den Schneideraum unbrauchbar zu machen. Da man bei der Reportage nie weiß, welche handwerkliche Unsauberkeit geradezu spannungssteigernd wirkt, sollten Kameraleute auf solche Arten der Zensur verzichten.

Die Plansequenz. Kamerabewegungen, Schwenks und Gänge schaffen Verbindungen zwischen Menschen und Orten. Sie lassen einen Film *fließen*. Montierte, unbewegte Einzeleinstellungen wirken abstrakt und analytisch. Natürlich gelten auch für den Reportagekameramann die Regeln des Bildaufbaus. Aber in sich ruhende statische Postkartenbilder, die dem Goldenen Schnitt gehorchen, passen selten zur Reportage.

Im Idealfall schwingt die Kamera in dem Rhythmus, in dem auch geschnitten würde. So entstehen lange durchlaufende Szenen, *Plansequenzen*, in denen sich der Blickwinkel in Abhängigkeit vom Geschehen dauernd verändert. Die Reportagekamera ist dabei aktiv, nähert sich Dingen und Personen an, entfernt sich, verfolgt Bewegungen. Das Geschehen läuft nicht vor der Kamera wie auf einer Bühne ab, sondern die Kamera ist mitten im Geschehen. Die Reportagekamera liefert keine noch so schönen Einzelbilder, sie bleibt in Bewegung, der Reportagekameramann versucht ganze Sequenzen zu drehen, so als montiere er während des Drehens bereits die Einstellungen. Er kommt in einen Raum, schaut sich mit der Kamera um, läuft auf den Protagonisten zu, sieht ihm ins Gesicht, registriert, was er da gerade macht, sucht nach Reaktionen der Umstehenden etc. Das Rohmaterial besteht aus langen durchlaufenden Einstellungen. Die Kamera wird nicht oft abgesetzt. Der stete Wechsel der Blickwinkel und der Einstellungsgrößen, die häufigen Gänge und Bewegungen geben dem Schnitt später die Chance, das Material auszuarbeiten und auf das richtige Tempo zu bringen.

Der Bewegungsrhythmus der Kamera hängt von dem ab, was sich vor der Kamera tut. Eine hektische Situation erfordert eine beweglichere Kamera, eine entspanntere Situation erfordert eine ruhigere Kamera. Montiert der Kameramann beim Drehen, dann wird er – als Faustformel – bei der Beobachtung einer normalen Handlung alle vier bis 12 Sekunden den Ausschnitt etwas verändern und sich mit seiner Kamera in eine andere Position bringen. Bei Gesprächen vor der Kamera ist der Rhythmus deutlich langsamer, da Sprache mehr Zeit braucht. Die Ausschnittsveränderungen sollten nicht zu radikal sein. Von Ausschnitt zu Ausschnitt sollte es immer noch bildüberlappende Elemente geben. Hat den einen Ausschnitt ein Polizist dominiert, der gerade jemanden festgenommen hat, dann sollte im nächsten Ausschnitt, in dem die Kamera vielleicht näher an den Festgenommen geht, zumindest noch der grüne Ärmel des Polizisten angeschnitten sein, um die Bilder miteinander zu verbinden.

Sich wiederholende Handlungen und Gesten sollten immer wieder gedreht werden, das gibt dem Schnitt später überraschende Möglichkeiten.

Meist klappt es gut, die Kamera in Bewegung zu halten, solange sich vor der Linse etwas bewegt. Doch der Fluss der Beobachtung sollte auch dann nicht ganz abreißen, wenn es ruhiger wird. Jetzt ist es die Neugierde des

Kameramanns, die ihn hierhin und dorthin schauen lässt, ihn näher an sein Motiv heranführt, um etwas genauer zu sehen und weiter weg, um einen Überblick zu bekommen.

Natürlich gibt es keine Regel ohne Ausnahme. Manchmal lohnt es sich, lange und ruhig in ein menschliches Gesicht zu blicken, besonders, wenn es um einen Menschen geht, der Ergreifendes zu berichten hat. In einer ZDF-Reportage über die Arbeit von Mitarbeitern von amnesty international, die in Pakistan Menschenrechtsverletzungen nachgingen, schilderte ein Totenwäscher den Zustand der Leiche eines in Polizeigewahrsam umgekommenen jungen Mannes. Die ungeschnittene Einstellung des eindrucksvollen Gesichtes des alten Mannes, der detailliert Grausames berichtete, stand weit über eine Minute in einer Einstellungsgröße ungeschnitten im Film.

Natürlich muss sich der Kameramann bei solchen ungewöhnlich langen und in sich nicht schneidbaren Einstellungen darüber im Klaren sein, dass diese Szene vermutlich ganz oder gar nicht in den fertigen Film kommen wird.

Kameraleute, die sich beim Drehen so sicher in Tempo und Rhythmus bewegen, dass der Zuschauer später sagt: »So hätte ich mich dort auch umgesehen«, beherrschen die hohe Kunst der Reportagekamera. »Außerdem muss der Zuschauer spüren, dass du dich für das interessierst, was vor deiner Kamera abläuft«, sagt der ausgewiesene ZDF-Reportage-Kameramann Jürgen Rapp und führt aus:

> »Wenn deine Hauptperson ein Menüentwickler ist und der stellt seinem Vorstandschef fünfzig neue Essen vor, dann musst du bei jedem neuen Teller mit der Kamera so dabei sein, wie beim ersten. Der Zuschauer muss spüren, dass du mit deiner Kamera wirklich wissen willst, was das Besondere an gerade dem Essen ist, um das es im Moment geht und du musst aufmerksam sein, welche Reaktionen von den Umstehenden kommen. Reportage fordert ein aktives Zugucken des Kameramannes.«

Inszenieren. Was macht ein Reporter, wenn einfach nichts von alleine passiert, wenn der Sendetermin schon feststeht und der Pressetext veröffentlicht ist? Dann sollte er sich fragen, ob er das richtige Thema gefunden hat. Aber das hilft ihm in dieser Situation nicht besonders viel. Dann wird er versuchen, Handlungen *anzuregen*, Protagonisten zu fragen, ob sie vielleicht heute schon etwas tun können, auch wenn sie das eigentlich erst in der nächste Woche vor hatten. »Nächste Woche wollten Sie zum Sozialamt, warum gehen Sie nicht heute oder morgen, wo wir noch da sind und drehen können, und klären da ihr Problem?« Die ideale Reporterhaltung ist das nicht. Aber wenn es um Dinge geht, die so oder so statt gefunden hätten, funktionieren solche *Anregungen* oft. Allerdings muss man sich dann, wenn die Geschichte läuft, wieder raushalten. Fängt man an, im Detail zu inszenieren, geht das fast immer auf Kosten der Stimmung und der Qualität der Reportage. Berühmt-berüchtigt unter den Opfern konventionell arbeitender Fernsehteams ist die Bitte: »Machen Sie das doch noch mal; und bitte ganz natürlich.« Das geht fast immer schief. Allerdings gibt es himmelweite Unterschiede, wie man jemanden bitten kann, etwas noch mal zu tun. Man kann seine Protagonisten tot inzenieren, bis sie stottern (»Wir nehmen das, was Sie gesagt haben, noch mal auf. Vielleicht kommen Sie ein bisschen mehr von links , bewegen Sie sich aber nicht zu sehr...., können Sie etwas lauter reden?«) Oder der Reporter kann, wenn er gerade eine Aussage verpasst hat, innerhalb von Sekunden dem Kameramann ein Zeichen geben, warten bis der dreht, und sagen: »Ich hab Sie grad' nicht verstanden ...?«. Oder nur: »Was ist ...?«. So bleibt das Gefühl einer gewissen Spontaneität für den Protagonisten erhalten. Wenn man neu ansetzt, muss das blitzschnell gehen, ohne weitere Regieanweisungen, damit der Protagonisten nicht irritiert wird und sich die Situation nicht verändert.

Oft werden also Situationen wegen der begrenzten Drehzeit angestoßen. Manchmal bittet man um eine kurze Wartezeit (»Eine Sekunde noch bevor Sie reingehen, wir machen nur noch den Weißabgleich....«). Die Bitte, etwas zu wiederholen, sollte in der Theorie nie und in der Praxis äußerst selten gestellt werden. Wenn etwas komplett nachgestellt wird, dann wird es inhaltlich und formal mehr als heikel. Bei unbedeutenderen Szenen, die man für die Orientierung des Zuschauers braucht (z.B.: Person A geht zu seinen Kumpeln in die Bahnhofsunterführung), mag das schon mal gelingen, doch emotionale Schlüsselszenen sind verloren, wenn man sie nicht beim ersten Mal gleich aufgenommen hat. Generell sind die meisten Kameracrews zu ängstlich, die Dinge einfach laufen zu lassen und dem Zufall zu vertrauen.

Problematisch kann es werden, wenn an einem Drehort bereits ein *klassisch inszenierendes* Kamerateam gewesen ist. Dann wollen die Protagonisten alles *richtig* für die Kamera machen, sie fangen an zu schauspielern, sie drehen sich mitten in der Aktion zur Kamera und fragen: »War das gut so?«, statt die Dinge einfach laufen zu lassen. Sie müssen sich erst wieder daran gewöhnen, dass sich die Reportagekamera nach ihnen richtet und nicht umgekehrt.

Natürlich muss jedes Team sein eigenes Gleichgewicht zwischen Spontaneität, Zwängen des Themas und den eigenen Fähigkeiten finden. Aber die radikale Entscheidung von Autoren und Kameraleuten, nicht bewusst in die Abläufe vor der Kamera einzugreifen, wie Leacock es empfahl, kommt in der heutigen Fernsehpraxis trotz des Reportage-Booms zu selten vor.

Die erwartende Kamera. Inszenierungen verraten sich oft durch die Positionierung der Kamera, die als *erwartende Kamera* eingesetzt wird. Eine klassische Szene: Die Kamera begleitet einen Mann auf einen Behördengang. Sie zeigt ihn auf dem Weg dahin und wie er das Amt betritt. Möglicherweise endet die Kameraeinstellung auf der Eingangstür des Amtes (außen). Schnitt. Plötzlich ist die Kamera in der Amtsstube (innen). Die Tür öffnet sich und unser Mann kommt herein und grüßt den Sachbearbeiter artig. Das ist schlicht falsch. Die Reportage erzählt einen Ablauf. Sie weiß nicht mehr als die Protagonisten, die sie begleitet. Die Reportagekamera kann nicht – wie das Auge eines übermächtigen Erzählers – losgelöst von Raum und Zeit an jeden beliebigen Ort, in jede beliebige Perspektive springen. Wenn sie einen Protagonisten begleitet, dann bleibt sie ihm auf den Fersen. In unserem Beispiel würde sie ihn auf dem Flur wieder aufnehmen und mit ihm zusammen die Amtsstube betreten. Alles andere wirkt künstlich und gestellt. (Natürlich schließt dieses Vorgehen nicht aus, sich vorher bei der Behörde angemeldet zu haben und ordnungsgemäß eine Drehgenehmigung beantragt zu haben.)

Ein anderes Beispiel: Ein Reisebus voller deutscher Touristen fährt durch Vietnam, und das Team fährt mit, begleitet von einem Reportageteam. Wie hält man es nun mit der berühmten Totale, bei der das Team auf einen Berg klettert und der Bus mit hohem Tempo auf der Straße vorbeifährt. Dass der Bus gleich wieder zurückkommen wird, um das Team aufzusammeln, ahnt der Zuschauer. Auch dieses Bild ist im strengen Sinne eine erkennbar inszenierte Einstellung, die nicht dem optischen Erzählstrang der Geschichte entspricht.

Beispiele falscher Positionierungen der Reportagekamera finden sich immer wieder. Wenn in einem Film der Reporter (der als Ich-Erzähler im Kommentar auftritt) in einen Hubschrauber steigt, der Abflug von außen gedreht wird, der Flug selbst von innen und die Landung mit dem Aussteigen des Reporters wieder von außen, dann ist klar: Hier wurde inszeniert und der Hubschrauber ist vermutlich mehrmals für die Kamera gestartet und gelandet. Richtig wäre: Kamera und Reporter bleiben zusammen. Start und Landung kann man ausgezeichnet aus dem Hubschrauber heraus filmen. Das wirkt nicht nur authentischer, sondern ist es auch.

Auch der übertriebene Versuch *auf Anschluss* zu drehen, führt zu verkrampften Inszenierungen und mit *Laienschauspielern* zu peinlichen Szenen. Außerdem wirken allzu glatte Übergänge für die Reportage unglaubwürdig. Einige moderne Spielfilme bemühen sich interessanterweise um *dokumentarische* Sprünge und Brüche im optischen Ablauf als spannungssteigernde Elemente.

Drehverhältnis. Die Reportagekamera fordert ein relativ hohes Drehverhältnis. Auch zu den Zeiten, als das 16 mm-Filmmaterial als erheblicher Kostenfaktor in die Kalkulation einging, lag das Drehverhältnis selten unter 1:8 bis 1:9. Viele Reportagen erreichten 1:10 bis 1:11. Ab 1:15 wurde das Drehverhältnis schon mal als Anzeichen für mangelnde Konzeption gewertet. Seit das Videomaterial in die Fernsehpraxis Einzug gehalten hat, kostet das Material vergleichsweise wenig und es wird mehr gedreht. Manche sagen allerdings, deshalb werde mit weniger Konzentration gearbeitet. Bei den modernen und erzählerisch angelegten dokumentarischen Serien ist ein Drehverhältnis von 1:30 nichts Ungewöhnliches. Entsprechend verlängern sich die Schnittzeiten, um dem Material gerecht zu werden.

Das Nicht-Drehen. Eine der wichtigsten Fragen für Reporter und Kameramann ist, wann man NICHT drehen soll, und die Frage ist schwer zu beantworten, es sei denn, es geht um obskure Zwischenschnitte, wie *Aschenbecher (groß)* etc. Da ist jede Einstellung zu viel. Bei Reden (zu denen es keine Manuskripte gibt) und bei ausdauernden Gesprächen bleibt immer die Gefahr, etwas Wichtiges zu verpassen, wenn die Kamera nicht läuft.

Auch wenn das Team so viel wie möglich einfangen will, muss man sich trotzdem auf einzelne vielversprechende Szenen und Situationen reduzieren. Reportage hat – selbst bei hohem Drehverhältnis – etwas mit Reduktion und Fokussierung auf das Wesentliche zu tun. Es geht dabei nie um Vollständigkeit, sondern um Vertiefungen. Dem Team muss klar sein, ob es einer bestimmten Person folgt, einer bestimmten Handlung oder einem speziellen Weg. Beschränkt man sich nicht, ertrinkt man irgendwann im Material.

Reporter und Kameramann sollten sich fragen, ob eine neue Situation sie dichter an das Thema bringt, oder ob es sie wegführt und ob ein potenzieller Protagonist wirklich etwas mit ihrem Thema zu tun hat. Bei einer Reportage, die zwei amnesty-international Mitarbeiter aus deren Londoner Zentrale auf eine Menschenrechtsmission nach Pakistan begleitet: Wäre es da richtig, auf das höfliche Angebot einzugehen, den Vorsitzenden von ai zu Beginn der Reise in London auch noch zu interviewen? Nein, das wäre es nicht, denn die zentralen Figuren sind die beiden Researcher, die diese Reise vorbereiten und durchführen. Der Vorsitzende gehört nicht zum Thema und es würde ein statisches Experteninterview entstehen, das in keine Handlungen eingebettet wäre.

Bei einer Reportageübung hatten Volontäre die Aufgabe, an einem Tag eine kleine Reportage im Altenheim zu drehen. Sie wollten beim Mittagessen anfangen. Empört kamen sie vom Dreh zurück. Das Altenheim habe drei verschiedene Essräume und daher sei es in der knappen Zeit nicht möglich gewesen, alle drei aufzunehmen, um so ein richtiges Bild des Mittagessens zu geben. Die Volontäre hätten sich für einen Essraum entscheiden müssen, mit allen Zufälligkeiten, die das für sie und die Reportage bedeutet hätte, dann für einige Personen und dann für einen erzählerischen Konflikt.

Versteckte Kameras und Amateurkameras. Die Fernseh- oder Filmreportage ist seit Ende der Fünfzigerjahre möglich geworden, weil Kameras und Tonbandgeräte so leicht geworden sind, dass sie getragen werden können. Inzwischen werden auch die Videokameras, die zuerst klobiger als die 16 mm-Kameras waren, kleiner und unauffälliger. Das steigert die Beweglichkeit der Kameraleute. Inzwischen gibt es versteckte Kameras, die sich im Knopfloch unterbringen lassen. Das ermöglicht gänzlich ungestellte Szenen. Die rechtlichen Probleme heimlicher Aufnahmen sind allerdings groß, in Deutschland besonders bei verdeckten Tonaufnahmen. Fair gegenüber den Betroffenen ist das verdeckte Filmen in der Regel auch nicht. Der Einsatz versteckter Mini-Kameras kann nur die Ausnahme sein, wenn zum Beispiel Filmaufnahmen in kriminellen Milieus geplant sind. So hat der Autor Christian Sterley Kinderhändlern in den Philippinen das Handwerk gelegt, indem er sich selbst als pädophilen Kunden ausgab (ZÜNDSTOFF: KINDERSCHÄNDER. SEXTÄTERN AUF DER SPUR. ZDF 1996). In der Gürteltasche lief die Kamera mit und die Polizei war natürlich informiert.

Da Videokameras inzwischen weit verbreitet sind, finden Amateuraufnahmen immer häufiger Eingang ins Fernsehen, wenn das Gezeigte hinreichend spektakulär ist. So zeigte die ARD das tagebuchartige Videomaterial eines russischen Offiziers, der bei seinem Einsatz in Grosny, im Krieg gegen Tschetschenien, eine Amateurkamera dabei hatte. Der professionelle Schnitt formte das Material zu einer Reportage, die die Innensicht eines Krieges zeigte. Doch Reportagen, die mit verdeckten Kameras oder von Amateuren gedreht wurden, werden sicherlich auch in Zukunft die Ausnahme und nicht die Regel sein, da spektakuläre Einzelaufnahmen noch keine Geschichte liefern. Amateurkameras können auch für Profis interessant sein, wenn sie aus räumlichen Gründen sehr kleine Geräte brauchen oder nicht als Profis erkannt werden wollen. Während die Bildqualität inzwischen sendbar ist, sind die zugehörigen Tonaufnahmen oft noch sehr schlecht. Trotzdem geht für manche die Entwicklung hin zum »VJ«, dem Videojournalisten, der am Ende alles alleine machen soll.

Die Neugierde auf Wirklichkeit. Immer wieder gibt es Moden. Mal sind die kürzeren Einstellungen gefragt, mal die längeren. Von Zeit zu Zeit treten Manierismen auf, wie die systematisch verkantete Kamera bei einem Reportermagazin der kommerziellen Programmanbieter. Dort taumelte die Kamera unentwegt von schräg links nach schräg rechts und wieder zurück. Doch diese Moden sind vergänglich und überleben sich irgendwann.

Bei allen technischen Neuerungen und bei allen dramaturgischen Überlegungen steht für den Reportagekameramann die Neugier auf die Wirklichkeit, das Interesse an Menschen und die Bereitschaft, sich immer wieder auf neue Situationen einzulassen im Vordergrund und das mit seiner ganzen Person. Hierzu ein Auszug aus einem Kurzporträt über den Kameramann Carl Franz Hutterer:

> »Hautnah an der Sache dran zu sein, an einer Person, den Kern bloßzulegen: das ist die Leidenschaft des Kameramanns Carl F. Hutterer. Der Weg dorthin, das ist die ›Mission‹, ›bei der ich gewisse Ängste und Emotionen zurückstelle‹, bei der er sogar in der Situation der anderen aufgeht. Wie eben bei dem Vietnam-Angriff: ›Ich sitze in dem Ding und identifiziere mich mit dem Auftrag des Piloten, habe den Wunsch zu treffen.‹ Und am Tag vorher , im Lazarett, da gab es Momente, wo er nicht weiterdrehen konnte, weil beim Anblick der

Opfer das Okular der Kamera unter Tränen stand. Voll von geballter Wut gegen das Töten, gegen den Krieg, gleich daneben die Fähigkeit, in der Mission ganz aufzugehen, um genau ›zu wissen, was passiert, um es zu spüren, um die Nähe zu empfinden, um sie ins Metier umzusetzen‹. Dieser ›schnelle Wechsel‹, diese zwei von der Situation abhängigen Seelen, das ›erschreckt mich in gewisser Weise schon‹. Doch dieses Gefühl kommt eher nachträglich, ebenso wie die Frage, ob die Kamera nicht über die Grenze zudringlich werden kann. ›Das Indiskrete, das kann man beim Drehen nicht entscheiden.‹ Hätte er das südafrikanische Mädchen gefilmt, das von einer aufgebrachten Menge gesteinigt wurde, könnte er eine Folterszene verfolgen? ›Obwohl ich kein eiskalter Typ bin, ja ich würde weiterdrehen, sogar auf das schmerzverzerrte Gesicht groß draufgehen, um damit etwas zu erreichen.‹ Bis zu diesem Satz, bis zum Bekenntnis ›Ich glaube natürlich an eine Aufklärungsfunktion der Fernsehbilder‹, dem gleich ausdrücklich eine Einschränkung angefügt wird – ›aber ohne politische Missionierung‹ – bis zu diesem Stück Motivforschung im ›Überbau‹ beherrschen ganz andere Stichworte das Gespräch mit Hutterer. Solche, die seine handwerkliche Arbeit, seine Methode, seinen Stil bestimmen. Intuition, Spontaneität, Nähe, Rhythmus.« (Hutterer, in: Kammann 1990, 211)

3.6 Der Ton

Bild und Ton verbinden sich im Fernsehen zu einem audiovisuellen Gesamterlebnis. Dabei ist der Ton ebenso wichtig wie das Bild. Der Beruf des Tonmannes wird allerdings nicht so romantisch verklärt wie der des Kameramannes. Niemand schildert den Einsatz mutiger Toningenieure, die alles geben, um das Rasseln einer Panzerkette auf das Band zu bannen oder den Schrei eines Neugeborenen. Dabei können unscharfe und verwackelte Bilder mit einem präsenten Ton immer noch eine spannende Geschichte erzählen, technisch einwandfreie Bilder mit einem unverständlichen oder diffusen Ton jedoch nicht. In der Reportage nutzt das beste Bild nichts ohne den dazugehörigen verständlichen Ton, gerade sie lebt von authentischen Tönen. Ebenso wie der Kameramann muss sein Tonkollege schnell und beweglich sein, um auf das Geschehen zu reagieren. Während Unschärfen und Verwackeltes spannungssteigernd wirken können, scheint es so, als ob handwerkliche Fehler beim Ton vom Zuschauer als Störung der

Authentizität empfunden werden. Das macht die Arbeit für den Tonmann nicht unbedingt leichter.

In der Reportage hat der Ton die Aufgabe, entweder eine *raum-zeitliche Kontinuität* zu definieren, oder *Ortswechsel* und *Zeitsprünge* deutlich zu machen. Darüber hinaus ist er für die Atmosphäre eines Bildes und für seine emotionale Wirkung von nicht zu unterschätzender Bedeutung. Ein präsenter Ton steigert die Erlebnisdimension eines Bildes und das ist es, was die Reportage für ihre Lebendigkeit braucht. Der Ton beeinflusst ebenfalls massiv die Bedeutung der Bilder. Ein Beispiel: Wenn ein Mann in einem Café sitzt, kann der Ton den Raum um ihn herum erweitern: Verkehrslärm sagt dem Zuschauer, dass der Mann an einer stark befahrenen Straße sitzt; Vogelgezwitscher platziert das Café in einen Park. Der Ton kann auch auf eine Einzelheit im Bild fokussieren. Ein (eigentlich zu lautes) Ticken der Uhr auf dem Tisch kann z.B. »Warten« signalisieren. (Siehe auch das Kapitel »Grundlagen der Fernsehgestaltung«, S. 87.)

Ein guter Ton wird vom Zuschauer als selbstverständlich vorausgesetzt, dabei ist es durchaus schwierig, ihn aufzunehmen. Oft sind die Hintergrundgeräusche zu laut, mehrere Leute reden durcheinander, oder die verschiedenen *Schallereignisse* haben so große Pegelunterschiede, dass sie nicht alle gleichzeitig richtig ausgesteuert werden können. Wenn dann auch noch ein Sturm dumpfe Windgeräusche im Mikrofon erzeugt und hochfrequente elektromagnetische Einstrahlungen fiepen, bemerkt der Reporter spätestens, wie wichtig ein kenntnisreicher Tonkollege ist. Denn dem gelingt mit seinem Gerät, was auch die menschliche Wahrnehmung schafft, nämlich im größten Geräuschchaos die wichtigen und interessanten Töne heraus zu filtern und gleichzeitig ein ausgewogenes Verhältnis zwischen den Einzeltönen und den Hintergrundgeräuschen herzustellen.

Die Klagen von Praktikern, es würde mit dem guten Ton bergab gehen, nehmen trotzdem zu. Peter Kerstan, langjähriger Ausbildungsleiter des ZDF, berichtet detailgenau aus der Praxis:

> »Der Assistent löst den Sicherheitsgurt des Rücksitzes und befreit den Sony-Camcorder aus seiner Fesselung. Er geht verhältnismäßig vorsichtig mit dem Gerät um, es kostet immerhin über 120.000 DM. Dann öffnet er den Kofferraum des Dienstwagens und kramt in einem der Aluminiumkoffer. ›Soll ich angeln?‹ wendet er sich lustlos

an seinen Kameramann. Einen Augenblick lang sehen sie sich an, suchen vergeblich nach einem Gefühl, das Arbeitseifer erzeugen könnte, und sagen dann aus einem Munde: ›Nein, der Japaner!‹ In diesem kargen Dialog spiegelt sich die ganze Misere der Tonaufnahme beim berichterstattenden Film. Dazu muß ich ein paar Dinge näher erläutern.

Der Assistent fragt, ob er Angeln soll. *Angeln* ist tatsächlich ein Fachausdruck. Er besagt, daß jemand das Mikrofon an einer Stange, der Angel, so nah wie möglich an die Schallquelle heranbringen muß. Dabei darf er natürlich auf keinen Fall mit dem Mikro in den Bildausschnitt der Kamera geraten. Ein Abbruch der Aufnahme und wilde Beschimpfungen wären die Folge. Trotzdem verspricht die Angelmethode große Vorteile. Sie garantiert, daß ein Interviewpartner auch bei einem sehr hohen Umgebungsgeräusch noch gut zu verstehen ist. [...]

Doch zurück zu unserem Kamerateam. Die beiden hatten sich gegen das Angeln entschieden, weil ihnen der Arbeitsaufwand zu groß erschien und ihrer Meinung nach die bessere Qualität der geangelten Tonaufnahme in diesem Fall keine Rolle spielen würde. So entschieden sie sich für den ›Japaner‹. Das ist der Spitzname für das eingebaute Mikrofon des in Japan hergestellten Sony-Camcorders. [...]

Insgesamt gesehen, erhält man mit einem geangelten Ton die weit besseren Ergebnisse. Trotzdem haben sich die beiden Kollegen für das eingebaute Mikrofon entschieden, was natürlich auch geringeren Arbeitsaufwand bedeutet. Doch die beiden sind nicht einfach nur faul, vielmehr halten sie einen besseren Ton, ja die Tonaufnahme im allgemeinen, für nicht besonders wichtig.

Das hat einmal damit zu tun, daß mit dem Umstieg von Filmgeräten auf elektronische Kameras der früher durchaus übliche dritte Mann im Team, der Tontechniker, eingespart wurde. Die Kameraleute mußten diese Arbeit übernehmen, ohne speziell dafür ausgebildet worden zu sein. Das zweite Problem entsteht durch die ständige Erfahrung, daß der Ton nicht mehr wichtig zu sein scheint. Auch dieses Phänomen muß ich erläutern: Offensichtlich haben wir die Neigung, Dinge wichtig zu nehmen, die uns Arbeit bereiten. Arbeit fordert ganz besondere Aufmerksamkeit von uns. Auch ist unser persönlicher Erfolg davon abhängig, denn für eine gute Leistung erhalten wir Lob. Wer aber sollte uns dafür loben, daß zwei Tonspu-

> ren mit automatischer Aussteuerung in einem Camcorder mitlaufen, wann immer man die Bildaufnahme einschaltet? Irgendwie nimmt uns die technische Automation immer wieder etwas von der Motivation!
>
> Doch der Ton erscheint auch aus einem anderen Grund unwichtig. Er ist für den Zuschauer in den meisten Filmberichten kaum noch zu hören. Das liegt daran, daß der Text die ganze Länge des Films beansprucht. [...] Das ist bedauerlich, denn ein realistisches Tonerlebnis verleiht den Bildern mehr Glaubwürdigkeit.« (Kerstan 2000, 116ff.)

Eine verführerisch einfache Technik, Redakteure, die alles zutexten und dann auch noch der Verlust des traditionellen Tonmannes – ein einziges Elend. Und da mancher Produktionsleiter schon vom Ein-Mann-Team als Ersatz für Reporter, Kameramann und Tonmann träumt, ist Besserung nicht in Sicht. Echte Reportagen mit *situationsbezogenen O-Tönen* und gelungenen *Spontan-Interviews*, die optisch in den Fluss der Handlung eingebunden sind, können so kaum mehr hergestellt werden. Unter solchen Bedingungen geht die Tendenz hin zu unbefriedigenden Filmen, die aus übertexteten *Schnittbildern* bestehen und dazwischen gesetzten leblosen *Statements,* deren einziger Vorteil es ist, dass sie ohne großen Aufwand aufgenommen werden können.

Technik. Beim Film wurden Bild und Ton auf zwei voneinander unabhängigen Geräten aufgezeichnet, nämlich Filmkamera und Tonbandgerät. Kein Kabel, keine Funkstrecke war zwischen ihnen: Das ergab eine maximale Beweglichkeit. Heute, mit den modernen Videoverfahren, werden Bild- und Tonsignal im Regelfall gemeinsam auf dem Videoband in der Kamera aufgezeichnet. Um beweglich zu bleiben, muss der Tonmann sein Tonsignal über eine Funkstrecke zur Kamera schicken. Verbindet er stattdessen seine Gerätschaften durch ein Kabel mit der Kamera, dann sind er und sein Kameramann unbeweglicher, als es ein klassisches Filmteam war.

Im Vergleich mit dem Film hat das Videoverfahren Vor- und Nachteile. Wenn der Kameramann sein Gerät einschaltet, zeichnet das eingebaute Mikrofon immer einen allgemeinen Ton auf. Takes ohne Ton gibt es daher praktisch nicht mehr. Wenn man allerdings zusätzliche Töne (Atmos) aufnehmen will, muss gleich die verhältnismäßig große Kamera eingesetzt werden, denn ein zusätzliches handliches Tonbandgerät ist ja meistens nicht dabei. Außerdem kann der Tonmann, der sein Signal zur Kamera sendet, nicht wie früher beim Tonband durch *Hinterband-Hören* kontrollieren, ob der Ton fehlerfrei aufgezeichnet wird. Gelegentlich passiert es, dass unbemerkt ein wichtiger Schalter an der Kamera verstellt wird. Oder es gibt eine elektronische Einstrahlung, die Störgeräusche verursacht und die vom Tonmann während der Aufnahme nicht bemerkt wird.

Bei einer modernen Videokamera werden im Regelfall zwei Tonspuren genutzt. Bei Monoaufnahmen wird meist zur Sicherheit das eingebaute Kameramikrofon, der *Japaner*, auf die eine Spur gelegt. Auf die zweite Spur wird dann der vom Tonmann mit externen Mikrofonen aufgenommene Ton aufgespielt.

Die externen Mikrofone unterscheiden sich in ihren Einsatzmöglichkeiten und in ihrer Charakteristik. Mikrofone werde als *Anstecker*, als *Handmikros* oder ganz allgemein an einer *Angel* oder auf einem *Stativ* benutzt.

Wenn Mikrofone für Geräusche aus allen Richtungen gleich empfindlich sind, haben sie eine *Kugelcharakteristik*. Wenn sie für Geräusche aus einer Richtung etwas empfindlicher sind, spricht man von einer *Nierencharakteristik*. Wenn sie eine starke Richtwirkung haben, nennt man sie *Richtmikrofone (Superniere)*. Werden mehrere externe Mikrofone eingesetzt, braucht man ein Mischpult. Falls der Tonmann verschiedene Mikrofontypen mischt, muss er darauf achten, dass sie nicht zu unterschiedlich klingen.

Der Wind ist der größte Feind des Tonmannes. Er verursacht Druckschwankungen im Mikrofon, die als störende Nebengeräusche die Tonaufnahme verderben. Ein ordentlicher *Windschutz* hilft, das Rumpeln zu unterdrücken.

Falls nur fest auf der Kamera installierte Mikrofone verwendet werden können, empfiehlt Kerstan, ein Richtmikrofon nach vorne zu richten, um die spezifischen Töne möglichst *trocken* aufnehmen zu können. Ein zweites Mikrofon mit Kugelcharakteristik für die zweite Tonspur soll die Hintergrundatmosphäre einfangen. Allerdings funktioniert das nur, wenn der Kameramann weitwinklig und immer mit demselben Blickwinkel arbeitet. Dann ist er nämlich dicht genug an der Schallquelle. Er darf aber nicht wegschwenken, weil dann das Kameramikro auch von der Tonquelle weggeschwenkt wird. Die Arbeit des Kameramannes richtet sich in so einem Fall mehr nach den Anforderungen des Tones als denen des Bildes. Mit einem geangelten Ton erhält man weit bessere Ergebnisse. (Kerstan 2000, 117)

Praktische Arbeit. Ein guter Reportageton wird also meistens *geangelt*. Dabei wird an der *Angel*, einer teleskopartigen Stange, ein Richtmikro befestigt. Das Richtmikro erlaubt es, einzelne Tonquellen gezielt aufzunehmen und weniger wichtige auszublenden. Der Tonmann versucht, möglichst nah an seine Schallquelle heranzukommen, um einen präsenten Ton zu bekommen. Dabei muss er darauf achten, mit seinem Mikro nicht in den Bildausschnitt des Kameramannes zu geraten. Falls es schwierig ist, einen präsenten Ton aufzuzeichnen, sollte der Kameramann dichter an sein Motiv heran gehen, und damit auch dem Tonkollegen ermöglichen, mit seinem Mikrofon dichter heran zu kommen.

In der traditionellen Fernseharbeit, bei der künstliches Licht aufgebaut wird, ist der *Mikrofonschatten im Bild* häufig ein Streitpunkt zwischen Kamera- und Tonmann. Da bei der Reportage normalerweise keine Lampen aufgestellt werden, stellt sich hier das Problem angenehmerweise nicht.

Meistens wird die möglichst weit ausgefahrene Angel mit dem Mikrofon über der Kamera gehalten, was auf Dauer eine erhebliche körperliche Leistung des Tonmannes darstellt. Noch anstrengender wird es, wenn die Angel mit einer Hand gehalten werden muss, weil die andere Hand zum Aussteuern gebraucht wird. Fast schon artistische Fähigkeiten muss ein Tonmann haben, wenn er dann noch in schnellem Tempo einem Protagonisten durch ein enges Treppenhaus folgt.

Eine weitere Herausforderung ist es für den Ton, wenn vor der Kamera eine Gruppe von Leuten agiert, von denen kein Teammitglied weiß, wer wann was sagen wird. Reden die Protagonisten dann noch durcheinander, muss der Tonmann entscheiden, wen er besonders im Ton hervorheben muss, auf wen er also sein Mikro richtet. »Das sind inhaltliche Entscheidungen, die man in der Situation nur richtig treffen kann, wenn man voll im Thema drin ist und genau zuhört,« sagt der versierte ZDF-Toningenieur Gyula Loczy.

Anstecker mit Funkstrecke können dann erfolgreich eingesetzt werden, wenn das Team vor Beginn der Dreharbeiten weiß, wer die Hauptperson sein wird. Bei reportagehaften Doku-Soaps, die einzelne Protagonisten in den Mittelpunkt ihrer Geschichten stellen, ist das der Fall. Sichtbare Anstecker stören allerdings den Eindruck von Authentizität. Deshalb ist es wirkungsvoller, die Anstecker – wie auch im Spielfilm üblich – unsichtbar anzubringen. Eine Handlung zu stoppen, um die Protagonisten mit Ansteckern zu versehen, verbietet sich von selbst. Man kann bei der Reportage auch nicht ausschließlich mit Ansteckern arbeiten, weil man nie weiß, wer im Laufe von Dreharbeiten noch dazu kommt und Wichtiges zu sagen hat. Eine Angel plus Mischpult gehört deshalb auch beim Arbeiten mit Ansteckern dazu. Wenn Anstecker-Töne und geangelte Töne später gemischt werden, besteht das Risiko, dass die Anstecker-Töne zu präsent im Verhältnis zu den geangelten Tönen werden. Ein unrealistischer Gesamteindruck entsteht, wenn von zwei Menschen im Bild der eine sehr laut und der andere sehr leise redet. Wenn es der Verständlichkeit nicht schadet, kann man sich (bei Mono-Aufnahmen) in der Mischung helfen, indem man den präsenten Ansteckerton mit dem atmosphärischeren Ton des Kameramikros mischt, um so einen einheitlichen Klangeindruck herzustellen.

Anstecker können eine *unrealistische Tonperspektive* erzeugen, wenn die Protagonisten im Bild weit entfernt sind, im Ton aber ganz nah zu hören sind. Noch störender ist der umgekehrte Fall, wenn nämlich ohne Anstecker gearbeitet wird und die Kamera mit Hilfe eines Teleobjektives eine Großeinstellung weitentfernter Protagonisten anbietet, ohne dass das Mikrofon nahe genug heran kommen könnte, um einen entsprechend »nahen« Ton zu produzieren. In Zweifelsfällen ist die Verständlichkeit des Tons das oberste Kriterium.

Unlogische Tonperspektiven treten leicht auf, wenn die Protagonisten *geangelt* werden und der Reporter, der nicht im Bild ist, einen *Anstecker* bekommt. Es kann der unerwünschte Effekt eintreten, dass der Interviewte zwar groß im Bild zu sehen ist, aber weniger präsent zu hören ist als der Interviewer hinter der Kamera.

Manche Reporter benutzen ein *Handmikrofon*, damit sie ein Gespräch gut dirigieren können. Mikrofone im Bild signalisieren Aktualität, Nachrichten. Mit ihren bunten Senderkennungen zerstören die Mikrofone leicht die Atmosphäre von Reportagebildern. Geeignet sind sie dann, wenn der Reporter, wie z.B. Gerd Ruge von der ARD oder Claus Richter vom ZDF, so bekannt ist, dass er im Bild durch die Reportage führen kann. In einer normalen Reportage sollten Handmikrofone nur in Ausnahmefällen benutzt werden, da sie, ins Bild gehalten, die Authentizität des Bildes verletzten und Spontan-Interviews leicht zu steifen Statements degradieren. Nur wenn es technisch nicht anders möglich ist, etwa bei extremen Hintergrundgeräuschen, macht das Handmikro einen Sinn. Man kann es sehr dicht an den Sprechenden halten und bekommt damit einen maximal präsenten Ton. Eine Berechtigung hat das Handmikro im Alltagsgeschäft dann, wenn es nicht im Bild auftaucht und nur für die im Off bleibenden Fragen des Reporters verwendet wird.

Markante *Geräusche ohne Bildbezug* sind äußerst problematisch. Wenn ein idyllischer Garten gezeigt wird, nicht aber die lärmende Baustelle daneben, die im Ton gut zu hören ist, wirkt die ganze Szene unrealistisch. Das Gleiche geschieht, wenn sich Leute neben einem plätschernden Zimmerbrunnen unterhalten, der nicht im Bild erscheint. Deshalb sollten Kamera- und Tonmann darauf achten, dass solche Schallquellen auch im Bild zu sehen sind. Oder sie müssen die Bauarbeiter mit einer Kiste Bier überzeugen, eine Pause einzulegen, und das Kabel des Zimmerspringbrunnens ziehen. Allerdings kommt man so leicht mit dem Reportageideal des Nicht-Eingreifens in Konflikt.

Die menschliche Wahrnehmung filtert verhältnismäßig leise *störende Geräusche* einfach weg. Mikrofon und Bandaufzeichnung können das nicht. Deshalb halten es manche Tonkollegen, um einen realistischen Eindruck zu erzielen, für legitim, solche Geräuschquellen vor Beginn der Dreharbeiten abzuschalten. Laute Klimaanlagen gehören dazu und Kühlschränke, die die unangenehme Eigenschaft haben, immer mal wieder rappelnd anzuspringen.

Auch *Musik* am Drehort, z.B. aus einem Radio, ist für manche Reportageteams ein Problem. Es ist immer schwierig, in einer Musik zu schneiden, weil Tonsprünge auftreten können, die den Eindruck der raumzeitlichen Kontinuität gefährden. Lässt man die Szenen lange laufen, was durchaus im Sinne der Reportage ist, reduziert sich diese Schwierigkeit erheblich. Manche Reportageteams gehen so weit, die Musik für den Dreh abzustellen und mischen später eine separat aufgenommene, durchgehende Musikaufnahme unter die Bilder. In der Reportage ist das schon ein gravierender Eingriff und recht weit weg vom Ideal des Nicht-Eingreifens.

Für eine intensive Tonbearbeitung ist es sinnvoll, dem Schneideraum sogenannte *Atmos* anzubieten. Das sind unabhängig vom Bild aufgenommene Töne, gewissermaßen das *Hintergrundgeräusch* eines Ortes. Der Schneideraum braucht sie, um gegebenenfalls Störungen im Ton zu reparieren, wie z.B. irgendwelche unpassenden Bemerkungen des Teams (»Schwenk schnell nach rechts ... «). Markante Einzelgeräusche kann man noch einmal separat aufnehmen, um im Schneideraum die Tonspur intensiver ausarbeiten zu können. Berühmt sind die Kirchenglocken und der bellende Hund für die Dorftotale. Für die Aufnahme von *Atmos* sollte das Team ein separates kleines Tonaufnahmegerät mitnehmen. Das kann man auch gebrauchen, wenn man bei einer Veranstaltung wie etwa einer Versteigerung nicht alles mitdrehen kann, weil das zu aufwändig wäre. Nimmt man den kompletten

Ton auf, hat man, auch wenn die Kamera mal zu spät eingeschaltet wurde, immer noch Off-Töne und macht es sich so leichter, Geschichten zu erzählen.

Teamarbeit. Die wesentliche Schwierigkeit, einen guten Ton zu bekommen, ist schon beschrieben worden: Es gibt immer weniger ausgebildete Tonleute in Reportageteams. Meistens wird die Aufgabe von Kameraassistenten übernommen, die nicht immer über ausreichendes Spezialwissen und manchmal auch nicht über genügend Motivation verfügen. Redakteur und Reporter müssen deshalb besonders darauf achten, dass diese Funktion im Team adäquat besetzt wird.

Gerade weil ein schlechter und unverständlicher Ton störender als ein problematisches Bild ist, müssen sich Reporter und Tonmann abstimmen, ob und wann der Tonmann das Drehen unterbrechen darf, z.B. wegen eines lauten LKWs, eines Flugzeuges oder irgendwelcher anderen Störungen. Den Dreh abzubrechen ist natürlich ein heikler Vorgang, weil die Reportage das Nachstellen von Szenen verbietet und was vorbei ist, ist vorbei. Gerade deshalb sollte vor Beginn der Dreharbeiten besprochen werden, unter welchen Bedingungen der Tonmann wie eingreifen soll – oder sogar muss.

Besonders die für die Reportage typischen *Spontan-Interviews* verlangen ein eingespieltes Team. Wenn der Reporter beim Drehen eine Frage stellen will, sollte er dem Kamera- und dem Tonmann rechtzeitig entsprechende Zeichen geben. Schwierig wird es für den Tonmann, wenn er den Ton ausschließlich angelt, denn bei spontanen Interviews muss er das Mikrofon vom Geschehen vor der Kamera plötzlich auf den Reporter hinter der Kamera richten. Manchmal hilft ein kurzes, absichtsvolles Verzögern des Reporters zu Beginn seiner Frage, um dem Tonmann die Chance zu geben, das Mikro herumzuschwenken. Reporter: »Wieso ... (Pause; Mikro schwenkt rüber) ... Wieso eigentlich ...« Bei Richtmikrofonen geht das erste »Wieso« fast immer unter und erst beim zweiten ist der Ton voll da. Wenn Reporterfragen und Antworten des Protagonisten mit einem Mikrofon geangelt werden, gibt es keine Probleme mit der Klangcharakteristik, sie bleibt einheitlich.

Der Kameramann spielt in normalen beobachtenden Situationen sozusagen die erste Geige. Beim *Reportageinterview* dirigiert der Reporter das Geschehen. Er geht dicht an die Kamera heran, alarmiert den Tonmann und durchbricht die Beobachtung mit seiner Frage. Wenn der Reporter nicht im

Bild ist, kann er die Szene auch mit Mimik und Gestik steuern. Er kann nicken und lächeln, um den Protagonisten zum Sprechen zu motivieren. Weil Spontan-Interviews kurz sein müssen, muss er schon mal unterbrechen. Ein plötzlich erhobener Zeigefinger und ein fragender Gesichtsausdruck des Reporters können eine starke Wirkung haben. Und wenn sich am Ende der Reporter zurückzieht und vielleicht noch mit erhobenen Händen deutlich macht, »das war es von mir, machen Sie ruhig weiter mit dem, worin ich Sie unterbrochen habe«, dann kann es passieren, dass der Interviewte sich wieder seiner unterbrochenen Tätigkeit zuwendet und das Interview auf diese Weise optisch wunderbar in die Handlung eingebunden ist.

3.7 Der Schnitt

> »Beim Schneiden muss man bereit sein, zu experimentieren. Wenn man dreht, ist es gedreht und das war es. Beim Schneiden kann, ja muss man das Material kneten und kneten.« (Kreiter 1999, 120)

Die Bedeutung und die Gestaltungskraft des Filmschnittes wird meistens unterschätzt. Ob Bilder erregend wirken oder distanziert kühl, ob sie ihre Wirkung aus einer ungewöhnlichen Kameraperspektive gewinnen oder kühn das Gegenlicht ausnutzen, das kann ein Zuschauer noch relativ leicht erkennen. Aber wie groß ist der Anteil der Bildwirkung, der durch den folgerichtigen Aufbau einer Sequenz, durch elegante Übergänge unter Ausnutzung kleiner Bewegungen geschaffen wird? Was tragen Rhythmus und Tempo zum Bildeindruck bei?

Schnitt ist eine *unsichtbare* Kunst, bei der es geradezu darauf ankommt, den Zuschauer vergessen zu lassen, dass ein Film aus vielen Teilen zusammengesetzt ist. In der Regel wird der Schnitt erst dann vom Zuschauer wahrgenommen, wenn er laut und aufdringlich daherkommt. Für einen Cutter ist nichts leichter, als es knallen und krachen zu lassen. Er wählt möglichst plakative und unterschiedliche Motive und schneidet die wild aneinander, am besten auf Musik. Die starken Kontraste ergeben Effekte, die jeder bemerkt. Die größere Kunst besteht aber darin, Einstellungen unauffällig ineinander fließen zu lassen, ihnen Kontinuität zu geben, ohne dass der Schnitt bewusst wahrgenommen wird und von der Wirkung der Bilder und der Geschichte ablenkt. In einer Reportage sollen die Töne, die

Bilder und der Schnitt so zusammenspielen, dass auch Profis am fertigen Produkt nicht mehr ablesen können, was die Cutterin und was der Kameramann zum Gelingen eines Filmes beigetragen haben. Der Filmemacher Georg Stefan Troller hat seinen Respekt vor dem Filmschnitt anlässlich der Verleihung des Deutschen Kamerapreises an seine langjährige Cutterin Elfi Kreiter so ausgedrückt:

> »Alle Filme verdanken, wie sämtliche Produkte des menschlichen Geistes, ihre Wirkung und ihre Überlebenschance der Form. Nur Geformtes hat Bestand. Schnitt ist Formgebung, Schnitt ist Konstruktion, Bau, Gestaltung. Wie zwei Farben oder zwei Musiknoten oder auch zwei Wörter, richtig aneinandergereiht, einen neuen Zusammenhang, so ergeben zwei aneinandergereihte Filmeinstellungen, mit Hilfe der Brücke, die die Phantasie zwischen ihnen schlägt, etwas Drittes: die Sequenz.
>
> Gute Kameramänner wie etwa Carl F. Hutterer, mit dem ich ebenso oft zusammengearbeitet habe, wie mit Elfi Kreiter, wissen schon instinktiv beim Drehen um die Montage, liefern schon eigenhändig kleine Sequenzen, deren Aneinanderreihung sich anbietet. Das vereinfacht das Schnittverfahren, ohne dessen Mühen aufzuheben. Denn immer geht es darum, das Rohmaterial so zu kneten und zu einem organischen Ganzen durchzuformen, dass dem Zuschauer suggeriert wird, der Film hätte sich wonnig ganz von selbst in der vorliegenden Folgerichtigkeit aus dem Kasten gespult. Daraus entsteht dann bei ihm das unabdingbare Gefühl von Wohlaufgehobenheit und Vertrauen.
>
> In Wirklichkeit sind Textur, Rhythmus und sinnvolles Fließen des Films im Schneideraum gebaut. Und zwar in einer von allen Filmemachern hochgeschätzten Atmosphäre, die sowohl etwas von Gemeinschaftsarbeit wie Wettbewerb hat. Denn so wie der Filmemacher ja gleich anfangs der Cutterin mit seinem mitgebrachten Material zu imponieren hofft, so will jetzt wiederum sie ihn mit ihrer Gestaltungsgabe beeindrucken. Fruchtbare Stunden in Klausur! Beide wissen ja, dass die Qualität des Films sich hier entscheidet, und dass hier notfalls noch alles zu retten ist. Weil sich auch aus schwachen Einstellungen noch flüssige Bildfolgen ausarbeiten lassen. Es gibt wenig Streit im Schneideraum. Nur gemeinsames Nachdenken, jähe Intuition [...] und manchmal Ideenhagel.

> Ich glaube, es ist an der Zeit, dass man sich auch die Namen von Cutterinnen und Cuttern zu merken beginnt.« (Troller 1999d, 145)

Die optimistische Aussage, dass im Schneideraum noch alles zu retten sei, wird allerdings durch die alte Cutterweisheit eingeschränkt »Man kann nur schneiden, was auf den Schneidetisch kommt.« Die Grenzen des Schneideraumes beschreibt der Urvater aller Filmschnittbücher Karel Reisz, der feststellt: »No amount of cutting, short or otherwise will give movement to shots in which movement does not already exist.« (Reisz, Millar 1978)

Nach dem Drehen ist der Schneideraum für den Kameramann und den Reporter der Ort der Wahrheit. Hier wird ihr Material auf Herz und Nieren geprüft. Hier zeigt sich, was es wirklich taugt.

> »Der Schneidetisch offenbart unbarmherzig den Charakter, die Stärken und Schwächen der Kameraleute: ob der Kameramann eine Beziehung zu den aufgenommenen Personen und Objekten gefunden hat oder ob er gestresst, verunsichert, nicht motiviert war. Das Ergebnis dokumentarischer Kameraarbeit ist im allgemeinen sehr chaotisch: Es gibt keine Anschlüsse, keine Ein- und Ausstiegsmöglichkeiten, Szenen reißen unvermittelt ab [...]. Das ist nicht unbedingt das Ergebnis schlechter Kameraarbeit, sondern liegt im Wesen des Dokumentarfilms. Das Unfertige und Chaotische hat allerdings auch seine guten Seiten: Not macht erfinderisch, und die Dokumentarfilmmontage macht oft aus der Not eine Kunst. Man ist gezwungen unkonventionelle Auflösungen entgegen allen Regeln ›klassischer‹ Inszenierung zu finden, experimentelle Formen auszuprobieren und Stilmittel zu entwickeln, die vorher wohl kaum einem Regisseur eingefallen wären.« (Balkenhol 1993, 126)

Der Schneideraum ist wie ein Experimentallabor, in dem das gedrehte Rohmaterial neu entdeckt wird. Es ist die Arbeitsmethode des *trial and error*, von *Versuch und Irrtum,* mit dem sich Reporter und Cutterin dem Rohmaterial nähern und es austesten. Während es beim Drehen darauf ankommt, schnell zu sein, denn sonst sind Situationen für immer verpasst, muss man im Schneideraum geduldig viele Möglichkeiten durchspielen. Spätestens beim Schnitt zeigt sich, dass manches, was man erzählen wollte, in den Bildern nicht so zum Ausdruck kommt, wie man es sich vorgestellt hatte. Dafür erweisen sich aber eigentlich immer andere Bilder, Menschen und Geschichten als sehr viel stärker als ursprünglich vermutet. Im Material enthüllen sich Zusammenhänge, die keiner beim Drehen so bemerkt hat. Das Rohmaterial bildet die Puzzlesteine, deren richtige Anordnung man zu Beginn des Schneidens nur ahnt. Erst im Schneideraum findet ein Film seine Form.

Bei der Transformation des Rohmaterials in eine Fernsehreportage hat der Schnitt zwei übergeordnete Ziele, die zunächst widersprüchlich wirken und die aus der Besonderheit der Reportageform resultieren:

- Der Schnitt arbeitet den Ablauf der Geschichte so konsequent wie möglich nach den Regeln der Dramaturgie heraus.
- Der Schnitt versucht das Authentische, das *Rohe* des Ausgangsmaterials zu erhalten.

Aus dem ersten Punkt folgt, dass der Cutter Fehler wie Wackler und Fehlbelichtungen akzeptiert, wenn es die Aussage stützt und der Lebendigkeit dient. Wer als Cutter abgezirkelte und im Detail geplante Takes mit Schuss und Gegenschuss erwartet, sollte lieber klassische Dokumentationen und Features schneiden, die am Schreibtisch entwickelt und nach einem Drehbuch produziert werden können.

Reportagecutter müssen sich auf die Besonderheiten der Reportagekamera einlassen. Sie müssen akzeptieren, dass das vorrangige Ziel des Reportagekameramannes nicht die Auflösung der Szenen in konventionelle, schneidbare Takes sein kann. Authentizität ist im Zweifel wichtiger. Auch eine fertige Reportage sollte immer noch etwas vom Charme des Rohmaterials enthalten.

Aus dem Rohmaterial, den Brocken aus dem Steinbruch der Realität, muss gleichzeitig eine glaubwürdige und kontinuierliche Geschichte herausgearbeitet werden. Das bedeutet bewusste Gestaltung. Soweit es um Dramaturgie, Spannung, Entspannung, Handlungsabläufe geht, ähnelt der Reportageschnitt der Montage von Spielfilmen: Jede einzelne Sequenz muss eine eigene kleine Geschichte erzählen. Eine Sequenz über ein Büffet auf einem Traumschiff addiert nicht beliebige Takes hintereinander, die nur sagen: Hier gibt es Salat, Shrimps, Sekt, Hühnchen, Avocados und viele Gäste. Sie erzählt Geschichten, z.B. den vergeblichen Versuch der Kellner, mit dem Nachdecken nachzukommen, oder sie zeigt den Kampf eines

Gastes, der schon satt ist, mit seiner Gier. Eine Sequenz über einen Zirkus reiht keine willkürlich ausgesuchten Höhepunkte der Vorführung aneinander, sondern zeigt vielleicht den Ablauf eines Artistenauftritts vom Anziehen des Trikots bis zum Umziehen nach der Vorstellung, um den Erzählbogen vom Lampenfieber bis zur Erschöpfung zu spannen.

Immer kommt es im Schneideraum darauf an, Geschichten zu erzählen oder genauer, Geschichten aus dem Material herauszuarbeiten. Ein Beispiel des Cutters Thomas Balkenhol:

> »In Pierre Hoffmanns DER ROTE SCHLEIER verhandelten in einem anatolischen Dorf die Eltern eines Brautpaares über die Höhe der Mitgift. Die Debatte dauerte 4 Stunden, der Tonmann zeichnete ca. 1 Stunde davon auf, und der Kameramann, der kein Türkisch verstand, sammelte eher zufällig Bilder der Sprechenden und der Zuhörenden. Die Aufgabe war nun, diese Materialfülle zu einer Szene von ca. 5 Minuten so ›zusammenzuschneiden‹, dass alle wichtigen Inhalte der Debatte ohne Kommentar verständlich wurden. Oft laufen Gespräche um ein Thema kreisend ab, und es ist leicht, an irgendeiner Stelle im Kreis ein- und an einer anderen wieder auszusteigen. Es ist verblüffend, wie oft dann zufällig der gewünschte Anschluss (Wechsel der Kameraeinstellung, der Blickrichtung) mit der gewünschten, die Logik des Gespräches weiterführenden Textpassage zusammenfällt. Man muss sich als Cutter allerdings intensiv mit dem Inhalt des Gespräches beschäftigen und eine Technik entwickeln, aus zufällig aufgenommenen Bildern und Tonpassagen eine inhaltlich logische und filmisch in allen Anschlüssen richtig aufgelöste Szene zu konstruieren. In der anatolischen Mitgiftdebatte ›ließ‹ ich die Argumente, die sich nach allen Regeln orientalischer Verhandlungskunst unendlich wiederholten, Schlag auf Schlag folgen, ›ließ‹ an der geeigneten Stelle, nämlich als vom Wert der Braut für den Vater die Rede war, diese mit dem Tee erscheinen, ›ließ‹ den Bräutigam mit Blicken, die der Kameramann eingefangen hatte, jede Bewegung der Braut verfolgen und ›ließ‹ Braut und Bräutigam auf bestimmte Sätze mit Blicken oder Lächeln reagieren. Das Ergebnis wirkte wie eine mit mehreren Kameras aufgezeichnete oder geschickt inszenierte Debatte, die darüber hinaus noch das, was zwischen beiden Heiratskandidaten ›in der Luft lag‹, einfing.« (Balkenhol 1993, 131)

Balkenhol formuliert in einem abschließenden Satz sein Fazit: »Diese sicherlich gestaltete, interpretierende Wiedergabe dieser Situation gibt wohl genauer und wahrhaftiger die Realität wieder als eine exakte Aufzeichnung des genauen Ablaufs der Debatte.«

Auch wenn man dieses Fazit in seiner Selbstgewissheit mit guten Gründen bezweifeln kann – richtig ist, dass ein guter Schnitt die Essenz eines lange dauernden Ereignisses in kurzer Zeit zusammenfassen muss. Er muss eine Verdichtung leisten und muss sich dabei vor einer Verfälschung hüten. Wenn über den Schnitt Verbindungen zwischen Bildern hergestellt werden, die nicht zusammen gehören, wird die Grenze zwischen Gestaltung und Manipulation überschritten.

Organisatorische und inhaltliche Aufgaben im Schneideraum. Die Arbeit im Schneideraum läuft in immer den gleichen Phasen ab. Zunächst wird das Rohmaterial gesichtet, gegebenenfalls wird es protokolliert. Beim modernen Computerschnitt wie z.B. am *Avid* muss es dann *geloggt* und *digitalisiert* werden. Beim *Loggen* werden dem Computer die Bandnummern und die Time-Code-Zeiten der Takes eingegeben, die für den Schnitt ausgewählt werden. Beim *Digitalisieren* werden dann die Takes auf die Festplatten des Schnittcomputers gespielt.

Spätestens dann wird ein erster *Ablaufplan* erstellt, in dem die Abfolge der verschiedenen Sequenzen und Komplexe angegeben ist. Anschließend beginnt man, die wichtigsten Takes für jede einzelne Sequenz auszuwählen. Dann kommt der *Rohschnitt*, der anschließend auf die Sendelänge gebracht wird. Im *Feinschnitt* werden die einzelnen Bildübergänge optimiert. Zwischendurch wird das Geschnittene immer wieder angeschaut, um Fluss und Rhythmus zu kontrollieren.

Nachdem der Bildschnitt abgeschlossen ist, wird der Film mit zusätzlichen Geräuschen vertont. Gegebenenfalls folgt noch eine Musikbearbeitung.

Damit ist aber nur der äußere, organisatorische Ablauf geschildert. Inhaltlich hat der Schnitt dabei die folgenden Punkte zu erfüllen:

- Der Reportageschnitt *entdeckt* das gedrehte Material neu, (prüft es auf ungeplante Aspekte des Themas, Aussagen und Schnittmöglichkeiten);
- er reduziert das Material auf die wesentlichen Aspekte;
- er entwickelt daraus Sequenzen;

- er sorgt dabei für Orientierung, schafft Handlungsabläufe und raumzeitliche Sequenzen;
- er arbeitet die dramaturgisch nutzbaren Konflikte heraus;
- er arbeitet mit spielfilmhafter Konsequenz die Geschichte des Films heraus;
- er findet dabei die optimalen reportagespezifischen Übergänge von einer Einstellung in die andere;
- er schafft Tempo und Rhythmus, sorgt für Kontinuität und Wechsel;
- er akzeptiert im konventionellen Sinn handwerkliche Fehler, um Atmosphäre zu schaffen.

Die Filmtheorie unterscheidet eine Reihe von Methoden, nach denen Filmmaterial im Schneideraum zusammengebaut werden kann. Pierre Kandorfer benennt drei grundlegende Schnittformen: die »Montage von Zeit und Raum«, die »Montage als Ideen-Assoziation (und Bedeutungsträger)«, die »Montage als Formalprinzip«. (Kandorfer 1994, 241)

Für die Reportage hat nur die »Montage von Zeit und Raum« Bedeutung. Kandorfer unterteilt sie so:

- Erzählende Montage: Handlungsfolgen werden kontinuierlich miteinander verknüpft.
- Kausal-Montage: Das Handlungsgeschehen einer Einstellung steht mit der Folgeszene in einem unmittelbaren kausalen Zusammenhang.
- Parallel-Montage: Zwei oder mehrere ineinandergreifende Handlungsverläufe werden in einem dramaturgisch entwickelten Kulminationspunkt zusammengeführt.
- Parallelisierende Montage: Die nebeneinander montierten Handlungen führen zu keinem gemeinsamen Punkt.

Formen wie die »Assoziationsmontage«, die »Metaphorische Montage«, die »Additive Montage«, die »Symbolisierende Montage«, die »Leitmotiv-Montage« – die in die anderen beiden oben genannten Kategorien fallen – spielen in Reportagen kaum eine Rolle.

Nun zur Abfolge der wesentlichen Arbeitsschritte im Schneideraum, die unabhängig von der benutzten Technik ist.

Das Sichten. Eigentlich sollte es selbstverständlich sein, dass das vollständige Sichten des Ausgangsmaterials durch Cutter und Reporter am Anfang des Schnitts steht. Unter dem Diktat kürzerer Schnittzeiten wird dieser erste Arbeitsschritt jedoch immer häufiger vernachlässigt und Reporter loggen ihr Material alleine und erscheinen mit fertigen Schnittlisten. Dabei ist es wichtig, dass Cutter und Autor das ganze Material im *Langsamlauf* gemeinsam sichten. Denn auch Situationen, die beim Drehen als langweilig, randständig, eben als unwichtig eingestuft wurden, sollten im Schneideraum noch einmal eine Chance bekommen. Manchmal wird man positiv überrascht. Die Rolle des Cutters ist dabei die eines Erstzuschauers. Er kann beurteilen, wie die Bilder auf jemanden wirken, der beim Drehen nicht dabei war. Wer hinter oder neben der Kamera stand, wie der Reporter, hat das gesamte räumliche Umfeld der Drehorte und den Ablauf der Handlungen im Kopf. Anders als der Cutter ordnet er auch solche Aufnahmen unwillkürlich räumlich und zeitlich richtig ein, die für die Augen eines Zuschauers verwirrend sind und die de facto keinen optischen Bezug zu den anderen eingeschnittenen Aufnahmen haben.

Es passieren immer wieder Fälle wie der, dass das Team noch den Gestank eines besonders unangenehmen Drehortes in der Nase hat und nur schwer nachvollziehen kann, dass Außenstehende diese für sie ekelerregenden Aufnahmen völlig harmlos finden. Eine Aufgabe des Cutters ist es, Aufnahmen auszusortieren, die sich dem Zuschauer nicht erschließen.

Für Cutter ist es wichtig, sich während der gesamten Schnittzeit an ihre ersten Eindrücke zu erinnern. Was hat sie spontan angesprochen, berührt, gelangweilt. Denn der Zuschauer wird den Film ja auch im Regelfall nur einmal sehen, er wird ihn also nach seinem *Ersteindruck* beurteilen. Der Cutter sollte versuchen, die Takes in die Geschichte einzubauen, bei denen er emotional reagiert hat, wo er staunte, lachte, gerührt oder erschrocken war.

Im Schneideraum wird es immer wieder unterschiedliche Meinungen über die Aussagekraft eines Takes zwischen Cutter auf der einen Seite und Reporter und Kameramann auf der anderen Seite geben. Besonders häufig ist das der Fall, wenn es um eine Aufnahme geht, die das Team besondere Mühe gekostet hat. Vielleicht haben die Teammitglieder besonders lange auf den richtigen Moment gewartet, sie haben gefroren, haben unter großem persönlichem Risiko den Kopf aus einem Schützengraben gehalten und doch vermittelt ihre Aufnahme nichts Besonderes. Dann ist es für Autor und Kameramann mühsam und manchmal sogar schmerzhaft, eine professionelle Distanz einzunehmen und zu akzeptieren, dass nur das zählt, was auf dem Monitor zu sehen und was aus dem Lautsprecher zu hören ist.

Für den Cutter ist der Prozess des Sichtens wichtig, um sich in das Material hineinzufinden und seine Haltung gegenüber den Protagonisten zu entwickeln. Für den Autor ist es ein Adaptionsvorgang an sein Material, der mit Enttäuschungen verbunden ist, wenn die Aufnahmen nicht das hergeben, was er sich versprochen hat. Aber fast immer werden Enttäuschungen ausgeglichen, wenn sich Zusammenhänge und Schwerpunkte enthüllen, die das Team beim Drehen nicht in dieser Deutlichkeit gesehen hat. Diesen Vorgang, in dem das Material den Ton angibt, schildern viele Dokumentaristen enthusiastisch als zentrales filmemacherisches Erlebnis, zum Beispiel Susanne Müller-Hanpft und Martin Bosboom:

> »Dokumentarfilmen ist Fragenstellen an die Wirklichkeit. Man denkt sich was, sammelt Material dazu, und dann kommt der Moment, wo das ganze Konzept umkippt, dann diktiert das Material selbst, wie es bearbeitet werden muss. Wenn man genau hinschaut am Schneidetisch, zeigt einem das Material, was man selbst nicht gewusst hat, und das sind die glücklichsten Momente bei der Arbeit. Man sammelt ein wie ein Fischer mit einem großen Netz und erkennt erst im Nachhinein, welche Antworten das Material auf die Fragen gibt. Dokumentarfilmen ist permanentes Recherchieren.« (Müller-Hanpft, Bosboom, in: Zschau 1986/87)

Ein Hauch von Verklärung der eigenen dokumentarischen Arbeit klingt in diesem Statement sicher mit. Aber auf die Reportage bezogen stimmt es, dass die Arbeit an ihr ein permanenter Prozess ist, in dem Überraschendes und Zufälliges über den Horizont des Planbaren hinausführen.

Das Protokollieren. Unabhängig von den Schnittsystemen, an denen man arbeitet, empfiehlt es sich, sein Rohmaterial zu protokollieren, um auch später schnell Zugriff auf Einstellungen zu haben, von denen man vielleicht zuerst annahm, man würde sie nicht brauchen. Beim Videoschnitt z.B. an Beta-Schnittplätzen, sind genaue Protokolle zwingend, weil hier Schnittkorrekturen aufwendig und mühsam sind. Das System ermöglicht es nicht, ausgewählte Einstellungen in einem ersten Arbeitsschritt an den *Galgen* zu hängen, wie es beim 16-mm Film möglich war. Die Einstellungen können auch nicht in einem *Bin* abgespeichert werden, wie es die modernen Schnittcomputer ermöglichen, bei denen Schnittkorrekturen ohne Probleme durchzuführen sind.

Beim Protokollieren helfen Kürzel, um die wesentlichen Informationen rasch zu notieren. Stichworte zu Motiv, Time Code, Einstellungsgröße (Groß, Nah, Totale), Kamerabewegungen (Zoom, Schwenk, Gang), Blickrichtungen, (Rechts/Links; Links/Rechts) und wertende Anmerkungen (+, + +, - , - -, guter Ton, Achtung möglicher Off-Ton) können später enorm hilfreich sein. Manchmal drängen sich schon beim Sichten Bilder auf, die gut an den Anfang einer Sequenz passen (eine Annäherung an ein Geschehen, ein Herangehen mit der Kamera). Andere bieten sich eher als Schluss an (ein Weggang oder ein Abschwenk). Man sollte es mit dem Protokollieren aber nicht übertreiben, denn alle Aspekte beschreiben zu wollen, die die Qualität einer Einstellung ausmachen, kostet viel Zeit und macht die Notizen nur unübersichtlich. Im Regelfall genügt es, während des ersten Sichtens mitzuschreiben. Bewertungen können natürlich nur eine erste Orientierung sein, weil niemand den Wert eines jeden Takes für den fertigen Film im ersten Durchlauf beurteilen kann. Trotzdem bestätigen sich oft die ersten Eindrücke im Verlauf des Schnittes – zumindest was die Höhepunkte angeht. Die schönen Einzelaufnahmen, die keinen Bezug zur Handlung haben, bleiben später genauso auf der Strecke wie die Takes, die nur ausgewählt wurden, weil sie irgendeine formale Aufgabe des Schnittes zu erfüllen scheinen (»Eigentlich brauchen wir doch auch noch eine Totale.«), die aber keine Stimmung vermitteln.

Das Auswählen der Takes. Für jeden Komplex und für jede Sequenz werden die interessanten Takes ausgewählt. Dabei wird das gesamte Rohmaterial noch einmal geprüft. Man braucht etwas Erfahrung, um zu sehen, wo ein Take beginnt, brauchbar zu werden und um zu beurteilen, wie lange der Take die Spannung hält oder ab wann er diffus wird. Am schwierigsten ist es, sich gegen die halbgelungenen Einstellungen zu entscheiden. In dieser Arbeitsphase sollte man Takes nicht zu kleinteilig herausnehmen, sondern sie möglichst lang lassen.

Wir suchen:

- die Höhepunkte (stark, dicht, emotional, wichtig, etc.),
- die orientierenden Einstellungen (Totalen, verbindende Schwenks, Gänge, Zooms, etc.),
- die korrespondierenden Einstellungen (Ransprünge, Reaktionen, Blicke, ähnliche Bewegungen in verschiedenen Bildern, überlappende Bildelemente, gleiche Motive, etc.),
- optisch und handwerklich herausragende Takes,
- (nur in Ausnahmefällen) Zwischenschnitte (neutrale Bilder).

Besonders wichtig sind die *korrespondierenden Einstellungen.* Damit sind die Einstellungen gemeint, die genügend Gemeinsamkeiten miteinander haben, um aneinander montiert werden zu können. Wenn ein Arbeiter beispielsweise die Aufgabe hat, Lastwagen auf ein Schiff zu fahren, kann man möglicherweise mehrere Fahrten mit verschiedenen Lkw so aneinander schneiden, als ob man einen Lastwagen aus verschiedenen Perspektiven bei der Fahrt gedreht hat. Wenn ein Protagonist sich in einer Einstellung bückt und er in einer anderen aufsteht, könnte ein Bewegungsschnitt klappen. Wenn der Ärmel eines Protagonisten durch ein Motiv wischt, könnte das an ein totaleres Bild von ihm passen, in dem er mit den Armen wedelt. Man achtet also auf potenzielle Übergänge, die natürlich nie so perfekt sein können wie inszenierte Anschlüsse. Aber darin liegt ja gerade der Reiz von Reportageschnitten.

Die Kategorie der Zwischenschnitte ist nur für echte Notfälle gedacht und selbst bei echten Notfällen sollte man lieber auf einen Zwischenschnitt verzichten. Zwischenschnitte sind Einstellungen, die so neutral sind, dass sie beinahe überall dazwischen passen. Sie sind allerdings auf Grund ihrer Neutralität meist so inhalts- und beziehungslos, dass sie jede dramaturgische Entwicklung und jede formale Eleganz zerstören. Auch An- und Abschwenks können zu schlechten Zwischenschnitten werden, wenn sie unsere Aufmerksamkeit unmotiviert z.B. auf irgendeinen unwichtigen Kronleuchter lenken. Eine Einstellung oder ein Schnitt, der nicht mehr zum Film beisteuert, als zwei Bilder aneinander zu bringen, der nicht vorantreibt, überrascht, orientiert, ist zu billig.

Der Ablaufplan. Es gibt zwar keine festen Regeln beim Filmemachen und schon gar keine beim Schnitt. Trotzdem sollte der Autor nach dem Sichten einen Ablaufplan für die Reportage machen, der den Ablauf der Komplexe gliedert. Dieser Ablauf kann nichts Endgültiges sein, er ist eine Diskussionsgrundlage. Ein Ablauf gibt jedem die Möglichkeit, sich zeitig mit der Gesamtdramaturgie auseinander zu setzen. Für den Autor ist es ein heilsamer Zwang, klare Komplexe zu entwickeln, die bei der Reportage im Regelfall Drehorten oder Phasen von Handlungsabläufen entsprechen.

Der Rohschnitt. Jetzt heißt es, sich Sequenz für Sequenz, Komplex für Komplex durch das Material zu arbeiten, um zum ersten Rohschnitt zu kommen, der mit Sicherheit länger sein wird als die angepeilte Sendelänge. Man wird sich häufig mehrere Optionen offen halten, denn wie eine Sequenz optimal gebaut wird, das lässt sich erst im Zusammenspiel mit den anderen Filmteilen entscheiden.

Im Regelfall wird man die Arbeit am Rohschnitt mit dem geplanten Filmanfang beginnen. Nur wenn es zentrale Komplexe gibt, bei denen man unsicher ist, ob und wie lange sie tragen, kann es sich empfehlen, diese zuerst zu schneiden. Meist ist es am besten, die Reportage vom Anfang zum Ende hin aufzubauen.

Normalerweise gibt es einige Einstellungen pro Sequenz, die unverzichtbar sind, die sich aber nie problemlos aneinander schneiden lassen. Dann stellt sich die Frage, wie kommt man, ohne überflüssige Einstellungen dazwischen zu schneiden, von der einen zur anderen Einstellung. »Bevor man auf attraktive Takes verzichtet, weil sie nicht schneidbar erscheinen, oder Takes dazwischensetzt, die spannungslos sind, sollte man auch Übergänge versuchen, die theoretisch unmöglich erscheinen,« sagt die ZDF-Cutterin Heidi Sommer. »Jeder Take muss die Geschichte vorantreiben und darf keine Verlegenheitslösung sein.«

Auch mit jahrelanger Berufserfahrung wird man immer wieder überrascht, dass Bildschnitte funktionieren können, obwohl der Protagonist in der einen Einstellung den linken Arm hebt und in der nächsten den rechten oben hat. Oder dass es funktionieren kann, in der ersten Einstellung einen Container zu zeigen, der von einem Schiff gehoben wird, während Arbeiter auf ihm herumturnen – und beim folgenden Take schwebt der Container ohne Begleitmannschaft weiter.

Beim Bau einer Sequenz geht es immer wieder um die gleichen einfachen Fragen:

- Welcher Take liefert einen attraktiven Einstieg?
- Welcher Take ist stark genug für den Höhepunkt?
- Welcher Take bietet einen Schluss?

Übertragen auf das Modell des klassischen Sequenzbogens müssen die ausgewählten Takes diese Funktionen erfüllen:

> Orientierung – Bestätigung – Hinführung
> – Höhepunkt – Entspannung (Rückbestätigung)

Natürlich ist dies nur ein theoretisches Modell, das in der Praxis variiert werden muss. Eine Einstellung kann z.B. gleichzeitig mehrere Funktionen erfüllen. Eine Sequenz kann auch mal mit dem Höhepunkt anfangen. Eine Sequenz kann verwirrend, also ohne Orientierung anfangen, wenn das später aufgelöst wird. Ein Film, der nur aus Normsequenzen aufgebaut ist, wird sehr schnell langweilig. Wer sich allerdings nicht um klare Sequenzen bemüht, produziert einen diffusen, beliebigen Film und ist in Gefahr, seinen Geschichtsfaden zu verlieren. Der größte Feind der Reportagesequenz ist der Bildteppich, bei dem die zweite mit der fünften und die dritte mit der ersten Einstellung vertauscht werden kann, ohne dass es einen Unterschied macht. Dass jede Einstellung ihren Platz hat, ist ein wesentliches Kriterium für einen gelungen Reportageschnitt.

Reduzieren, Verdichten, auf Länge bringen. Wenn ein Film im Rohschnitt vorliegt, kann man zum erstenmal beurteilen, ob das Konzept aufgeht. Es werden sich unvermeidlich Stellen finden, die zu lang, zu kurz oder sonstwie korrekturbedürftig sind. So wie es bei der Themenfindung nötig war, sich auf ein möglichst eng definiertes Thema zu beschränken, so ist es bei der Verdichtung sinnvoll, die Geschichte aus Zeit- und aus Inhaltsgründen auf klare Handlungsabläufe und Konflikte zu reduzieren. Aspekte, die zu stark ablenken oder unverständlich sind, werden herausgenommen. Immer wieder muss man überprüfen, wie viel von einem Ereignis gezeigt werden muss, damit es für Zuschauer nachvollziehbar ist. Schildert man den Ablauf eines Ereignisses über zu wenige Phasen, ohne Anfang, Höhepunkt und Entspannung, entwickelt sich keine Geschichte. Erzählt man ihn zu ausführlich, wird es langweilig. Auch einfache Lücken in Abläufen (Ellipsen) – jemand fährt im Auto zu einem Haus, in das er in der nächsten Einstellung schon hineingeht, ohne im Bild ausgestiegen zu sein – zeigen schon dramaturgische Wirkung.

> »Bei bewußtem Einsatz von Lücken als Gestaltungsmittel sind diese so kalkuliert, daß sie ergänzt werden können. Diese Art der Montage steigert Aufmerksamkeit, Spannung oder Lernprozeß, solange ein bestimmter Grenzwert nicht überschritten wird. Andernfalls kommt es zur Verwirrung.« (Kerstan 1990, 41)

Das Verdichten wird an manchen Stellen richtig wehtun, denn fast immer wird man sich von Szenen, die man geradezu lieb gewonnen hat, trennen müssen. Im letzten Stadium, wenn es darum geht, auf die Sendelänge zu kommen, ist es dann oft besser, ganze Sequenzen zu kippen, statt zu versuchen, überall ein paar Sekunden einzusparen. Denn die Gefahr des letzten Kürzens besteht darin, aus Zeitgründen wichtige Schlüsselszenen zu kurz zu schneiden. Damit würde man den Zuschauer um die Möglichkeit bringen, diese Szenen *mitzuerleben*. Die Devise ist: Weniger Situationen zeigen, die aber richtig.

Der Feinschnitt – Übergänge optimieren. Schon im Rohschnitt musste man sich dem Problem stellen, das üblicherweise auftritt, wenn man seinen idealen Anfang, Höhepunkt und Schluss gefunden hat: Die Einstellungen passen zunächst nicht aneinander. Selbst für unerschrockene Reportage-Cutter haken die Übergänge – noch. Jetzt beginnt die Feinarbeit.

Reportage-Cutter haben eine ganze Reihe von Mitteln, Einstellungen *ineinander wachsen* zu lassen. Zunächst nutzen sie alle Punkte, an denen Einstellungen miteinander korrespondieren. Bewegungen bieten sich an, die in einem Bild beginnen und im nächsten weitergeführt werden können, wie eine Drehung des Kopfes. Bei Ransprüngen kann man überlappende Bildelemente ausnutzen, wenn z.B. beim Schnitt von einer Person auf ein vor ihr liegendes Stück Papier noch der Wischer der Hand über das Papier mitgenommen wird. Blicke können Einstellungen verbinden. Und wenn nichts mehr hilft, gibt es immer noch den Ton. Geräusche oder Sprache, so geschnitten, dass sie über den Schnitt laufen, verbinden disparate Einstellungen. Ein kräftiger Toneffekt kann zur Ablenkung eingebaut werden.

Selbst korrespondierende Einstellungen im Reportagematerial bieten fast nie Übergänge, die so perfekt sind wie inszenierte Anschlüsse. Irgendetwas an einem Reportageübergang ist immer falsch. Mal hält einer in der einen Einstellung eine Zigarette in der Hand und in der nächsten ein Stück Papier, mal trägt er eine Brille, mal keine. Fast immer sind es Bewegungen, die einen reportagegemäßen Übergang dann doch ermöglichen. Die Kunst besteht darin, die beiden Punkte zu finden, in denen die Summe der Bewegungen des ersten Takes bruchlos in die Summe der Bewegungen des zweiten Takes übergeht. Verhältnismäßig einfach ist das noch, wenn es im ersten und im zweiten Take je eine Hauptbewegung gibt. Dann versucht man die Stellen für den Übergang zu nutzen, an denen der Blick des Zuschauers bei beiden Takes durch die Bewegungen an dieselbe Stelle des Monitors gelenkt wird. Doch meist hat man es mit vielen verschiedenen gegenläufigen Bewegungen zu tun, die ineinander übergeleitet werden müssen. Manchmal ist bei Cuttern zu beobachten, wie sich ihr Körper im Rhythmus der Bilder bewegt, als sollte die Bewegung der Filmbilder mit allen Sinnen erspürt und wahrgenommen werden, bevor der Schnitt gemacht wird.

In Reportagen folgt die Kamera oft einem Protagonisten. Diese Gänge sind fast immer zu lang, um sie ungeschnitten in den Film zu übernehmen. Ein Reportage-Cutter muss in der Lage sein, solche mit bewegter Kamera gedrehten Gänge in sich zu kürzen, ohne dass der Protagonist das Bild verlässt.

Um das Auge für den Schnitt zu schulen, ist es empfehlenswert, gelungene Reportagen auf Video aufzunehmen und im Langsamgang anzuschauen. Bei Reportagen, die Geschichten erzählen und die nicht nur verkappte Berichte sind, bauen die Takes aufeinander auf. Man wird sehen, wie viele – im konventionellen Sinne – *Anschlussfehler* zu entdecken sind. Das fällt aber erst auf, wenn man die Szenen mehrmals anschaut. Es ist spannend herauszufinden, warum die Schnitte dann doch funktionieren. Weil kein Schnitt für sich alleine steht, sollte man sich nicht nur einzelne isolierte Schnitte anschauen, sondern sie mit einem größeren Vorlauf im Zusammenhang mit vorangegangenen und folgenden Schnitten bewerten.

Es werden immer kühnere Übergänge möglich, weil die Medienerfahrung der Zuschauer wächst. Musste früher der Protagonist aus dem Bild gehen, um dann an einem neuen Ort wieder zu erscheinen, reicht heute schon ein kleines *Wegdrehen* am Ende des ersten Takes und ein kleines *Reindrehen* ins Bild zu Beginn des zweiten Takes. Jeder Schnitt ist möglich, »solange er das Auge nicht beleidigt,« sagt die ZDF-Reporterin Ursula Scheicher. Dazu gehört aber zwingend, dass dem Zuschauer eine nachvollziehbare Geschichte folgerichtig erzählt wird, an deren Ablauf er sich orientieren kann. In der Abfolge der Einstellungen darf keine Desorientierung stattfinden, die Einstellungen müssen glaubhaft aufeinander folgen. Das ist für die Reportage wichtiger als saubere Schnitte. Schwierige Schnitte werden durch die Logik dieser Geschichte getragen. Bewegungen helfen dabei genauso wie bildüberlappende Elemente, die Anschlüsse suggerieren, wo es sich nur um gefundene Übergänge handelt.

Rhythmus. Zeit spielt im Filmschnitt eine große Rolle. Lässt man eine Einstellung länger stehen, gewinnt sie an Bedeutung. Durch ein paar zusätzliche Bildfelder kann das Ende einer Sequenz angedeutet werden. Ein paar Felder weniger können Unruhe und Hektik vermitteln. Über den Schnittrhythmus werden Gefühle erzeugt. Es liegt am Geschick des Cutters durch Auslassungen und Kürzungen der Handlung (Ellipsen) und durch konsequentes Ausarbeiten zentraler Szenen dem Film den richtigen *drive,* das richtige *timing*, die richtige *Komposition* zu geben. Dabei gilt die Grundregel, wenigen wichtigen Szenen die nötige Zeit zu geben und andere, die nur halb gelungen sind, am besten gleich ganz wegzulassen.

Der Rhythmus der Takes ist beim Filmschnitt ebenso wichtig wie der Rhythmus eines Gedichtes oder der Rhythmus eines Musikstückes. Er entsteht aus Spannung und Entspannung, Tempo und Ruhe, Kontinuität und Wechsel. Ob der Rhythmus stimmt, überprüft man immer wieder durch Ansehen längerer geschnittener Filmteile. Man kann versuchen, seinen Körper im Rhythmus der Bilder *mitschwingen* zu lassen. Dabei merkt man schnell, ob der Film *fließt* oder ob er irgendwo *hakt.* Ein stimmiger Rhythmus trägt den Zuschauer durch den Film.

> »In Analogie zu Lebensprozessen wie der Atmung oder dem Herzschlag ›haucht‹ eine rhythmische Anordnung den toten, nur mechanischen bewegten Bildern Leben ein. Dies könnte man die biologische Funktion von Rhythmus in der Kunst nennen. Rhythmus hat mit Bewegung zu tun, und Bewegung wird mit Leben assoziiert; mit

ständig wechselnder Bewegung, und das setzt schon voraus, dass auf die *découpage* und Montage dabei kaum zu verzichten ist. Aber Rhythmus ist mehr: Susanne Langer hat die rhythmische Ordnung der Elemente eines Kunstwerkes einmal sehr treffend umschrieben als das jedes Mal aufs neue Ansetzen von Spannung durch das Auflösen der vorhergehenden Spannung. Jede neue Bewegung, von kurzer oder längerer Dauer, schafft beim Zuschauer eine gewisse Spannung, konfrontiert ihn sozusagen mit einer Frage, auf die er eine Antwort verlangt. Wenn diese Spannung ihren Höhepunkt erreicht hat, muss sie aufgelöst, muss die Frage beantwortet werden. Diese Antwort führt selbst wieder zu einer neuen Frage usw. Auch in dieser Hinsicht gleicht der Rhythmus eines Kunstwerkes einem Lebensprozess wie der Atmung. Dieser rhythmische Verlauf des (Film-)Kunstwerkes verursacht beim Zuschauer eine affektive Resonanz: die Bewegungen der Filmbilder korrespondieren mit der Bewegtheit des Zuschauers. [...] Und schließlich, und das bildet eine selbstständige Funktion des Rhythmus, bindet er die einzelnen Teile eines Kunstwerkes zusammen zu einer organischen Ganzheit, einer Einheit, in welcher alles mit allem in Verbindung tritt.« (Peters 1993, 42f.)

Unsauberkeiten. Oft werden in Reportagen bewusst Unsauberkeiten der Kamera erhalten, um den Eindruck von Authentizität zu stärken. Beispielhaft dafür sind die Personenbeschreibungen von Georg Stefan Troller im ZDF. Die meisten wurden von der Cutterin Elfi Kreiter geschnitten. Eine ausführliche und hier in ganzer Länge zitierte Schnittanalyse der Personenbeschreibung RON KOVIC – WARUM VERSCHWINDEST DU NICHT beschreibt im Detail, wie dort gearbeitet wurde. In diesem Film geht es um einen amerikanischen Vietnamfreiwilligen, der im Krieg seinen eigenen Corporal aus Versehen erschossen hat, selbst als Krüppel zurückkehrte und sich durch seine Erfahrungen vom Kriegshelden zum Kriegsgegner wandelte.

»Acht wackelige Sekunden. Die erste Einstellung des Films braucht geschlagene acht Sekunden, bis sie sauber ist und ruhig steht. Und mit so etwas Unsauberem fängt der Film an. Und dann sehen wir in der zweiten Einstellung einen Mann ohne Zigarette, der in der folgenden Einstellung plötzlich raucht. Ein klassischer Anschlussfehler!? Und die Szene selbst. Ein Krüppel zieht sich aus und entleert seinen Urinbeutel in das Klo. Muss man das zeigen? Warum ist das so geschnitten worden? [...]

Die ersten acht Sekunden der Personenbeschreibung über Ron Kovic haben eine Signalwirkung auf den Zuschauer. Ein Männerkopf, schnauzbärtig, liegend, hustend, versucht hoch zu kommen. Unschärfen. Wären diese acht Sekunden abgeschnitten, hätten wir keinen angestrengten Kopf beim Hochkommen gesehen, sondern einen Mann, dessen Oberkörper bereits aufgerichtet ist und der ruhig auf dem Bett sitzt, bevor er sich, die Beine leblos hängend, in den daneben stehenden Rollstuhl wuchtet. Ein ordentlicher Bildanfang wäre das. Aber auch ein langweiliger Bildanfang. Allzu konventionell. Mitten in das Hochkommen zu schneiden, zeigt, der da, von dem wir erfahren werden, dass er ein Kriegsinvalider ist, tut etwas. Er strengt sich an, auch wenn es nur darum geht, den Kopf hochzukriegen. Dass in die Aktion der Kamera hineingeschnitten wird, dass sie keine Sekunde groß auf dem Kopf ist, bevor sie aufzieht, signalisiert dem Zuschauer, hier ist die Kamera mitten drin, hier geht die Kamera mit. Und der Zuschauer hat den Genuss, für einige Sekunden irritiert zu sein, zu rätseln, was passiert, bevor er die Situation erkennt. Die acht Sekunden Wackeln sind eine kalkulierte Unsauberkeit, die für den Zuschauer nicht nur den Charakter des Protagonisten definieren (ein Krüppel, aber aktiv) sondern auch den Stil des Films signalisieren (hier springen wir mitten hinein und sind groß dran). Ein kleiner Effekt mit Wirkung.

Die Zigarette, die dem Freund von Ron Kovic beim Umschnitt von der zweiten in die dritte Einstellung sozusagen in den Mund springt, hat keine dramaturgische Bedeutung. Der Witz an der Sache ist nur, dass die beiden Einstellungen so rasant ineinandergeschnitten sind, dass man den ›Anschlussfehler‹ nur in der Analyse sieht. Daran zeigt sich die Bereitschaft und die Fähigkeit der Cutterin Elfi Kreiter, Einstellungen zusammenzufügen, die bei ängstlicher konventioneller Betrachtung eigentlich nicht zueinander passen und die trotzdem in der Montage für den Zuschauer sinnvoll zusammengefügt werden können.

Ron Kovic lernen wir in der Anfangssequenz kennen, wie er sich nach dem Aufstehen auszieht, seinen Urinbeutel in die Toilette leert und badet. ›Ich bin wie eine lebensgroße Marionette mit durchschnittenen Fäden [...] Ich lebe weiter mit meinem eigenen Leichnam, der Krüppel, der Hinkemann, der Mann mit dem toten Schwanz‹, kommentiert Troller mit Ron Kovics Worten. Die Szene ist schockierend, provozierend und soll, so Elfi Kreiter, dem Zuschauer nicht nur den körperlichen, sondern auch den seelischen Zustand dieses Mannes nahe bringen. Diese Szene eröffnet den Film. [...]

Die Bilder erzählen eine kontinuierliche Handlung. *Zuerst* wuchtet sich Ron aus dem Bett hoch in den Rollstuhl, *dann* zieht er sich aus, *dann* entleert er seinen Urinbeutel ins Klo, *dann* geht er in die Badewanne, *dann* kommt der Sohn seines Freundes Bob auch in die Badewanne, *dann* plantschen sie vergnügt miteinander, [...].

Das klingt vielleicht in der nüchternen Aufzählung langweilig und ist doch spannendstes Dokumentarfernsehen. Und es klingt in der Folgerichtigkeit des Ablaufes nach Spielfilm, der Geschichten Schritt für Schritt kontinuierlich zeigen kann, weil alles Bild für Bild inszeniert ist. In unserem Beispiel formt der Schnitt die spielfilmhafte Erzählstruktur indem er dem authentischen Material Ordnung gibt und es in all seiner Disparatheit und Zufälligkeit in einen Fluss zwingt. Hinterher ist dann von der Anstrengung nichts mehr spürbar und die Bilder fließen wie selbstverständlich ineinander. Dies gelingt aber nur mit überraschenden und unkonventionellen Schnitten. [...]

Dabei signalisiert der Schnitt, indem er den Zufällen des Materials folgt, Authentizität und Spontaneität, eben Lebendigkeit, und das ist für die Macher das Wichtigste. Indem sich der Schnitt dem Primat einer Handlung unterwirft, der Notwendigkeit, Geschichten mit dokumentarisch gewonnenem Material in kurzer Zeit stringent zu erzählen, zwingt er sich zu unkonventionellen Lösungen und eröffnet sich damit jede Freiheit. Unsauberkeiten im traditionellen Sinne sind in den Personenbeschreibungen kein notwendiges Übel, sondern geradezu das Salz in der Suppe. Und manche kühnen Übergänge erkennen selbst die Profis nicht und sie wirken doch. Dazu Beispiele aus einem anderen Film, ›Stan Rivkin - der letzte der Kopfgeldjäger‹. Wenn Rivkin sich zum Beispiel auf der Jagd nach einem Kriminellen am Busbahnhof herumtreibt, in einen Bus einsteigt und nach einer Körperdrehung in einer U-Bahn weiterfährt, dann merkt es kein Zuschauer und doch vermittelt sich das Gefühl von Tempo. Oder die folgende Filmstelle: Nach der langen, bisher vergeblichen Jagd auf sein Opfer, fährt Rivkin im Auto durch ein verkommenes Stadtviertel, die Kamera sucht mit durch das Seitenfenster. Plötzlich wird es hektisch. Rivkin hat den Gesuchten entdeckt, endlich. Das Auto beschleunigt, die Kamera, sowieso schon unruhig und nervös, kippt hoch und kommt wieder runter. Das wirkt wie eine Einstellung, dabei ist Rivkin vor dem Runterschwenk längst aus dem Auto gesprungen, und setzt seine Jagd auf der Straße fort. Die Kamera, die ebenfalls schon längst das Auto verlassen hat, sucht hinter einem parkenden Wagen Deckung. Der Schnitt liegt quasi unsichtbar in dem ›verwackelten‹ Abschwenk der Einstellung aus dem noch fahrenden Auto und dem ›verwackelten‹ Anschwenk der Folgeszene auf der Straße. Mehrere Dutzend Fachkollegen haben diesen Schnitt bei der Vorführung trotz eines vorherigen Hinweises nicht wahrgenommen. Es ist ein Schnitt, der Zuschauer wie auf einer Rutschbahn durch die im Film notwendigen Zeitsprünge der Jagd sausen lässt. Schneidet man diese Wackler heraus, säubert man die Bilder, dann sind konventionelle Übergänge die Folge, dann ist Langeweile die Konsequenz. Gerade aus dem beinahe lustvollen Suchen nach kleinen und größeren Grenzverletzungen, nicht vorhersagbaren Schnitten, entsteht ein Reiz dieser Filme. Auf der Folie klarer inhaltlicher Sequenzen kann sich diese Virtuosität der Grenzverletzungen entwickeln, sowohl die der Kamera, als auch die des Schnittes. [...]

Bei aller Kühnheit der Einzelschnitte sind in der Personenbeschreibung ›Ron Kovic‹ die Abläufe konsequent und klassisch gebaut. Nach dem Baden zieht sich Ron Kovic wieder an, *dann* fährt er im Rollstuhl zum Strand, *dann* trifft er Freunde, *dann* fährt er in eine Buchhandlung, *dann* verlässt die Buchhandlung, *dann* kommt er an eine Straße, *dann* trifft er Leute an dieser Straße. Die Achterbahnfahrt virtuoser Schnitte braucht ein solides (Erzähl-) fundament, damit man als Zuschauer nicht bei den plötzlichen Beschleunigungen und Wendungen des Films aus der Bahn geworfen wird.« (Witzke 1999, 273f.)

Nicht immer schneiden. Zu den wichtigsten Schnittentscheidungen gehört auch die Frage, wann man nicht schneidet. Einstellungen, die spannende Entwicklungen zeigen, sollten nicht nur wegen der knappen Sendezeit in sich gekürzt werden. Manchmal erhöht es die Authentizität und die Glaubwürdigkeit besonderer Situationen, wenn so wenig wie möglich geschnitten wird. Es kann ratsam sein, auf Randsequenzen komplett zu verzichten, um zentrale Sequenzen länger ausspielen zu können.

Zusammenwirken von Reportagekamera und Reportageschnitt. In der Reportage bilden Kameraarbeit und Schnitt ein in sich stimmiges System. Die Reportagekamera nimmt soviel wie möglich von einem Geschehen auf, kann sich aber – um die Authentizität zu erhalten – nicht um klassische Anschlüsse kümmern. Sie folgt Bewegungen und bleibt selbst in Bewegung. Der Schnitt arbeitet die Kern-Geschichte aus dem Rohmaterial konsequent heraus. Aus der Fülle des Gedrehten wählt er die entscheidenden Szenen aus und schafft damit Erzählungen, die in ihrem Ablauf Spielfilmszenen gleichen. Indem sich der Schnitt der Logik der Geschichte unterwirft, ist er gezwungen, unkonventionelle Übergänge zu finden, die das Gefühl des Authentischen beim Zuschauer steigern. Diese riskanten Schnitte sind oft nur wegen der Bewegungen der Kamera und der Bewegungen im Bild möglich. Sie sind für den Zuschauer nachvollziehbar, wenn die Geschichte folgerichtig erzählt wird, wenn die Bewegungen, der Rhythmus und die Atmosphäre stimmen und wenn korrespondierende Einstellungen für den Schnitt genutzt werden. Die Basis riskanter Reportageschnitte ist eine klare Grundstruktur aus Sequenzen und Komplexen, die den Zuschauer durch den Film geleitet. Für den Zuschauer muss es immer zweifelsfrei klar sein, worum es gerade geht, wo er sich gerade befindet und wer der Hauptprotagonist ist. Der Zuschauer darf nicht verwirrt oder desorientiert werden, es sei denn, das ist ein Teil der Geschichte. Das Material und seine Anordnung muss Glaubwürdigkeit ausstrahlen. Wenn das alles stimmt, steigern Schnitte am Rand des Möglichen das Sehvergnügen. Diese Form des dokumentarischen Schnittes ist übrigens so attraktiv, dass er inzwischen auch in Spielfilmen benutzt wird. Unter dem Label »Dogma« hat sich sogar eine eigene Spielfilmrichtung gebildet, die authentische Arbeitsmethoden für ihre szenischen Produktionen einsetzt.

Kriterien des Reportageschnittes. Um festzustellen, ob ein Reportageschnitt gelungen ist, kann man die folgenden Fragen an den Film stellen:

- Kann man die Sequenzen, die Komplexe, den Film als einfache Geschichte(n) in einem Satz nacherzählen?
- Sind die Handlungsabläufe glaubwürdig aufgebaut, ohne Desorientierungen, ohne verwirrende Elemente?
- Gibt es häufig Übergänge mit korrespondierenden Einstellungen?

- Ist es unmöglich, Einstellungen auszutauschen, weil jede ihren eindeutigen Platz hat?
- Gilt dasselbe für die Sequenzen und Komplexe?
- Hat der Film einen harmonischen Rhythmus?

Gefahren der Manipulation. Dass es reine Objektivität nicht gibt, ist offensichtlich. Deshalb ist Gestaltung aber nicht gleich Manipulation. Das Ziel des Filmschnittes ist es, eine Geschichte gut und spannend zu erzählen. Also muss das Rohmaterial *gestaltet* werden. Über die Montage wird es verdichtet, das Seherlebnis wird intensiviert. Beim Filmschnitt geht es immer wieder um die Frage, wo der Wille und die Notwendigkeit zur *Gestaltung* die Grenze zur *Manipulation* überschreitet. Nirgendwo ist die Versuchung, dem Reporterglück mit unstatthaften Methoden nachzuhelfen, so groß wie im Schneideraum. Schließlich kann der Schnitt Bilder zusammenfügen und Zusammenhänge herstellen, die nie bestanden haben.

Es kann noch komisch wirken, wenn nach einer Parlamentsdebatte – durch ein Versehen im Schneideraum – die politischen Gegner des Redners diesem begeistert Beifall spenden. Nicht mehr witzig und für den Zuschauer nicht mehr erkennbar ist das folgende Beispiel: In einer Reportage sollte das Haus von Menschen gezeigt werden, die in kriminelle Machenschaften verwickelt sein sollen. Da es nicht erlaubt war, das richtige Haus von außen zu filmen, entschloss sich der Reporter, ein Ähnliches filmen zu lassen. Weil das Ganze im Ausland stattfand, man also nicht mit Zuschauerprotesten rechnete, wurde das ähnliche Haus als der wirkliche Wohnort der Protagonisten ausgegeben. Das ist so falsch wie ein falsches Zitat in einem geschriebenen Text. In demselben Film schaute eine Person aus einem Fenster. Im zweiten Take wurde gezeigt, was sie angeblich sah: Dealer, die auf der Straße Drogen verkauften. So wurde die Allgegenwärtigkeit der Kriminalität behauptet. Tatsächlich wurde der Take mit den Drogendealern in einer anderen Stadt aufgenommen. Über Blicke wurden die beiden Szenen verbunden, die in der Wirklichkeit nichts miteinander zu tun hatten. So werden Geschichten auf Kosten der Wirklichkeit gebaut. Hier sind die Grenzen zur Manipulation überschritten.

Natürlich ist es im Schnitt erlaubt, aus sich wiederholenden Vorgängen die optimalen Takes zusammenzubauen. Wenn ein Ingenieur Flugzeuge wartet, ist es vorstellbar, eine filmisch optimale Wartungsgeschichte aus mehreren einzelnen Wartungen zu montieren. Zur Manipulation wird es dann, wenn so viele Defekte verschiedener Flugzeuge zusammengeschnitten werden, dass der Eindruck entsteht, ein einziges Flugzeug habe eine unüberschaubare Anzahl an Defekten und sei eigentlich ein fliegendes Sicherheitsrisiko.

> »Die Schilderung der vielfältigen Veränderungen, die das Ausgangsmaterial im Laufe der Montage erfährt, wird bei manchem Leser vielleicht das naive Vertrauen in die Glaubwürdigkeit des Dokumentarfilms erschüttern. Die große Versuchung der Montage ist es, eher zuviel als zuwenig zu verändern, dem eigenen Spieltrieb hemmungslos nachzugeben, die Grenze zwischen Gestalten und Manipulieren zu überschreiten und so Menschen, Aussagen, Gefühle, Ereignisse, die ›gefundene‹ Realität nur als Material für eine künstlerische Form oder eine bestimmte Meinung zu benutzen. Die Stärke des Dokumentarfilms, dass etwas eben nicht inszeniert, gemacht, glatt und manipuliert wirkt, sondern echt, darf man jedoch auf keinen Fall leichtfertig verspielen. Oft besteht die Kunst gerade in der Zurückhaltung bei der Montage. Technische Unzulänglichkeiten, ein verwackelter Schwenk, ein Versprecher, ein flüchtiger Blick in die Kamera, ein ins Bild ragendes Mikrophon stören nicht, denn der Zuschauer durchschaut die Aufnahmesituation, erwartet gar keine Perfektion und empfindet oft sogar das nicht so Glatte als authentischer. [...] Ich muss charakterisieren, gewisse Züge herausarbeiten und andere weglassen, stilisieren, und interpretieren. Meine Macht über sein Bild verlangt allerdings dokumentarische Redlichkeit und Verantwortungsgefühl. Denn technisch ist es möglich, jemandem sogar buchstäblich das Wort im Munde herumzudrehen. Es bleibt der Redlichkeit des Cutters und des Regisseurs überlassen, den Sinn des Gesagten nicht zu verfälschen und der Person, dem Ereignis, dem portraitierten Gegenstand gerecht zu werden.« (Balkenhol 1993, 124f.)

3.7.1 Die Vertonung

Schon während des Bildschnittes spielt der Ton eine wichtige Rolle. Schließlich beeinflusst der Ton sehr stark die Stimmung und die Aussage eines Bildes. Das wird schon daran deutlich, dass Takes ohne Ton kürzer wirken als Takes mit Ton. Ein idyllisches Bild wirkt durch einen lieblichen, heiteren Ton noch idyllischer, durch einen bedrohlichen Ton dagegen wird die Idylle aufgehoben. Ebenso kann man einem harmlosen, neutralen Bild durch einen bedrohlichen Ton etwas Furchterregendes geben. Die Hintergrundgeräusche schaffen die Atmosphäre eines Filmes. Sie geben Hinweise darauf, welche Szenen zusammen gehören und wo etwas Neues beginnt. Über den Ton können Stimmungen erzeugt, Räume definiert und raumzeitliche Abläufe spürbar gemacht werden. Im Kapitel zu den »Grundlagen der Fernsehgestaltung« (S. 85) ist das erläutert worden.

Der Ton hat eine große Bedeutung für das Funktionieren von Bildschnitten. Manchmal *hilft* der Ton regelrecht beim Schnitt des Bildes. Ein Beispiel aus der ZDF-Reportage von Georg Stefan Troller STAN RIVKIN – DER LETZTE DER KOPFGELDJÄGER (ZDF 1985): Das Team ist im Auto mit einem Detektiv unterwegs. In einer üblen Gegend ist er auf der Jagd nach einem Kleinkriminellen. Eine Prostituierte kommt tänzelnd auf das stehende Auto zu, die Kamera filmt von innen. Da es zu lange dauert, bis sie das Autofenster erreicht, hat die Cutterin Elfi Kreiter einfach ein großes Stück dieses Ganges herausgeschnitten. Das heißt, die Frau *springt auf der optischen Achse* unvermittelt an das Auto heran. Das ist ein Schnitt der normalerweise so nicht gemacht wird, weil er zu stark *springt*. Die Cutterin sagt zu ihrem harten Schnitt:

> »So ein Schnitt kann ins Auge gehen, aber es hat hier im wesentlichen durch den Tonschnitt geklappt, durch ein über den Bildschnitt gelegtes lautes Wort: ›Don't do that.‹ ›Do‹ hat sie betont gesprochen. Mit Ton kannst du Bildschnitte so zusammenbinden, dass du sie dir anders gar nicht mehr vorstellen kannst. Es kommt immer darauf an, wo du im Ton schneidest. Wenn du auf der Spitze im Ton schneidest, wird der Schnitt hart. Das ist besonders wichtig, wenn du Musik schneidest. Je härter der Rhythmus, desto härter die Schnitte, und je versetzter du schneidest, desto weicher werden die Schnitte. Man muss das auch bei Geräuschen raushören oder eben bei Sprache.
>
> Überhaupt ist die Tonbearbeitung sehr, sehr intensiv. Ich arbeite vom Anfang des Schnittes an auf zwei Bändern, versetze dabei schon Töne, um Schnitte möglich zu machen. Und dann gibt es in den Originalgeräuschen immer interessante Töne, sagen wir mal, den Ton, wie jemand ein Glas zerschmettert. Wenn das an einer Stelle sitzt, wo es mir vom Bild her nichts bringt – warum muss ich es dann dort sitzen lassen? Das hole ich mir an eine Stelle, wo es einen Sinn

macht, wo es was unterstützt, wo es die Atmosphäre verdichtet. Das ist nicht gemogelt, weil wir nicht die Zeit haben, die ganze Einstellung zu zeigen.« (Kreiter 1999, 119f.)

Zu den Vertonungsarbeiten, die meistens schon während des Bildschnittes beginnen, gehört die Platzierung von Off-Tönen. Wendet der Protagonist der Kamera den Rücken zu oder verlässt gar das Bild, kann man in seiner Sprache schneiden, ohne dass es auffällt. Es ist dann möglich, Sätze zu raffen, um Zeit zu gewinnen oder um verständlicher zu werden. Es ist auch möglich, passende Aussagen aus anderen Stellen zu nehmen, wenn sie die Situation nicht verfälschen. Ziel des Schnittes ist es auch hier, die Wirkung zu intensivieren und Bilder und Töne in die Form einer miterlebbaren Geschichte zu bringen.

Nachdem der Bildschnitt – unter gebührender Berücksichtigung des Tones – beendet ist, werden die originalen Tonspuren noch einmal bearbeitet und durch zusätzliche Töne ergänzt. Zu den Basisarbeiten bei der Vertonung gehört es, die Töne aufeinander folgender Takes auf verschiedene Tonspuren zu setzen. (Beim Film stellt man eine Reihe von Tonbändern her, die synchron zum Film laufen.) Damit bekommt man die Möglichkeit, später in der Mischung jeden Ton einzeln auszupegeln und gegebenenfalls auch einzeln zu filtern. Einzelne Tonstücke, wie eine zu leise Reporterfrage, die man später in der Mischung vom Pegel her anheben will, setzt man deshalb auf eine andere Tonspur.

Mit Hilfe der verschiedenen Tonspuren wird es möglich, lange Tonüberlappungen anzulegen, und so Töne zweier Takes bei der Tonmischung sanft ineinander zu blenden. Solche Blenden geben dem Zuschauer im Film das Gefühl einer raumzeitlichen Kontinuität. Schnitte man die Töne hart aneinander, gäbe es irritierende Tonsprünge. Überlappungen sollten nicht zu kurz sein, wenn es darum geht, raum-zeitliche Kontinuität auszudrücken. Die Wirkung steigert sich, wenn sie nicht nur wie üblich zwei, drei Sekunden lang sind, sondern acht, zehn oder noch länger.

Wenn zwei Takes aneinander stoßen, die entweder räumlich oder zeitlich nicht zusammengehören, wird man auf solche langen Überlappungen verzichten, um deutlich zu machen, dass etwas Neues passiert. Trotzdem ist es nötig, die Töne auf zwei verschieden Tonspuren zu setzen und eine kurze Überlappung von einigen Feldern herzustellen, um bei der Mischung die

Chance zu haben, durch kurze An- und Abblenden die beiden aufeinanderfolgenden Töne aneinander anzupassen.

Eine Basisarbeit der Vertonung ist es, die Originaltöne zu säubern. Das bedeutet, Störendes wie Windgeräusche, Regieanweisungen (»Schwenk doch mal nach rechts!«) oder technisch fehlerhafte Töne, soweit es möglich ist, herauszuschneiden. Die Lücken müssen durch oft mühsam zusammengesuchte Töne ersetzt werden, ohne dass es dem Zuschauer (und -hörer) auffallen darf. Mancher Reporter wünscht sich, dass seine »ähs« und »öhs«, mit denen er seine Off-Fragen unfreiwillig verziert hat, herausgenommen und durch passende Atmostücke ersetzt werden.

Heute kommt es seltener als in Zeiten der Filmkamera vor, dass einzelne Takes keinen Originalton haben, da die Videokamera den Ton automatisch mit aufzeichnet. Fehlt trotzdem mal der Originalton, dann muss eine glaubwürdige Geräuschkulisse aus vorhandenen Atmos und Tönen aus dem Geräuscharchiv gebaut werden. Fehlende Sprache kann so natürlich nicht ersetzt werden.

Manchmal ist es notwendig, im Ton etwas zu erzählen, das die Kamera nicht eingefangen hat. Bei Dreharbeiten zu der Reportage SPRECHSTUNDE IM SLUM (ZDF 1993) sah das Team vor einem kolumbianischen Krankenhaus, wie eine angeschossene Frau aus einem Auto gehoben und hineingetragen wurde. Es gab kein Bild, das diese Aktion einleitete, weil der Kameramann und der Reporter erst auf die Situation aufmerksam wurden, als das Auto schon stand und die ersten Helfer laut schreiend losliefen. Die Lösung der Cutterin Heidi Sommer war, über Bilder des Krankenhauseinganges Bremsenquietschen und Türenschlagen zu legen und einige der Schreie im Ton vorzuziehen, um die kommende Szene vorzubereiten. So wurde ein chronologischer Ablauf angedeutet und damit eine erzählbare Geschichte eingeleitet. Bilder und Töne sagen jetzt gemeinsam aus: »Vor dem Krankenhaus hält plötzlich ein Auto mit quietschenden Bremsen; aus dem Auto holen Helfer eine verletzte Frau.« Ohne diese Vorbereitung wäre die Szene filmisch ein isolierter Fremdkörper geblieben.

Die Vertonung ist nicht nur dazu da, Fehler oder Fehlendes auszugleichen. Sie soll auch tonlich einwandfreie Takes mit zusätzlichen Geräuschen ausgestalten und damit das Erleben des Zuschauers intensivieren. Jeder kennt die Dorftotale, der ein Läuten der Kirchturmglocken untergelegt wird. Das Risiko ist offensichtlich: Zu viele und vor allem falsche Töne wirken lächerlich und artifiziell. Sie zerstören die Authentizität des Bildes. Richtig gesetzte Toneffekte hingegen steigern die emotionale Qualität eines Bildes. Menschen können im Gegensatz zum Mikrofon einzelne Töne selektiv aus einem Tonwirrwarr heraushören. Der Wartende in einem Raum überhört vielleicht den Straßenverkehr, der durch das offene Fenster kommt und konzentriert sich auf das besagte Ticken der Wanduhr. Diese selektive Wahrnehmung kann mit Hilfe der Vertonung nachgebildet werden.

> »Der Cutter hat vielfältige Möglichkeiten, die Tonebene zu gestalten. Erstes Kriterium ist dabei sicherlich, die in der Szene real vorhandenen Töne originalgetreu wiederzugeben. Meist erhält man jedoch beim Dokumentarfilm erst dann einen realistischen Eindruck, wenn man übertreibt. Ich gehe deshalb oft über die am Drehort real vorhandenen oder vom Mikrophon erfassbaren Geräusche hinaus, um den Eindruck der Bilder zu unterstützen. In *Dein Land ist mein Land* habe ich immer, wenn ein Fenster in Bild war, die Hafengeräusche hervorgehoben und Tuckern, Nebelhorn und Möwen als Töne der Elbe hören lassen, obwohl real in der Hamburger Hafenstraße meist nur der Verkehr auf der Schnellstraße am Ufer zu hören ist. Mit kleinen Effekten wie Türknarren, Hundegebell, Vogelschreien, Autohupen, Sirenen, ›Ach so's‹ und ›Hmms‹ in Gesprächssituationen etc., die der Tonmann, wenn man Glück hat, als Nur-Ton reichlich gesammelt hat, lassen sich z.B. erstaunte Blicke motivieren, lautmalerische Stimmungen erzeugen (Nebelhorn, Möwen = Hafen, Meer) oder kommende Auftritte vorbereiten (eine mächtige Hupe kündigt z.B. einen riesigen Lastwagen an). Neben den kleinen Effekten kann man die Szene noch mit einer allgemeinen ›Atmo‹ unterlegen, die den Raum, die Tageszeit oder die Umgebung charakterisiert (Grillen = Nacht, südliche Landschaft; Hähne, Vögel = Morgen etc.). So entstehen mehrere Bänder, die nach Abschluß der Montage gemischt werden und dem Film die nicht zu unterschätzende, unterschwellige Tonatmosphäre geben.« (Balkenhol 1993, 134)

Wenn die Vertonung abgeschlossen ist, wird ein Mischplan geschrieben. Mit seiner Hilfe wird dem Mischmeister während der Tonmischung angesagt, wann ein Ton in welcher Lautstärke einzublenden ist. Während er früher mit der Hand geschrieben wurde, basiert er heute auf einem Ausdruck der *Timeline*, die ein Computerschnittplatz automatisch erzeugt.

3.7.2 Musikbearbeitung

Musik in der Reportage, das ist für manche ein heikles Thema, es sei denn, die Musik wurde während des Drehens aufgenommen und die Schallquelle ist im Bild zu sehen. Dann ist die Musik zweifelsfrei ein authentisches Element in der Reportage und ihre emotionalisierende Wirkung wird gerne und dankbar mitgenommen. Aber was ist, wenn die Musik extra für den Film komponiert wurde oder aus dem Musikarchiv stammt? Wenn sie erst im Schneideraum zusätzlich zu den Bildern angelegt wird? Dann beginnen die Diskussionen, an denen die widersprüchliche Struktur der Reportage deutlich wird. Schließlich soll die Reportage auf der einen Seite authentisch sein. Das ist Musik, die dazu gemischt wird, sicherlich nicht. (Übrigens ist es auch der Kommentar nicht.) Auf der anderen Seite soll die Reportage dem Zuschauer ein intensives Miterleben ermöglichen. Miterleben ist eine emotionale Kategorie und Musik schafft oder verstärkt Emotionen. Sie ist also ein ideales Mittel, um die Erlebnisqualität einer Reportage zu optimieren. Unabhängig davon, auf welcher Seite man in der Musikfrage steht, ist eines zu beobachten: Die Bereitschaft Musik einzusetzen, ist in den letzten Jahren deutlich gestiegen. Noch vor einigen Jahren war es verpönt, an eine Musikbearbeitung im Schneideraum auch nur zu denken. Heute hat sich das gewandelt. Heute muss man sich davor hüten, alles mit Musik *zuzuschmieren.* Auch hier gilt die alte Weisheit, dass die Dosis entscheidend für die Wirkung ist.

Musik, das haben viele Untersuchungen gezeigt, führt zu physiologischen Veränderungen bei den Zuhörern, meist zu Funktionserhöhungen, gelegentlich steigt sogar die Herzschlagfrequenz. Musikpsychologen gehen davon aus, dass diese Aktivierung zu einer Leistungssteigerung führen kann, allerdings nur bei einem mittleren Stimulierungsgrad. Versuche haben gezeigt, dass bei zu niedriger oder zu hoher Reizdosis Lernleistungen sinken. Beim richtigen Erregungsniveau steigen sie. Daraus folgert der Musikprofessor Josef Kloppenburg – in Anlehnung an den berühmten amerikanischen Filmkomponisten John Barry – ein gutes musikalisches Thema nur vier- bis fünfmal in einem Film einzusetzen.

> »Filmkomponisten und alle an der Entstehung eines Films Beteiligten scheinen zu wissen [...], dass ein optimales Aktivierungsniveau ein mittleres Maß an Aktivierung voraussetzt; denn bei zu häufiger Darbietung eines Reizes kommt es zur so genannten Habituation, der

Körper reagiert auf diesen Reiz nicht mehr mit einer Aktivierung, eine Tatsache, die gerade für die Musikanteile eines Films von großer Bedeutung ist.« (Kloppenburg 1999a, 2)

Die Wirkung von Musik im Film. Eine Erklärung der Wirkung von Filmmusik stützt sich auf die »kognitive Emotionstheorie von Schachter und Singer« (1962):

> »Musik [...] bewirkt im Hintergrund des Films eine unspezifische Erregung, deren Erklärung – dem Zuschauer nicht bewusst – das Filmgeschehen selbst liefert. Während die Musik die Intensität der physiologischen Erregung bestimmt – und nach Schachter und Singer auf diese Weise die Quantität der Emotionen – ist das Filmgeschehen für die Qualität der Emotionen verantwortlich: ›Das Bildgeschehen wird dazu in seiner Intensität potenziert.‹ Deshalb wird bei der Filmrezeption im Unterschied zu einer kognitiven Verarbeitung der Musik während eines Konzertes eine Beurteilung der Musik und der durch sie hervorgerufenen Emotionen überflüssig, weil die Inhalte des Bildgeschehens die mit der emotionalen Erregung verbundenen physiologischen Veränderungen quasi deuten. Untersuchungen haben gezeigt, dass bei einer Filmpräsentation ohne Musik die Qualität der Emotionen des Zuschauers kaum beeinträchtigt wird; allerdings ist die Intensität der Erregung geringer. Hautwiderstandsänderungen zeigen an, dass auch hier wiederum der Filminhalt und nicht die Musik die Interpretation der Erregung liefert.« (Kloppenburg 1999a, 2f.)

Auch ohne Filmmusik kann ein Film große Spannung und bedeutende Emotionen auslösen. Musik intensiviert allerdings die Wahrnehmung und kann sie auch steuern. Anders als bei einem Konzert wird Filmmusik kaum bewusst wahrgenommen und löst daher keine kognitiven Prozesse aus. In der unbewussten Wirkung sehen Skeptiker die große Gefahr von Filmmusik in journalistischen Formen und mahnen deshalb zu sorgfältigem Umgang mit diesem Gestaltungsmittel.

Besonderheiten der Filmmusik. Jede Form von Musik kann als Begleitmusik für einen Dokumentarfilm benutzt werden, z.B. um Spannung zu verstärken oder um Orientierungshilfen über Ort und Zeit zu geben etc.

Kloppenburg fordert größtmögliche stilistische Vielfalt, von der Sprache der Symphonik des 19ten Jahrhunderts bis zur Adaption populärer Genres. Allerdings soll Filmmusik von *expressiver Eindeutigkeit* sein, da sie schnell und eindeutig verständlich sein müsse.

In der Filmmusik spielen Ausdrucksstereotypen der Musik wie die Hervorbringungen der Programmmusik eine große Rolle. Die Musik imitiert Vogelgesang, Blitz und Donner, das Rauschen des Baches. Sie arbeitet deskriptiv (beschreibend) und übersetzt z.B. Bewegungen in analoge musikalische Bewegungen oder Klangfarben: Helle Flötenklänge stehen für Sonnenschein; Auf- und Abbewegungen der Musik bedeuten Wasserwellen. Repräsentative Musik setzt z.B. auf gewachsene Hörgewohnheiten, um Gefühle auszudrücken. Film- und Fernsehkomponisten nutzen mit Vorliebe die musikalische Affektenlehre, die einen großen Zeichenvorrat für Gefühlsdarstellungen kennt.

> »Die Forderung nach motivischer Prägnanz sowie expressiver Stärke und Eindeutigkeit der Filmmusik erfolgt innerhalb des Paradigmas, dass die Musik eines Films als Teil der akustischen Schicht unauffällig zu sein hat. Diese Paradoxie, unauffällig Auffälligkeiten zu enthalten, um im Bewusstsein des Zuschauers Signale setzen zu können, wird eingesetzt, um durch Appelle an das Gefühl des Zuschauers zusätzliche emotionale Dimensionen zum Bildgeschehen zu liefern. [...] Die Diskussion, ob solche Musik überhaupt gehört werden soll, dauert bis heute an und ist in dem Satz von David Raksin, dem Nestor der amerikanischen Filmmusik, sehr gut erläutert: ›the purpose of film music is not to be noticed for itself. Its great usefulness is the way in which it performs its role without an intervening conscious act of perception. It is most telling when the music registers upon us in a quiet way, where we don't know it's actually happening.‹ « (Kloppenburg 1999b, 5f.)

Filmische Kompositionsverfahren. Es gibt drei grundsätzliche Vorgehensweisen, um Musik zum Film zu entwickeln. In der Praxis werden Musiken nur selten eindeutig dem einen oder anderen Verfahren zuzuordnen sein. Trotzdem hilft es Cuttern und Reportern, wenn sie diese Begriffe kennen, um sich und anderen klar zu machen, wie eine Musik an welcher Stelle des Films beschaffen sein soll.

Die drei Verfahren sind:

- Das *Underscoring*: Die Musik vollzieht Vorkommnisse, Bewegungen und Gefühle möglichst synchron mit. Sie unterstreicht, verstärkt und unterstützt.
- Die *Mood-Technik*: Musik mit einem deutlichen Stimmungsgehalt, die eine spezifische Atmosphäre schafft, ohne so stark auf Details einzugehen wie beim Underscoring.
- Die *(Leit-)Motivtechnik*: Personen, Orte oder Handlungen werden mit markanten musikalischen Motiven versehen, die das Wiedererkennen erleichtern und die auch Gefühle ausdrücken können.

Aufgaben der Musik im Film. Filmmusik hat zwei wesentliche Aufgaben. Sie erleichtert es dem Zuschauer, sich in einem Film zurechtzufinden. Sie kann den Film gliedern, sie trennt oder verbindet Szenen, sie kann den Zuschauer orientieren, wo er ist und worum es geht. Das ist ihre *syntaktische Funktion*. Außerdem hat die Musik eine *dramaturgische Funktion*, denn sie kann Personen charakterisieren, sie kann Spannung erzeugen und die Intensität des Films steigern.

- Musik kann also helfen, das Material zu organisieren (sie verbindet, trennt, orientiert, gibt Verweise, schafft Rhythmus);
- Musik kann Szenen reparieren, die als schwach empfunden werden (es dramatisiert sie, macht sie schneller, langsamer, bedeutungsvoller, etc.);
- Musik kann kommentieren (sie deutet, charakterisiert, gibt die innere Stimme eines Protagonisten wieder, etc.);
- Musik kann Effekte liefern (Slapstick, Ironie, etc.).

Der Arbeitsablauf. Normalerweise wird die Musik aus Kostengründen aus dem Archiv geholt. In diesem Fall richtet sich der Bildschnitt nach der Musik. Eine Unsitte ist es, sich im Archiv für Musiken nach dem Titel zu entscheiden. Inzwischen ist es mehr als abgegriffen, sich von Pink Floyd das Stück »Money« zu holen, sobald es um Geld geht.

Hat man die Möglichkeit, mit Komponisten zusammenzuarbeiten, kann sich die Musik nach dem Bildschnitt richten. Bei normalen dokumentarischen Erzählen sind die Einstellungen so lang, dass es den Komponisten leicht fällt, sich mit der Musik dem Rhythmus der Bilder anzupassen. Das gilt nicht, wenn die Einstellungen sehr kurz montiert werden sollen, wie es etwa für Vor- und Abspänne üblich ist. Dann sollte sich auch bei eigens dafür komponierter Musik der Bildschnitt wie bei Archivmusik nach der Musik richten.

Ob eigens komponierte Musik oder Archivmusik verwendet wird – Cutterin und Reporter müssen sich darüber klar werden, wo die Musik sitzen soll und welche Funktion sie erfüllen soll. Sie müssen entscheiden, welche Charakteristik das Hauptmotiv hat, ob einige Protagonisten eigene Leitmotive bekommen, wo Stimmung erzeugt werden soll, mit wie vielen Effekten man arbeiten will, wie die Musik rhythmisch über den ganzen Film verteilt werden soll. Bevor man zu den Komponisten oder ins Archiv geht, sollte man versuchen, die Wirkung, die die Musik haben soll, möglichst genau zu beschreiben. Soll Tempo erzeugt werden? Soll Spannung aufgebaut werden? Ist ein Protagonist fröhlich, traurig, hektisch oder verliebt? Hat die Musik Platz, sich zu entfalten oder muss sie sich im Hintergrund halten? Welche Szenen sollen verbunden, welche voneinander abgesetzt werden? Wie soll die Musik auf optische Ereignisse reagieren, wie z.B. das Öffnen einer Tür, das plötzliche Hochspringen eines Protagonisten?

Eine sorgfältige Musikbearbeitung erfordert einen Plan mit genauen Time-Code-Zeiten der Stellen, die musikalisch unterstützt werden sollen, mit Stichworten zur Art der Musik und ihrer beabsichtigten Wirkung. Es ist meistens ratsam, an eine Filmstelle entweder Filmmusik zu setzen oder Sprechertext, um den Zuschauer nicht mit Reizen zu überfordern, die sich gegenseitig auch noch stören können. Soll doch Musik unter eine Kommentarstelle kommen, müssen die Musiker darüber informiert werden, um sich darauf einstellen zu können. Auch brauchen die Musiker klare Informationen darüber, ob sie O-Töne freistehen lassen müssen, oder ob die Musik an solchen Stellen weiter laufen darf.

Arbeitet man mit Archivmusik, sollte man immer mehrere Stücke am Schneidetisch ausprobieren, denn die Wirkung lässt sich nur am Bild beurteilen. Dabei soll man nie vergessen: Filmmusik ist kein Selbstzweck. Fred Karlin, renommierter Autor von Grundlagenwerken für Filmkomposition, unterstreicht das: „It must completely and fully serve the film, [...] it must complement and amplify the emotional text and subtext of the film.“ (Karlin, in: Kloppenburg 1999b 11f.)

3.8 Die Dramaturgie

Jede Reportage erzählt eine Geschichte. Wie diese Geschichte erzählt werden muss, um den Zuschauer in ihren Bann zu ziehen, das erklärt die *Dramaturgie*.

> »Die Dramaturgie ist als ›Lehre von Wesen, Wirkung und Formgesetz des Dramas‹ ein Teilgebiet der Poetik. Filmschaffende aus dem Bereich des Tatsachenfilms hüten sich deshalb häufig vor der Überbewertung dramaturgischer Regeln, die nach ihrer Ansicht vor allem im Spielfilm ihre volle Berechtigung besitzen. Geschickte Autoren und Regisseure [von Tatsachenfilmen] sind sich jedoch der Möglichkeiten dramaturgischer Gesetze bewußt und nutzen sie entsprechend.« (Kandorfer 1994, 236)

Für die Reportage hat die Dramaturgie eine noch größere Bedeutung als für andere Formen des »Tatsachenfilms«, weil eine Geschichte *dramatisch* sein sollte, mit einem Ablauf aus Anfang, Höhepunkt und Schluss plus einem Konflikt. Eine Geschichte eröffnet die Möglichkeit, etwas *miterleben* zu können. Bei der Reportage geht es eben nicht nur um Faktenvermittlung. Die US-amerikanische Unternehmensberaterin Annette Simmons gibt ihren Kunden sogar den Spruch mit auf den Weg: »Geschichten stechen Fakten aus.« (Simmons 2002)

In der Bedeutung einer dramaturgisch geschickt erzählten Geschichte zeigt sich wieder die Nähe der Reportage zum Spielfilm – allerdings nur, was die erzählerische Form betrifft. Das gilt auch für die geschriebene Reportage, dazu der Stern-Reporter Kai Hermann:

> »Man kann aus fast allem, was man mitteilen will, Geschichten machen. Wir tun das ja eigentlich tagtäglich bei der mündlichen Kommunikation. Wir versuchen das, was wir anderen mitteilen wollen, als spannende, lustige, traurige Geschichte zu vermitteln, weil wir Aufmerksamkeit wollen. Das heißt, wir müssen vermeiden, den Gesprächspartner zu langweilen, und das können wir nur durch Geschichten. [...]

Wenn ich jetzt sage, daß eine Reportage eine Geschichte sein soll, dann meine ich schon eine Geschichte, die eine Dramaturgie hat, einen Anfang, einen Mittelteil und einen Schluß. Und wer da nicht vom Boulevardjournalismus lernen will, der sollte sich nun doch mal die deutschen Heldensagen ansehen oder gelegentlich die Struktur von Hollywoodfilmen analysieren. Wieviel Spielfilm und Reportage in ihrer Struktur gemeinsam haben, ist mir selbst erst aufgefallen, als ich anfing, Drehbücher zu schreiben. Ich muß hier erwähnen, daß ich Jahrzehnte lang ohne irgendwelche theoretischen Erkenntnisse über Reportage und Journalismus gearbeitet habe, und manches ist auch dabei gelungen. Aber nachträglich würde ich sagen, manches wäre vielleicht noch besser geworden, wenn ich mehr über die Struktur von Reportagen nachgedacht hätte. Es ist wirklich hilfreich, die der Reportage sehr ähnliche Struktur von Hollywoodfilmen beim Schreiben im Hinterkopf zu haben.« (Hermann 2001, 23f.)

Bei dem US-Dokumentarfilmer Frederick Wiseman, der mit beobachtenden Dokumentarfilmen bekannt geworden ist, klingt das so:

»Ich versuche, sowohl ans Drehen als auch an den Schnitt wie ein ›Romanautor‹ heranzugehen. Ich bin sehr darauf bedacht, aus dem Filmmaterial eine dramatische Struktur herauszuholen, denn sonst würden die Leute daran kein Interesse haben – es gibt also einen Anfang, eine Mitte einen Schluß ...« (Wiseman, in: Trenczak 1990, 296)

Analog zur einfachen Sequenz, die die kleinste dramaturgische Einheit ist, muss auch die Gesamtdramaturgie einen Ablauf bilden:

Exposition – Konfliktaufbau – Höhepunkt – Schluss

Die klassische Dramenlehre stellt diesen Ablauf als Kurve dar, als *Franzsche Pyramide,* die für Tragödie und Komödie jeweils spiegelverkehrt verläuft. Ein wichtiges weiteres Element ist der *Handlungsumschlag* (auch *Peripetie* genannt), der auf dem Höhepunkt die Wende des Geschehens bewirkt. Der Handlungsumschlag wird durch eine Nebenhandlung ausgelöst, die zu Anfang des Films angelegt wird. In der Reportage wird es einen solchen klassischen Verlauf und erst recht einen solchen Handlungsumschlag nur selten in Reinform geben.

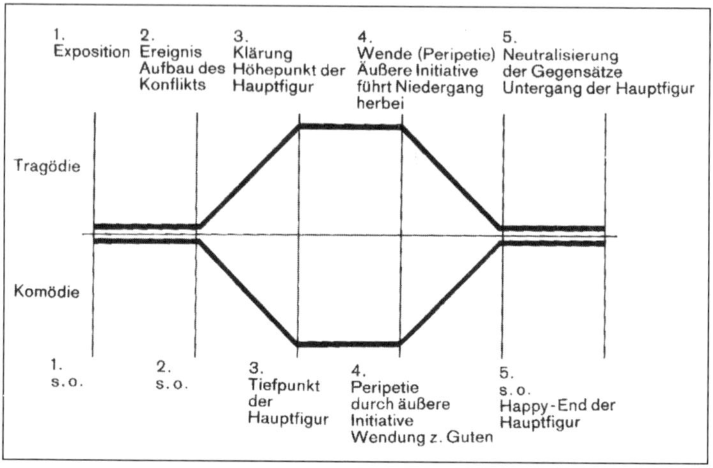

Franzsche Pyramide für das klassische Drama (Tragödie und Komödie) (Kandorfer 1994, 238)

Zunächst soll die Aufmerksamkeit der Zuschauer gewonnen werden. Um ein »filmdramaturgisches Spannungsfeld« zu erzeugen, gibt es, so Kandorfer, eine Reihe von »emotionalen Elementen«, die die »Zuwendung des Zuschauers« optimieren, die Zu- und Abneigung hervorrufen. (vgl. Kandorfer 2002)

- Kontraste und Paradoxien: z.B. ein Kontrast der handelnden Charaktere; erwachsener Mann fürchtet sich vor harmlosem Tier.
- Überraschung: z.B. eine unerwartete Wende im Handlungsverlauf.
- Neugierde: z.B. interessante Themen, Bildkompositionen oder Formulierungen, die die Aufmerksamkeit des Zuschauers wecken.
- Retardierung: z.B. wird die Problemlösung durch eine Parallelhandlung hinausgeschoben.

- Erregung: z.B. Sex, krasse soziale Unterschiede.
- Humor: z.B. witzige Bemerkungen und Ironien, die in das Gesamtkonzept des Filmes passen müssen.

Alle diese Elemente lassen sich auch in die Reportage einfügen. Der Stoff kann erregend sein, wenn er auch nicht voyeuristisch sein sollte. Niemand hindert einen Filmemacher daran, mit einem Augenzwinkern zu texten – und die Wirklichkeit ist voller Merkwürdigkeiten und Paradoxien, die man nur entdecken muss.

Die für eine Reportage typische Form Spannung zu erzeugen, besteht darin, beim Zuschauer Erwartungen zu wecken. Authentisches Erzählen bedeutet, dass niemand wissen kann, was passieren wird – alle Überraschungen sind möglich. Einfach so ist der vielfach abgelenkte Zuschauer aber nicht bereit, seine Zeit vor dem Fernseher zu opfern. Er braucht das Versprechen des Reporters, dass in der Tat noch etwas geschehen wird, auf das es sich zu warten lohnt. Er wartet auf »uses and gratifications«, auf Nützliches oder auf eine Belohnung wie den Nervenkitzel, den eine spannende Geschichte hervorrufen kann. Zum Teil gibt das gewählte Thema dieses Versprechen auf etwas Besonderes, zum Teil sorgen gezielte Vorverweise für den Spannungsaufbau. Ein Beispiel dafür ist der Anfang der Reportage THE CHAIR (1962) von Richard Leacock und Don Alan Pennebaker, einem Klassiker des Genres, auf den schon einige Male Bezug genommen wurde. Der Film beginnt für heutige Sehgewohnheiten langsam, aber er signalisiert sofort, dass etwas Außergewöhnliches geschehen wird. Die Bilder zeigen eine amerikanische Stadt, ein Taxi fährt los. Der Kommentartext:

> »Der Stuhl. Irgendwo in Chicago gibt es einen elektrischen Stuhl. Dieses Taxi ist auf dem Weg zum Cook-County-Gefängnis, wo der elektrische Stuhl für eine Hinrichtung bereit gemacht wird.«

Jemand soll also hingerichtet werden und irgendjemand ist auf dem Weg zur Hinrichtungsstätte. Der Henker? Der Elektriker? Ein Journalist?

Es ist der Rechtsanwalt Dan Moore, erfahren wir, der nur wenige Tage Zeit hat, seinen zum Tode verurteilten Mandanten Paul Crump vor dem elektrischen Stuhl zu retten. Der Plot ist klar: Ein Wettrennen gegen die

Zeit. Ein Kampf auf Leben und Tod. Die ersten Zeilen verraten nicht gleich alles. Selbst ein einzelnes Wort wird *spannungssteigernd* entwickelt: Der ›Stuhl‹ wird zu einem ›elektrischen Stuhl‹ und dann zu einem ›elektrischen Stuhl, der für eine Hinrichtung fertig gemacht wird‹. Bevor die Erklärung zum Stuhl abgeschlossen ist, beginnt ein neues Thema. Das Taxi wird eingeführt, das sich auf den Weg macht und natürlich hoffen die Autoren, dass die Neugier der Zuschauer geweckt ist, weil sie wissen wollen, wer an so einen schauerlichen Ort will. Auch wenn die ersten Bilder noch verhältnismäßig neutral sind, zeigt die bewegte Kamera, dass man hier authentisch *dabei* ist. Die Unruhe der Kamera vermittelt eine untergründige Erregung. Damit wird spürbar, wie erzählt wird: Die Kamera ist beweglich, sie wartet geradezu darauf, mitzugehen, zu reagieren.

Für jede Sendung ist der Anfang von entscheidender Bedeutung, heute noch mehr als zu Beginn der Sechzigerjahre: Schließlich entscheiden sich Zuschauer inzwischen innerhalb von Sekunden, ob sie eine Sendung sehen wollen oder nicht. Der Anfang muss drei Dinge leisten.

- Er muss das Thema (den Konflikt) deutlich machen;
- er muss ein Versprechen abgeben, dass irgendetwas Spannendes, Interessantes, Wichtiges zu sehen sein wird;
- er muss den Stil (wie erzählt wird) etablieren.

Bei aller Medienkonkurrenz sollte man sich hüten, Bilder als *eyecatcher* an den Anfang des Filmes zu setzen, die nur spektakulär sind, die aber den entscheidenden Nachteil haben, nicht weiter zu führen und die keinen Bezug zur Geschichte haben. Für den Zuschauer ist das irreführend und ärgerlich. Außerdem schadet es der Gesamtdramaturgie des Films.

Ein Anfang muss Zeit haben zu wirken. Kai Hermann warnt davor, die Rezipienten von Reportagen vorschnell mit Informationen zu bombardieren:

> »Ich habe [...] erst nach einem gelungenen Anfang den Platz, Basisinformationen, die der Leser zum Verständnis der Geschichte braucht, sparsam loszuwerden. Und dabei ist ein anderes Prinzip aus dem Drehbuchschreiben auch ganz hilfreich, wenn man es im Hin-

terkopf hat. Eine Regel für Drehbücher heißt, daß jede Szene die Handlung vorantreiben muß. Auf die Reportage angewandt, bedeutet das, jeder Absatz muß die Geschichte voran treiben.« (Hermann 2001, 28)

Für die Reportage ist die Schaffung einer raum-zeitlichen Kontinuität elementar wichtig. Für sie ist eine chronologisch lineare Erzählweise naheliegend. Die Veränderungen von Menschen und Situationen in der Zeit bilden die Basis des Erzählens. Um zu erzählen, braucht man Zeit. Kurze Filme unter drei, vier Minuten werden nach aller Erfahrung nicht reportagehaft erzählen können. Aber die Chronologie hat ihre Tücken. Menschen sind Kontrastwahrnehmer, sie brauchen die Abwechslung. »Eingleisig« aufgebaute Filme tragen nicht länger als acht bis zehn Minuten, mit einem starken Thema vielleicht etwas länger.

Längere Filme bestehen deshalb aus mehreren Bögen, die ineinander verwoben sind. Diese dramaturgische Struktur entsteht z.B. durch Parallelhandlungen, die schon auf der Ebene der Montage (im Kapitel »Der Schnitt«, S. 204) als reportagespezifische Form genannt wurden.

Nach Kandorfer gibt es die folgenden »dramaturgischen Grundregeln der Filmkunde«:

- Man braucht einen großen Bogen, der die Handlung und den Film zusammenhält und der mehrere kleinere dramaturgische Einheiten überwölbt.
- Der erste dramaturgische Bogen darf nicht enden, bevor nicht ein anderer beginnt.
- Einzelne dramaturgische Bögen dürfen nicht episodisch aneinandergehängt werden.
- Längere Handlungsverläufe brauchen Nebenfiguren und Nebenhandlungen.
- Dramaturgische Handlungskonstruktionen sind optimal, wenn sie über ein ständiges Nebeneinander von abfallenden und ansteigenden Abläufen verfügen.
- Ein dramaturgischer Bogen darf niemals künstlich in die Länge gezogen werden.

Der Reporter lebt von der *gefundenen Geschichte*, wie es Siegfried Kracauer genannt hat. Im besten Fall diktiert die Geschichte ihre eigene Dramaturgie – sie ist also genau genommen so ausgesucht, dass ihr natürlicher Handlungsverlauf bereits dramatisch ist. Leacock achtete deshalb immer darauf, Menschen in dramatischen Entscheidungssituationen mit der Kamera zu begleiten. Der Film THE CHAIR, den er zusammen mit Pennebaker machte, zeigt eine klassische Konstellation: Einer oder mehrere Protagonisten wollen etwas erreichen und zwar gegen jeden Widerstand. Konflikte produzieren Dramatik. »Eine Geschichte entsteht durch die handelnden Personen.« sagt der Drehbuch- und Dramaturgieexperte Sol Stein in Bezug auf Fiktionfilme. (Stein 2000, 75) Dasselbe gilt für Reportagen. Auch bei ihnen geht es immer um Menschen und damit um elementare Gefühle wie Freude, Trauer, Liebe, Hass.

Für den Reporter kommt es darauf an, seine Geschichte und den Konflikt seiner handelnden Personen möglichst eindeutig *herauszuarbeiten.* Alles, was den Konflikt stärkt (oder einen gewünschten Kontrast schafft), wird ausgearbeitet, das andere fällt erbarmungslos weg. *Reduktion* auf das Wesentliche heißt die Devise. Wenn man eine Geschichte konsequent auf einen Konflikt reduziert, tritt oft – paradoxerweise – etwas Allgemeingültiges hervor. Das Porträt eines Flughafenbediensteten, der Falschparker aufschreibt, die die Zufahrtswege blockieren, kann zu einem Sinnbild werden, wie mühsam die Interessen der Allgemeinheit in einer Ellenbogengesellschaft durchgesetzt werden müssen. Eine Dame, die an einem Tag, an dem der Flugverkehr weitgehend zusammengebrochen ist, mit zehntausenden anderer Passagiere durchs Terminal irrt und vergeblich ihren Anschlussflug sucht, steht für die Verlorenheit des modernen Menschen in einer unübersichtlich gewordenen Welt.

Werden Geschichten auf ihre Kernkonflikte reduziert, bekommen sie eine neue Dimension. Sie lassen archetypische Erfahrungen anklingen, die die Menschen seit ewigen Zeiten begleiten: Es geht darum, wie es sich anfühlt, zu siegen, alleine zu sein, zu lieben, verloren zu sein, zu kämpfen. Die grundlegendste menschliche Erfahrung ist der »Kampf auf Leben und Tod«, den Leacock und Pennebaker in THE CHAIR schildern.

Auch eine aus sich heraus dramatische Geschichte wie THE CHAIR kommt nicht ohne dramaturgische Entscheidungen aus, die sich im Aufbau des Films widerspiegeln. Der übergreifende dramaturgische Bogen liegt in der Natur der Sache: Alles läuft auf den Moment zu, in dem der Gouverneur mitteilen wird, ob der Straftäter Paul Crump nach einem Anhörungsverfahren begnadigt oder auf dem elektrischen Stuhl hingerichtet wird. Dies ist der Höhepunkt des Films. Es versteht sich von selbst, dass in der Reportage das Ergebnis nicht vorweg bekannt gegeben wird, sondern der Zuschauer bis zum Ende warten muss, um zu erfahren, wie die Geschichte ausgeht. Vorher muss der Rechtsanwalt Moore diverse Würdenträger überzeugen, sich für den Verurteilten zu verwenden und er muss den Begnadigungsausschuss, der den Gouverneur berät, überzeugen, dass Crump sich rehabilitiert hat.

Dramaturgisch kann ein Film nur gelingen, wenn es eine klare Fokussierung auf ein Thema gibt. Das ist hier geschehen. Andere Hinrichtungsfälle oder irgendwelche Experten und ihre Statistiken spielen keine Rolle, es sei denn, sie treten im Verlauf der Anhörung auf.

Außerdem muss klar sein, wer die Akteure sind. Im Zentrum des Handelns stehen vier Männer: Dan Moore, der Rechtsanwalt; Paul Crump, der Todeskandidat; James Thomson, der Staatsanwalt und Gegenspieler der beiden; Johnson, der als Gefängnisdirektor die Exekution durchführen wird – wie es heißt, auf Wunsch des Angeklagten, dessen bester Freund er inzwischen geworden sei.

Mit Protagonisten, die etwas erleben, kann man als Zuschauer mitfühlen. Dieses emotionale Miterleben wird durch die *Identifikation* mit den Protagonisten verstärkt. Deshalb dürfen nur wenige Hauptfiguren in den Mittelpunkt gestellt werden, als Identifikationsangebot. Die Hauptfiguren müssen einem als Zuschauer nicht immer sympathisch sein, aber man muss ihnen gegenüber eine emotionale Haltung einnehmen können.

Eine gelungene Dramaturgie verlangt ebenfalls, dass die Sequenzen und Komplexe klar aufgebaut sind. In dem Film THE CHAIR ordnen sich die Komplexe sogar noch in drei durch Schwarzblenden voneinander abgesetzte Teile: die Tage vor der Anhörung durch den Begnadigungsausschuss, die Anhörung selbst und die Tage nach der Anhörung (mit der Entscheidung des Gouverneurs). Stilistisch ähneln sich der erste und der dritte Teil. Dort sind die Szenen im Regelfall mit einer beweglichen Kamera aufgenommen, die das Geschehen häufig in durchgehenden Einstellungen zeigt. Bei der Anhörung dagegen ist im Verhandlungssaal eine Reihe von stationären Kameras aufgebaut; das führt zu einem lebhaften Wechsel der Perspektiven bei ansonsten statischeren Aufnahmen.

Im ersten und dritten Teil gibt es zum Hauptthema (»Rettet Crump«) Parallelhandlungen, die die Antagonisten über den Schnitt miteinander konfrontieren. Im zweiten Teil findet die Konfrontation der Akteure direkt im Anhörungssaal statt, Parallelmontagen sind hier nicht nötig.

Das Stilmittel der Parallelmontage wird gleich zu Beginn, in dem Eröffnungskomplex, eingeführt. *Während* der Anwalt Dan Moore, begleitet von seinem Kollegen Louis Nizer, ins Gefängnis geht, um das Leben seines Mandanten Crump zu retten, vergnügt sich ihr Gegenspieler, der Staatsanwalt James Thomson, auf dem Golfplatz. *Parallel* dazu prüft der Gefängnisdirektor Johnson den elektrischen Stuhl auf seine Funktionsfähigkeit. *Parallel* dazu trifft Crump seine Lektorin, um letzte Korrekturen an einem Buch vorzunehmen, das er geschrieben hat. Die Geschichten sind stark ineinander verwoben. Der Gefängnisdirektor erläutert die Fesseln, mit denen der Kopf von Crump im Falle der Hinrichtung fixiert wird. Auf die Maske, die zum elektrischen Stuhl gehört, folgt im nächsten Schnitt der Kopf von Crump (groß) im Gespräch mit der Lektorin.

Im folgenden Komplex, der noch zum ersten Teil gehört, baut sich der Konflikt weiter auf. Moore sitzt in seinem Büro und arbeitet daran, einen hohen kirchlichen Würdenträger als Unterstützer zu gewinnen. Moore telefoniert immer wieder, bis es heißt, ja, er bekommt die Unterstützung. Moore schluchzt und weint fast, so mitgenommen ist er. Wenig später erfährt er über das Telefon, dass Monsignore Caldwell seine Unterstützung wieder zurückzieht. *Parallel* dazu arbeitet der Co-Anwalt Nizer die Akten Moores durch. *Parallel* dazu geht der Staatsanwalt auf einen Empfang und lässt sich feiern.

Besonders interessant ist, dass die Bürosequenz mit dem telefonierenden Moore in sich noch eine *Parallelhandlung* hat: Die Sekretärin sieht offensichtlich durch die langen Arbeitstage ihr Privatleben in Gefahr und möchte pünktlich gehen. Deswegen streitet sie etwas mit Moore, der sie dabehalten will, um sein Plädoyer aktualisieren zu können. Er weigert sich ihr zu sagen, ob er mittags oder um Mitternacht gehen wird. Diese Nebenhandlung zeigt *kontrastierend*, dass der Alltag trotz des dramatischen Prozesses weitergeht.

Die verschiedenen Nebenhandlungen ziehen sich durch den ganzen Film. Im zweiten Teil, dem Tag der Anhörung, fährt der Gefängnisdirektor Johnson zum Gericht und schildert auf dem Weg, wie die Vorbereitungen für die Hinrichtung Crumps voran schreiten.

Im dritten Teil, bevor der Gouverneur sein Urteil bekannt gibt, untersucht Johnson wieder den elektrischen Stuhl – die Vorbereitungen für die Hinrichtung laufen unerbittlich weiter. (Dem genauen Beobachter fällt auf, dass diese Bilder vermutlich aus der Szene stammen, die als Bilder des ersten Tages gezeigt wurden; die zeitliche Parallelität wird hier also über die Montage suggeriert.) Der Staatsanwalt taucht immer wieder auf und am Ende auch die Sekretärin, die eine Szene mit Moore in seinem Büro hat. Wieder dreht es sich um Privates: Moore möchte am liebsten zu einem Pferderennen. Zwischendrin hatte er mal kurz gekegelt. Insgesamt taucht das Thema »Neben dem Kampf um Crumps Leben läuft der Alltag weiter« viermal im Film auf. Zu einer gelungenen Dramaturgie gehört es, dass Figuren und Handlungsstränge mehrmals auftauchen. Im dritten Teil gibt es einen kleinen dramaturgischen Bogen, der dem mit Monsignore Caldwell aus dem ersten Teil ähnelt. Wieder telefoniert Moore in seinem Büro. Ein Reporter will »gehört« haben, dass der Begnadigungsausschuss dem Gouverneur empfohlen hat, Crump zu begnadigen. Moore ist erleichtert. Kurze Zeit später telefoniert Moore wieder und hört, die Zeitungen hätten diese Information nicht gedruckt. Er erfährt, in einem ähnlichen Fall habe es ebenfalls eine positive Nachricht gegeben, die sich später als falsch herausgestellt habe. Wieder eine Hoffnung, die zu Enttäuschung wird.

Durch die formale und dramaturgische Ähnlichkeit des ersten und des dritten Teiles wirkt der Film symmetrisch, fast konstruiert, mit dem mittleren Teil als Dreh- und Angelpunkt. Während die einzelnen Takes ausgesprochen lebendig und unkonventionell daherkommen, ist der Aufbau glasklar. Der Lebendigkeit tut dies keinen Abbruch. Im Gegenteil kann sich der Konflikt in diesem Rahmen optimal entfalten.

An einer Stelle geht Leacock in seinem Film über die Grenzen der Reportage hinaus. In einer kleinen Sequenz unmittelbar bevor die Entscheidung des Gouverneurs verkündet wird, werden alle Antagonisten kurz hintereinandergeschnitten, z.T. eindeutig mit Bildern aus vorhergehenden Situationen. Der Staatsanwalt z.B. wird zuerst beim Golfen gezeigt, genauso wie zu Beginn des Filmes. Dann kommen die anderen Akteure Moore, Crump, Johnson mit angespannten Gesichtern. Auch der Staatsanwalt verliert seine Gelassenheit und schaut in einer symbolträchtigen Großeinstellung gen Himmel, als ob er das Urteil Gottes erwarte. Die Bilder haben keinen Originalton mehr, eine durchgehend heulende Sirene ist über sie gelegt worden. Die Sequenz soll vermutlich die fast irreale Anspannung der

Beteiligten in Szene setzen, kurz vor der Entscheidung über Leben und Tod. Sie löst die Protagonisten für einen kurzen Moment aus ihrem raumzeitlichen Zusammenhang, der für die Reportage konstituierend ist. Es ist ein Beispiel dafür, dass auch bei klassischen Reportagen punktuelle, gezielte Regelverstöße möglich sind, allerdings auf der Basis einer Geschichte, die ansonsten konsequent reportagehaft erzählt wird.

Es ist interessant, dass der Sirenenton bereits früher eingeführt worden ist. Der Effekt wirkt deshalb nicht zufällig. Bei der ersten Besichtigung des elektrischen Stuhls heult genau diese Sirene auf. Bei einem zweiten, späteren Besuch des Stuhls gehen die Erklärungen des Gefängnisdirektors in der Sirene unter. Hier findet eine *Bestätigung* dieses Gestaltungselementes statt, das als akustisches Signal für die drohende Hinrichtung den Originalton überdecken kann.

Es lohnt sich aufzulisten, was Leacock und Pennebaker alles *nicht* machen. Sie schildern *keine* weiteren vergleichbaren Fälle, nur den einen mit all seinen Zufälligkeiten; sie schildern *nicht* in einem Exkurs die Geschichte der Todesstrafe; sie interviewen *nicht* den Gouverneur; sie zeigen *keine* ausgefeilten Grafiken mit Statistiken zur Entwicklung der Todesstrafe; sie machen *keine* Straßenumfrage; sie interviewen *keinen* Menschenrechtler von Amnesty International.

Schon bei der Planung, spätestens aber am Schneidetisch, muss man sich darüber klar werden, was zur Geschichte gehört, die man erzählen will – und was nicht.

Viele Entscheidungen, die während der Vorbereitung und beim Drehen anstehen, müssen im Hinblick auf die Notwendigkeiten der Reportage-Dramaturgie getroffen werden. In den vorhergehenden Kapiteln ist darauf hingewiesen worden. Ein paar Kernpunkte seien beispielhaft noch einmal genannt, um deutlich zu machen, wie wichtig am Ende jede einzelne Entscheidung ist, um dem Film eine gute dramaturgische Struktur zu geben:

- Das Thema muss sich als Geschichte erzählen lassen, die sich über verschiedene Stadien entwickelt, vorangetrieben von einem dramaturgisch nutzbaren Konflikt.
- Beim Drehen soll man sich auf wenige wichtige Protagonisten konzentrieren, die im besten Fall mehrmals aufgesucht werden, damit sie an verschiedenen Stellen des Filmes in neuen Szenen auftreten können.

- Man braucht ein hohes Drehverhältnis, um emotionale Szenen einzufangen.
- Im Schnitt entscheidet man sich für wenige Situationen, die dann aber richtig ausgespielt werden. Das Motto kann lauten: wenige Szenen, die aber richtig. Sie werden in klar definierten Sequenzen und Komplexen angeordnet.
- Auf keinen Fall darf die fertige Reportage wie eine Aneinanderreihung von kurzen Nachrichten- oder Magazinbeiträgen wirken.

Am Ende der Schnittzeit ist es nötig, den Film mehrmals komplett anzuschauen, um beurteilen zu können, ob er seine optimale Form gefunden hat. Die Filmemacher sind dabei in der schwierigen Lage, sich in die Rolle eines Erstzuschauers hinein zu versetzen. Neben dem Inhalt muss auch der Rhythmus stimmen. Das richtige Verhältnis aus Kontinuität und Wechsel schafft beim Zuschauer ein stimulierendes Wechselbad aus Aufgehobenheit und Überraschung. Wichtige Szenen müssen ihre Zeit bekommen. In dem Moment aber, wo Langeweile eintreten könnte, muss etwas Neues kommen. Eine forcierte Aneinanderreihung von Neuem führt genauso zur Langeweile, wie eine nicht enden wollende Aufzählung des Immergleichen.

Existenzielle dramatische Entwicklungen, bei denen es um Leben und Tod geht, wie in THE CHAIR, sind in der Alltagsarbeit des Reporters zum Glück selten. Oft muss sich der Reporter an kleineren Spannungsbögen entlang hangeln, die nicht so eindeutig sind und die nicht so weit tragen. Aber das entbindet ihn nicht von der Pflicht einen sorgfältigen dramaturgischen Aufbau zu entwickeln.

> »Den großen Spannungsbogen werde ich bei Reportagen meistens nicht durchhalten können, aber ich kann immer wieder, wie auch beim [Spiel-]Film, Nebenplots unterbrechen durch Geschichten in der Geschichte – und die sollten auch wieder Anfang, Mittelteil und Ende haben. Das heißt natürlich, die Fakten ordnen sich der Dramaturgie unter.« (Hermann 2001, 28)

Der letzte Satz des Reporters Kai Hermann, »die Fakten ordnen sich der Dramaturgie unter«, wird Journalisten irritieren, die dem vordergründigen Leitsatz »Fakten, Fakten, Fakten« folgen. Fakten als Selbstzweck kennt die

Reportage nicht. Jeder Reporter hat erlebt, dass die *gefundene Geschichte* eine Eigendynamik entwickelt, die es erlaubt, bestimmte Informationen unterzubringen und andere wieder nicht. Informationen, die bei der Vorplanung am grünen Tisch noch wichtig schienen, finden manchmal in der fertigen Reportage keinen Platz mehr. Inhalt und Form der Erzählung sind gleichberechtigt und bedingen sich gegenseitig. Béla Balázs hat das so beschrieben:

> »Das dialektische Wechselverhältnis von Inhalt und Form ist irgendwie ähnlich dem Verhältnis zwischen Flußwasser und Flußbett. Das Wasser ist der Inhalt, das Bett ist die Form. Zweifellos hat sich das Wasser irgendeinmal ein Bett gegraben, also der Inhalt die Form geschaffen. Seit jedoch das Bett des Flusses besteht, sammelt es die Gewässer der Umgegend und verleiht ihnen Form. Also formt die Form den Inhalt. Gewaltige Überschwemmungen sind dazu nötig, daß Flüsse sich, über ihr altes Bett hinaus, neue Formen erzwingen.« (Balázs, in: Kandorfer, 1994, 239)

3.9 Der Kommentar

Zwei Hunde, ein Knochen – was gibt es da noch groß zu texten? Das dramaturgische Muster ist klar; in der Reportage heißt es jetzt: Bilder und Geräusche wirken lassen, den Konflikt als Augen- und Ohrenzeuge verfolgen und bis zum Ende mitfiebern. Und dann erleichtert sein. Oder enttäuscht. Je nach dem, ob der richtige (»meiner«) gewonnen hat.

Oder muss ich vielleicht wissen, wie die Köter heißen? Ob sie sich kennen? Wie lange sie schon nichts mehr zu beißen hatten? Ob es ein Schweine- oder ein Rinderknochen ist? Bio oder normal? Warum nur ein Knochen für zwei Hunde reichen soll? Muss ich all das wissen, will ich es wissen? Bereitet mir die Keilerei um den Knochen einfach mehr Freude, wenn ich es weiß? Oder lenkt mich das Gequatsche nur vom Kampf der Köter ab?

Mit solchen Fragen hält sich der durchschnittliche Reporter nicht lange auf. Er textet, was das Zeug hält. Schließlich ist ein derart klarer Konflikt wie im Hunde-Beispiel in real existierenden Reportagen eher die Ausnahme. Die meisten Reportagen erzählen so vor sich hin; von hier nach da, oder von jetzt nach gleich. Wir haben uns daran gewöhnt, dass der Kommentartext die eigentliche Trägerstruktur einer Sendung bildet, ob Reportage oder sonst was. Und wir haben uns daran gewöhnt, diese Übermacht des Textes zu bedauern – aber dabei sollte es nicht bleiben.

Die Schnittstelle zwischen dem Visuellen und dem Auditiven ist in der Tat ein spannender Knackpunkt in allen nicht-fiktiven Fernsehsendungen. Für den Zuschauer gehört der Kommentartext zu den eher abstrakten Elementen eines Films; zu den besonders geformten, die erst spät, also lange nach dem Dreh, hinzugefügt werden. Für den Autor ist er jedes Mal eine schrecklich konkrete Herausforderung – nicht von ungefähr scheitern immer wieder Reportagen an nicht reportagegerechten oder an einfach nur schlechten Texten.

»Man gebrauche gewöhnliche Worte und sage ungewöhnliche Dinge.« Schopenhauer hatte Recht – und er hatte leicht reden. An den Text einer Reportage werden gemeinhin durchaus erfüllbare Ansprüche gestellt: »Schlicht ist Pflicht«, heißt es so schön. Oder, um es mit Hemingway zu sagen: »Schreib die Geschichte, nimm alle guten Zeilen heraus, und prüfe, ob die Geschichte immer noch funktioniert.« Nun hatte Hemingway es nicht mit Fernsehbildern zu tun; er konnte bei Mojito und Zigarre kontemplativ in die Abendsonne blinzeln und vor sich hin formulieren. Zudem könnte man ketzerisch anmerken, dass die meisten Fernsehtexte keinen Deut kürzer oder knackiger würden, wenn man alle guten Zeilen herausnähme.

Also einfach soll der Reportagetext sein, und sparsam. Oder am besten gar nicht vorhanden. – So weit die Theorie. Im richtigen Leben kommt das *In-Bildern-Erzählen* meistens nicht ohne eine textliche Unterstützung aus. Oft sind Bilder auch zu vieldeutig für einen Zuschauer, schließlich will und soll der schnell wissen, woran er ist. Mehr noch: So manche Reportage ächzt geradezu unter der chronischen Info-Last, die ihr aufgeladen wurde. Denn viele Autoren halten sich beim Texten vorsichtshalber an die alte Hausapotheken-Weisheit: Viel hilft viel. Zumal sich die meisten von ihnen ansonsten im »normalen« Berichts-Wesen tummeln. Da kommen ihre Sendungen fast schon reflexhaft artgerecht übertextet daher. Dabei will der Zuschauer gar nicht alles auf einmal erklärt bekommen – sonst wird es zu schnell zu langweilig, und vor nichts fürchtet sich der moderne Mensch im Angesicht des Fernsehers mehr.

»So wenig Text wie möglich, so viel Text wie nötig«, das ist dann der übliche freundliche Ratschlag, den man als Autor bekommt. Und dazu heißt es noch: Und immer schön auf die Bilder achten!

Um das Verhältnis von Bild und Text zu beschreiben, werden in der Literatur gern alle möglichen und unmöglichen Vergleiche herangezogen. Wolf-Michael Eimler weist darauf hin, dass der Text die Gesamtwahrnehmung steuert, dass er »der Spielmacher« ist für die anderen dramaturgischen Ebenen des audiovisuellen Gesamtprodukts. »Der Text,« so Eimler, »liefert diejenigen Informationen, die sich nicht auf andere Weise transportieren lassen. Er steuert die Gesamtwahrnehmung« (Eimler 2001, 12).

> »Unabhängig vom Inhalt – die Sinne in Bewegung zu bringen ist das erste handwerkliche Ziel für Reportageautoren im Fernsehen. Voraussetzung dafür ist allerdings, dass sie ihr filmisches Handwerk beherrschen, um den Text weitgehend zu entlasten und auf das Wesentliche zu beschränken: Die Steuerung der Wahrnehmung von Bild und Ton. Vertieft die Textführung die sinnliche Wahrnehmung dieser dramaturgischen Ebenen, landen wir mitten in der Fernsehreportage. Beschreibt der Text Vorgänge, Situationen und Gefühle, so wie es Hörfunk und Printkollegen in ihren Medien logischerweise tun müssen, entfernen wir uns nicht nur vom Medium Fernsehen, sondern auch weit weg von der Fernsehreportage.« (ebda.)

Martin Ordolff und Stefan Wachtel sprechen von einem »Dialog zwischen Bild und Text«, bei dem der Text mit den Bildern »mitschwingen« müsse, statt sich als starrer Fremdkörper auf die Bilder zu legen. (Ordolff/Wachtel 1997, 12)

Gregor A. Heussen bemüht das Bild von »ineinander verschränkten Sinus- und Cosinus-Kurven«, bei denen sich starke Bilder und ein starker Text abwechseln, so dass einmal das Bild, und einmal der Text im Vordergrund steht. (zit. nach Ordolff/Wachtel 1997, 13)

R. Appel zieht einen eher handwerklichen Vergleich: »Es ist wie beim Punktschweißen: Der Text muß in kurzen Abständen am Bild festgemacht werden.« (zit. nach Ordolff/Wachtel 1997, 14)

Wie weit sich der Text vom Bild entfernen darf, wie nah er beim Bild bleiben soll, wo er sich jeweils den neuen Schweißpunkt suchen muss – all diese Fragen sind nur abhängig von der Form und der Funktion des Beitrags zu beantworten.

Die mühsamen Anfänge. Am Anfang der Produktion erscheint das Texten noch weit weg, als das letzte Glied einer langen Kette von zunächst mal wichtigeren Arbeitsschritten. Denn erst einmal dreht sich alles um die Recherche, die Drehvorbereitung und den Dreh, und dann fordert der Schnitt alle Aufmerksamkeit. Bei Dreh und Schnitt sind Tag für Tag jede Menge wichtiger, irreversibler Entscheidungen zu treffen; hier tobt sich die gebündelte Kreativität aller Beteiligten aus.

Natürlich wird während des Schnittes gelegentlich auch mal über den Text geredet, aber oft nur unter dem Aspekt der Kürze oder Länge einer Einstellung: Die alte Cutterinnen-Frage: »Wie lange brauchst du das für deinen Text?« gehört sicherlich zu den meistgesprochenen Sätzen in deutschen Schneideräumen. Oft zieht dann der Reporter die Stirn in Falten, bemüht sich um einen wissenden oder wenigstens hellsehenden Gesichtsausdruck, simuliert murmelnd eine Satzlänge und sagt nach einer bedeutungsschwangeren Pause: »Sechs Sekunden.« Das reicht dann gerade mal für einen kurzen Einwurf. Bei acht bis zehn Sekunden Text kann man schon ein paar notwendige Infos loswerden. Damit ihm die Cutterin zwölf Sekunden frei räumt, muss der Reporter glaubhaft nachweisen, dass er etwas ebenso Kompliziertes wie Unverzichtbares zu sagen hat. Mehr als 20 Sekunden am Stück gibt es bei einer beobachtenden Reportage mit O-Tönen kaum noch – für den Reporter ist diese Länge schon nahe am Epos.

Manchmal wird der Text am Ende eines langen Schnitttages auch als Retter einer nicht gerade optimal geglückten Sequenz beschworen, so nach dem Motto: Der Text wird's später schon rausreißen.

Die stiefmütterliche Behandlung des Textes in der Phase des Schnittes hat dabei durchaus seine Berechtigung. Schließlich legt gerade das Format der Reportage starken Wert auf das Erzählen in Bildern und Originaltönen. Die gelegentlich immer noch praktizierte Unsitte, mit einem fertigen, auf Punkt und Komma ausgefeilten Text in den Schneideraum zu kommen, sollte mit deftigen Strafen belegt werden. Zum Glück hat eine Generation kämpferischer Cutterinnen in den letzten Jahren dafür gesorgt, dass die Vertreter dieser Arbeitsweise rigide umerzogen wurden; oder die Kollegen haben das Feld der Reportage inzwischen freiwillig geräumt.

Was will der Text, was kann der Text? Spielmacher, Sinus und Cosinus, Punktschweißen – einige der gern bemühten Vergleiche in Sachen Text und Bild wurden bereits zitiert. Knut Hickethier hat den allgemeinen Zusammenhang von Text und Bild mit nüchternen Worten so auf den Punkt gebracht:

> »Sprache und Bild gehen eine Einheit ein: Das Bild, das auf einer sinnlich-anschaulichen Ebene Gefühle, Assoziationen, Stimmungen erzeugt, wird durch die Sprache konkretisiert, zugespitzt, präzisiert. Das Visuelle wird gedeutet, in einen spezifischen Zusammenhang gebracht, so dass das Bildliche auch handlungsfähig gemacht wird. Umgekehrt ist das Bild die sinnliche Unterfütterung des Wortes.« (Hickethier 2001, 106)

Das ist ebenso allgemein wie richtig. Um es auf die konkrete handwerkliche Ebene des Textens herunterbrechen zu können, seien zunächst die wichtigsten Funktionen des Textes in Bezug auf das Bild kurz zusammengefasst. Dies geschieht in Anlehnung an Ordolff und Wachtel (1997, 44f.):

- Der Text kann fokussieren, kann einzelne Aspekte des Bildes hervorheben. Da das Bild ein fassettenreiches, mehrdeutiges Wahrnehmungsangebot darstellt, kann der Text die Aufmerksamkeit auf das gemeinte Detail, auf einen Menschen, einen Gegenstand oder ein Geschehen richten.
- Der Text kann auch das Gegenteil: Er kann verallgemeinern. Schließlich zeigt das Bild immer konkrete Menschen oder Dinge, und die können auch für einen allgemeinen Sachverhalt stehen.
- Der Text kann erklären oder erzählen.
- Er kann das Gezeigte bewerten, deuten und interpretieren.
- Er kann das Gezeigte einordnen – in Bezug auf die Zeit, den Ort und den Stand der Handlung, und so Orientierungshilfen geben.
- Er kann auf einer Meta-Ebene Angaben zum Entstehen der Bilder machen.

Dass ein Reportagetext gemessen an den Texten für andere Formate deutlich abgespeckt daherzukommen hat, wurde bereits weiter oben gefordert. Natürlich gibt es Ausnahmen, Reportage ist nicht gleich Reportage. So funktionieren zum Beispiel investigative Reportagen, die naturgemäß unter Bildarmut leiden, logischerweise überwiegend textgesteuert. Beobachtende Reportagen, die einem Geschehen folgen, können sich mehr auf das Bild verlassen.

Texten fürs Hören – eine Kunst für sich. Einige Hinweise zum Kommentartext der Reportage sind schon in dem Kapitel »Grundlagen der Fernsehgestaltung« (S. 85) angesprochen worden. Im Folgenden geht es nun um den Reportage-Text im Besonderen – vor allem um die Fallstricke, in denen sich Reportage-Autoren mit schöner Regelmäßigkeit verheddern. Dennoch ist es zunächst ratsam, sich auf ein paar allgemein gültige Postulate zu verständigen, die das Texten fürs Hörverstehen und das Texten fürs Bild erleichtern – zum Wohle des Zuschauers. Denn dessen Bereitschaft zur Aufmerksamkeit will schließlich belohnt werden. Wie lautet die alte Autoren-Weisheit: Einer muss sich anstrengen – entweder der Autor oder der Zuschauer. Also möge sich doch gefälligst der Autor Mühe geben.

E.A. Rauter hält eine ketzerische Weisheit bereit: »Schreiben lernt man nicht, indem man nur Regeln befolgt.« (Rauter 1996, 38). Diese Erkenntnis kann wehtun, aber auch trösten. Denn das »nur« ist wichtig in dem Satz. Also – einen Versuch ist es allemal wert.

Im Folgenden gibt's ein paar Regeln. Natürlich existiert keine DIN-Norm für Fernsehtexte. Der Gebrauchswert der Regeln ist einerseits durch die Ergebnisse der Verständlichkeits- und Medienwirkungsforschung belegt, andererseits manifestiert er sich auch in den Konventionen und Erfahrungen des Medienhandwerks. Zu den Grundlagen des journalistischen Schreibens liegt schon eine ganze Reihe von klugen Büchern vor. Sofern sie das Textens fürs Hörverstehen betreffen, werden diese Basics im Folgenden noch einmal komprimiert dargestellt. Im Anschluss sollen dann die Besonderheiten des Reportagetextens beleuchtet werden. All diese Überlegungen sind natürlich nicht als in Stein gemeißelte Absolutheiten zu begreifen; viele der gutgemeinten Regeln müssen jeweils im Kontext der sprecherischen Umsetzung noch mal überprüft werden.

Stimmige Sätze und treffende Wörter. Zwar leben wir im ausgehenden Zeitalter der Video- bzw. DVD-Recorder, aber eines darf der Autor nie vergessen: Der Zuschauer hat nicht die Chance des Zurück-Hörens; der Autor schreibt Texte, die nur ein einziges Mal gehört werden; dazu noch zusammen mit anderen Geräuschen, und dominiert von bewegten Bildern. Die kleinste Irritation, die leiseste Ablenkung – und der Zuschauer ist draußen, der Faden ist gerissen. »Primitive, but effective!« ist daher das oberste Gebot. Wenn dem Genüge getan wird, ist schon viel erreicht.

Eins nach dem anderen – linear texten: Nur eine Hauptinformation pro Satz bzw. pro Sinnschritt – wer diese Regel beim Texten beherzigt, der hat schon viel gewonnen. Und wenn er diese Sinnschritte dann noch linear anordnet... Doch das ist offenbar leichter gesagt als getan, wie die täglich fabrizierten Texte zeigen. Eine unter Autoren weit verbreitete Krankheit ist der Hang zum Schachtelsatz – auch Klemmkonstruktion genannt. Reiners hat ein Beispiel gefunden, das er wohl zurecht zur »schönsten Klemmkonstruktion« gekürt hat:

> »Hinsichtlich des durch die von den bei der in der neben dem Forsthaus gelegenen einsamen Waldhütte begangenen Körperverletzung angetrunkenen Raufbrüdern Zerreißung von Wäschestücken entstandenen Schadens wird der Anzeigende auf den Weg der Zivilklage verwiesen.« (Reiners 1999, 36)

Schlimmer geht's nimmer. An diesem Beispiel lässt sich ein weiteres Übel ablesen, das oft im Huckepack mit der Verschachtelung daherkommt: Der übermäßige Gebrauch von Präpositionen. Vor lauter »durch, von, bei, in und neben« lassen sich keine sinnvollen Bezüge mehr herstellen. Präpositionen schaffen gerade beim Hörverstehen Zuordnungsprobleme; dazu ziehen sie magisch Substantive an und verstärken so Tendenzen in Richtung des gefürchteten *Nominalstil.* Also: Linear texten, das eine schlüssig aus dem anderen folgen lassen! So verringert man dazu noch die Gefahr, sich Brüche, Sprünge und Unschärfen in der Gedankenführung einzuhandeln.

Das Wichtigste nach hinten: Ein Satz soll gesprochen werden. Also muss er so gebaut sein, dass er auch gesprochen werden kann. Im Deutschen baut sich die Spannung eines Satzes zum Ende hin auf; der Hauptakzent liegt kurz vor dem Satzende, danach fällt die Spannung schnell ab. Alles, was dann noch kommt, wird stark gerafft gesprochen. Also gehört das Wichtigste, das Weiterführende nach hinten. Natürlich gibt es Ausnahmen, wenn's zum Beispiel um den Ausdruck von starken Emotionen geht: »Eine

Verarschung ist das hier!« – Da liegt die Betonung natürlich vorn. Aber das funktioniert wirklich nur bei kurzen Sätzen.

Da hat zum Beispiel Carl Lewis 1988 in Seoul drei Tage nach seinem Lauf die Goldmedaille zuerkannt bekommen, da der »Sieger« Ben Johnson gedopt war. Und was hören wir da in der Fernsehmeldung:

> »Carl Lewis wird die Goldmedaille im 100-Meter-Sprint von Seoul erhalten.«

Die Betonung sollte dabei logischerweise auf *Carl Lewis* liegen – als Gegensatz zu Ben Johnson. Da kann der Sprecher sich noch so mühen – das funktioniert nicht. Man muss den Satz kürzen, auseinander nehmen oder umbauen, im Sinne von:

> »Die Goldmedaille im 100-Meter-Sprint von Seoul wird *Carl Lewis* erhalten.«

Das ist wenigsten sprechbar, wenn auch noch nicht optimal, denn hier tappt der Autor in die *Subjekt-Objekt-Falle* (s.u.): »Die Goldmedaille« kommt zunächst wie ein Nominativ daher, also wie das Subjekt des Satzes, und wird erst am Satzende als Akkusativ-Objekt enttarnt. Aber das ist hier sicher das kleinere Übel.

Den Sinnkern früh erkennbar machen: Je früher der Zuschauer den Sinnkern eines Satzes erfassen kann, desto besser. Um dieses zu erreichen, muss man auch schon mal zu radikalen Maßnahmen greifen. Ein Beispiel mitten aus dem Journalistenleben:

> »Der Redakteur hat gestern morgen, so zwischen acht und halb neun, auf dem Weg von der Kantine ins Archiv seinen Büroschlüssel wiedergefunden.«

Ob gefunden oder verloren, die alles entscheidende Information kommt spät, zu spät. Um die Gefahr eines falschen Zwischensinns auszuschließen, sollte man den Satz radikal umbauen – auch wenn man damit alle Regeln bricht, die aus dem Schriftsprachlichen kommen. Also: Das Hilfsverb und Partizip zusammenziehen, den Sinn früh erkennbar machen, und alle Details anhängen.

Der Satz könnte dann lauten:

> »Der Redakteur hat seinen Büroschlüssel wiedergefunden; gestern morgen, so zwischen acht und halb neun, auf dem Weg von der Kantine ins Archiv.«

So weiß der geneigte Leser/Hörer schon früh, dass seine Mithilfe bei der Schlüsselsuche nicht gefragt ist.

Keine Zerreißproben – Parenthesen und Einschübe meiden: Stillehrer Schneider greift auf einen flotten Spruch von Schopenhauer zurück, der gegen den *Zwischensatz* wettert: »Wenn es eine Impertinenz ist, andere zu unterbrechen, so ist es nicht minder eine solche, sich selbst zu unterbrechen.« (Schneider 1984, 93)

In der Tat erleichtert es unser Hörverstehen erheblich, wenn wir nicht mehrere Gedanken gleichzeitig denken sollen, wenn nicht ein Gedanke von einem anderen unterbrochen und überlagert wird. Dass unsere Wahrnehmung diesbezüglich enge Grenzen hat, belegt die Hirnforschung.

Folgt man dem renommierten Hirnforscher Ernst Pöppel, so dauert die Gegenwart des Menschen etwa drei Sekunden. Drei Sekunden lang ist unser »Gegenwartsfenster« geöffnet; so lange kann der »zeitliche Container des menschlichen Gehirns« eine Information festhalten, bevor sie wieder »überschrieben« wird. Dieser Operationsbereich kann offensichtlich mit menschlichem Willen nicht ausgedehnt werden. Nach Pöppel fragt unser Gehirn etwa alle drei Sekunden bei den Sinneszellen nach, ob's draußen was Neues gibt, und aktualisiert mit diesem »Update« sein Bild der Wirklichkeit. Diese Drei-Sekunden-Konstante der Informationsverarbeitung wurde bei allen Sprachen dieser Welt nachgewiesen.

Wolf Schneider rechnet nun diesen Drei-Sekunden-Rhythmus der Informationsverarbeitung um in sechs Wörter beziehungsweise 12 Silben; und zieht aus dieser Zahl direkte Schlüsse für den Satzbau:

> »Sie bedeutet, daß der Schreiber sich hütet, das logisch oder psychologisch Zusammengehörige um mehr als 12 Silben auseinanderzureißen, wie die Grammatik es durchaus erlaubt, ja häufig nahe legt.« (Schneider 1994, 71)

Also lautet – nach Schneider – die Regel: 12 Silben und nicht mehr; entweder kurz oder gar nicht. Was zusammengehört, darf nicht weiter auseinander gerissen werden. Sonst ist der formulierte Gedanke nicht mehr von Anfang bis Ende präsent. Für die meisten Einschübe und Parenthesen bedeutet diese Faustregel den Tod.

In der Literatur gibt es Widerspruch gegen diese Faustregel; so baut Willy Sanders trotzig einen Schachtelsatz, der die 12-Silben-Regel erfüllt, und den dennoch niemand versteht:

> »Dem Menschen, der, obwohl er, was ja nicht eben selbstverständlich ist, weiß, daß es gute Deutschbücher gibt, die ihm helfen können, sich nicht dem Studium, das ihn, der das so nötig hätte, fördern würde, hingibt, ist nicht zu helfen.« (Sanders 2000, 87)

Dennoch – schon aus erzieherischen Gründen ist die schneidersche Faustregel zu beherzigen: Zusammenlassen, was zusammengehört!

Hauptsachen in Hauptsätze, Nebensachen in Nebensätze: Eine Forderung mit Einschränkungen: Wie so viele der Leitsätze hat diese Aufmunterung aus grammatikalischer und stilistischer Sicht durchaus ihre Berechtigung. Andererseits kann bei Texten fürs Hörverstehen auch ein angehängter Nebensatz mit einem neuen Sinnschritt durchaus seinen Charme haben – zumal diese Satzbaukonstruktion ja dem Postulat der Linearität Genüge tut. Und aus sprecherischer Sicht ist ein angehängter Nebensatz kein Problem; er kann ohne weiteres wie ein Hauptsatz gesprochen werden, wenn er eine Hauptsache transportieren soll.

Trotz dieser Einschränkung macht es Sinn, die Hierarchie der Gedanken auch in der Hierarchie des Satzbaus zu berücksichtigen.

Und vor allem gilt es: Verschenke keine Möglichkeit Hauptsätze zu bilden. Konstruktionen wie »Interessant ist, dass...« oder »Geklärt werden muss, ob...« zwingen die Hauptaussage von vornherein in einen Nebensatz. Und wenn der dann noch weitere Nebensätze gebiert, dann wird's hart.

Weg vom Nominalstil: »Papierdeutsch«, »Hauptwörter-Seuche«, »Juristendeutsch« – Schon vor mehr als fünfzig Jahren forderte der Stillehrer Ludwig

Reiners in drastischen Worten, Handlungen durch Verben auszudrücken.

> »Das Verbum ist das Rückgrat des Satzes. Zwingt man die Handlung in ein Hauptwort, so bricht man dem Satz das Rückgrat. Er wird schlaff, schwunglos, langweilig, unanschaulich.« (Reiners 1999, 86)

Schließlich – so Reiners – sind die Taten das Wichtigste auf der Welt. Aber auch unter den Verben tummeln sich »tote« Vertreter, oder Pseudo-Verben wie: sein, haben, betragen, machen, (er)geben, sich ereignen, sich befinden. Mit deren Gebrauch ist noch nichts an Lebendigkeit und Dynamik gewonnen. Journalistisches Texten sollte sich generell an lebendigen Verben orientieren. Texten für Reportagen erst recht.

Rauter hält für alle Textmedien ein Verhältnis von zwei zu eins, also zwei Hauptwörter auf ein Verb, für optimal. (Rauter 1996, 99)

Aktiv statt passiv: Die Frage, wann das Passiv in journalistischen Texten genehm und sinnvoll ist, wird in der Literatur unterschiedlich beantwortet. In zwei Fällen soll der Autor auf jeden Fall beherzt zum Passiv greifen: Erstens, wenn der Handelnde uninteressant ist, oder nicht genannt werden soll. Ein vielzitiertes Beispiel: »Das Museum wird um achtzehn Uhr geschlossen.«

Und zweitens, wenn es sich um ein Er-Leiden im wahrsten Sinne des Wortes handelt. Im Sinne von: »Jemand wurde von einem Hund gebissen.«

Dass Wolf Schneider das Passiv beim Gebissenen in Frage stellt, ehrt ihn, ist aber glücklicherweise folgenlos:

> »Widerspruch ist folglich anzumelden gegen manche Stillehren, die das Passiv dann als legitim einstufen, wenn es wirklich das ausdrücke, was das Wort besagt: ein Leiden. Nein: Wer das Leiden zufügt, das wollen wir immer wissen. ›Der Briefträger wurde zum zehntenmal gebissen‹ ist ein akzeptabler Satz – aber nicht deshalb, weil das Gebissenwerden ein Leiden ausdrückt, sondern nur deswegen, weil ›beißen‹ und ›Briefträger‹ das eindeutige Signal geben, daß das handelnde Subjekt ein Hund war; und dessen Persönlichkeit darf der Schreiber ignorieren.« (Schneider 1994, 56)

So what! – Für Autoren von Reportagen heißt es in jedem Fall: Personen handeln lassen, möglichst keine unpersönlichen Formulierungen verwenden.

Gerade Journalisten und Reporter sind ja qua Profession angetreten, die Handelnden zu identifizieren, Ross und Reiter zu nennen.

Vorsicht: Subjekt-Objekt-Falle: Besonders die Sportberichterstattung erweist sich immer wieder als Quell lehrreicher Satzbau-Katastrophen. Ein Fußballbeispiel sei hier angeführt, aus der Abteilung »Tante Käthe«: »Rudi Völler bleibt Rumpfteam« – da braucht man eine ganze Weile, bis sich Rudi Völler als Dativobjekt outet. Auch so etwas wie: »Bee-Gees-Sänger blieb Herz stehen« ist nicht ganz ohne. Wir halten das erste Substantiv eines Satzes automatisch für das Subjekt – es sei denn, es gibt sich durch einen Artikel oder sonst wie von vornherein als Objekt zu erkennen. Das Akkusativ-Objekt ist da noch gefährlicher als der Dativ: Denn in vielen Fällen ist der Akkusativ auch mit Artikel nicht vom Nominativ zu unterscheiden. Dadurch lockt er den Zuschauer auf besonders hinterhältige Weise in die Falle, ihn für das Subjekt des Satzes zu halten. Und am Ende des Satzes ist dann plötzlich alles ganz anders.

Was man bei Lead-Zeilen in Zeitungen noch hinnehmen kann, ist im Hörverstehen schon eine mittlere Katastrophe – aber Gott sei dank eine leicht vermeidbare.

Auf Rhythmus und Balance achten: Sätze sind wie Bauwerke; sie brauchen eine ausbalancierte Statik. Und sie machen mehr Freude, wenn man sich in ihnen zurechtfindet.

> »Das Mainzer Umland, mit all seinen sanften Hügeln und blühenden Obstfeldern, mit dem Lerchenberg in seiner rosabestäubten Frühlingsstimmung, ist unser Ziel.«

Das ist ein langer Anlauf – und ein kurzer Sprung. Der Satz leidet unter einer Unwucht, ist vorn zu lang und hinten zu kurz. Also: vorne weniger, und hinten mehr, dann geht's. Oder, wenn jedes Wort unverzichtbar ist, dann kann ein kleiner Zwischenstopp mit Gedankenstrich das Ganze portionieren und einen neuen Spannungsbogen aufbauen:

> »Das Mainzer Umland, mit all seinen sanften Hügeln und blühenden Obstfeldern, mit dem Lerchenberg in seiner rosabestäubten Frühlingsstimmung – das ist heute unser Ziel.«

Optimal ist der Satz dadurch noch lange nicht; er bleibt zu lang, zu bepackt, zu beschreibend. Und wenn man sich das entsprechende Bild dazu vorstellt – Kitsch as Kitsch can.

Oft liegt es an Rhythmusproblemen, wenn sich ein Satz irgendwie rumpelig oder komisch anhört. Oft kippt ein Satz nach hinten oder nach vorn, weil er dort zu stark beladen ist. Einfache Umstellungen und kleine *Würzwörter* können helfen, Satzbausteine abzuspecken oder anzudicken, und so den Satz auszubalancieren.

Ein weiteres Mittel, einen Satz auszuwuchten und gleichseitig durchschaubar zu machen, ist das Parallelisieren der Satzbausteine. Was gegensätzlich oder gereiht gemeint ist, sollte auch erkennbar so daherkommen, also nach dem selben Prinzip gebaut sein. Ein Beispiel:

> »Der Copilot wartet mit seinem Koffer, die blonde Stewardess und der Pilot warten auch auf den Flieger.«

Im ersten Schritt ist schon etwas damit gewonnen, alle, die zusammengehören und das Gleiche treiben, in eine Reihe zu bringen:

> »Der Copilot mit seinem Koffer, die blonde Stewardess und der Pilot warten auf den Flieger.«

Das rumpelt und pumpelt noch so vor sich hin wie auf einer Schlaglochpiste. Da klingt es doch deutlich angenehmer, wenn man ein bisschen pointiert und die Reihenfolge ändert:

> »Sie warten auf den Flieger – der Pilot, die blonde Stewardess und der Copilot mit seinem Koffer.«

Dazu wird in dieser Variante auch noch der Sinnkern schneller erfasst. Bei mehreren gereihten Elementen empfiehlt es sich, das Längere nach hinten zu nehmen. Dann spricht es sich besser.
Natürlich müssen derartige Umstellungen immer am Bild stattfinden, damit man nicht bei textlichen Feinarbeiten Text-Bildscheren produziert.

Auch die sonst so verpönten Doppelungen können einen Satz rhythmisieren: »Kind und Kegel«, »Haus und Hof«, »bei Wind und Wetter« – im

Schriftsprachlichen hat so etwas nichts zu suchen. Beim Texten fürs Hörverstehen können Doppelungen von Nutzen sein: Sie helfen, eine angenehme Sprechmelodie zu erzeugen.

Infinitive und Partizipien überprüfen: Infinitivkonstruktionen sind im Sprechsprachlichen ebenso selten wie hässlich. Sie wirken leicht sperrig, krampfig und gewollt. »Der Toningenieur war so nett, der neuen Kollegin den Vortritt zu lassen« – das wird man im Alltag seltener finden als: »Der Toningenieur war so nett und ließ der neuen Kollegin den Vortritt.« Dazu wird der ohnehin schon hässliche Infinitiv auch noch gern falsch angewandt; in Form einer Dopplung: »Die Fähigkeit, das Mischpult bedienen zu können«.

Partizipien transportieren einen komprimierten Sachverhalt. In ihnen sind Handlungen auf kleinstmöglichem Raum verdichtet und eingefroren. Sie erhöhen die Informationsdichte eines Satzes – und sie werden gern noch bis zum Gehtnichtmehr bepackt.

Ein abschreckendes Beispiel für die unkontrollierte Anhäufung von Partizipien:

> »Der im Hunsrück geborene, später nach Mainz übergesiedelte und dann in die Partei eingetretene Katholik machte in einem dort ansässigen Fernsehsender eine für alle überraschende Karriere.«

Wer die Informationsdichte eines Satzes auf ein wohldosiertes Maß zurückfahren will, muss die Partizipialkonstruktionen zerschlagen und die gefrorenen Handlungen wieder auftauen. Meistens werden die Sätze dadurch länger – aber immer werden sie lebendiger.

Adjektive abspecken: Dekorationswut schadet den Sätzen. Gerade beim Texten zum Bild sollte man sparsam mit Adjektiven sein. Sonst landet man früher oder später bei Bildbeschreibungen. Ein einfaches Beispiel: »Die schönen gotischen Paläste« – aus der Sicht von Rauter:

> »Mit dem Eigenschaftswort ›schön‹ mache ich mehrere Fehler auf einmal. Ich bewerte, kommentiere, beteure und halte den Erlebnisbetrieb des Lesens auf.« (Rauter 1996, 45)

Das ist eine Einsicht, die erst recht für den Erlebnisbetrieb des Hörens und Sehens gilt. Denn beim Fernsehen kommt erschwerend hinzu, dass der Zuschauer sich selbst »ein Bild machen« kann und soll, woran derartige Adjektive ihn eher hindern. Mehr noch: Sie können ihn sogar bevormunden und belästigen. Und viele Substantive wirken ohne davorgeklebtes Adjektiv einfach stärker.

Vorsicht bei Modewörtern: Die Stillehrer sind sich einig: Modewörter sind von Übel. So fordert auch schon Ludwig Reiners: »Meidet Modewörter!« (Reiners 1999, 78). Die Erstausgabe seiner Stilfibel stammt von 1951, entsprechend altmodisch klingen die Modewörter, mit denen er sich herumschlägt: »prima« zum Beispiel. Oder »absolut, ausgerechnet, hundertprozentig, fraglos.« Reiners Befürchtung: Modewörter fressen die genauen Wörter; machen aus der Welt ein graues Allerlei. Auch Schneider argumentiert gegen Modewörter – bei ihm geht es exemplarisch gegen »optimal« und »nachvollziehen«, auch er beklagt die Verödung einer ganzen Sprachlandschaft (Schneider 1994, 38f.). Man muss diesen Untergangsvisionen nicht folgen – und kann sich trotzdem über modische Marotten oder geblähte Plastikwörter ärgern. Über »Controller, Commitment, Denke, Diskurs, Hardliner, Location, mental, Message, Mitbewerber, Sinn machen, von daher, zeitnah...« (vgl. Kaehlbrandt 1999)

Ständig ist Neues angesagt – »angesagt« ist übrigens überhaupt nicht mehr angesagt, ebenso wenig »cool«. In seinem aktuellen Gewand kommt das Übel eher »voll krass« daher. Bis auf weiteres.

Vieles wird über die Werbung eingeschleppt und verblasst entsprechend schnell. Sprachschrott kommt, Sprachschrott geht. Er stört »nicht wirklich«. Das Problem: Aufgrund ihrer kurzen Halbwertzeit fallen Modewörter schnell auf den Autor zurück; sie dokumentieren, auf welchem Stand er stehen geblieben ist bzw. wie weit er der sprachlichen Entwicklung hinterherhinkt. Und nicht nur das: Die meisten Modewörter tragen noch das Milieu ihres Entstehens mit sich herum. Ob aus der New Economy, der Werbebranche, dem Top-Management oder der jugendlichen Subkultur – sie lassen spüren, woher sie kommen, sie verbreiten unbemerkt eine Atmosphäre – und die muss nicht unbedingt zu der erzählten Geschichte passen, sie kann ihr sogar schaden. Gerade bei Reportagetexten kann man also nur zur Vorsicht mahnen. Die Reportage hat etwas zu verlieren: ihren »USP«, ihren »Unique Selling Point«.

Keine Angst vor Redundanz – Wichtiges wiederholen: Entscheidende Begriffe, die für die Gedankenführung zentral sind, dürfen, sollen und müssen wiederholt werden. Wiederholungen sind sichere Verknüpfungen. Der Redundanzbedarf kann unterschiedlich sein; er hängt von der Antwort auf verschiedene Fragen ab: Wie kompliziert ist der Sachverhalt? Was wissen die Zuschauer schon darüber? Wie wichtig sind die Begriffe und Gedanken für den Lauf meiner Geschichte?

Redundanzen schaffen, das heißt, auf Nummer sicher gehen. Und: Gerade in Zeiten der flotten Finger auf der Fernbedienung helfen redundante Formulierungen der elektronischen Laufkundschaft beim Einstieg in die laufende Sendung.

Verknüpfen und Vernetzen: Ob ein Reportagetext funktioniert, ob er die in Bildern montierte Geschichte miterzählt und unterstützt – das hängt auch von seiner inneren Stimmigkeit ab. Die richtig gewählten Wörter, die richtig gebauten Sätze – das allein reicht nicht. Am Ende ist alles eine Frage des Zusammenhanges, und der ergibt sich nicht von selbst; der muss hergestellt werden. Der Autor muss die einzelnen Sätze sinnvoll miteinander verknüpfen, muss seinen Text vernetzen. Und da schlägt immer wieder die Liebe des Journalisten zur Scheinlogik zu: Beseelt vom Wunsch, seine Sätze in Beziehung zueinander zu setzen, und sie dabei rhythmisch ein wenig auszubalancieren, streut er ebenso instinktiv wie beliebig kleine unscheinbare Wörtchen in seinen Satz: »aber, doch, dagegen, trotzdem, nun, auch, dann«. Damit schafft er ungewollte Bezüge; er konstruiert Gegensätze, wo keine sind, und wundert sich schließlich – weil's doch gar nicht so gemeint war. Besonders gern genommen: Das »Schein-Doch« und sein Zwilling, das »Schein-Aber«, von Kennern der Materie auch »Karnevals-Aber« genannt. Man könnte geradezu eine Hitparade der beliebtesten Schein-Verknüpfungen ausrufen.

Verknüpfungen müssen die Denkrichtung eines Satzes deutlich machen. Man muss dem Satz ansehen bzw. anhören, ob er einen bereits begonnenen Gedanken weiterspinnt oder zu Ende bringt – oder ob er einen neuen Gedanken eröffnet. Und zwar rechtzeitig, am Satzbeginn. Wenn die Denkrichtung des Satzes erst an seinem Ende klar wird, ist es zu spät.

Die Erzählperspektive: Wer oder was bin ich? Wenn dem Reporter alle allgemeinen Regeln des Textens für das Fernsehen in Fleisch und Blut übergegangen sind, kann er sich mit den reportagespezifischen Problemen des Textens herumschlagen: Der Reporter soll eine Geschichte erzählen und das aus der Perspektive des Augenzeugen. Dieser Augenzeuge kann aber ganz unterschiedliche Haltungen einnehmen – entsprechend ändert sich der Charakter seines Textes. Er kann sich auch traditioneller Erzählmuster bedienen, wie Verfolgungsjagd, detektivische Spurensuche oder Enthüllungsgeschichte. Völlig frei in der Wahl seiner Texthaltung ist der Reportage-Autor allerdings nicht mehr, wenn es ans Schreiben geht: Schließlich hat er in der Anlage seiner Reportage, beim Dreh und im Schnitt schon Entscheidungen getroffen, die Konsequenzen für sein Texten haben. Er hat bewusst oder unbewusst, gezielt oder zufällig seine Antworten auf die folgenden Fragen gegeben:

- Ist der Reporter Augenzeuge eines unabhängig von ihm stattfindenden Geschehens, im Sinne einer klassischen Ereignis-Reportage?
- Übernimmt er die Rolle des reinen Protokollanten?
- Ist er ein aktiv teilnehmender Beobachter eines Geschehens?
- Verschwindet er hinter der Kamera, die praktisch die Funktion des Augenzeugen übernimmt?
- Hat er die Geschichte, die er erzählen will, selbst initiiert; ist er ein wesentlicher Teil der Geschichte?
- Tritt er als investigativer Reporter auf, der sich auf die Suche macht?
- Tritt er selbst optisch in Erscheinung?

Von seiner Rolle hängt es ab, ob Reporter und Team im Kommentartext als Personen auftreten oder aber anonym bleiben. Die Erfahrung zeigt, dass diese unterschiedlichen Perspektiven auf Grund von Flüchtigkeitsfehlern beim Texten oft durcheinander gehen und folgenreiche Irritationen beim Zuschauer bewirken. Ein nützliches Instrument dagegen ist zum Beispiel der *Wir-man-Check*: Der Autor tut gut daran, den fertigen Text noch einmal gezielt auf die eingenommene Perspektive hin durchzusehen. War da vielleicht doch ein »man« gemeint, wo ein »wir« steht – und umgekehrt?

Nach dem falschen Gebrauch der »Ich-Form« brauchte man bisher angesichts des allgemein akzeptierten Ich-Tabus nur selten zu suchen; sie kam bis auf begründete Ausnahmen einfach nicht vor. Und schließlich besteht ja ein Reportageteam zur Zeit noch in der Regel aus drei handelnden Personen. Das kann sich natürlich ändern; zumal in Zeiten des Video-Journalismus, in denen der Journalist als Multi-Mann mit einer kleinen Mini-DV-Kamera bewaffnet durch die Lande zieht und alles selbst dreht. Dann steht vielleicht bald der *Ich-man-Check* an.

Eine besonders gern in porträthaften Reportagen eingesetzte Form der Texthaltung ist die weitgehende Identifikation der *Textperson* mit der des *Protagonisten*: Der Autor passt sich in Stil und Duktus seines Textes der Denk- und Sprechweise seines *Helden* weitgehend an, und schafft so eine hohe *Identifikationsmöglichkeit* für den Zuschauer. Der Text wird mit echten – oder manchmal auch gebauten – Zitaten angereichert, die Textpassagen werden eng mit den Originaltönen des Protagonisten verwoben, so dass beide Elemente in der Wirkung beim Zuschauer verschmelzen. Ein Beispiel:

> » ›Muss es denn schon wieder schiffen‹, stöhnt Krause, gerade heute, wo er doch wieder mal sein Ölzeug in der Baubude vergessen hat. Wenn er wenigstens die Gummistiefel – aber: nützt ja alles nichts. Da muss er nun durch. Und schließlich hat er's ja so gewollt.«

Die Identifizierung von Textperson und Protagonist ist eine durchaus wirkungsvolle Strategie. Wird sie über die Strecke einer langen Reportage zu oft eingesetzt, wird sie allerdings problematisch, da sie vor lauter Nähe kaum noch journalistische Distanz zulässt.

Welchen Part auch immer der Autor übernimmt, und wie auch immer er auf seine Geschichte – oder aus ihr heraus – schaut: Der Erzähler sollte seine einmal eingenommene Position nur in Gefahr und höchster Not wieder verlassen. Sten Nadolny fordert zu Recht, man müsse sich entscheiden, durch wessen Kopf hindurch man die Dinge sehen will (Nadolny 1997, 87). Schließlich ist der Reporter als Handlungsbevollmächtigter des Zuschauers unterwegs, und seine Glaubwürdigkeit hängt nicht zuletzt von der Nachvollziehbarkeit seiner Perspektive und seines Blickwinkels ab. Diese Glaubwürdigkeit sollte der Autor in keinen Fall aufs Spiel setzen. Denn mit ihr verliert die Reportage ein Stück ihrer Kraft.

Wie alles anfängt – Die ersten Sätze. Aller Anfang ist schwer – das gilt natürlich auch uneingeschränkt für das Texten von Reportagen. Die

Notwendigkeit der Exposition der Protagonisten, der Zeit, des Ortes und der Handlung wirft viele Autoren in ihrer Verzweiflung auf erprobte, ja schon fest betonierte Orientierungsfloskeln zurück, deren Haltbarkeitsdatum längst überschritten ist. Bestens bekannte Textbausteine beherrschen dann den Textanfang, Sprachklischees kündigen gleich zu Beginn des Films überraschungsarme Durchschnittsware an. Bevor der Zuschauer überhaupt etwas im Bild gesehen, im Originalton gehört, geschweige denn etwas erlebt hat, prasseln Sätze auf ihn nieder, die ihm allesamt irgendwie bekannt vorkommen.

Immer wieder gern genommen sind recycelte Standard-Anfänge wie: »Kantine Nord, sieben Uhr früh. Vorarbeiter Harry Schächte beim Frühstück...«. Im Prinzip entspricht der Text den Notwendigkeiten einer Reportage. Er ist konkret, sagt, worum es geht. Aber inzwischen reicht das nicht mehr. Die einstmals griffigen, allgemein akzeptierten Einstiegsformulierungen wirken mittlerweile doch reichlich abgenutzt. Hinzu kommt, dass sich in den letzten Jahrzehnten mit dem Aufkommen der Privatsender eine wahre Inflation der Personalisierungen und Emotionalisierungen auf den Schirmen breit gemacht hat – völlig unabhängig von Inhalt und Format der jeweiligen Sendung – so dass den Zuschauer schnell das große Gähnen überfällt, wenn ihm gleich im ersten Satz die soundsovielte Neuauflage der Marke »Helden des Alltags« präsentiert wird. In jedem kleinen Magazinbeitrag wird heutzutage personalisiert auf Teufel komm raus, wird in den ersten Bildern ein Heinzi Müller oder ein Ingo Meier eingeführt, der dann in der zweiten Minute verloren geht, und der sich spätestens in der dritten Minute angesichts der Allgemeinheit des Themas bereits in Luft aufgelöst hat. Allenfalls ganz am Ende des Beitrags taucht der vorn exponierte Müller/Meier noch einmal aus der Versenkung auf, getreu dem Motto: Sage mir, wie dein Beitrag anfängt und ich sage dir, wie er aufhört.

Die Reportage muss diesem Verschleiß der dramaturgischen Mittel Rechnung tragen – auch im Text.

Also, statt wie üblich: »Kantine Nord, sieben Uhr früh. Vorarbeiter Harry Schächte beim Frühstück...« eher so etwas wie: »Schon wieder Leberwurst mit Zwiebeln. Dabei hat er sich schon so oft beim Kantinenchef beschwert. Harry Schächte hasst Zwiebeln zum Frühstück, und heute hasst er sie ganz besonders.«

Man beachte die kleine Andeutung am Ende, dass es nicht ein Tag wie tausend andere ist, sondern dass etwas Besonderes ansteht; sozusagen ein kleines Versprechen auf Außergewöhnliches. Das zielt auf die Neugier des

Zuschauers; vielleicht will er wissen, was an diesem Tag los ist mit Harry Schächte und bleibt dran.

Logischerweise muss irgendwann zu Beginn klar werden, um wen und/oder um was es geht. Aber die Exposition muss nicht gebündelt im ersten Satz abgearbeitet werden; das in der Spielfilmdramaturgie bewährte Mittel der »nachgereichten Exposition« kann auch dem Reportagebeginn den entscheidenden kleinen Kick geben. Ein Einstieg mit einem ungewöhnlichen, schrägen, emotional starken Detail, mit einer kleinen, Neugier weckenden Irritation ist allemal verbraucherfreundlicher als der polizeiprotokollhaft daherkommende Standardbeginn mit den üblichen Verdächtigen. Man tut gut daran, schon beim Dreh nach derartigen »einstiegsfähigen« Situationen Ausschau zu halten. Natürlich darf der Einstieg nicht überstrapaziert werden. Er muss in die Geschichte hineinführen – sonst ist das flotteste textliche Kabinettstückchen nutzlos. Es geht immer nur um eine dosierte Verrätselung, nie um die Lederstrumpf-Strategie (das Auslegen falscher Fährten).

Als Beispiel für einen klassischen, Neugier weckenden Beginn sei hier nur auf den Anfang von Richard Leacocks »The Chair« verwiesen, der im Kapitel über die Dramaturgie (S. 239) dargestellt wird.

Oder – ein neueres Beispiel für einen Filmanfang, aus einer Reportage über Flug-Catering:

> »Wenn einer eine Reise tut ...
>
> dann – kriegt er auch mal Hunger.
>
> Es ist angerichtet; in 11.000m Höhe,
>
> bei Tempo 900 und leichten Turbulenzen.
>
> Am Himmel gibt es keine Stullen,
>
> keinen Henkelmann und keine Tupperdose.
>
> Am Himmel gibt es Vollpension.
>
> Aber – wie kommt der Fisch in den Flieger?«

Gerade in der Reportage muss schon der erste Satz ein klares Signal für die besondere Form geben – und damit die nötige Rezeptionsanweisung für den Zuschauer transportieren. Ganz zu schweigen von dem Versprechen, das jeder Reportageanfang beinhalten sollte. Der Text darf nicht gleich alles verraten, er darf seine Geschichte erst nach und nach preisgeben. Der Einstieg muss die gemeinte Atmosphäre herstellen, muss Lust aufs Weitersehen und Weiterhören machen. Gleich zu Beginn muss deutlich werden, dass hier nicht erklärt, analysiert, bewertet oder beurteilt werden soll – sondern, dass sich hier jemand daranmacht, mit Bildern und Tönen eine Geschichte zu erzählen, unterstützt von einem Text. Der Zuschauer als »Koproduzent von Sinn« sucht instinktiv nach entsprechenden Rezeptionshinweisen.

Noch ein wichtiges Detail, dessen Bedeutung oft verkannt wird: Die allerersten Worte werden oft vom Zuschauer nicht verstanden. Die Wahrnehmung ist nicht vorbereitet auf den Texteinsatz, sie hat bis dato mit den Bildern und den Originaltönen genug zu tun. So werden die ersten ein, zwei Wörter oft überhört; es vergeht so etwas wie eine »Schrecksekunde«, bis die neue dramaturgische Ebene erfasst ist. Also: Die allerersten Worte dürfen nicht zentral für das Verstehen des Folgenden sein – oder sie müssen bald durch Wiederholungen bestätigt werden.

Im Übrigen gilt auch für die Reportage die alte kampferprobte Regel: Kündige nicht an, was man sehen wird, und erzähle nicht, was man schon gesehen hat.

Die Gegenwart der Reportage. Eine Reportage spielt (fast) immer in der Gegenwart. Der Autor weiß nie mehr als der Zuschauer. Also ist das Tempus, in dem Reportagen erzählt werden, (in der Regel) das Präsens – das »historische Präsens« (Reiners). Es wirkt eindringlich und unmittelbar, hat am meisten Kraft, und eignet sich am besten zur Vergegenwärtigung eines Geschehens. Der Schriftsteller Dieter Wellershoff hat die Stärken und Schwächen des Präsens für das Erzählen in starke Worte gefasst:

> »Das Präsens beharrt auf dem Augenblick. Es ist blind für die Zukunft, die prinzipiell undurchdringlich bleibt und sich nur Stück für Stück, manchmal sekundenweise als Gegenwart realisiert. Die handelnden Personen sind in einem engen Hier und Jetzt eingesperrt, unabhängig davon, ob sie Erwartungen, Wünsche, Pläne, Befürchtungen und Hoffnungen haben. Immer verwandelt das Präsens die Zeit in eine Abfolge mehr oder minder isolierter einzelner Gegenwarten. In Erregungsphasen blähen sich die

Momente auf. Dann wieder spulen sie sich in mechanischer Gleichmäßigkeit ab.« (Wellershoff o.J., 2)

Erfahrungsgemäß mogeln sich immer wieder ungewollt andere Zeiten in den Text – insbesondere das Imperfekt hat sich als hartnäckiger Kämpfer im Ringen um die rechte Erzählzeit bewiesen. Ein probates Mittel zur zeitlichen Reinigung des Textes ist der gezielte *Tempus-Check* des fertigen Textes, um Flüchtigkeitsfehler und temporäre Verwerfungen zu verhindern.

Ach du liebe Zeit! Die Zeitstruktur – ein zeitloses Thema. Der Text unterstützt die Struktur der Geschichte – vor allem, indem er Verortungen in Raum und Zeit liefert. Die Orientierung in Raum und Zeit ist eine wichtige Voraussetzung für das Entstehen eines Hier-und-jetzt-Gefühls, also letztendlich für die Erlebnisqualität der Reportage. Der Raum ist dabei das geringere Problem; wenn er einmal im Text etabliert ist, vermittelt er sich über weite Strecken durch das Bild. Schließlich gehört der begrenzte, wiedererkennbare Ort zu den dramaturgischen Reizen der Reportageform.

Die Zeit macht mehr Mühe. Ein Zeitrahmen und wiederkehrende Zeitbezüge können durchaus probate Struktur-Mittel des Erzählens sein. Doch mit der Zeit wird auch viel Unfug getrieben. So mancher Protagonist beginnt in der Reportage sein Tagwerk um 7.05 Uhr; um halb neun wird im Text nochmals flüchtig auf die Uhr geschaut; anhand der Ruhepause ahnt der Zuschauer das Erreichen der Mittagszeit, und viel später heißt es dann nur noch lapidar: »Es ist schon spät...« – wenn der Zeitbezug es überhaupt bis zum Nachmittag schafft. Eine Bedeutung für die erzählte Geschichte haben diese Zeitangaben nicht. Der Reporter braucht sie, weil er keine andere Strukturierung gefunden hat, und prompt kommen sie ihm irgendwann im Verlauf des Films abhanden. Es ist ähnlich wie bei den geschilderten Pseudo-Personalisierungen zu Beginn einer Reportage.

Der Autor muss sich entscheiden, welches dramaturgische Gerüst er seiner Geschichte gibt. Entweder die Zeit ist wichtig oder sie ist es nicht. Entweder geht es um das Miterleben einer Stunde, eines Tages, einer Woche – oder eben um etwas anderes. Lineares Erzählen muss nicht heißen, Uhrzeiten zu protokollieren oder Stunden herunterzuzählen. Der Einsatz von zeitstrukturierenden Elementen im Text sollte wohlüberlegt sein. Wird gleich zu Beginn ein minutengenaues Raster der Zeitwahrnehmung suggeriert, so muss dieses beibehalten werden, um das Miterleben nicht zu beeinträchtigen. Gerade zu Beginn der Sendung, wenn der Zuschauer sich intuitiv eine Rezeptionshaltung dem präsentierten Wahrnehmungsangebot gegenüber sucht, muss klar werden, wie die Sendung »tickt«, wie sie gemeint ist, wie sie gesehen werden will. Da muss das gewählte Zeitraster deutlich spürbar werden – wenn es denn eine Rolle spielen soll. Das heißt natürlich nicht, dass der zeitliche Ablauf einer Geschichte im Verlauf der Reportage nicht komprimiert oder gedehnt werden kann – im Gegenteil, das gehört ja gerade zur dramaturgischen Formung einer Geschichte. Es heißt aber sehr wohl, dass der Autor den Zuschauer nicht mit Zeitbezügen und Zeittakten belästigen darf, die keinerlei Bedeutung für die Geschichte haben.

Spannender als das brave Dokumentieren der Uhrzeiten ist oft das Nutzen der Zeit in ihrer Bedeutung für das Geschehen, etwa im Sinne eines klassischen Countdowns (noch drei, zwei Stunden, noch eine Stunde, eine halbe, eine viertel Stunde bis zum Moment X...).

Um eine Geschichte zu strukturieren, muss man vor allem die Phasen ihres Ablaufs klar herausarbeiten. Und man muss vieles weglassen – alles, was nicht den zentralen Konflikt der Geschichte vorantreibt. Alles, was der Zuschauer selbst im Kopf ergänzen kann, macht die Sache spannender.

Fakten-Schwarzhandel und Nebenbei-Verkauf – die Info-Flut. Die Sprache muss Lasten tragen, sagt Nadolny, aber sie kann sie auch abwerfen. Wer die Sprache zu schwer bepackt, der bringt sie nicht vom Fleck. (Nadolny 1997, 86). Er verdeutlicht dieses an einem selbstgestrickten (abschreckenden) Textbeispiel:

> »Mit dem Ruf: ›Hab' ich dich endlich!‹ drang der aus Rheinland-Pfalz gebürtige vierzigjährige Familienvater in die mit Gebrauchtmöbeln ausgestattete, bescheidene, aber saubere Wohnung des fünfundzwanzigjährigen ledigen Metallhoblers ein...« (ebenda, 87)

Die Marotte, im Text so nebenbei noch alles Mögliche an Detailinformationen zu verkaufen, ist hier zugegebenermaßen etwas dick aufgetragen. Beim Erzähler Nadolny ruft dieser »Nebenbei-Verkauf« witzigerweise eigene Kindheitserinnerungen wach: Erinnerungen an die Frage seiner Mutter, ob er vielleicht zufällig an der Molkerei vorbeikomme, wo er doch gerade im Begriff war, mit dem Fahrrad irgendwohin zu fahren. Eine Frage mit Folgen, für Nadolny und für die Sprache:

> »Die Sprache folgt, wenn man sie nicht schiebt und peinigt und belastet und drückt, der inneren und äußeren Wahrnehmung, und man merkt es sofort, wenn ihr so nebenbei noch andere Besorgungen auferlegt werden... Man kommt nie zufällig an der Molkerei vorbei! Garantiert nicht! Und so kommt auch die Sprache nicht zufällig an rheinland-pfälzischen Gebrauchtmöbeln oder so etwas vorbei und nimmt sie gerade mal mit.« (ebenda)

Nadolnys Text ist ein Beispiel, von dem man auch für den Reportagetext lernen kann; ist doch gerade die Frage, wie viel Informationen eine als erzählte Geschichte daherkommende Reportage transportieren kann, durchaus umstritten. Einigkeit herrscht darin, dass die Reportage nicht das Mittel erster Wahl ist, wenn es um analytische Sachverhalte geht; wenn also nicht erzählt, sondern erklärt werden soll. So mancher Kritiker wirft der Reportage ja immer wieder Oberflächen-Realismus, Dünnbrettbohrerei und inhaltliche Beliebigkeit vor.

Aber wie viel an Fakten, Daten, Zahlen verträgt eine erzählte Geschichte? Oft sind es weniger die Autoren als die abnehmenden und redigierenden Menschen und Instanzen, die der kleinen und reinen Reportage-Geschichte nicht trauen, und die sie in gut gemeintem Vollständigkeitsstreben mit allerlei nützlichen und nutzlosen Fakten unterfüttert sehen wollen. Oft zum Schaden der Reportage. Der Print-Autor Kai Hermann sieht die Reportage bereits bedroht, und er hat auch die Ursache der Bedrohung ausgemacht:

> »Ich versuche so wenig abstrakte Information wie möglich in die Reportage hineinzuschreiben. Also nur soviel, wie unbedingt zum Verständnis notwendig ist oder als Beleg gebraucht wird, um eine Geschichte glaubhaft zu machen. Ich habe dabei auch kein schlechtes Gewissen, denn es gibt ernsthafte Untersuchungen, in denen man Lesern Faktenartikel vorgelegt und sie hinterher abgefragt hat. Dabei ist herausgekommen, daß die Leser unmittelbar nach der Lektüre 80-90 Prozent der in diesen Artikeln enthaltenen Fakten vergessen hatten. Wer aber auf überflüssige Fakten verzichtet, macht seine Rechnung immer häufiger ohne den Redakteur, der seine Geschichte redigiert. Und dieser Redakteur scheint heute allwissend. Denn er hat einen Rechner auf dem Schreibtisch. Und mit ein paar Mausklicken ist er im entsprechenden Sachgebiet und kann die Reportage mit einem Schatz von Fakten verstümmeln. Er beweist sich damit ja als

> sachkundiger Fachredakteur. Von daher ist das Internet tatsächlich eine Bedrohung für die Reportage.« (Hermann 2001, 28f.)

Natürlich ist eine Reportage bei all ihrer Subjektivität kein faktenfreies Gebiet. Natürlich wäre es dumm, die Qualität der Reportage als Vermittlerin von Kenntnis und Verstehen der gesellschaftlichen Verhältnisse nicht zu nutzen. Schließlich kann sie durch das Erzählen von kleinen Einzelschicksalen – gewissermaßen über Bande spielend – auch Aussagen über die Gesellschaft im Allgemeinen treffen.

Heussen plädiert für gewichtende Infos zum richtigen Zeitpunkt:

> »Als Zuschauer wollen wir durchaus Informationen; Antworten auf nicht gestellte Fragen aber finden wir lästig. Wir wollen uns in eigenen Vorstellungen durch den Film hindurch bewegen und die Informationen genau zu dem Zeitpunkt bekommen, in dem die Frage danach in uns aufgestiegen ist. Damit solche Fragen entstehen können, müssen Zuschauer in eine entsprechende Situation geraten, sie selbst müssen die Frage entdecken und erleben. Keine einzige Information wird verstanden, wenn sie nicht vorher vom Gefühl akzeptiert worden ist.« (Heussen 2001, 4)

Das Erkennen soll dem Erleben folgen. Nicht andersherum. Sonst ist in der Reportage zwar alles drin, aber es kommt nichts raus. Eine bittere Wahrheit. Nur zu oft fallen Fakten, Daten und Zusammenhänge, die dem Autor wichtig sind, unter den Tisch – einfach, weil sie nicht in der erzählten Geschichte angelegt sind. Das kann schon mal gegen die Ehre und das Selbstverständnis eines klassischen Journalisten gehen. Diesen Trennungsschmerz auszuhalten, auf Infos zu verzichten, die man unbedingt unterbringen wollte, die aber einfach nicht in die erzählte Geschichte passen – das kann und muss man üben.

Im Normalfall gilt auch hier wie so oft im Leben: Weniger ist mehr. Für eine Reportage muss man Berge von Fakten recherchiert haben, um sie dann guten Gewissens in einem pointierten, präzisen Text weglassen zu können. Das gehört zum Handwerk.

Kalter Entzug: Synonymsucht und die Folgen. Wer kennt ihn nicht, den ewigen »siebzehnjährigen Leimener«? Boris Becker war siebzehn, als er sich in Wimbledon zum Helden der Nation hochspielte. Und bevor ein

Autor den guten Mann zum zweiten Mal »Boris Becker« nennt – den »jüngsten Wimbledon-Sieger« hat er natürlich längst verbraten – , nimmt er lieber alle sprachlichen Scheußlichkeiten in Kauf oder greift in die Alter-und-Wohnort-Kiste. Eine seit Oberschulzeiten antrainierte Angst-Reaktion: Wer zweimal denselben Begriff benutzt, sieht sich schon als einfallsloser Dorfdepp verhöhnt. Also gibt man sich alle Mühe der Welt, immer wieder einen neuen Begriff für die alte Sache aufzutreiben. Landauf, landab grassiert die Synonym-Sucht in den Fernsehtexten. Eine Sucht, die sozialschädlich ist: Sie macht dem Zuschauer unnötige Arbeit. Er muss sich ständig vergewissern, ob denn auch noch das- oder derselbe gemeint ist, oder ob mit dem neuen Begriff bereits ein neues Objekt des Gedankens im Satz Platz genommen hat. Diese Identifikationsarbeit bindet Aufmerksamkeit und trübt das Wahrnehmungsvergnügen. Dazu rutschen dem Autor bei vielen Synonymen ungewollte Färbungen, Wertungen und Konnotationen in den Satz, die seinem Gedanken eine falsche Richtung geben können.

Wolf Schneider weist darauf hin, dass sich im deutschen Sprachgebrauch eigentlich nur zwei Wörter tapfer gegen diese Sucht nach Synonymen stemmen: »Wind« und »Gesicht«. Denn bei Brise, Sturm und Orkan ändert sich die Intensität des Windes, und bei Antlitz, Visage und Fresse bekommt das Gesicht eine andere Färbung. (Schneider 1984, 67) Es bleibe dem geneigten Leser überlassen, nach weiteren synonymresistenten Wörtern zu suchen.

Für den Reportage-Autor gilt in jedem Fall: Kein falscher Ehrgeiz! – Es geht hier nicht ums Lesen, nicht um Schriftsprache; es geht ums Zuschauen, ums Hörverstehen. Was den Leser freut, kann den Zuschauer ärgern. Zweifellos hat sich eine Reihe von Synonymen in unseren Hirnen derart plattgetreten, dass sie getrost als unproblematisch gelten können. Ob der Elefant und der Dickhäuter, die Kirche und das Gotteshaus oder Frankfurt und die Mainmetropole – so was tut niemandem weh, gibt aber sicher auch kein Eleganz-Fleißkärtchen. Und ob es stilistisch in den Text passt, ist eine ganz andere Frage.

Das Gackern der Hühner und die Schurkenstaaten. Die Wahrheit ist oft nüchtern und bitter: »Das Ringen um die richtigen Worte endet spätestens bei Redaktionsschluss.« (Bresser 1992, 109) Man könnte den Seufzer von Klaus Bresser ergänzen: Auch wenn sie bis dahin noch längst nicht gefunden sind. Dabei sind die richtig gewählten Worte gerade für die Reportage enorm wichtig.

Ein Reportagetext muss anschaulich sein, konkret und schauplatzbezogen. Das ergibt sich schon aus seiner Funktion: Er muss die Geschichte stützen, muss sie miterzählen. Das hat Konsequenzen bis in die Wahl des einzelnen Wortes. Generell gilt: Immer nach dem engen, dem konkreten, dem saftigen, sinnlichen Begriff suchen! So wenig Allgemeinplatz wie möglich. Konkretes schafft Authentizität. »Hühner hör ich noch gackern, Geflügel nicht.« (Schneider 1984, 57) Diese etwas landwirtschaftlich daherkommende Wahrheit von Wolf Schneider bringt es in der Tat auf den Begriff.

Auch in weniger rustikalen Gefilden ist Vorsicht bei der Wahl der Wörter angezeigt: Hinter der Wortwahl verstecken sich Interessen und Positionen, die man nicht unbedingt teilen will oder muss. Ein grundsätzliches journalistisches Problem: Die Beispiele für frisierte Begriffe sind Legende; sie reichen vom »Entsorgungspark« (Atommüll-Lager) über das »Minuswachstum« (Schrumpfung), das »Sonderkonto« (Schwarzgeldkonto) und die »Gebührenanpassung« (Gebührenerhöhung) bis zum beliebten »Einweg-« (Wegwerf-) für alle möglichen Gebrauchsgegenstände. Dieter E. Zimmer spricht treffend von der »Verschönerung der Welt durch sprachliche Maßnahmen«, der ein Autor nicht auf den Leim gehen darf. (zit. nach Bresser 1992, 111). Dabei sind es nicht nur positive, euphemistische Wortkreationen, die per Nachrichtensprache in unsere Weltsicht einsickern – auch negative Urteile werden geschickt in Wortschöpfungen eingeflochten: Es macht doch schon einen Unterschied, ob von »Terroristen« statt »Freiheitskämpfern« bzw. »Rebellen«, oder von »Chaoten« statt »Demonstranten« die Rede ist. Und allein der harte Klang machte den »Warschauer Pakt« (die Geschichte habe ihn selig!) von vornherein deutlich unsympathischer als das softe »Atlantische Bündnis« der NATO. Von den grimmigen »Schurkenstaaten« ganz zu schweigen.

Nun wird sich nicht jede kleine Reportage in die große Weltpolitik einmischen, aber dennoch: das Übernehmen »nicht-authentischer«, verbogener Begriffe nimmt der Reportage ein Stück Glaubwürdigkeit.

Pawlowscher Speichel und fieberhafte Suche. In aktuellen Fernsehbeiträgen fallen sie schon gar nicht mehr auf, die fest verschweißten Wortkombinationen. Der feige Anschlag, der tragische Unfall, die sintflutartigen Regenfälle, die schweren Verwüstungen, die verheerenden Schäden, die bohrenden Fragen, die mühevolle Kleinarbeit und das klägliche Versagen. Oder der blanke Hohn und der faule Kompromiss, wenn wertende Äußerungen gefragt sind. Die Offenheit ist immer schonungslos, und das Treiben ist entweder hektisch oder bunt. »Konvention ist steifgeschlagenes Denken«, mahnt E. A. Rauter. Er sieht die Eigenschaftswörter als Saugwirbel, die den Autor in die intellektuelle Tiefe reißen. In den verbrauchten Wendungen stecken Gedanken, die der Autor gar nicht gedacht hat – was gibt es Schlimmeres für eine erlebnisorientierte Form wie die Reportage?

Rauter spricht von Pawlowschem Speichel, der rinnt, sobald das eine Wort niedergeschrieben ist. Ein reflexhafter Mechanismus, der sich interessanterweise einer politisch und kulturell übergreifenden Beliebtheit erfreut; und der putzige, systemadäquate Varianten hervorbringt: So gehörten festgekettete Wendungen wie der »antifaschistische Schutzwall« und die »ruhmreiche Rote Armee« ebenso zum Wort-Paar-Repertoire des »Warschauer Pakts« wie die »machtvolle Demonstration« und die »scharfen Proteste«. (Rauter 1996, 205)

Max Goldt macht sich am Beispiel der allseits beliebten »fieberhaften Suche« nach Unglücksopfern darüber lustig, wie viel unbemerkter Unsinn in den Texten dahergeplappert wird:

> »Wie geht die Suche vor sich? Natürlich ›fieberhaft‹. Dabei will man doch stark hoffen, dass es Fachleute und besonnene Helfer sind, die einigermaßen kühlen Kopfes und in Kenntnis der bergungslogistischen Notwendigkeiten die Menschen suchen, und nicht, dass da irgendwelche emotional aufgeweichten Gestalten wie im Fieberwahn in den Trümmern herumwühlen. Verzichten können die Medienleute auf Adjektive nicht, denn sie sind zur Erzielung eines vollmundigen Verlautbarungssingsangs notwendig.« (Goldt 2002, 31)

Aber Pawlowscher Speichel fließt nicht nur bei symbiotischen Adjektiv-Substantiv-Verhältnissen – auch scheinbar belanglose Bildinhalte wie ein Bahnhof, ein Kirchturm oder ein struppiger Hund können bei allzu routinierten Reportage-Autoren unaufhaltsame Automatismen lostreten. Da wird dann jemandem im Text »ein großer Bahnhof bereitet«, da wird »die Kirche im Dorf gelassen«, und »die Wirtschaft ist auf den Hund gekommen«. Das Realbild wird regelrecht abgesucht nach Elementen, die eine vermeintlich kreative Versprachlichung zulassen. Und sei die Formulierung noch so gesucht, kitschig und krampfig – was nicht passt, wird passend gemacht. Der Schweizer Autor Roman Brodmann hat für diese Marotte der Versprachlichung von Realbildern den Begriff »Stiefmütterchen-Schwenk«

eingeführt. Geboren wurde der Begriff bei einem Dreh zwischen frisch gepflanzten Beeten im Park der Villa Hammerschmidt. Es ging um den damaligen Bundespräsidenten Heinemann und um Orden für verdiente Bürger. Einem Teammitglied kam da die vermeintlich geniale Idee:

> »Die Kamera schwenkt vom Präsidentenpalais auf die Stiefmütterchen, groß, und dazu läßt sich doch wunderbar formulieren, dass der Bundespräsident seine Landsleute gewiß nicht stiefmütterlich behandeln will – oder so ähnlich.« (Zit. nach Häusermann/Käppeli 1986, 54)

Auch leere Floskeln aller Art üben auf so manchen Autor eine unwiderstehliche Anziehungskraft aus. Schade eigentlich, denn dem Reportage-Zuschauer signalisieren ausgelatschte Second-Hand-Formulierungen einen Mangel an Einzigartigkeit und Authentizität der erzählten Geschichte selbst – womit die Reportage im Kern in Frage gestellt wäre.

Für den Printbereich bietet das FAZ-Institut einen »Floskelscanner« an; eine Software, die Floskeln, Phrasen und Füllwörter aufspürt. Die Kollegen vom SZ-Magazin haben das Programm auf FAZ-Leitartikel angesetzt – überflüssig zu sagen, dass es fündig wurde. (SZ-Magazin vom 19.01.2001)

Schneider polemisiert gegen Füllfloskeln wie »meines Erachtens« (mit der grotesken Variante »meines Erachtens nach«) und »ich würde sagen«. (Schneider 1994, 28) Dank des Einsickerns der Fußballersprache in den Alltag haben sich – im Umweg über die Nachmittags-Talkshows – in der gesprochenen Sprache längst zwei verschärfte Versionen ausgebreitet: »Ich sach' mal« und »sach' ich mal«. Nur gut, dass es für deren Einsatz in Fernsehtexten (noch) wenig Gelegenheit gibt. Andere etwas gespreizter daherkommende Vertreter der selben Unsitte sind dagegen häufig zu hören: »Zu diesem Zeitpunkt...«; »In diesem Zusammenhang...«; »Es ist keine Seltenheit...«.

Manche Autoren greifen beim Texten zum Bild ausgesprochen gern auf derartig ausgelatschte Formulierungen zurück, denn die haben einen Vorteil: Sie sind unmittelbar eingängig, sofort zu verstehen und sparen so Wahrnehmungsenergie. Das macht sie so beliebt bei den Reportage-Autoren, die sich dabei im Zweifel auf die Attraktivität ihrer Bilder berufen können. Denn die, so heißt es, dürfe auf keinen Fall durch besondere sprachliche Originalität gekontert oder gar bekämpft werden. Ein windiges

Argument für eine zweifelhafte Praxis. Schließlich kann ein inflationärer Floskelgebrauch auch die Kraft der Bilder beschädigen. Im schlimmsten Fall droht eine überraschungsarme Reportage mit gebrauchten Bildern und platt getrampelten Sätzen. Die unvermeidlichen Ballermann-Reportagen der Privatsender können da als abschreckende Beispiele dienen.

Exkurs: Über kurz oder lang, weniger oder mehr. Mager schreiben – eine hohe Kunst, und gerade für die Reportage eine äußerst nützliche. Hanns Joachim Friedrichs wusste, wovon er redete:

> »Kurze Sätze sind besser als lange. Und wenn sie schon etwas länglich geraten, dann sollten sie wenigstens so gebaut sein, daß sie sich beim Sprechen auflösen in eine Kette kürzerer Sätze. Fett schreiben kann jeder. Mager schreiben, das ist die Kunst.« (Friedrichs 1992, 122)

Man kann sich darüber streiten, wie lang ein Satz sein darf, um im Kontext eines bewegten Bildes noch verarbeitet zu werden. Eine umfangreiche Untersuchung ergab Anfang der Achtzigerjahre, dass ein Drittel der Erwachsenen in gehörten Texten ab dem elften Wort Verständnisprobleme hat. (Schneider 1984, 86) Die Tendenz im Deutschen geht zur Kürze. Der Durchschnitts-Satz ist seit Beginn des letzen Jahrhunderts um vier Wörter kürzer geworden. (Linden 1997, 6) Und man muss kein Kulturpessimist oder Kanaka-Sprak-Hasser sein, um anzunehmen, dass die Tendenz weiter nach unten zeigt. Dennoch: Nach Rauter müssen lange Sätze nicht schlecht sein, wenn der Autor gut ist. Auch Stillehrer Schneider kann sich nur zu einem bedingten Lob für kurze Sätze hinreißen lassen. (Schneider 1984, 81) Kürze schafft Wucht, aber eine längere Reihung kurzer Sätze verführt den Autor leicht zu einer Art »Ochsentrott«, zum »Asthmastil«. (Reiners 1999, 98) Dazu kommt eine andere Gefahr: Gerade in kurzen prägnanten Reportagetexten wird oft mit der Verstummelung von Sätzen gearbeitet, also auf die Vollständigkeit des Satzes im Sinne von Subjekt-Prädikat-Objekt verzichtet. Und was fällt der Verstummelung besonders häufig zum Opfer? – Das Prädikat; mithin das Verb, das wichtigste Satzbau-Element, der »Muskel des Satzes«. (Rauter 1996, 106) So landet man ungewollt im verhassten und für Fernsehtexte tödlichen Nominalstil.

Für die psychologische Verständlichkeitsforschung ist die Länge eines Satzes allein nicht entscheidend für seine Verständlichkeit. So haben die

Psychologen Inghard Langer, Friedemann Schulz von Thun und Reinhard Tausch, die Vertreter der so genannten »Hamburger Schule«, ein Modell entwickelt, das durchaus hilfreich sein kann, nicht nur bei Print-Texten (Langer/Schulz von Thun/ Tausch 2002, 21). Sie gehen von vier Merkmalen der Verständlichkeit aus:

- Einfachheit
- Gliederung/Ordnung
- Kürze/Prägnanz
- Anregende Zusätze

Das Merkmal *Einfachheit* ist in den Augen und Ohren der Psychologen das wichtigste Merkmal für die Verständlichkeit eines Textes. *Einfachheit* zielt auf Wortwahl und Satzbau: kurze, anschauliche Wörter, zusammengefügt zu kurzen, einfachen Sätzen.

Auch das Merkmal-Paar *Gliederung/Ordnung* ist sehr wichtig. Mit *Gliederung/Ordnung* beziehen sich die Autoren auf zweierlei: Auf die äußere Gliederung, also den Aufbau von Texten, und auf die innere Ordnung, also die sinnvolle Reihenfolge von Sätzen.

Das Merkmal *Kürze/Prägnanz* wird als nicht ganz so wichtig eingeschätzt. Mit *Kürze/Prägnanz* ist das Verhältnis zwischen Textlänge und Informationsziel gemeint, also die Frage, ob ein Text extrem knapp und gedrängt, oder ob er weitschweifig und ausufernd daherkommt.

Und *anregende Zusätze* beziehen sich schließlich auf die Frage, in wieweit der Text über die genannten Merkmale hinaus interessant, unterhaltsam und abwechslungsreich geschrieben ist. Dies ist zweifellos ein problematisches Merkmal: Was der eine als anregend wahrnimmt, empfindet ein anderer als abtörnend; hier kann sich in der Beurteilung von Texten schlicht schlechter Geschmack austoben. Dazu lassen sich Sinn und Unsinn von derartigen Zusätzen nur in Abhängigkeit vom Charakter des Textes beurteilen – und von der Ausprägung der anderen Merkmale. Ein Einwand, den die Autoren durchaus einräumen (Langer/Schulz von Thun/Tausch 2002, 32 und 73).

Mit diesen vier Merkmalen, diesen »Verständlichmachern«, schafft die »Hamburger Schule« ein praktikables Beurteilungsraster, das die Verständlichkeit von Texten überprüfbar macht – und damit die Grundlage für seine Verbesserung schafft.

Ein Beispiel für einen Text, der von Psychologen verbessert wurde, im Lichte der Erkenntnisse der Verständlichkeitsforscher. Zuerst das Original, das von Basil Bernstein stammt:

> »Eines der brennenden Probleme, dem sich die Erzieher gegenübersehen und dessen Lösung die heutige Weltlage dringend zu fordern scheint, betrifft die Frage, wie das intellektuelle Potential der Bevölkerung in optimaler Weise genutzt werden kann...«

Dagegen die von den Psychologen bearbeitete Version:

> »Eine der brennenden Fragen für Erzieher lautet: Wie können die geistigen Vorräte der Bevölkerung am besten genutzt werden? Die heutige Weltlage scheint die Lösung dieses Problems dringend zu fordern...« (Langer/Schulz von Thun/Tausch 2002, 142f.)

Der neue Text ist zweifelsohne verständlicher; er hat klare Vorteile in den Merkmalen *Einfachheit* und *Gliederung/Ordnung*. Aus einem Satz sind zwei geworden, auch in punkto *Kürze/Prägnanz* kann er sich hören lassen. Ob die »geistigen Vorräte« das »intellektuelle Potenzial« erreichen, oder ob sie vielleicht doch zu sehr nach Speisekammer schmecken – das ist Ermessenssache.

Fremdwörter und Wortimporte jeglicher Herkunft werden in vielen Redaktionen als Feinde der Reportage geächtet. Aber man muss es nicht so weit treiben wie Stillehrer Schneider, der sich mit aller Macht gegen Wortimporte stemmt, auch wenn sie längst eingebürgert sind. Den »Airbag« will er allen Ernstes als »Luftsack«, das »Mountainbike« als »Bergrad« und die »Pipeline« als »Rohrleitung« verkaufen. Bei dieser Rolle rückwärts werden wohl nur die härtesten Globalisierungsgegner mitziehen.

Die Autoren des »Hamburger Modells« gehen davon aus, dass nur eine Minderheit der schreibenden Menschen ohne besondere Schulung in der Lage ist, leicht verständliche Texte zu verfassen.

Die Redakteurinnen Karola Ahlke und Jutta Hinkel haben das Modell der Hamburger Psychologen erweitert: Sie haben vor allem die Zielgruppe und die Rahmenbedingungen der Kommunikation in das Beurteilungsraster einbezogen und sind so auf ein »Verständlichkeitsmodell für Journalisten« gekommen (Ahlke/Hinkel 1999, 28).

Diese Modelle können dem Reporter durchaus eine Hilfe sein, seine Textproduktion bewusster zu gestalten. Letztendlich beziehen sie sich jedoch auf die Produktion von Print-Texten, die anderen Bedingungen der Wahrnehmung unterliegen als Texte fürs Hören und Texte mit Bildbezug. Zumal die Fragen der sprecherischen Gestaltung hier außen vor bleiben. Dazu später mehr.

Bild-Textbezug. Für den Reportagetext ist vor allem der Bezug zur Kameraarbeit bzw. zum geschnittenen Bild wichtig: Was ist gerade bei welchem Wort im Bild zu sehen? Was verbindet die Kamera im Schwenk womit? Wie ist die Sequenz geschnitten? Wird die Einstellung orientierend oder begrifflich verarbeitet? Fragen, die direkte Auswirkungen auf den Satzbau haben. Es gibt (noch) Autoren, die sich weigern auf ein Bild zu texten, auf dem ein einzelner Mensch zu sehen ist. Das mag verstiegen oder antiquiert wirken; in jedem Fall ist es sinnvoll, die Einstellungsgröße beim Texten zu berücksichtigen, also nicht auf eine Kopf-groß-Einstellung zu texten – zumal, wenn der Kopf womöglich noch redet. Und überhaupt: Eine hohe Bildattraktivität zwingt zu äußerster Zurückhaltung, ja oft zu einer Textpause. *Wenn das Bild schreit, muss der Autor schweigen.* Mitunter kann das ein Problem für die Rhythmik des Textes darstellen.

Das berichtstypische Vor-sich-hin-Texten mit dem Ziel, von schwächeren Bildpassagen abzulenken, hat in der Reportage keinen Platz. Während sonst auch schon mal streckenweise verbales Stroh gedroschen wird, muss in der Reportage jedes Wort auf seine Existenzberechtigung geprüft werden: Es muss die Geschichte vorantreiben.

Auch Ortswechsel und Zeitsprünge müssen im Satzbau mitvollzogen werden: Oft macht sich ein Satz über mehrere Einstellungen hinweg breit. Zwischen den Einstellungen können Stunden und Kilometer liegen – der Satzbau zieht zusammen, was nicht zusammen gehört. Und wenn es auch nur die letzten Worte eines angehängten Nebensatzes sind: Der Satz muss beendet sein, wenn ein Ortswechsel oder Zeitsprung folgt. Ansonsten stellt sich leicht der berühmt-berüchtigte Bildteppich-Effekt ein – der Text liegt flächig über den Bildern, bildet ein Wahrnehmungs-Angebot mit eigener Dynamik und verliert letztlich den Kontakt zum abgebildeten Geschehen.

Verstärkt wird dieser Effekt oft durch eine »falsche« Mischung: Damit alles schön flutscht und keine Tonsprünge hörbar sind, bietet die Cutterin für die Geräuschmischung lange Überlappungen auf verschiedenen Tonspuren an. Und in der Mischung wird dieses Angebot dankend wahrgenommen: Die Atmo-Töne werden sanft ineinander geblendet, alles wird mit allem verbunden und zugeschmiert. Auf Kosten der Erlebnisqualität des Zuschauers, der keine Chance mehr hat, Zäsuren und Orts-Sprünge wahrzunehmen.

Der O-Ton – ein Problem und viele Fragen. In fast allen dokumentarischen TV-Gattungen, so auch in der Reportage, arbeiten Journalisten mit eingeschnittenen Aussagen ihrer Protagonisten im Originalton, also mit so genannten *O-Tönen* oder *Quotes*. Diese auch aus dramaturgischen Gründen wichtigen *O-Töne* in den Fluss des Kommentartextes einzubauen, also das *Antexten* der Töne, ist eine wahre Kunst, die leider nur ein kleiner Teil der Autoren einigermaßen treffsicher beherrscht.

Dass Reporter ihre Fragen nicht immer im Originalton stehen lassen, sondern gern in den Text hineinnehmen, hat einen guten Grund: Der akustische Bruch zwischen der steril-präsenten Studio-Stimme des Kommentars und der vor Ort gestammelten Reporterfrage wirkt in vielen Fällen als Bremse. Dagegen führt der eingebaute *Antext* direkt in den O-Ton hinein und unterstützt so den Fluss des Geschehens. Natürlich gibt es Ausnahmen: Wenn der Reporter ein Interview mit mehreren Nachfragen führt, kann es sinnvoll sein, auch seine einleitende Frage im Originalton stehen zu lassen, um das folgende Wechselspiel auch akustisch einzuführen.

Entgegen der weit verbreiteten Meinung müssen O-Töne keineswegs immer angetextet werden – ebenso wenig, wie sie im Text abgenommen werden müssen. Entscheidend sind die Form des Beitrags, der Charakter des O-Tons und die Funktion, die er für die Entwicklung des Themas oder der Geschichte hat. Der Autor kann O-Töne wie dramaturgische Einwürfe behandeln, als Input von neuen Gedanken und Assoziationen, die er im Folgenden aufgreift und weitertreibt. Eine derartige *Patchwork-Dramaturgie* kommt jedoch eher in Features und feuilletonistischen Formen vor als in Reportagen. Bei Reportagen gehören O-Töne zu bestimmten Situationen und entwickeln sich aus ihnen.

Für welche Art O-Töne einzuleiten sich der Autor auch entscheidet – in jedem Fall ist es sinnvoll, den einmal gewählten Stil des Antextens durchzuhalten.

Der beliebteste Fehler ist das schlichte Vorwegnehmen. Da heißt es schon mal: »Oma Hilde hat Probleme mit dem Sozialamt«. Und – welch eine Überraschung – Oma Hilde sagt prompt: »Also ich, ich hab' ja Probleme mit dem, dem Sozialamt..«

Besonders verwegene Denker rechtfertigen diese Unsitte mit der journalistischen Pflicht, im Text aufgestellte Thesen und Aussagen mit einem Originalton belegen zu müssen – eine durchschaubare Ausrede.

Derartige Vorwegnahmen zerstören jede Spannung, verdammen den Protagonisten zum Nachplappern und rauben dem Zuschauer das Vergnügen, in dem O-Ton selbst etwas zu erkennen, zu verstehen, zu erleben.

Ein anderer, ebenfalls gern gemachter Fehler: Im *Antext* wird die Gesamtaussage des O-Tons angetextet, und nicht der Beginn des O-Tons. Da der Zuschauer nicht voraushören kann, hilft ihm die Vorankündigung der Gesamtaussage wenig; dem O-Ton dagegen nimmt sie ein Stück seiner Kraft. Der *Antext* hat die Funktion, den O-Ton vorzubereiten, den Zuschauer im Sinne einer kleinen »Sprungschanze« auf die Spur des O-Tons zu setzen. Er ist eine kleine, aber wichtige Gelenkstelle, die über den Fluss oder das Stocken der Gedanken mitentscheidet.

Einen O-Ton mit einer direkten Frage anzutexten, gilt in manchen Redaktionen als unelegant, in einigen steht es sogar auf der roten Liste der »don'ts«, die jedem Neuling in die Hand gedrückt oder hinter die Ohren geschrieben werden. Für eine derart rigide Haltung gibt es keine vernünftige Begründung.

Wenn der O-Ton mit einer Frage angetextet werden soll, dann sollte dies eine Frage mit Fragewort sein. Sonst handelt man sich am Ende des Satzes oft das typische Anheben der Stimme ein, das die Frage als solche kennzeichnet.

Individuelle Stile. Noch bis in die Achtziger-, Neunzigerjahre hinein konnte man sich als kompetenter Reportage-Macher auf prominenten öffentlich-rechtlichen Sendeplätzen mit einer klaren, eindeutigen Haltung und einer unverwechselbaren Erzählstrategie als »Marke« etablieren.

Heute ist das schwer vorstellbar. Allenfalls die abtretenden verdienten Front-Gesichter des Fernsehens bekommen heute noch die Chance, als rüstige öffentlich-rechtliche Rentner in die Welt zu ziehen, Geschichten zu sammeln und die weißen Flecke auf ihrer Büro-Landkarte abzuarbeiten, ganz nach dem Motto: Wo ich immer schon mal hinwollte. Und die Sender tun gut daran, ihren bekannten Gesichtern zu trauen, auf ihre Glaubwürdigkeit zu setzen und sie mit prominenten Sendeplätzen zu versorgen. Auf die Geschichten – und Texte – eines Gerd Ruge, eines Claus Richter oder eines Wolf von Lojewski ist eben Verlass.

Ansonsten sind die Koryphäen der Reportage, insbesondere des Reportagetextes, rar geworden. Das war früher noch anders. Als die öffentlich-rechtlichen Sender – andere gab es da noch nicht – Autoren hervorbrachten, die man schon an wenigen Sätzen erkannte – und an der Stimme sowieso.

Max H. Rehbein zum Beispiel, detailversessen und immer bereit, dem Drama auf die Sprünge zu helfen, wie etwa in dem Film FEUERFRONT HARLEM (1987). Die Feuerwehrleute kochen zuerst in ihrer Wache und rücken dann aus. Von heute aus gesehen persifliert der Text fast den Reportagestil, in der Ansprache der Zuschauer, und in seiner Sucht nach kleinen Fakten:

> »Wache 40. 125ste Straße. Harlem, keine sehr feine Gegend. Die Mannschaft von Leutnant Duffy, die Sie, wenn Sie eine Weile bei uns bleiben wollen, gleich kennen lernen werden, nennt sie: No men's land – Niemandsland.
>
> Hier auch hat ihr Job noch dazu die perverse Tendenz, sie gerade dann zu fordern, wenn sie es am wenigsten wünschen.
>
> 20 Uhr 33. Der siebente Alarm seit sie ihre 24-Stundenschicht um 18 Uhr antraten. Und wir haben inzwischen gelernt, dass die Aktionen des New York Fire Departments rund acht Millionen Bürger schützen, etwa 850.000 Gebäude und 600.000 Quadratkilometer massiven Stadtgebietes. Eine Herausforderung, die besonders in Harlem für Männer wie Bill Duffy am bösartigsten ist. Duffy ist 52 Jahre alt, seit 27 Jahren im Dienst.
>
> Hier Gerry Conally, 30, deutsch-irischer Abstammung. Er will Leutnant werden. Sie alle sind in dieser Gegend aufgewachsen und kennen das Gebiet und seine Tücken wir ihre Hosentasche.
>
> Um 20 Uhr 47 sind sie an ihrem Einsatzort. 134ste Straße West, Ecke Lennox Avenue, Alarmstufe 2.«

Oder Georg Stefan Troller, der sich nicht scheute, in jugendlichem Leichtsinn, wie er später sagte, seine Urteile und Einsichten über Menschen in den Kommentar zu packen. Ein Beispiel aus der Reihe Personenbeschreibungen RON KOVIC – WARUM VERSCHWINDEST DU NICHT? (ZDF 1977) über einen amerikanischen Vietnamveteranen. Troller verwendet alles an kräftigen Zitaten, was er kriegen kann, scheut sich nicht, das Verhältnis von Kovic, seiner Frau Sharon und Bob, dessen Freund, bis in den Intimbereich zu deuten. Und ganz nebenbei erklärt er, was Kovics eigentliches Problem ist. Den Kommentar spricht er selbst, so, als ob er ihm im Moment eingefallen sei; dabei arbeitet er Tage an jedem seiner Texte:

> » ›Zuerst hielt ich meine Verwundung für interessant, fast ein Abenteuer. Jetzt ist sie kein Abenteuer mehr. Jetzt ist sie ein Schlauch an meinem Penis und ein Gummisack. Alles, was an mir zu heilen war, ist jetzt geheilt. Ich lebe weiter mit meinem eigenen Leichnam, der Krüppel, der Hinkeman, der Mann mit dem toten Schwanz, der Mann, der keine Kinder kriegt, der Mann mit den Alpträumen, der Mördermann, der Mann, der im Bett weint. Ich hätte es nicht für möglich gehalten, daß es so ausgehen wird. Im Kino ist es nie so ausgegangen.‹
>
> Bob und Ron Kovic und der kleine Zephir wohnen zusammen in einem Häuschen in Venice Beach am Strand von Kalifornien.
>
> Die einzige Verliererin bei der Partie ist Bobs Frau Shannon, die sich überflüssig vorkommt neben dieser Männerfreundschaft von Robert Redford und Paul Newmann, um in der Kinomythologie zu bleiben, die in diesem Film eine Rolle spielt.
>
> Denn diese beiden Männer teilen auch ihr letztes Hemd und würden ihre Frauen teilen, wenn das möglich wäre. [...]
>
> Ron hat immer nur siegen wollen, immer der Erste sein. Korbball, Fußball, Baseball, Badman, Superman, Spiderman, Sergeant Rock, Yulles Brunner, Charles Bronson, Clint Eastwood, John Wayne. Ein Junge weint nicht, ist ein Mann, ist ein Mann.
>
> Mit 17 meldet sich Ron zu den Marinesoldaten, mit 21 ist er im Rollstuhl. [...] Sergeant Kovic, der immer der Beste sein wollte, Leitbild der Männer und Idol der Frauen, hat im Krieg irrtümlich seinen eigenen Corporal getötet, er hat mit seiner Kompanie ein Haus zusammengeschossen, das voller vietnamesischer Kinder war

und er weiß heute auch, was ihn in den Krieg geschickt hat: seine falsche Vorstellung von dem, was ein Mann ist.«

Oder ganz anders Hartmut Schoen, der in seiner Zeit als Dokumentarist zusammen mit dem Kameramann Carl F. Hutterer eine Reihe von Reportagen für das ZDF gedreht hat. Typisch für seine Texthaltung ist der lakonische Unterton, der das Geschehen deutlich interpretiert. Dazu arbeitet Schoen immer wieder mit wissenden Vorverweisen. Ein Beispiel aus seiner 37-Grad-Sendung JENSEITS DER SCHMERZGRENZE – VON GRINGOS, BOHNENFRESSERN UND CHICANOS (1994), einer filmischen Reise entlang der Grenze zwischen den USA und Mexiko. Die Textpassage stammt aus einer Sequenz im Ausländergefängnis:

> »Die Menschen hier sind finanziell gescheitert in der Regel; viele haben sich einem Menschenschmuggler anvertraut; der hat das über die Jahre Angesparte abkassiert und dann ganz offensichtlich schlechte Dienste geleistet. Oder die mexikanische Polizei hat sie ausgeplündert bis auf die Unterhosen, und weitergeschickt; und jetzt sitzen sie hier im Gefängnis, gleichzeitig dem Traum so nah wie fern. Sie werden abgeschoben werden, werden bankrott heimkehren und die meisten werden das Gefühl besitzen, dazugelernt zu haben, und werden es noch einmal probieren.«

Gesprochen wird der Text vom Autor selbst, mit einer nicht ausgebildeten, leicht dialektal gefärbten Stimme. Und: mit einem stark strapazierten Hang zur Lakonie. Zusammen mit den Bildern eine Art Gesamtkunstwerk – und nicht jedermanns Sache. Gerade die (all)wissenden Vorverweise können zusammen mit der lakonischen, fast gelangweilt klingenden Spreche auch unerwünschte, ja belästigende Effekte haben. Aber – Text und Spreche sind jederzeit sofort wieder erkennbar. Ein echter Schoen sozusagen.

Bis heute kann man lernen von diesen »Klassikern« der Reportage, von diesen Könnern des Reportagetextes. Aber Vorsicht! Die glorreichen Zeiten der Reportage-Dinosaurier sind vorbei, sämtliche Plätze im Himmel der Reportage-Götter sind bereits vergeben. Heute geht es um stärker formatierte Programmplätze, die weniger Individualismus zulassen. Natürlich wird ein Reporter immer versuchen, sich einen eigenen Stil zu erschreiben, gegen zu enge Zwänge der Formatierung zu arbeiten. Und natürlich ist eine eigene

Sicht- und Ausdrucksweise auch aus Sicht der Redaktionen wünschenswert. Aber – es ist ein schmaler Grad, auf dem sich ein Reporter heute bewegt. Jüngere Kollegen seien also gewarnt: Trotzige Versuche, »Hier!« zu schreien, und mit selbstverliebten textlichen Mätzchen und verwegener verbaler Kraftmeierei auf sich aufmerksam zu machen, sind (vermutlich) zum Scheitern verurteilt – schon wegen der Flut der Sendeplätze.

Handschrift hin, Handschrift her – bei der Reportage geht nicht um die schreiberische Artistik des Autors. Im Gegenteil:

> »Es gehört Beschränkung dazu, auch Beschränkung in der Sprache. Man muß in einer Reportage nicht zeigen, was man an Formulierungskünsten drauf hat. Man muß keine originellen Metaphern präsentieren, man muß auch nicht deutlich machen, wie wissend man ist.« (Hermann/Sprecher 2001, 23)

Ironie oder nie? »Ironie, die nur darin besteht, dass man das Gegenteil dessen sagt, was man meint, ist billig«, mault E.A. Rauter. Mit Recht. Und sie ist nicht nur billig, es versteht sie auch keiner. Jedenfalls nicht in der Fernsehreportage. Aber nicht nur die billige Ironie wird nicht verstanden – sondern so gut wie gar keine. (Man beachte das »Schein-Aber« und die doppelte Negation in diesem Satz – fürs Hörverstehen die reine Katastrophe!)

Selbst wenn man einen »Verein zur Rettung der Ironie im Fernsehen« gründen würde – er könnte nichts bewirken, obwohl wahrscheinlich jede Menge wortgewaltiger Journalisten zu den Gründungsmitgliedern zählen würde. Gerade den Journalisten werden ja pathologisch wuchernde zynische Züge nachgesagt, gewissermaßen als Ersatz für das Fehlen einer ordentlichen, anerkannten Berufskrankheit. Und wenn sie schon nicht ihren Zynismus in ihren Produkten ausleben können – dann doch wenigstens ein bisschen Süffisanz? Oder ein ganz klein wenig fein gesponnene Ironie? – Vergesst es, Kollegen, vergesst es!

Laut Schneider hat ja bereits Jean Paul die Einführung von »Ironiezeichen« gefordert und die Ironie als »verdrießlichen Lippenkrebs« gescholten.

Und von Schneider haben wir auch die niederschmetternde Gewissheit:

> »Die Zahl der Leser oder Hörer, die Ironie mögen oder auch nur erkennen, ist immer kleiner als Journalisten möchten.« (Schneider 1984, 127)

In der Tat, vor Ironie in der Reportage kann man nur warnen, und zwar aus vielerlei guten Gründen: In der langen Form der Reportage kann sie geradezu belästigend wirken, kann sie den Zuschauer bevormunden. Zudem gerät ein ironischer Text schnell in Widerspruch zur Rolle des Reporters als Augenzeuge und Berichterstatter, da die Wahrnehmung des Reporters aufgrund seiner ironischen Haltung als extrem selektiv aufgefasst und dadurch möglicherweise abgelehnt wird. So kann Ironie den »Erlebnisgehalt« einer Geschichte beschädigen, da sie als künstliches Element auf einer Meta-Ebene wirkt. In der Regel spiegelt sich die ironische Grundhaltung des Autors auch nicht in der Kameraführung wider, so dass sich ein ironisch gehaltener Text leicht vom Bild löst, die Bildebene zum Material degradiert und ihr so Kraft und Direktheit nimmt. Ganz zu schweigen von den Protagonisten der Reportage, die sich ohne Chance zur Gegenwehr einem subtilen Dauerbeschuss ausgesetzt sehen.

Was bleibt also dem Reportage-Autor, wenn ihm eines seiner Lieblingsspielzeuge, die ironische Haltung, genommen wird, und er es partout nicht lassen kann? Vielleicht ein Trick, besser gesagt: eine Krücke – die jedoch hohe Kunst voraussetzt, ihre Tücken hat und nicht so einfach zu handhaben ist. Er muss mit seinem Text zwei Ebenen bedienen, nach dem Motto: Die erste Ebene fürs Volk, die zweite Ebene für die Gemeinde.

Die erste Verstehensebene, die das »normale« Mainstream-Publikum anpeilt, darf dabei keinesfalls durch den Subtext für kleine feine Gemeinde der Ironie-Versteher gestört werden. Am ehesten geht diese Strategie auf, wenn das Geschehen an sich schon zumindest streckenweise hart an der Realsatire entlangschrammt. Oder wenn es gelingt, sich der Handlung mit einer im Ansatz ethnologischen Haltung zu nähern. Denn dann ist weniger mehr; dann reichen wenige, trockene Textfetzen, um sowohl das Massenpublikum zu erreichen als auch die Gemeinde – deren Existenz einfach weiterhin vorausgesetzt wird; Lebenslüge hin, Lebenslüge her.

Aber – Ironie in der Reportage, das bleibt ein schwieriges Unterfangen, das nur selten gelingt und oft mehr der Eitelkeit des Autors als der Reportage nutzt.

...und wie alles aufhört! Der letzte Satz hat es in sich. Sollte man jedenfalls meinen. Beinhaltet er doch die Chance, eine nachhaltig positive Wirkung beim Zuschauer zu erzeugen – und vor allem: zu hinterlassen. Der Zuschauer soll mit einem positiven Gefühl aus der Sendung gehen; er soll sie in Erinnerung behalten, soll das nächste Mal diesen Sendeplatz wieder finden und einschalten.

Das Ende einer Reportage sollte den Zuschauer angemessen entlassen; es darf – ebenso wie der Beginn – nicht überreizt werden. Eine Möglichkeit: Das Ende nimmt wieder Bezug auf den Anfang. Hat die Reportage mit einer »dosierten Verrätselung« begonnen, kann es reizvoll sein, diese wieder aufzunehmen, sie zu modifizieren und möglicherweise einen Tick weiter zu treiben. Ein superschlichter, das Banale streifende Schluss-Satz hat dabei oft mehr Charme als ein dröhnender verbaler Kraftakt; zumal, wenn versucht wird, dem Zuschauer alle Moral der Welt in einem geballten Satz hinterher zu werfen. Wer zu dick aufträgt, verliert an Wirkung. Wichtig ist, dass die Sendung durch das Textende eine Gestalt bekommt, dass am Ende »der Sack zugebunden wird«, wie es im Branchen-Slang heißt. Oft kranken Reportagen daran, dass ihre erzählten Geschichten einfach nicht zu Ende erzählt werden. Oder sie trödeln einfach aus; so, als hätten sie genauso gut noch eine Weile weitergehen können.

Eine andere Unsitte kann nicht oft genug gegeißelt werden: Es ist die geradezu seuchenhaft verbreitete Verwendung von leer gedroschenen Floskeln und fest gestampften Formeln wie: »Bleibt zu hoffen, dass...« oder »Eins ist sicher:...« – So kann man sich gerade am Ende einer Sendung mit einem einzigen Verlegenheits-Satz in den Niederungen der Einfallslosigkeit wiederfinden und einen langweiligen Eindruck hinterlassen.

Immer wieder feilen. Logischerweise sind Texte nie ganz fertig, und kein gesendeter Reportagetext hätte im Nachhinein nicht noch die eine oder andere Verbesserung vertragen können. Manchmal verrennt sich der Autor in Formulierungen, die sich nur ihm erschließen; manchmal sind es auch nur Kleinigkeiten, die erst in der sprecherischen Umsetzung auffallen. Als Beispiele seien drei Passagen aus einer Reportage über eine Notaufnahme zitiert, vor und nach der redaktionellen Bearbeitung:

Vorher:

»Dr. Ost kümmert sich um Frau Wetzel. Seit ein paar Tagen liegt die 82-jährige mit ihrem Lendenwirbelbruch in einem kleinen Krankenhaus in der Nähe. Jetzt haben die Ärzte dort die alte Frau hier herbringen lassen, weil sie den Rat der Spezialisten aus Ludwigshafen brauchen: Operieren – ja oder nein?«

Nachher (verständlicher):

»Dr. Ost kümmert sich um Frau Wetzel. Die 82-jährige hat sich einen Lendenwirbel gebrochen, hat ein paar Tage in einem kleinen Krankenhaus in der Nähe gelegen. Doch die Ärzte dort wussten nicht weiter: Operieren – ja oder nein? Das sollen jetzt die Spezialisten in Ludwighafen entscheiden.«

Vorher:

»Der Rettungshubschrauber einer anderen Klinik bringt Herrn Konrad – Wirbelsäulenfraktur. Wieder sind die Spezialisten der Unfallklinik Ludwigshafen gefragt. Herr Konrad ist gestürzt, hat sich dabei einen Halswirbel gebrochen. Keine Querschnittslähmung. Gott sei Dank.«

Nachher (konkreter):

»Der Rettungshubschrauber bringt Peter Konrad. Der Mann hat Multiple Sklerose, eine Nervenerkrankung. Bei der Krankengymnastik – heute früh – ist er von der Liege gefallen ... und hat sich einen Halswirbel gebrochen. Keine Querschnittslähmung. Gott sei Dank.«

Vorher:

»Am linken Bein ein offener Bruch, der Bauch tut der jungen Frau sehr weh und aus ihrem linken Ohr fließt Blut – für die Ärzte ein Hinweis auf einen möglichen Schädelbasisbruch.«

Nachher (rhythmischer und einfacher):

»Am linken Bein ein offener Bruch, starke Schmerzen im Bauch, und aus dem rechten Ohr fließt Blut – vielleicht ein Schädelbasisbruch.«

Man kann jeden Text weiter verbessern – auch die oben zitierten »Nachher-Versionen«. Dazu braucht man möglichst belastbare Test-Zuschauer. Oft hilft das direkte Feedback von Kollegen, Freunden oder Nachbarn ein diffuses ungutes Gefühl auf den Punkt zu bringen. So manch verbaler Unfug kann dann noch rechtzeitig korrigiert werden.

Und man braucht Zeit. Am Text einer dreißigminütigen Reportage kann man sich gut und gerne vier, fünf Tage abarbeiten. Wenn man so viel Zeit hat.

Das gekitzelte Ego und die taktischen Sollbruchstellen. Getextet wird in der Regel irgendwann ganz zum Schluss, fast immer unter enormem Zeitdruck, und oft mit gemischten Gefühlen. Denn der Text wird gegen Ende des langen mühsamen Produktionsprozesses mächtig mit Bedeutung aufgeladen, und zwar aus zwei Gründen: Zum einen fühlt sich der Reporter bzw. Autor erstmals so richtig in seinem Ego gekitzelt: Denn beim Texten ist er ganz allein mit sich und der Welt. Und so mancher einsam vor sich hin textende Reportage-Autor fühlt sich als verkannte Edelfeder. Texten ist eine Frage der Ehre, denn hier fließen Genie oder Versagen ungefiltert ins Produkt ein. Schuld hat kein anderer – kein Protagonist, der sich beim Dreh als veritable Pfeife erweist; kein Kameramann, dem im entscheidenden Moment gerade die Kassette ausläuft; kein Tonmann, der gerade Austreten gegangen ist. Von platten Akkus, stotternden Sender-Mikros und anderer Unbill des Produktionsalltags ganz zu schweigen.

Zum anderen ist der Text das einzige noch änderbare Element in der Kette der kreativen Verrichtungen. Also dient er logischerweise als natürliches Schlachtfeld für Änderungs-Kämpfe mit Hierarchen und Abnahme-Instanzen aller Art. Der Text muss dabei vieles, wenn nicht alles ausbaden – nur besonders verwegene oder ignorante Redaktionsleiter verlangen vom Autor einer Reportage Änderungen, die ein teueres und aufwändiges Umschneiden des Filmes mit sich bringen würden.

Über den Text lässt sich nun mal trefflich und ohne teure Konsequenzen streiten – allein schon, weil der abnehmende Hierarch natürlich seine kompetenten Spuren im Werk hinterlassen will – sonst könnte man ihm im Nachhinein womöglich noch Untätigkeit und/oder Unfähigkeit nachsagen. Also geht es zum Schluss noch mal richtig ans Eingemachte.

In vielen Redaktionen ist es üblich, die Abnahmen in einer Art »Zwei-Stufen-Rakete« vorzunehmen, also zunächst eine Abnahme des geschnittenen Bildes, und später die Abnahme des sendefertigen Textes.

Bei der ersten, der Bildabnahme, hat der Reporter alle Chancen der Welt, kleine Unwuchten und Ungereimtheiten mit dem Hinweis auf den noch zu erstellenden Text zu übergehen. Schließlich ist »die Braut noch nicht geschmückt«, wie es dann immer so schön heißt; es fehlt eben noch das verbale Lametta.

Bei der Textabnahme geht's dann ums Ganze beziehungsweise um alles und nichts. Für leidgeprüfte öffentlich-rechtliche Autoren hat sich hier die »Strategie der Sollbruchstellen« bewährt.

In der Regel kennt der Reporter ja die besonderen Vorlieben, Abneigungen und Empfindlichkeiten seines abnehmenden Gegenüber. Und er weiß, dass auch dieses Mal sein Text wieder Passagen enthält, die genau in dessen Beuteschema passen. Wenn er nun auf einige besonders gelungene Formulierungen in seinem Text besonders großen Wert legt, so tut er gut daran, die Überlebenschance seiner kreativen Ergüsse durch einen kleinen Kunstgriff deutlich zu erhöhen: Durch das gezielte Einstreuen von ebenso verwegenen wie unnötigen Formulierungen, die er sich dann nach und nach unter hinhaltendem Widerstand abhandeln lässt. Im besten Fall gelingt es so, den abnehmenden Hierarchen mit diesen Sollbruchstellen derart zu beschäftigen, dass der sich nach diesem zähen Ringen letztlich aus Milde oder Erschöpfung an den eigentlich gemeinten Stellen nachgiebig zeigt. So rettet man als Reporter seine Lieblings-Textstellen, an denen das Autoren-Herz ganz besonders hängt.

Natürlich können Abnahmen auch segensreiche Wirkungen haben – vorausgesetzt der Abnehmende versteht seinen Job. Denn – siehe oben – so richtig fertig ist ein Sprechertext nie ...

Das qualifizierte Feedback eines kompetenten »Erstzuschauers«, der sich darum bemüht, das Werk in seiner Wirkung zu stärken, jenseits aller Profilneurosen und Geschmäcklichkeiten – so etwas kann sehr hilfreich sein; zumal Autoren manchmal dazu neigen, aus Betriebsblindheit oder Besessenheit den Bodenkontakt zu verlieren. Gerade Fernsehtexte müssen immer wieder Wort für Wort durchgeknetet werden – sonst wundert man sich hinterher, was alles wie missverstanden werden kann.

Geschrieben ist noch nicht gesprochen. Beim Texten für Reportagen kann man nicht früh genug an die Sprechbarkeit seiner Sätze denken. Denn gerade ein sehr sparsamer, gezielt eingesetzter Text verlangt eine hoch professionelle Spreche, wenn er wirken soll. Doch oft reichen die Zeit und die Zusammenarbeit nicht einmal bis zum verabredeten Setzen von

Häkchen, Punkten und Unterstreichungen im Sprechertext. Das Ergebnis ist dann Glücksache.

Also: In jedem Fall sollte der Autor jeden Satz einmal laut sprechen, bevor er ihn aufschreibt, und zwar zum laufenden Bild. So kann er zumindest das Schlimmste verhindern.

Ob der Autor seinen Kommentartext dann selbst spricht oder sein Werk einem professionellen Sprecher überlässt – das ist eine Frage, die in den Redaktionen immer wieder mit verschiedenen Argumenten und Ergebnissen diskutiert wird. Bei den gängigen Kurz-Reportagen hat der Autor oft keine Wahl: Hier erliegt er der Redaktionsdoktrin. Entweder: Bei uns spricht jeder selbst! Oder: Wir haben feste Sprecher. Basta.

In der Langform der Reportage sind immer wieder Kollegen auf dem Schirm zu hören, die sich und ihrer Reportage gelinde gesagt keinen großen Gefallen tun, wenn sie selbst sprechen. Dabei haben sie gute Argumente auf ihrer Seite: Gelegentlich ist die eine oder andere Frage des Reporters im Original zu hören – da erhöht es natürlich die Authentizität, wenn dieselbe Stimme auch den Text spricht. Außerdem weiß der Autor doch am besten, wie sein Text klingen soll; er kennt jede kleine Nuance, jeden feinen Zwischenton, den er hineingeschrieben hat. Dies alles einem Sprecher zu vermitteln, kostet lästige Unterbrechungen in der Sprachaufnahme und bringt bestenfalls einen mittelprächtigen Kompromiss hervor.

Andererseits: wenn sich der Reporter mit unausgebildeter Stimme durch seine halbe Stunde quält und dabei so sehr mit dem sprecherischen Handwerk beschäftigt ist, dass der Inhalt darunter leidet, dann ist auch nichts gewonnen; Authentizität hin, Authentizität her.

Die große Zeit der spuckespeienden Autorenfilmer, die mit ihrem deutlich hörbaren Sigmatismus kämpfen, ist schlicht und einfach vorbei; zumindest sind derartige Auftritte nicht mehr mainstream- und damit nicht mehr primetime-fähig. Man kann es bedauern oder auch nicht.

Die sprecherische Gestaltung der Texte ist doppelt wichtig: zum einen für die Verständlichkeit und zum andern für die stilistische Wirkung. Es sind eben auch die Pausen und Betonungen, aus denen der hörende Zuschauer gelesene Texte versteht. So mancher geschriebene Satz, der deutschen Ohren vor dem Fernseher zu Gehör gebracht wird, strotzt vor Unklarheiten in Sachen Betonung. Die Folge: Im schlimmsten Fall sinnentstellende Betonungsfehler, im Regelfall verlegene Mehrfachbetonungen, Rückgriff auf Standard-Sprechmuster und leierkastenhaftes Lesen; und das alles getragen von der trügerischen Hoffnung, dass alles Gemeinte damit irgendwie betonungsmäßig abgedeckt ist.

Zwei Wege führen aus dem Dilemma. Zum ersten: Der Autor sollte seinen Text so zu Papier bringen, dass auch optisch deutlich wird, wie er zu lesen ist – zum Beispiel mit Unterstreichungen und Betonungszeichen. In kühner Ignoranz gegenüber der deutschen Satzzeichenlehre kann er dem Sprecher entsprechende Hinweise für die Betonung geben. Auch die Gliederung seines geschriebenen Textes kann den Sprecher führen: Ein neuer Satz beginnt immer in einer neuen Zeile; eine Pause bekommt einen neuen Absatz, und durchzusprechende Passagen sind optisch entsprechend dichter geschrieben. Und präzise gesetzte Timcode-Zeiten signalisieren dem Sprecher, wo er Platz hat und wo's eng wird.

Und zum zweiten: Es geht nichts über die persönliche Anwesenheit des Autors. Der Autor sollte unbedingt bei der Geräusch-Mischung und der Sprachaufnahme dabei sein. Und er sollte für die Mischung so viel Zeit einplanen, dass er mit dem Sprecher zusammen den Text Satz für Satz und Wort für Wort durchgehen kann. Schwierig zu betonende Passagen können so vorab durchgesprochen und simuliert werden – das spart später Zeit bei der Aufnahme.

Für jeden Satz des Textes kommt bei der Sprachaufnahme die definitive Stunde der Wahrheit. Jetzt zeigen sich inhaltliche Unschärfen und Ungereimtheiten beim Satzbau. Und da ist so mancher Sprecher durchaus willens und in der Lage, unentgeltlich wertvolle Hinweise und Kritiken zu liefern.

Aber es kann in der Sprachaufnahme auch ganz anders kommen; wenn wieder einmal ein eingeflogener Sprech-Künstler in freier Assoziation dem Werk seine ganz eigene Note geben will – bar jeder Kenntnis der Ziele und Inhalte der Reportage. Dann heißt es: Sich gegen den Sprecher zur Wehr zu setzen. Und fürs nächste Mal einen anderen buchen.

Einen Fehler sollte man aber trotz möglicher schlechter Erfahrungen mit Sprechern nicht machen: Man sollte seine Reportage nicht selbst sprechen, wenn man es nicht wirklich gut kann. Und es können nur wenige. Wie sagte die erfahrene ZDF-Reporterin Ursula Scheicher ebenso selbstkritisch wie selbstbewusst: »Mein Text ist viel zu gut, als dass ich ihn selber sprechen sollte.«

3.10 Die Endfertigung

Die Reportage ist geschnitten, der Kommentartext ist abgenommen, der Reporter ist fix und fertig, der Film aber ist es noch lange nicht. Schließlich muss er noch sendefertig gemacht werden, und er will auch noch verkauft sein. Die Verkaufe geht meistens schleichend los, schon lange vor der Endfertigung.

Ein Titel für alle. Zunächst muss ein griffiger Titel gefunden werden, der sowohl den pubertierenden Punk als auch den weltfremden Professor anspricht. Und das ist leichter gesagt als getan. Bei der Titelei gibt es wechselnde Moden und Marotten. Aus den Siebzigern und frühen Achtzigern halten sich hartnäckig noch letzte Reste der Vorliebe fürs Poetische. Ganz vereinzelt kommen auch noch späte Ausläufer gut gemeinter Betroffenheitsprosa zum Zuge. Die Halbwertzeit der kämpferischen Zitate à la »Gorleben muss leben!« ist dagegen definitiv abgelaufen. Immer wieder gern genommen werden dagegen Alliterationen aller Art. Es begann vor langer Zeit mit dem oberlehrer-kompatiblen »Titel, Thesen, Temperamente« bei den öffentlich-rechtlichen Sendern, und lief dann bei den Privaten völlig aus dem Ruder, mit wahren Alliterationsorgien à la »Busen, Bomben, Ballermann« oder »Sonne, Sex und Sangria«. Immerhin – da weiß man, was man hat.

Titelsuche, das ist oft ein quälender, schmerzhafter Prozess, an dem in einer Redaktion meistens jeder beteiligt wird, der herumläuft; bei dem jeder Praktikant ausgefragt wird, ob dieser oder jener Titel besser bei ihm ankommt. Am schlimmsten ist es für den Reporter, wenn er sich seiner Sache ganz sicher ist, wenn er seit dem ersten Recherchetag geradezu besessen ist von einer genialen Titelformulierung – und wenn er dann zu guter Letzt feststellen muss, dass niemand diese Genialität erkennen kann, schon gar nicht der Redaktionsleiter. Also: Mal wieder Perlen vor die Säue! Das Reporterleben kann grausam sein.

Ein Beispiel aus dem ganz gewöhnlichen Redaktionsleben: Gesucht wird der treffende Titel für eine Reportage in der Prime Time über Kammerjäger und die Gefahren, die von ihren Schädlingsbekämpfungsmitteln ausgehen.

Der Autor reicht Titel um Titel ein und eine lange Liste wandert durch die Redaktion:

- Der Tanz der Schaben
- Nachts, wenn die Schaben tanzen
- Krieg den Kriechtieren!
- Im Terminator-Nebel
- Vorsicht Kammerjäger!
- Alle Schaben sind schon da...
- Wenn der Kammerjäger kommt...
- Von Schädlingen und anderen Schäden
- Die Last mit den Lästlingen
- Giftige Geschichten
- Hilfe! Kriechtiere!
- Ungeliebte Untermieter
- Wer lebt schon gern allein?
- Die Männer mit der Spritze
- Kahlschlag im Wohnzimmer
- Die Schande mit den Krabblern
- Endlösung an der Ekelfront
- La cucaracha, la cucaracha...

And the Winner is: »Vorsicht Kammerjäger!«. Der Leser möge selbst entscheiden, ob damit das kreative Potenzial der Titelsuche optimal genutzt wurde. Am Ende entschied – wie fast immer – der Bauch des höchstrangigen Redakteurs. Oft untermauert der seine Wahl mit dem Hinweis auf die eigene Mutter, Tante oder Oma, die alle anderen vom Autor favorisierten Konkurrenztitel nicht verstanden habe.

Wenn sich etwas zu modernen Titeln sagen lässt, dann vor allem, dass die kurz sind. So kurz, dass die Programmzeitungen sie ausdrucken, und es nicht bei dem Reihentitel belassen. Und dass die Titel klar und prägnant sind, damit der Zuschauer sofort weiß, was ihn erwartet. Gerade große Reihen arbeiten nach diesem Prinzip: Frankfurt Airport, The Osbournes, Stalingrad ...

Pressetexte und Mehrwert. Dann kommt der Pressetext. Das heißt, eigentlich sind es zwei. Der erste muss schon früh vorliegen, sechs, sieben Wochen vor der Ausstrahlung. Nur so erreicht man die Programmzeitschriften, denn die haben einen langen Vorlauf.

Der zweite, aktuelle Text geht an die Tageszeitungen. Natürlich muss auch er supergenial geschrieben sein, edelfedermäßig, aber kurz und knackig, eine gute halbe Seite, und er muss die Sendung als Meilenstein der Fernsehgeschichte verkaufen. Aber Vorsicht: »The higher you fly, the deeper you fall« – die Kollegen aus den Medienresorts der Zeitungen können verdammt nachtragend sein. Wenn man mehrmals Durchschnittsware als Highlight verkauft hat, werden die Kollegen resistent gegenüber den Marketing-Bemühungen, und strafen die Produkte mit Ignoranz.

Natürlich darf auch ein Online-Auftritt nicht fehlen. Hier verlangen die Netzkollegen oft einen Mehrwert, sprich Extra-Links zum Thema und zusätzliche Infos oder Interviews, damit sie dem User etwas Nützliches anbieten können, was er sonst nirgendwo findet. Das kann Stress ohne Ende sein für den Autor – zumal er froh ist, wenn er mit seinem Film halbwegs fertig wird. Also: Zusätzliche Interviews mit Protagonisten, Hintergrundinfos aus dem Umfeld des Themas, Jobs und Ausbildungsgänge, Ansprechpartner und Service-Adressen – all dies sollte er möglichst schon während des Drehs angehen. Dazu sind vorzeigbare ausdruckstarke Fotos gefragt, für die Presse und für die Online-Redaktion. Aber um Himmels Willen keine Totalen, die kann man bei der Briefmarkengröße der Fotos in den Ankündigungen gleich vergessen. Es empfiehlt sich in jedem Fall, Fotos von den wichtigsten Situationen und Protagonisten schon während des Drehs zu machen bzw. machen zu lassen. Videoprints aus dem Sendungsmaterial können nur zweite Wahl sein. Wegen ihrer lausigen technischen Qualität werden sie nur ungern gedruckt.

In Ausnahmefällen, bei Sendungen mit *Event-Charakter*, oder bei so genannten *Hi-End-Produkten*, die in der Werteskala des Senders sehr hoch gehängt werden, kommt man in den Genuss einer Pressekonferenz, auf der die Sendung in nettem Ambiente einigen geladenen Print- und Hörfunkkollegen vorgestellt wird. Wenn man Glück hat, schlagen die sich bei dieser Gelegenheit nicht nur den Bauch voll und horchen die anwesenden wichtigen Anstaltsvertreter über ihre strategischen Pläne aus. Wenn man Glück hat, schreiben sie auch Vorberichte und Ankündigungen, die den Zuschauer auf die Sendung neugierig machen. Und wenn man noch mehr Glück hat, meldet sich auch noch der eine oder andere Radiosender, der ein Interview mit dem Autor der Sendung für seinen TV-Tipp will.

Je nach Wichtigkeit und Wertigkeit werden Sendungen durch *Trailer* beworben. Im Gegensatz zu früher, wo Autor und Cutterin – obwohl schon im Endstress – schnell noch 30 Sekunden-Trailer fabrizieren mussten, übernehmen heutzutage hochspezialisierte »Verpackungskünstler« aus der *Trailerredaktion* die Gestaltung. Damit dies im Sinne des Erfinders geschieht, müssen die Kollegen mit Bildern aus der Sendung versorgt werden. Und es sind Text-Absprachen nötig, damit der *Trailer* einigermaßen zur Anmutung der Sendung passt und sich keine sachlichen Fehler einschleichen. Böse Zungen behaupten, dass die *Trailer* oft besser sind als die Sendungen. Wann und wie oft der *Trailer* eingesetzt wird – das wissen die Götter, bzw. die Kollegen der Sendeleitung.

Ein weiteres probates Mittel, auf ein Werk aufmerksam zu machen, funktioniert nicht immer, ist aber einen Versuch wert: Da gibt es möglicherweise im Vorfeld der Sendung aktuelle Magazine, die sich über einen Kurzbeitrag aus dem Material der Sendung freuen würden, oder über einen der Protagonisten als Studiogast – oder über beides. Oder sie hätten gern den abgekämpften Reporter, der mit roten Backen und leuchtenden Augen von den abenteuerlichen Drehbedingungen berichtet. Das ist aber eher die Ausnahme. Egal wie: Es darf natürlich nie der obligatorische Hinweis fehlen: »Und wenn Sie mehr über dieses spannende Thema erfahren möchten, liebe Zuschauer – heute abend haben Sie Gelegenheit dazu...«

Die Mischung macht's. Wenn der Film alle Abnahmen überstanden hat, muss er sendefertig gemacht werden. Als erstes sind Mischung und Sprachaufnahme an der Reihe. Die verschiedenen Tonspuren, die die

Cutterin in ihrem Schnittsystem angelegt hat, werden vom Mischmeister zusammengefahren, zunächst noch ohne den Kommentartext. Dabei kommt es vor allem darauf an, das richtige Verhältnis von Originaltönen und Atmos zu finden und die Verstehbarkeit von Aussagen zu erhalten, oder sie durch die richtige Filterung noch zu verbessern.

Der dazu nötige Mischplan – früher mühsam mit der Hand geschrieben, heute ein schlichter Computerausdruck – enthält Anmerkungen zu den einzelnen Tonspuren, zu den Tönen, ihrer Präsenz und den Lautstärkeunterschieden. Die Cutterin sagt diese Hinweise dem Mischmeister an, parallel zum laufenden Film. Die Gattung der Mischmeister ist ein frühes Beispiel für Multitasking-Fähigkeit: Denn diese Könige der Knöpfe und Regler setzen die Anweisungen der Cutterin simultan in Aussteuerung, Spurwechsel und Tonblenden um. Dabei helfen ihnen optische Voranzeigen, die signalisieren, wann ein Ton kommt; und natürlich auch diverse Computerdisplays, auf denen sich die Tonspuren als bizarre Berg- und Talfahrten abbilden.

Oft muss man während der Mischung den Film anhalten, weil eine Szene im ersten Anlauf noch nicht optimal gemischt ist. Ein guter Mischmeister stoppt den Film von sich aus, wenn er mit dem Mischverhältnis, den Übergängen oder dem Klang der Töne unzufrieden ist. Man erlebt allerdings auch Kollegen, die so lange selbstzufrieden vor sich hinmischen, bis der Reporter unüberhörbar aufschreit und protestiert. Weil die Cutterin genug damit zu tun hat, dem Tonkollegen ihren Mischplan Spur für Spur zu Gehör zu bringen, ist es unbedingt empfehlenswert, dass bei der Mischung der Reporter dabei ist und auf nichts anderes achtet als auf die Töne und Geräusche. Textliche Feinarbeiten sollen vorher oder in den Pausen erledigt werden.

Die Mischung ist immer wieder ein Ort voller Überraschungen. Im Schneideraum sind viele kleine Störgeräusche und Sprünge im Ton wegen der surrenden Computer und rauschenden Lüftungen nicht zu hören. Im Tonstudio dagegen dröhnen sie aus den wunderbaren Boxen plötzlich mit unüberhörbarer Grausamkeit. Da hat die Cutterin zum Beispiel in bester Absicht eine Atmo-Schleife eingesetzt, um einen harten Schnitt im Ton abzumildern – und bei der Mischung hört man zum ersten Mal, dass in dieser Atmo eine penetrante Fahrradklingel ihr akustisches Unwesen treibt. Auch jede kleine Lücke in der Vertonung wird gnadenlos deutlich hörbar.

Da muss der Tonmeister als letzte Rettung schon mal in sein Archiv greifen und ein Stück Atmo dazuzaubern.

Besonders heikel sind Übergänge von einer Szene in die andere. Wie die Tonblende gezogen wird, entscheidet über den räumlichen und zeitlichen Eindruck, den der Zuschauer bekommt. Tonmischung ist eine wahre Kunst, und es gibt Spitzenkönner, die Töne geradezu *ineinander wachsen lassen* und so einen sehr einheitlichen, die Authentizität unterstützenden, lebendigen Eindruck erzielen.

Im ersten Durchgang wird die so genannte *IT-Mischung* hergestellt. Gemischt werden die Originaltöne, Atmos und Musiken – noch ohne Kommentartext. Diese *IT-Fassung* der Sendung wird am Ende auf eine der Tonspuren des Sendebandes gespielt. Sie ist wichtig für eine eventuelle internationale Vermarktung. Und sie ermöglicht es anderen Kollegen des Senders, einzelne Einstellungen, Sequenzen oder Teile der Sendung zu recyceln, sie mit Geräuschen und Originaltönen für andere Sendungen zu benutzen – ohne den Originalkommentar.

Nach dem *IT-Mix* geht es an die *Sprachaufnahme* des Kommentars. Dazu wurden bereits einige Anmerkungen im Kapitel über den Kommentar gemacht (S. 291). Während der *IT-Mischung* ist der Sprecher (hoffentlich) den Text durchgegangen. Er hat dabei die Bilder verfolgen können, und ist so bereits einigermaßen mit dem vertraut, was ihn erwartet.

Der Reporter hat den Sprechertext mit sekundengenauen Einsätzen versehen, hat den Text selbst einige Male zum laufenden Bild laut gesprochen, so dass eigentlich alles stimmen müsste. Im Regelfall sind die Fernseh-Sprecher trainiert, den Text mit Blick auf die Digital-Uhr zu lesen. Bei heiklen Stellen kann man ihnen zusätzlich per Knopfdruck ein Lichtsignal geben. Trotz aller Vorbereitung – fast immer kommt es noch zu kleinen Korrekturen an den Texten. Manchmal stellen sich Sätze schlicht als nicht sprechbar heraus. Insofern ist die Stunde der Sprachaufnahme auch die Stunde der Wahrheit für den Text. Manchmal muss in den Texten auch noch gekürzt werden, weil der Autor bei seinem halblauten Probe-Lesen doch ein wenig zu schnell vor sich hin gemurmelt hat.

Ganze Passagen oder einzelne Sätze müssen immer wieder neu gesprochen werden: Weil ein Name falsch ausgesprochen wurde, weil die Betonung nicht saß, weil das Tempo nicht passte, weil der Text in den O-Ton hineinhing, weil der oder das Angesprochene noch nicht im Bild war, weil der Satz über den Schnitt ging, weil die Stimmung nicht stimmte ...

Das gehört zum Handwerk. Bei einer halbstündigen Reportage sind fünfzig und mehr Unterbrechungen keine Seltenheit. Aber Vorsicht: Irgendwann schaltet auch der verbraucherfreundlichste Sprecher auf stur – oder er kann es einfach nicht besser. Man muss ein Gespür dafür entwickeln, was geht und was nicht geht. Manchmal ist es schlauer, mit kleinen Fehlern zu leben als die Sprachaufnahme an die Wand zu fahren – auch wenn es später bei jedem Hören immer wieder weh tut; weil man weiß, wie es eigentlich hätte klingen sollen.

Wenn der Reporter seinen Film selbst spricht, ist er gut beraten, jemanden mitzunehmen, der ihn korrigiert und eine Art *Sprachregie* führt. Die Probleme des Selbstsprechens sind bereits im Kapitel über den Kommentar beleuchtet worden (S. 292).

Zum guten Schluss wird es dann noch einmal richtig spannend: Dann wird die *IT-Mischung* mit der *Sprachaufnahme* in einem neuen Durchgang, der *Hauptmischung,* zum *Sendeton* zusammengefahren. Der Sprecher hat das Studio mit wehendem Mäntelchen bereits verlassen; wenn also erst jetzt ein Fehler im Text auffällt, ein vergessenes Wort, ein überlesener Satz oder eine falsche Aussprache – dann hat man schlechte Karten. Vorsichtshalber sollte man sich immer eine Handy-Nummer des Sprechers geben lassen, um den guten Mann notfalls noch vom Bahnsteig oder aus der Flughafen-Lounge zurückholen zu können.

Jetzt kommt das Werk erstmals in seiner vollen akustischen Brillanz zu Gehör, jetzt ist der fertige Film zum ersten Mal zu sehen und zu hören – das ist die eigentliche Geburtsstunde des Films. Zeit für eine Flasche Schampus? – Natürlich nicht. Denn – wie war das mit dem Fell des Bären? Man soll es nicht verteilen, bevor er erlegt ist.

Auch der Hauptmix hat so seine Tücken: Selbst alte Hasen werden immer wieder nervös, wenn bei der Endmischung die Geräusche und Originaltöne so laut wirken, dass sie mit dem Sprecherton zu kämpfen scheinen. Glücklicherweise täuscht dieser Höreindruck meistens; er ist auf die außergewöhnliche Qualität der Tonstudio-Boxen zurückzuführen. Zieht man beim Hauptmix die Geräusche und Originaltöne in der Lautstärke herunter, dann kommt zu Hause bei den miesen Fernsehlautsprechern kaum noch etwas davon an; die superpräsente Sprecherstimme dominiert dann das Geschehen im Ton, und das Ganze wirkt trocken und steril. Daher macht es großen Sinn, während der Endmischung ein Stück der Sendung probeweise mit fernsehtypisch schlechten Boxen abzuhören, um einen realistischen Höreindruck zu bekommen. Dennoch: Das Mischverhältnis ist und bleibt immer eine Gradwanderung zwischen der Verständlichkeit des Gesprochenen und der Präsenz von lauten, starken Zusatztönen, die ja für das Erleben so wichtig sind.

Die Farbkorrektur. Je nach finanzieller Ausstattung des Sendeplatzes kommt eine Sendung in den Genuss einer *Farbkorrektur* – oder eben nicht. Dabei ist so eine Korrektur sehr zu empfehlen, da auch gut gedrehte und flüssig geschnittene Szenen in ihrem Ablauf besser aufeinander abgestimmt werden können, wenn man sie in der Farb- und Lichtstimmung aneinander angleicht. Denn oft lagen Stunden, Tage oder Wochen zwischen den einzelnen Drehs – von den wechselnden Wetterlagen ganz zu schweigen.

Aber auch die *Farbkorrekturen* bergen ein Risiko. Bisweilen meinen es die Techniker einfach zu gut. Sie filtern besonders intensive Farbstimmungen gerne einmal vorschriftsmäßig raus, weil sie irgendeinen Zeiger in den gelben oder roten Bereich treiben. Und schon sieht der vor Romantik triefende Sonnenuntergang aus wie jedes andere Bild auch. Also: Der Kameramann sollte nach Möglichkeit für die *Farbkorrektur* disponiert werden, damit er in solchen Grenzfällen das Schlimmste verhindern kann.

Farbkorrekturen können unterschiedlich aufwändig betrieben werden: Da gibt es die *Simultankorrektur*, bei der im Lauf des Filmes nachgesteuert wird, und nur an drastischen Farb- oder Lichtsprüngen angehalten wird. Und es gibt die *Einzelszenenkorrektur*, bei der jede einzelne Korrektur Szene für Szene programmiert und abgearbeitet wird. Sowas dauert natürlich: Da sitzt man dann für eine halbe Stunde Sendezeit schon mal einen oder sogar zwei Tage mit einem Bildtechniker in Dunkelhaft.

Der Endspurt. Wenn nach vielen Schmerzen – siehe oben – der Titel der Reportage gefunden ist, geht er zusammen mit dem Abspann an die Grafik, die dann nach den redaktionellen Vorgaben die Titel-Texte schreibt. Vorher muss natürlich entschieden werden, welche Namen auf den Abspann kommen – und in welcher Reihenfolge. Die meisten Redaktionen berufen sich da auf eine hausgemachte ewige Doktrin, die vorschreibt, wer wo und wie auf den Abspann darf. Diskussionen um Änderungswünsche sind da oft zwecklos.

Eine Kontrolle der von der Grafik geschriebenen Titel ist in jedem Fall ratsam. Denn wenn die Cutterin vergessen wurde oder der Name des Produktionsleiters falsch geschrieben ist, kann es echt Ärger geben. Fernsehen ist nicht zuletzt ein Gewerbe der Eitelkeiten.

Die *Verpackung* der Filme ist bei den meisten Sendungen vorgegeben; sie muss sich am *Erscheinungsbild* des Senders, seiner *Corporate Identity* und am *Look* des Sendeplatzes orientieren. Die Gestaltungsmöglichkeiten sind entsprechend übersichtlich, es geht allenfalls noch um Details, um die Farben und die Positionierung der Schriften im Bild, oder um die Frage, ob und wie stark ein *Border-* oder ein *Shadow-Effekt* eingesetzt werden soll. In Zeiten galoppierender Durchformatierung des Programms gerinnt die Gestaltung mehr und mehr zur frame-genauen Einpassung von Bildern und Schriften in vorproduzierte Masken.

Für den Autor bedeutet der lange Prozess der Endfertigung, dass er sein Werk immer wieder anschauen muss. Das kann richtig wehtun; manchmal gibt der Film immer mehr Rätsel auf, zerfällt in der Wahrnehmung seiner Schöpfer in eine Abfolge völlig disparater Szenen; und manchmal läuft er dann beim nächsten Arbeitsgang großartig – will sagen: man kann ihn beim besten Willen nicht mehr beurteilen.

Die letzten Nacharbeiten. Die Sendung ist gelaufen, jetzt beginnt das Zittern am nächsten Morgen, das Warten auf die *Quote.* Die Redaktionssitzungen – sie können mehr oder weniger erfreulich sein, aber immer sind sie für eine Überraschung gut. Allerdings fällt ein immer wiederkehrendes Muster auf. Wenn die Quote gut war, war es gelungene redaktionelle Planung; wenn sie schlecht war, ist es kaum zu erklären. Die Quote sei ja auch nicht das wichtigste, heißt es dann, und letztendlich sage sie ja gar nicht sooo viel aus.

Vieles an den Wirkungen einer Reportage ist beim besten Willen nicht vorhersehbar. Im Idealfall gelingt es, »den Erlebnisspeicher der Zuschauer zu berühren.« Dabei kann jeder Film ein ganz eigenes Profil an Reaktionen hervorbringen.

- Die Quote kann schlecht sein und in der Redaktion häufen sich Berge von intensiven Zuschauerbriefen.

- Die Hierarchen können den Film über den grünen Klee loben und die »gemeinen« Kollegen schütteln nur die Köpfe.
- Die sensiblen Kritiker können außer sich sein vor Begeisterung und die Vorgesetzten senken gähnend die Daumen.
- Die Quote kann durchaus respektabel sein und im Sender wird die Sendung als abgeleistete Pflichtübung ignoriert, wenn sie aus einer unbedeutenden Abteilung kommt.

Der Autor muss sich wappnen, vor dem was kommen kann. Er muss offen bleiben für Kritik, aber er darf sich auch nicht verrückt machen lassen. Erfahrungsgemäß braucht es seine Zeit, bis man das als Filmemacher aushält. Irgendetwas Kritisierenswertes findet sich immer, an jeder Sendung. Am besten ist es gelaufen, wenn jeder, der kritisiert, einen anderen Punkt herauspickt. Dann hat die Mischung gestimmt. Denn wenn wirklich etwas nicht funktioniert hat, finden sich bei verschiedenen Zuschauern sehr schnell die gleichen Kritikpunkte.

Aber Kritik hin, Kritik her, unter'm Strich gilt heute mehr denn je: Quote gut, alles gut. Und dann gibt es noch den ehernen Satz: »Ein Autor ist immer nur so gut, wie sein letzter Film.« Ruhm, Lob und Quote verblassen schnell, und der nächste Film ist immer der schwerste. In jedem Fall ist es nicht verkehrt, sich seinen Film in einem größeren Zeitabstand noch einmal anzuschauen. Das hilft gegen Selbstüberschätzung, und auch gegen Depressionen.

Mit der kritischen Würdigung der Reporterarbeit ist die Produktion noch längst nicht abgeschlossen. Neben dem unvermeidlichen Administrativkram wie Reisekosten- und Produktionskassenabrechnung sind manchmal Berge von Zuschaueranfragen zu beantworten, Anrufe, Briefe, Faxe und E-mails. Da hat jemand in einer Szene seine Schulfreundin wieder erkannt, ein anderer will unbedingt seine Weltsicht loswerden, wieder ein anderer will die Musik kaufen und noch einer hat ein tolles Thema für eine weitere Reportage. Auch die Protagonisten der Sendung melden sich oft nach der Sendung. Aber auch wenn man nichts von ihnen hört – es ist einfach fair, sich bei den Protagonisten nach der Ausstrahlung noch einmal zu melden, ihnen von Resonanzen und Reaktionen zu berichten. Schließlich ist die Mitarbeit an einer Fernsehsendung für sie oft ein heftiges Erlebnis, das auch viele Reaktionen in ihrem Umfeld auslöst. Zur Arbeit des Reporters gehört es, Menschen aufzuschließen – aber es gehört eben auch dazu, sich anständig von ihnen zu verabschieden.

Und dann: Auf zur Themenkonferenz, zum nächsten Thema; auf zu den nächsten Irrtümern und den einmaligen, unwiederbringlichen Szenen ...

Dritter Teil: Die serielle Reportage (»Doku-Soap«)

Es begann in den späten Neunzigerjahren, zunächst schleichend. Landauf, landab war Wehklagen zu vernehmen: Es gehe bergab mit dem Dokumentarischen, die Reportage sei auch nicht mehr das, was sie einmal war. Die privaten Sender hätten sie in den letzten Jahren zu einem Radau-Format mit buntem Augenfutter umgepinselt. Nur noch Kirmes überall, Spaßgesellschaft im Halbstundentakt, nirgendwo Ernsthaftes.

Und die öffentlich-rechtlichen Sender? Sie taten, was sie konnten. Sie stemmten einige wuchtige Doku-Dramen, ergingen sich in historischen Hochglanz-Dokumentationen und pflegten ihre traditionelle Reportage so gut es ging. Ansonsten Stagnation und Langeweile weit und breit.

Ein fruchtbarer Boden für innovative Konzepte also – und für die schöpferische Weiterentwicklung bewährter Formen. Prompt tauchte etwas Neues auf den Bildschirmen auf – ein Bastard, eine elektronische Promenadenmischung, wie sie die alte Erzählmaschine Fernsehen bis dato nicht kannte: Die *Doku-Soap*.

Das Rezept der Doku-Soap schien auf den ersten Blick ganz einfach: Man kreuze Daily Soaps mit Reportagen, sprich: die Handlungsmuster einer Serie mit dem Authentizitätsversprechen nicht-fiktiver Geschichten – und heraus kommt eine neue Form des *Echte-Leute-Fernsehens*; oder, wie böse Zungen behaupten: eine milde Nachwehe des *Reality TV*. Das Rezept funktionierte.

Natürlich stellen sich Fragen: Doku und Soap – wächst da zusammen, was nicht zusammengehört? Ist damit eine folgenschwere Entwicklung losgetreten worden in Richtung »TV-Comedies mit Laiendarstellern« (Wolf 2000, 22), in denen alle nur so tun als ob?

Für die Freunde der klassischen Dokumentarfilmarbeit und für die Traditionalisten in der Branche (und derer gibt es nicht wenige) war und ist der Fall klar: Aus ihrer Sicht der Dinge sind hier Ignoranten am Werk, die ohne Not und schlechtes Gewissen das Reinheitsgebot der Reportage über Bord geworfen haben, und die nun an den bewährten journalistischen Formen herumbasteln, bis diese ihres Sinns beraubt und zeitgeistig daherkommen. Geschäftsgrundlagen dieser neuen Flachform seien das Banale der Themen und die Belanglosigkeit der Stoffe. Die Wirklichkeit werde bis über alle Ekelgrenzen hinweg verbogen und verharmlost, sie komme nur noch als authentischer Kick vor; und leider falle nie ein Studioscheinwerfer vom Himmel – wie in Peter Weirs TRUMAN SHOW –, der dies alles als falsches Leben, als trügerische Inszenierung entlarven könne.
So kann man es sehen, muss man aber nicht.

Die andere Sicht: Die Doku-Soap – oder wie immer man das Format nennen mag – ist einer der neuen Hoffnungsträger dokumentarischen Arbeitens. Denn: Neue Probleme brauchen neue Lösungen. Vor allem der galoppierende Verlust an jüngeren Zuschauern zwingt zum Handeln. Redakteure und Macher von Non-Fiction-Sendungen müssen nach neuen Wegen und Formaten suchen. Werden sie dabei nicht fündig, oder gefallen sie sich in trotziger Duldungsstarre, müssen sie sich in Zukunft mit Late-Night-Sendeplätzen zufrieden geben und mit massenhaftem Wegzappen abfinden.

Nur wenige technische Errungenschaften haben in den letzten Jahren die Wahrnehmung der Menschen derart verändert wie die Fernbedienung, dieses kleine unscheinbare Allerweltskästchen. Um die Fernbedienung wurden schon Familienkriege geführt, wegen ihr wurden Angehörige ermordet – und mit ihr wurde die gesamte Fernsehlandschaft umgekrempelt.

In den guten alten Fernsehzeiten, in denen der Fernsehapparat noch altargleich im Wohnzimmer thronte, mit der versammelten Familie im Halbkreis davor, da musste man noch den Hintern aus dem Sofa hochkriegen, um das Programm zu wechseln. Schlichte Schwerkraft und natürliche Trägheit garantierten so manch langweiliger Sendung treue Zuschauer. Lang ist's her.

Junge Zuschauer sind heute kaum noch willens oder in der Lage, einer traditionellen Dokumentation oder Reportage ohne nervöses Zucken in den Fingern zu folgen. Eine bittere Erkenntnis, die nach Konsequenzen ruft.

Und da kommt die Doku-Soap gerade recht. Denn mit ihrer seriellen Dramaturgie spricht sie die Sehgewohnheiten der Lindenstraßen- und GZSZ-Generation an; und sie schlägt der Fernbedienung ein Schnippchen, da jede Sendung mit ihren parallelisierten Geschichten bereits fertig *vorgezappt* daherkommt. So gibt die Doku-Soap auch Multitasking-Junkies und Menschen mit Aufmerksamkeitsstörungen eine Chance. Und, wenn sie gut gemacht ist und von interessanten Menschen erzählt, kann sie auch den *Informationssucher* erreichen. So nennt die Medienforschung einen Zuschauertypus, der seinen Spaß aus dem aktiven Rezipieren zieht und notorisch versucht, sich aus den angebotenen Geschichten sein eigenes Bild zusammen zu reimen.

Kölsche Ahnen und große Brüder. Ahnenforschung ist in Formatfamilien so eine Sache – wenn es um Ruhm und visionäre Verdienste geht, heben viele die Hand und machen die Vaterschaft geltend.

Ein früher Vorläufer des neuen Formats war sicherlich die WDR-Doku-Serie DIE FUSSBROICHS – DIE EINZIG WAHRE FAMILIENSERIE, hervorgegangen aus zwei Dokumentationen von Ute Diehl. Im Zentrum stand eine ganz normale kölsche Arbeiterfamilie aus Köln-Buchheim, inklusive Sohn und Freundin. Mit Goldkettchen und Minipli-Frisur, mit Muckibude und tiefergelegtem Baby-Benz – und mit reichlich kölschem Lokal-Colorit. Etwa neunzig Episoden gingen seit 1991 über den Bildschirm.

Das Prinzip: konstantes Personal, lange Beobachtungen, kein Text, keine Interviewfragen, sehr sparsamer Musikeinsatz – und ständig neuer Stoff aus der kleinen Welt der Parterre-Wohnung, mit all ihren liebenswerten Proleten-Weisheiten. Nur in Ausnahmefällen wurden verschiedene Handlungsstränge streckenweise parallelisiert, im Allgemeinen blieb's bei einer durchgehenden Beobachtung. Und die lieferte immer wieder neue Fassetten der Alltagshelden von nebenan. Alles, was das Leben so an Höhepunkten verspricht, wurde mitgenommen: Vom Wohnzimmertapezieren über die Eifel-Spritztour bis zum Spanienurlaub. Die Fussbroichs wurden zu Stars des dritten Programms. 1992 gab's den Grimme-Preis.

Schon 1994 war dann auf PREMIERE DAS WAHRE LEBEN zu sehen; eine deutsche Version von MTVs THE REAL WORLD. Sieben zusammengecastete junge Leute lebten drei Monate unter Kamerabeobachtung in einer eigens für diesen Zweck eingerichteten Berliner Fabriketage – die erste Serie, die mit dem für das deutsche Fernsehen neuen Label *Doku-Soap* angekündigt wurde (Mikos u.a. 2000, 44).

So richtig los ging's mit dem Format in der zweiten Hälfte der Neunzigerjahre, allerdings in Großbritannien: Die alte Tante BBC, bis dato eher als Gralshüterin klassischer Hochglanz-Dokumentationen bekannt und berühmt, seifte als erste ihre Dokus ein. Eine der frühen Serien über ein Kreuzfahrtschiff, THE CRUISE, fand sogar den Weg von der Insel bis zu den zahlenden PREMIERE-Kunden in Deutschland.

Das ZDF adaptierte als erster großer deutschen Fernsehanbieter die britischen Versuche in der Prime-Time und startete damit den Doku-Soap-Boom in Deutschland: OP-SCHICKSALE IM KLINIKUM (Ingeborg Jacobs, Heiner Gatzemeier, Hartmut Seifert) ging 1998 auf Sendung, gefolgt von FRANKFURT AIRPORT (Ulli Rothaus, Bodo Witzke, Jürgen Rapp), dem bisher erfolgreichsten Vertreter des neuen Formats im ZDF. Beide Serien präsentierten journalistisch aufbereitete Geschichten, gedreht in einer konsequenten Reportagehaltung. Und beide Serien gingen wegen der großen Zuschauerakzeptanz im folgenden Jahr in eine zweite Staffel – noch mal je fünf Sendungen à 45 Minuten. Getreu dem öffentlich-rechtlichen Hang zum Seriös-Komplizierten wurde das neue Erfolgs-Format im ZDF allerdings mit dem korrekten Begriff *Dokumentarische Filmerzählung* etikettiert.

Zwischenzeitlich profilierte sich auch ARTE als Pionier und Heimatsender der Doku-Soaps: Insbesondere DER WAHRE KIR ROYAL (Christian Bauer 1998), eine Innensicht der Münchener Feinkost-Firma Käfer, fiel als erste ARTE-Doku-Soap auf und fand Beachtung über den Dunstkreis des klassischen ARTE-Fanclubs hinaus. Schon bald schuf ARTE sogar einen eigenen Sendeplatz für das neue Format.

Als weitere Spielart des Formats kann man die 1999 ausgestrahlte Serie mit dem putzigen Titel ABNEHMEN IN ESSEN ansehen. Ein Vierteiler von Claudia Richarz und Carl-Ludwig Rettinger: Fünf dicke Freundinnen wollen abspecken, aus den Höhen der dreistelligen Kilos runter in Richtung Du-darfst-Figur; gegen alle Widerstände, mit allen Rückschlägen – ein Thema wie ein Magnet, ein Plot mit geradezu klassischer dramaturgischer Gestalt.

Nicht zuletzt die Protagonistinnen – fünf pfundige Kohlenpott-Gewächse mit hohen Selbstdarsteller-Qualitäten – verhalfen dieser

ARTE/WDR-Koproduktion zu Kultstatus und zu großem Erfolg beim mitleidenden (und mithungernden) Publikum.

Bemerkenswert an dieser Variante des Formats war das gezielte Auswählen und Zusammenstellen der »Heldinnen«; den Autoren ging es nicht um das Dokumentieren von Geschichten, die sich ohne ihr Zutun an einem Ort ereignen – sie schufen selbst erst die Voraussetzungen für den Stoff der Serie. Und neu waren wiederkehrende, gesetzte Statements der Protagonistinnen direkt in die Kamera.

Viermal dreißig Minuten zwischen Hoffen und Bangen, zwischen Trennkost und Waage, mit durchwachsenem Ausgang, wie im richtigen Leben. Belohnt mit Grimme-Preis und einer zweiten Staffel.

Die Privaten legten noch eins drauf und zeigten, was sie ihrerseits unter einem *Real-Life-* oder auch *Real-People-Format* verstehen: Die kurze, aber heftige Ära der »TV-Menschenversuche« wurde eingeläutet. Es war die Zeit des Containerlebens; das Fernsehen wurde Bühne für die »Inszenierung postmoderner Identität« (Winterhoff-Spurk).

Neben dem vielgeschmähten Voyeurismus boten BIG BROTHER (RTL2 2000) und Co dem Zuschauer vor allem eine Inszenierung mit Ballerspiel-Möglichkeit – man konnte Bewohner rauskicken – und mit einer Schadenfreude-Dramaturgie nach dem Muster der zehn kleinen Negerlein: Da waren's nur noch... BIG BROTHER feierte anfangs Erfolge, verwurstete schnell seine Helden, kriegte kleine Brüder und Open-Air-Ableger mit Abenteuer-Geschmack – und das war's dann.

Auch einige veritable Rohrkrepierer wurden von den Kommerziellen ins Rennen geschickt: GIRLSCAMP, HOUSE OF LOVE, TO CLUB oder BIG DIET – alles längst Geschichte. Obwohl BIG BROTHER & Co als Serie konzipiert sind, gehören Sendungen dieser Art – ähnlich wie DEUTSCHLAND SUCHT DEN SUPERSTAR (RTL 2003) – eher in die Kategorie der nicht beliebig wiederholbaren *TV-Events*.

Trotz der vielen Eintagsfliegen bewies sich die Doku-Soap als eine neue Form erzählerischen Fernsehens; als ein Konzept, das viele Themen und formale Zugriffe zulässt und damit überlebensfähig ist. Während noch einige Traditionalisten prophezeiten, das Ganze sei bald wie ein Spuk vorbei, hießen andere Kritiker die Doku-Soap schon bald im »Garten der Fernsehformen« als neues »Pflänzchen« willkommen. Und bei den Sendern hielt die Experimentierlust an.

Die Weiterentwicklung des Formats brachte interessante Abkömmlinge der *Real-People-Idee* hervor. Zum Beispiel eine Serie an einem speziell hergerichteten, quasi-authentischen Ort, als *living history*, ebenfalls ein Import aus dem angelsächsischen Raum: 2002 zeigte die ARD, dass das Einsperren von ausgesuchten Protagonisten an einem extremen Ort nicht zwangsläufig zu Container-Krankheiten führen muss. Mit dem Vierteiler SCHWARZWALDHAUS 1902 – LEBEN WIE VOR 100 JAHREN von Volker Heise und Rolf Schlenker gelang ihr zur eigenen Überraschung ein Straßenfeger. Der unerwartete Quoten-Höhenflug (20 Prozent Marktanteil, fast sechs Millionen Zuschauer) trieb die Programmplaner schon nach wenigen Wochen zu einer Wiederholung der Serie.

Das Grundtableau basiert auf der uralten Idee der Zeitmaschine: Eine moderne städtische Durchschnitts-Familie wurde für zehn Wochen aus Berlin ins Münstertal gebeamt – auf den Kaltwasserhof. Ohne Strom und fließendes Wasser, ohne Handy, Dosenöffner und Waschmaschine; dafür mit kratzenden Klamotten, Plumpsklo und 28 Viechern. Das Ergebnis: »Beobachtete Dramen« (D.A. Pennebaker) in Hülle und Fülle.

Das Melk-Desaster der Töchter, der Leistenbruch des Vaters, der Kampf mit Barney, dem störrischen Hausschwein – Szenen, die an den Folgetagen zum Bürogespräch wurden, fast wie früher die Stahlnetz-Krimis.

Die verzweifelten Erfahrungsberichte vor laufender Tagebuch-Kamera ließen die Big-Brother-Beichten der alten Container-Insassen im Nachhinein geradezu blass aussehen.

Statements in die Kamera, ja sogar kleine Erklärstückchen, von der Tuberkulose bis zur Kartoffelfäule, peppten die vier Folgen auf zu einem ebenso unterhaltsamen wie lehrreichen Stückchen in der gutverstandenen Tradition öffentlich-rechtlichen Fernsehens: Im Ergebnis eine gelungene Verbindung aus Emotionen und Kenntnissen. Da hat es kaum einen Zuschauer gestört, dass die Versuchsfamilie ihre Erfahrungen mit den schweren alten Zeiten auf einem Bauernhof machen musste, der schon 1902 nicht mehr wettbewerbsfähig war. So hilft man dem Drama auf die Sprünge.

Andere Verwandte des Formats leben in erster Linie vom Voyeurismus, und vom Promi-Bonus der Protagonisten: Soapige Homestory-Dokus, gewissermaßen die Fortsetzung der Fussbroichs mit verschärften Mitteln. Absoluter Quotenhit bei MTV war 2002/2003 die Serie THE OSBOURNES; ein voyeuristischer Blick in die bizarre Alltagswelt der chaotischen Familie von Ozzy Osbourne, einer abgewrackten Hard-and-Heavy-Ikone aus den

Siebzigerjahren des vergangenen Jahrhunderts. Damals hatte er als Frontmann der Hardrock-Kapelle BLACK SABBATH Furore gemacht – in der Serie wurde er als tattriger, fluchender Volltrottel am Stock vorgeführt, bei dem nur noch die schrumpeligen Tattoos an wilde Zeiten erinnern. Vom kotzenden Köter bis zum Darmkrebs seiner Frau Sharon – es wurde nichts ausgelassen. Und ganz nebenbei wurden Ozzys CDs und Töchterchens Sangeskarriere gepusht.

Es war absehbar, dass sich der vom ZDF gewählte feinsinnige Genre-Begriff »Dokumentarische Filmerzählung« als Terminus Technicus in Zeiten knapper Programmzeitschrifts-Spalten nicht durchsetzen würde. Aber – zumindest in der Anfangsphase der Formatentwicklung taugte dieses sperrige Un-Wort als didaktischer Kampfbegriff gegen die Schwemme der als »Doku-Soaps« daherkommenden Serien der Privatsender. Denn der Begriff machte Unterschiede deutlich. Die Entwicklung der Formate zeigte schon früh, dass es journalistische Zugriffe auf die Wirklichkeit gibt – und eben andere: In so mancher Serie der Kommerziellen wurden die Protagonisten wie Schauspieler gecastet und zu fast schon bizarren Kuriositäten-Kabinetten zusammengewürfelt. Da wunderte sich kein Zuschauer mehr, wenn sich in der SAT1-Doku-Soap DIE FAHRSCHULE (1999) eine der Fahrschülerinnen während der Fahrstunde mal eben als Amateurporno-Darstellerin outet – Nachtigall, ick hör dir trapsen. So entpuppt sich das Format, das den Reiz des Echten braucht, als ein heimlich inszeniertes Spiel mit Laienspielschar.

Der besondere Reiz einer Doku-Soap besteht immer in ihrem Authentizitätsversprechen: Echtes Leben, richtige Menschen, wirkliche Emotionen. Ein Versprechen, das der Autor halten muss. Zuschauer reagieren empfindlich, wenn sie verdeckte Inszenierungen spüren. Offene Inszenierungen (zehn Menschen, eine Insel) sind dagegen kein Problem, sie werden als Geschäftsgrundlage akzeptiert.

So mancher Zuschauer wie Kritiker kommt im Spannungsfeld zwischen »Doku« und »Soap« ins Schleudern, denn die *Soap* hat ihre Tücken. Seife ist und bleibt nun mal glitschig – sie hat reinigende Wirkung, kann aber auch zu allergischen Reaktionen führen. Sie kann Bewegungen beschleunigen, aber auch Figuren zu Fall bringen.

Doku-Soaps müssen nicht zum Kirmes-Format degenerieren, müssen nicht zum Tummelplatz für journalistische Dünnbrettbohrer werden. Die

Doku-Serien der öffentlich-rechtlichen Sender, und insbesondere die des ZDF, haben von Anfang an Wert darauf gelegt, sich an journalistischen Qualitätsmaßstäben messen zu lassen und einen unverfälschten und unverstellten Blick auf die Wirklichkeit zu transportieren. Jahr für Jahr gingen im ZDF *journalistische Doku-Soaps* auf Sendung:

IM NETZ DER MORDKOMMISSION (Heiner Gatzemeier, Michael Heuer 2001) verfolgte die Suche nach einem Kindermörder. WUNSCHKINDER (Heiner Gatzemeier, Susanne und Michael Wieseler 2002) dokumentierte das angestrengte Bemühen um Nachwuchs mittels künstlicher Befruchtung. DIE ÜBERFLIEGER (Georg Bussek 2002) erzählte von jungen Nachwuchsskispringern, der KLITSCHKO-CLAN (Michael Harder 2002) begleitete die berühmten Boxerbrüder und ihre schlagenden Kollegen. Im Sommer 2002 lief die fünfteilige Ortserkundung HAMBURGER HAFEN von Ulli Rothaus, Bodo Witzke und Jürgen Rapp. Und im Herbst wurde DIE MENSCHEN VON WEESENSTEIN (Hans-Jürgen Haug u.a. 2002) ausgestrahlt; ein Versuch, mit dem Format unmittelbar auf aktuelle Ereignisse zu reagieren: Die Serie spielte in einem kleinen Ort in Sachsen, der gerade vom Hochwasser verwüstet worden war.

Dabei gab es eine Reihe von Versuchen, die Genregrenzen auszutesten: Von Nach-Inszenierungen (Re-Enactments) bei der MORDKOMMISSION bis hin zu statementartigen O-Tönen beim KLITSCHKO-CLAN. Aber schon bald zeigte sich, dass die authentischen, ungekünstelten, reportagenahen Formen wie OP-SCHICKSALE IM KLINIKUM, FRANKFURT AIRPORT und HAMBURGER HAFEN beim Zuschauer die erfolgreichsten waren.

Echte Menschen – ausgefeilte Dramaturgie. Inzwischen hat sich das neue Genre bis zur Unübersichtlichkeit ausdifferenziert. Der Kritiker Fritz Wolf, eher ein Skeptiker in Sachen Doku-Soap, hat als einer der Ersten eine brauchbare Definition des neuen Formats geliefert:

> »Doku-Soaps sind die bewusst gesuchte Verbindung von dokumentarischem Erzählen und serieller Dramaturgie, wie sie in der fiktiven Fernsehserie entwickelt wurde. Sie konzentrieren sich nicht, wie oft im klassischen Dokumentarfilm, auf eine Person, sondern stets auf mehrere Personen. Sie haben einen Grundbestand an Personen, die in jeder Folge wieder vorgestellt werden müssen. Deren Geschichten werden häufig parallel montiert und erzählt – bis hin zu patchworkartigen Erzählweisen. Die einzelnen Handlungsstränge werden in dramaturgische Spannungsbögen gesetzt. Cliffhanger werden gesetzt,

um auf die nächste Folge hinzulenken. Die Geschichten folgen häufig einer Ereignisdramaturgie, einer Abfolge von Höhepunkten. Einheit von Zeit und/oder Ort sind nach den bisherigen Erfahrungen wichtig.« (Wolf 2000, 22)

Doku-Soaps sind der Versuch, die bestehenden Formen Reportage, Dokumentation, Porträt und Dokumentarfilm zeitgemäß weiterzuentwickeln. Der Schritt vom Einzelstück zur Serie ist dabei nur logisch – er schafft Publikumsbindung und vergrößert die Chance auf Wiedererkennbarkeit. Ebenso nahe liegend ist es, auf Seriendramaturgie und (meistens) auf verschachtelte Geschichten zu setzen. Schließlich ist die Parallelmontage eine klassische und gleichzeitig eine moderne Erzählform. Sie bietet die Chance, Vielfalt und Widersprüchlichkeit der Welt adäquat widerzuspiegeln.

Ein Format – vier Typen. In den letzten Jahren haben sich vier Typen von Doku-Soaps herausgebildet, die sich wesentlich in der Konstellation ihrer Protagonisten unterscheiden. Alle diese Formen sind so erfolgreich, dass inzwischen auch so manche klassische Einzel-Reportage gern im Gewand einer Mini-Doku-Soap daherkommt.

- *Die typenorientierte Doku-Soap.* Eine Gruppe von zusammengehörenden Protagonisten wird in ihrem Alltag begleitet (Fussbroichs, Osbournes). Da das Personal beschränkt ist, und der Vorrat lange reichen muss, steht und fällt die Serie mit den Figuren. Es müssen wirklich spannende Gestalten sein, echte Typen, die etwas erleben, mit denen es dem Zuschauer nicht langweilig wird. Langfristig birgt diese Form die Gefahr der Selbstinszenierung; aus Protagonisten werden Hauptdarsteller ihres eigenen Films.
- *Die themenorientierte Doku-Soap.* Ausgehend von einem Problemthema (künstliche Befruchtung, ungeklärte Mordfälle etc.) werden Protagonisten gesucht, die alle eben dieses Problem haben. Im wirklichen Leben müssen sie keine Gruppe sein, sie müssen sich noch nicht einmal begegnen. Unterschiedliche Stadien und Verläufe der Problembewältigung (oder das Scheitern am Problem) können so an Hand einer Reihe von Fällen gezeigt werden. Die große Gefahr dieses Ansatzes: Sind die Fälle zu ähnlich, kommt leicht Langeweile auf. Die *themenorientierte Doku-Soap* eignet sich besonders für journalistische Themen.

- *Die ortsbezogene Doku-Soap.* Mehrere Protagonisten, die einen gemeinsamen örtlichen Bezug haben (Flughafen, Bahnhofsviertel etc.), werden unabhängig voneinander in ihrem Alltag begleitet, ihre Geschichten werden parallel montiert. In der Realität müssen sie sich nicht kennen oder begegnen. Damit ihre Geschichten nicht auseinander fallen und beliebig werden, ist ein klar erkennbarer Oberbegriff nötig. Diese Vorgehensweise eignet sich ebenfalls gut für journalistische Themen. Sie bringt die kontrastreichsten Geschichten.
- *Die gebaute Doku-Soap.* Einzeln gecastete Protagonisten werden in einem inszenierten Setting zusammengebracht. Dort werden sie mit verschiedenen Situationen konfrontiert, gewissermaßen einem Versuch ausgesetzt. Der ist so konzipiert, dass emotionale Reaktionen und gruppendynamische Verwerfungen zu erwarten sind – und die werden dann »dokumentarisch« abgebildet. Die Gefahren dieses Konzepts liegen auf der Hand: Die anstrengende Künstlichkeit der Situation und das kalkulierte Spiel mit der voyeuristischen Gier geben dem Ganzen schnell den schalen Beigeschmack eines Menschenversuchs.

Es ist beinahe überflüssig darauf zu verweisen, dass sich Mischformen und fließende Übergänge zwischen den Typen bilden. In allen Formen kann man offen und verdeckt inszenieren – oder sich an die Reportageregeln halten. Als nächstes auf der nach oben offenen Inszenierungsskala käme dann der Spielfilm, in dem betroffene Laien sich selbst spielen, mit allem Charme des Amateurhaften.

Je nachdem, für welches Doku-Soap-Modell man sich entscheidet, produziert man völlig verschiedene Filme mit ganz unterschiedlichen Protagonisten. Eine Doku-Soap über ein Krankenhaus kann zum Beispiel diese Formen haben:

- Folgt man dem *typenorientierten Ansatz*, muss man eine Truppe im Krankenhaus finden, die möglichst oft zusammen Dienst schiebt und die einfach stark ist.
- Folgt man dem *themenorientierten Ansatz*, sammelt man zum Beispiel im Herzzentrum des Krankenhauses Fälle von mehreren Patienten; darunter solche, für die es gut aussieht, und solche, für die es schlecht aussieht.

- Folgt man dem *ortsbezogenen Ansatz*, sucht man möglichst verschiedene interessante Menschen, die unterschiedliche Rollen haben: den Hausmeister, der gern Arzt geworden wäre; den Patienten, den niemand besucht; die Schwester, die befördert werden will; den Besucher, der sich verlaufen hat.
- Folgt man dem *gebauten Ansatz*, dann schickt man die komplette Krankenhausbesatzung auf eine einsame schlangenverseuchte Tropeninsel, mit nur einem Notfallkoffer ...

Wie's gemacht wird. Alle vier Formen der Doku-Soap bauen – in unterschiedlichen Ausprägungen – auf der Reportage auf. Die journalistischen Zugänge erfordern eine verschärfte Arbeitsmethode, vor allem beim Fokussieren auf die Protagonisten und bei der Ausdauer der Beobachtung.

Da die *typenorientierte Doku-Soap* dem klassischen Reportageformat am nächsten kommt, gelten für sie auch die Überlegungen, die im zweiten Teil zur »Praxis der Fernsehreportage« angestellt wurden.

Die *gebaute Doku-Soap* ist am weitesten von der Reportage entfernt; sie soll daher hier nicht weiter thematisiert werden.

Bleiben die *themenorientierte* und die *ortsbezogene Doku-Soap*. Reportagetechnik und starke Protagonisten brauchen sie ebenso wie die anderen Formen. Das Besondere an ihnen ist, dass beide (fast) immer mit Parallelisierungen arbeiten. Da die *ortsbezogene Soap* mit ihren kontrastreichen Geschichten das radikalere Modell ist, soll an ihrem Beispiel das mögliche Vorgehen der Autoren beschrieben werden.

Wohin und warum. Ein Ort, einige Menschen und viele Geschichten – damit das funktioniert, damit es weder gleichförmig noch beliebig wird, müssen die Rahmenbedingungen stimmen: Der Ort darf nicht zu klein sein, aber auch nicht zu groß. Er muss genügend Stoff für die unterschiedlichsten Geschichten liefern, und er muss dabei als räumliche Einheit spürbar bleiben, auch visuell. Der Hauptbahnhof allein gäbe nicht genug her, das Bahnhofsviertel dagegen schon, die ganze Stadt wäre wiederum zu groß. Die Doku-Soap braucht unbekannte Ecken, übersehene Dramen und überraschende Situationen. Ihre Geschichten zeigen Glanz und Elend, Glück und Pech, Alltagskomik und knallharte Dramatik. Schließlich ist der Mensch ein Kontrastwahrnehmer.

Wenn der Ort beim Zuschauer noch Assoziationen freisetzt, innerlich etwas zum Klingen bringt, wenn er etwas Magisches hat, dann kann man als Filmemacher nicht ganz verkehrt liegen.

Der Rhein-Main-Flughafen, Schauplatz der Serie FRANKFURT AIRPORT, ist so ein Ort. Er ist mehr als ein Platz routinierter Geschäftigkeit, mehr als ein logistisches Zentrum zwischen Ankunft und Abflug. An einem Flughafen bündeln sich Gefühle: die Sehnsucht nach Urlaub und Ferne, nach Flucht aus dem Alltag; aber auch die Freude der Rückkehr und des Nachhausekommens. An einem Flughafen ist der Mythos vom Fliegen ebenso zu Hause wie die Flugangst und der Zweifel am technisch Machbaren. Ein starker Ort, modern, auf der Höhe der Zeit; ein Ort, der auf (fast) jeden eine Faszination ausübt.

Natürlich ist der Flughafen beileibe nicht der einzige Doku-Soap-kompatible Platz. An Orten, die diese Anforderungen zumindest ansatzweise erfüllen, herrscht kein Mangel: Es gibt fast nichts, was es nicht gibt. Die Liste der bisher abgegrasten Doku-Soap-Locations ist fast schon so lang wie die der TV-Fiction-Serien: Hotel, Kreuzfahrtschiff, (Kinder-)Krankenhaus, Geburtsstation, Friseursalon, Kaufhaus, Hotel, Fluggesellschaft, Rugbyclub, Lebensrettungsstation, Armee, Tageszeitung – überall stößt man auf erzählenswerte Geschichten, wenn man sich daran macht, den Alltag zu durchpflügen.

Und immer findet man einen Mikrokosmos, in dem sich gesellschaftliche Verhältnisse spiegeln. Da fehlt als Ort für eine Doku-Soap nur noch eine große Fernsehstation – aber vermutlich fehlen dort die prickelnden Charaktere ...

Die Arbeitsmethode. Eine ordentlich gemachte Doku-Soap darf man sich nicht als schnell gestricktes Produkt vorstellen. Meistens sind zwei Reporter beteiligt, oft gehen sie arbeitsteilig vor: Der eine werkelt im Schneideraum, der andere ist mit dem Kamerateam unterwegs. Dazu kommt oft noch ein Rechercheur, der auch die Logistik des Drehs organisieren muss. Auf jeden Fall gehört zum Kamerateam ein ausgebildeter Toningenieur, denn die Geschichten leben von starken Tönen.

So eine Produktion kostet Geld, und sie braucht Zeit. Von den ersten Vorbereitungen bis zur Fertigstellung der Sendebänder geht leicht ein Jahr ins Land.

Im Einzelnen braucht man:

- Einen überschaubaren Ort, an dem sich mehrere Figuren ständig und wiederkehrend aufhalten, und der einen Hinter-die-Kulissen-Blick zulässt.
- Ein paar vorzeigbare Typen, will sagen: Menschen, die irgendetwas haben, die knorrig, kauzig oder sonst etwas sind, denen man einfach gern zuschaut bei dem, was sie tun.
- Einen (oder besser zwei) Autoren/Reporter, die sich am Ort des Geschehens einnisten und die ständig Kontakt zu den Protagonisten halten.
- Einen instinktsicheren Researcher, der sich nicht zu schade ist, sich mit Gott und der Welt zu überwerfen.
- Ein Büro vor Ort, mitten im Gemenge.
- Am besten mehrere Kameras; eine große, professionelle wie Beta SP oder DVC Pro und eine oder mehrere Mini-DV.
- Unmengen von Videobändern.
- Ein belastbares Aufnahmeteam, das bereit ist, sich ein halbes Jahr und länger zu jeder Tages- und Nachtzeit am Ort herumzutreiben.
- Einen digitalen Schnittplatz, und zwar durchgehend für mehrere Monate.
- Eine Cutterin (am besten inklusive Assistent), die sich mit Engelsgeduld und Elefantengedächtnis durch das Material kämpft.
- Einen einfühlsamen Komponisten, der passende Leitmotive in zig Abwandlungen komponieren kann.
- Einen Sprecher mit hohen Erzähler-Qualitäten.
- Eine kreative Verpackungs-Truppe, die einen dynamischen Vor- und Abspann mit markantem Signet für die Serie entwickelt.

Und heraus kommen dann z.B. fünf mal 45 Minuten Doku-Soap. Bestenfalls. Im Detail kann sich das Ganze natürlich spürbar sperriger darstellen.

Die Recherche. Recherchen für eine Doku-Soap – das ist ein Marathon-Job. Im Regelfall beginnt er mit großen Sitzungen. Vertreter der betroffenen Unternehmen, Behörden, Organisationen treffen sich mit Machern und Sendervertretern; alle versichern sich ihrer gegenseitigen Wertschätzung und vereinbaren Regelungen für Krisenfälle: Maßnahmen zur Vertrauensbildung, um dem Team vor Ort freie Bewegungsmöglichkeiten zu schaffen und einen fairen Umgang mit den Betroffenen zu garantieren.

Dann gilt es, irgendwo ein kleines billiges Büro aufzutreiben, mitten im Zentrum des Geschehens. Ein Ort für kurze Wege, wichtig als Anlaufpunkt für Besucher und als Schonzone für das Team.

Während der Recherche ist man nur selten im Büro. Die Suche nach den richtigen Protagonisten und Geschichten funktioniert nicht über's Telefon. Man kann mit einer Trefferwahrscheinlichkeit von 90 % vorhersagen, dass Menschen, die von Geschäftsleitungen und Pressestellen als interessant empfohlen werden, nicht die richtigen Protagonisten für Doku-Soap-Dreharbeiten sind. Meistens werden nämlich die Kollegen vorgeschoben, die es immer machen, wenn ein Fernsehteam kommt; die ihr glattes Lächeln und ihre drei Standardformulierungen drauf haben; die wissen, wie man seinen O-Ton auf 20 Sekunden beschränkt und die immer fragen, ob es »so« gut war. Auf dem Schirm wirken sie dann wie Pressesprecher in eigener Sache. Die Doku-Soap sucht unverbrauchte, originelle Charaktere, und das sind im Regelfall nicht die, die den Vorgesetzten bei Fernsehanfragen als Erste einfallen. Also heißt es, nach dem obligatorischen Besuch in der Pressestelle, selbst auf die Suche zu gehen, Schichten und Dienste mitzumachen, sich in Kantinen, vor Werkstoren und in Kneipen rumzutreiben. Dabei zeigt sich immer wieder, wie schwierig es ist, den potenziellen Partnern zu vermitteln, was im Falle eines solchen Drehs auf sie zukommt: Auf der einen Seite ist es für die Protagonisten nicht so strapaziös und störend wie erwartet, weil das Team einfach mitläuft; auf der anderen Seite kann es in echten Stress ausarten, weil sie tagelang unentwegt beobachtet werden.

Die Suche nach den Protagonisten ist nicht nur schwierig, sie dauert auch: Schon Monate vor den Dreharbeiten durchkämmen die Autoren unterstützt von einem Fulltime-Researcher das Feld; sie reden mit Gott und der Welt, sie versuchen, den potenziellen Protagonisten und Geschichten auf die Spur zu kommen. Eine mühsame Angelegenheit – und eine enorm wichtige, denn mit dem richtigen Protagonisten steht und fällt die

Geschichte; lautet doch schon die alte Dramaturgen-Weisheit: Der Held heißt Held, weil er die Geschichte zusammenhält...

Manche »Helden« gewinnt man erst nach monatelangen Recherchen und Verhandlungen, andere findet man spontan an der nächsten Ecke, weil man zur richtigen Zeit am richtigen Ort ist.

Die richtigen Protagonisten. Die wahre Kunst liegt – wie so oft im Leben – in der Entscheidung für den oder die Richtige(n). Der Frankfurter Flughafen zum Beispiel bietet den potenziellen Doku-Soap-Autoren eine bunte Palette von gut 50.000 Beschäftigten – plus 40 Millionen Passagiere pro Jahr. Und den Hamburger Hafen besuchen im Jahr so an die 24.000 Schiffe – und 145.000 Arbeitsplätze leben vom Hafen-Geschehen. Potenzielle Protagonisten gibt es also wie Sand am Meer – die Betonung liegt dabei natürlich auf »potenziell«, denn logischerweise erweist sich nicht jede Flugbegleiterin oder jeder Hafenarbeiter als charismatischer Kracher.

Natürlich müssen die Protagonisten einer dokumentarischen Serie zunächst einmal die Kriterien erfüllen, die für die Hauptfiguren von »normalen« Reportagen gelten. Und natürlich müssen sie auch den üblichen medienspezifischen Anforderungen in Sachen Tageslichttauglichkeit und persönlicher Ausstrahlung entsprechen. Aus den leidigen Erfahrungen mit der normalen Reportage-Arbeit kann man eine dreifache Negation ableiten: Keine Hierarchen, keine Kopfarbeiter, keine Schreibtischtäter!

In der seriellen Form wird es immer zwei Kategorien von Geschichten und damit auch von Protagonisten geben:

- Die *Hauptfiguren*, die sich über die einzelnen Folgen entwickeln, die wiederholt besucht/begleitet werden, die zu »bekannten« Gesichtern werden und als personifizierte rote Fäden fungieren, als *anchor persons*.
- Die *Nebenfiguren*, die für die eine oder andere Anekdote gut sind, für bunte Zwischenspiele und besondere Intermezzi.

Die folgenden Überlegungen beziehen sich vor allem auf die erste Gruppe der *Hauptfiguren*. Um den Ansprüchen der seriellen Arbeit gerecht zu werden, müssen die Protagonisten zehn Kriterien unterschiedlicher Reichweite erfüllen:

Muss-Kriterien für Doku-Soap-Protagonisten:

- Die Protagonisten müssen als Identifikationsfiguren taugen, sie müssen Emotionen zulassen, und so ein Mit-Leiden und Mit-Freuen ermöglichen.
- Sie müssen sich entwickeln, müssen Prozesse durchlaufen; diese können auch psychischer Natur sein, sofern sie optisch darstellbar sind.
- Sie müssen in einer Geschichte, einer Handlung als Person deutlich werden (und nicht nur in Interviews).
- Sie müssen viel mit anderen Menschen zu tun haben und oft in Interaktionen verstrickt sein. Sie müssen Konflikte erleben – nicht in jedem Fall müssen das hochdramatische, existenzielle Verwerfungen sein.
- Sie müssen eine überdurchschnittliche Verbalisierungsgabe besitzen, müssen geradeaus erzählen können, ohne auf ständige Fragerei angewiesen zu sein.

Soll-Kriterien für Doku-Soap-Protagonisten:

- Die Protagonisten sollen aus einem inhaltlich und optisch interessanten Umfeld stammen: Entweder aus einem für den Ort des Geschehens typischen Bereich, so dass die Geschichten auch Hintergrund-Informationen transportieren. Ganz im klassischen Reportage-Sinn: Geschichten aus der Welt hinter dem Tresen, von der anderen Seite der Absperrung, aus dem Raum hinter der Tür.
- Oder sie sollen aus Bereichen stammen, von deren Existenz kaum jemand etwas weiß; die beim Zuschauer den »Guck-mal-was-es-nicht-alles-gibt-Effekt« auslösen.
- Im Drehzeitraum sollten Situationen absehbar sein, die besondere Aufgaben oder Herausforderungen mit sich bringen.
- Die Protagonisten sollten nach Möglichkeit für weitere Geschichten gut sein.

Kann-Kriterien für Doku-Soap-Protagonisten:

- In einigen Fällen bietet sich die Wahl eines Protagonisten-Paares an, das zusammen Dienst tut (BGS, Feuerwehr, Sanitäter). Das bietet den großen Vorteil, dass sich die Geschichten in der Interaktion streckenweise selbst erzählen.

Hat man dann in wochen- oder monatelanger Recherche Protagonisten gefunden, die diesem Anforderungsprofil entsprechen, so ist damit noch nicht gesagt, dass sie auch in die Serie passen. Denn erst die Mischung macht's. Und um die hinzukriegen, ist einiges zu beachten:

Weil ihr Job so spannend ist und Aussicht auf jede Menge Action bietet, werden zum Beispiel immer wieder gern die üblichen Verdächtigen genommen: Feuerwehr, Polizei und Zoll. Mit dem Effekt, dass nur noch uniformierte Männer im Bild rumlaufen.

Oder man hat plötzlich lauter graumelierte Endfünfziger, die typischen Workaholics auf der mittleren Geschäftsebene, die sich in einem Unternehmen ihre interessante Ecke geschaffen haben.

Oder alle Protagonisten bewegen sich nur in Fluren und Büros, so dass der Ort überhaupt nicht sichtbar wird.

Viele dieser Probleme stellen sich erst im Laufe der Dreharbeiten. Man wird einige von ihnen vermeiden, aber nicht alle vorab lösen können. Wenn das Material parallel zum Dreh geschnitten wird, kann der Schneideraum wichtige Hinweise geben, welche Typen fehlen oder der Serie gut tun.

Ein Protagonisten-Typ lässt die Herzen aller Doku-Soap-Macher höher schlagen: Der Mensch, der immer wieder in der Serie auftreten kann, der immer neue Fassetten bietet, der einfach nie langweilig wird. Ein Protagonist dieses Kalibers hilft, das Hauptproblem der seriellen Dramaturgie zu lösen: den Aufbau großer sendungsübergreifender Spannungsbögen. Die hinzubekommen ist alles andere als einfach; es sei denn, man dreht zum Beispiel in einem Krankenhaus, in dem es für die Patienten in einem monatelangen Kampf um Leben oder Tod geht. Ein Schicksal, das man – Dramaturgie hin, Dramaturgie her – niemandem wünschen mag.

Manchmal hat man Glück und findet längere, auf Entscheidungen zulaufende Prozesse, die innerhalb der Drehperiode zum Abschluss kommen:

Zum Beispiel die Ausbildung von Flugbegleiterinnen am Flughafen, oder die Kreation eines First-Class-Menüs für Langstreckenflüge. Das sind

Ausnahmen – nur in wenigen Feldern lassen sich packende Selbstläufer-Geschichten über mehrere Folgen erzählen. Geschichten mit Protagonisten, die als rote Fäden, als *Langläufer* über die gesamte Serie dramaturgisch nutzbar sind, sind selten; zumal jede Geschichte in jeder Folge für sich genommen stark sein muss – sie darf ihre Legitimation nicht nur aus dem bereits vertrauten Protagonisten ziehen.

Die Ergebnisse der Zuschauerforschung nach der ersten Staffel von FRANKFURT AIRPORT haben gezeigt, dass die Zuschauer im Schnitt 1,6 von fünf Folgen der Serie gesehen haben. Will sagen: Der Wiedersehn-macht-Freude-Effekt bei den einzelnen Figuren der Serie hält sich in überschaubaren Grenzen.

Dagegen wimmelt es an den meisten Orten nur so von unterhaltsamen Originalen und witzigen Typen, die allenfalls für Momentaufnahmen, Episoden und Geschichten kürzerer Reichweite stehen, die aber nur bedingt dramaturgisch verwertbare Handlungsstränge im Sinne einer Serie bieten. Also wäre es ebenso mühsam wie unklug, das gesamte Personal der Serie durch alle Folgen mitzuschleppen. Auch das Bunte und Fassettenhafte eines größeren Ortes wäre so nicht zu erfassen.

Besonders *formatkompatibel* sind Geschichten um Personen mit Alles- oder Nichts-Situationen. Die Transparenz und Schlichtheit des Hauptkonfliktes ist eine wichtige Voraussetzung der Doku-Soap-Dramaturgie. Später im Schneideraum müssen die Geschichten dramaturgisch auf den Punkt gebracht werden. Also: Kriegt die Familie noch ihren Ferienflieger in die DomRep oder nicht? Besteht die angehende Flugbegleiterin ihre Prüfung oder fällt sie durch? Darf das Schiff weiterfahren oder legt der Schiffs-TÜV es an die Kette?

Auf jeden Fall muss man mehr Protagonisten recherchieren, als man später tatsächlich braucht. Und man muss auch während des Drehs weiter nach interessanten Personen Ausschau halten. Die Suche nach Protagonisten endet immer erst am letzten Drehtag. Man kann sie ein wenig erleichtern, zum Beispiel mit der »Personen-Checkliste« – einem Instrument der schnellen Verständigung. Gerade bei arbeitsteiligem Vorgehen in der Recherche hat sie sich bestens bewährt, etwa während der Dreharbeiten zur Serie *Hamburger Hafen*.

PERSONEN-CHECKLISTE HAMBURGER HAFEN

NAME: FUNKTION:
GESCHLECHT: ALTER:

AUTHENTIZITÄT
Kann die Geschichte authentisch gedreht und erzählt werden?

HAFENANBINDUNG
Ist die Person typisch für den Hafen?
Ist die Geschichte nah dran am Hafen, sieht man Schiffe?

PERSON
Ist die Person ein Typ?
Was will die Person?
Interagiert die Person mit anderen?
Wie TV-tauglich ist die Person?

GESCHICHTE
Gibt es eine Handlung, einen Konflikt, eine Storyline?
Erzählt sich die Geschichte weitgehend von selbst?
Gibt es Bilder?

POTENZIAL
Ist es eine Haupt- oder Nebengeschichte?
Hat sie Fortsetzungspotenzial?

SPEZIAL
Überschreitet die Geschichte Schwellen?
Bringt die Geschichte Humor?
Hat die Geschichte gesellschaftliche Relevanz?
Wie schwierig und zeitaufwändig ist die Geschichte?

GESAMTPROJEKT
Passen Person und Geschichte in den Personenmix?

Die richtige Geschichte. Grundsätzlich sind viele Arten von Geschichten möglich und nötig: Geschichten, die man quasi naturgemäß an diesem Ort erwartet, die den betonierten Standard-Erwartungen entsprechen und deren Fehlen als Mangel erlebt würde. Es sind Geschichten von, über und mit Protagonisten, die sehr stark mit dem Ort assoziiert werden, und die ihn nach außen repräsentieren. Beim Flughafen-Thema etwa muss der Chefpilot den Jumbo fliegen und die Flugbegleiterin den Saft ausschenken; im Hafen muss die Wasserschutzpolizei Streife fahren und der Seemann das Deck schrubben. Aber auch diese typischen Tätigkeiten können ihre Tücken haben. Die Arbeit eines Fluglotsen zum Beispiel lässt sich nur schwer als Geschichte erzählen. Er sitzt vor seinem Bildschirm und murmelt unverständliche Dinge vor sich hin bzw. in sein Mikro. Dagegen kann ein Tag im Leben eines Strafzettelverteilers vor dem Terminal ein wahrer Quell von Geschichten sein; denn da will der eine immer, dass das Auto stehen bleibt, und der andere will, dass es wegfährt. Ein klarer Konflikt, schlicht und knackig.

An diesem Beispiel wird deutlich, dass man allein mit den traditionellen journalistischen Relevanzkriterien bei einer Doku-Soap nicht weit kommt.

Natürlich gehören auch Geschichten in eine Doku-Serie, die nicht erwartbar sind, die überraschende Seiten eines Ortes offen legen; die Personen in den Mittelpunkt des Geschehens rücken, die man an diesem Ort nicht sofort vermutet. Etwa der Förster und die Pfarrerin auf dem Flughafen, oder die Bordfotografin, der Schiffs-TÜV und die mobile Obdachlosenhilfe im Hafen. Und dann sind da die Menschen, denen man plötzlich und überraschend begegnet, mit denen das Team nur spontan mitlaufen muss – wie die Passagierin, die verzweifelt durch das riesige Terminal irrt, weil sie ihren Flug verpasst hat. Man darf sie nicht übersehen, man muss die Chance nutzen, was auch immer man eigentlich gerade vorhatte.

In jedem Fall braucht man einen *guten Protagonisten* und eine *gute Geschichte.* Im wirklichen Leben wird beides selten gleich stark sein. Die Erfahrung zeigt, dass es auf der einen Seite *Personen-Geschichten* gibt, die geprägt sind von einer Figur, die so witzig, spannend oder interessant wirkt, dass man ihr einfach gern zuschaut.

Und auf der anderen Seite gibt es Geschichten, die weniger vom Protagonisten leben als von seinem Umfeld, vom Ereignis, in das er verstrickt ist. Es sind *Geschichten-Geschichten* (in liebevoller Anlehnung an den »Film-Film«

im Privatfernsehen). Wenn es etwa darum geht, 72 Rennpferde in einem Fracht-Jumbo von Frankfurt nach Dubai zu fliegen, damit sie dort in einem Wüstenrennen starten, dann lässt die Geschichte schon aufgrund ihres wahnsinnigen Aufwands und ihrer superkomplizierten Logistik einiges erwarten – da muss der Protagonist kein funkensprühender Charmebolzen sein.

Die Bedeutung der Ereignishöhe für das Funktionieren von Geschichten wird oft überschätzt. Auch Banales schafft Wirkung, auch Unspektakuläres hat Charme. Handlungen können durch den Schnitt in ihrer Intensität gesteigert werden. Selbst Mini-Konflikte wie der Kampf um einen Parkplatz sind durch Verdichtung und Parallelisierung bis ins Dramatische steigerbar, zu einer Art »normalen Extremsituation«. Deshalb ist so eine Doku-Soap geradezu das ideale Format für kleine Alltagsgeschichten, von denen Generationen traditioneller Dokumentarfilmer immer schon geträumt haben.

Die richtige Zeit. Die Arbeit an einer mehrteiligen Doku-Soap kann alles in allem locker ein Jahr dauern. Geht es um Stoffe, bei denen man viel draußen filmt, wird bei einer mehrmonatigen Drehzeit das Wetter zum Problem: Denn in jeder Sendung stoßen Geschichten aufeinander, die zu unterschiedlichen Zeiten gedreht wurden. Wenn man nicht aufpasst, sind die Bäume mal grün, mal sind sie kahl, und der eine Protagonist trägt einen Mantel, während der andere im T-Shirt herumturnt. Man muss sich also entscheiden, ob man im Winter oder im Sommer dreht. Die ineinander montierten Geschichten jeder Folge müssen jahreszeitlich zueinander passen, damit die Suggestion der Gleichzeitigkeit des Geschehens funktioniert.

Nur wenige Orte sind wetterneutral. Der Flughafen gehört dazu: Keine Bäume weit und breit, vieles geschieht in den Terminals und immer sind Menschen unterwegs, von denen die einen nach Karibik und die anderen nach Gletscher aussehen.

Also: Im Sommer zu senden, wenn im Sommer gedreht wurde. Oder eben die Winter-Variante. Denn wenn im Hochsommer zur besten Biergartenzeit die Serienhelden bibbernd und dick eingemummelt durch die Folgen stapfen, stellt sich schnell der Eindruck ein, dass da »gut abgehangenes Material« versendet wird.

Jede Folge soll dem Zuschauer eine Chronologie suggerieren, oft ist es ein Tag. Ein Tag, an dem an verschiedenen Ecken des Ortes Verschiedenes passiert. Oft beginnt der filmische Tag am frühen Morgen, in der Dämmerung, und endet am späten Abend oder in der Nacht. Der Eindruck der Gleichzeitigkeit entsteht dadurch, dass Nachtgeschichten mit Nachtgeschichten und Taggeschichten mit Taggeschichten parallelisiert werden. Wenn es in der einen Geschichte hell wird, kann man sicher sein, dass es in der nächsten Episode der anderen Geschichte schon hell sein wird.

Der Zeitbezug wird nicht als äußerliches strukturierendes Element benutzt oder stundenweise heruntergezählt. Der Zuschauer erfasst ihn intuitiv. Aus Gründen der journalistischen Redlichkeit sollten die Filmemacher die Dramaturgie der Parallelisierung nicht überreizen: Formulierungen wie »Während Klaus Müller dies macht, macht Eva Lehmann jenes ...« verbieten sich, wenn die Geschichten an unterschiedlichen Tagen aufgenommen wurden.

An einem solchen synthetisierten Tag entwickeln sich die erzählten Geschichten, parallel und ineinander verwoben. Um diese Parallelisierungen glaubwürdig wirken zu lassen, müssen also die Licht- und Wetterstimmungen der jeweiligen Geschichten zumindest ähnlich sein. Zu den allgemeinen dramaturgischen Problemen, die Spannungsentwicklung der Geschichten aufeinander abzustimmen, kommen also sehr banale Fragen hinzu: Ist es hell oder ist es dunkel? Regnet's oder scheint die Sonne? Manchmal geht es nicht ohne Kompromiss: So können reine Innengeschichten als Puffer zwischen zwei vom Wetter her unterschiedlichen Außengeschichten dienen.

Je weiter Dreh und Schnitt fortgeschritten sind, desto weniger Dreh-Optionen bleiben. Dann werden zum Beispiel Nachtgeschichten mit einer jungen Frau gesucht oder Action-Geschichten mit einem älteren Herrn – damit der Personen- und Geschichtenmix einer Folge stimmt.

Der Dreh. Der deutschen Metapher vom »Mäuschen spielen« haben die britischen Väter der Doku-Soap eine noch putzigere zoologische Variante entgegengesetzt: »Fly on the Wall« – so nannten die Pioniere des Formats das Prinzip ihrer Kameraarbeit. Die Dinge beobachten, als sei man eine Fliege an der Wand. Dass die Fliege an der Wand bleibt und nicht – wie Kritiker unkten – früher oder später in der Suppe landet, hängt im Wesentlichen von ihrem Beharrungsvermögen ab, und von ihrer Kraft, der Verlockung zu widerstehen, sich ins Geschehen einzumischen. Das Team nimmt eine unauffällige Beobachterposition ein, beeinflusst das Geschehen möglichst wenig und wird (hoffentlich) nach einiger Zeit von den Protagonisten mehr oder weniger vergessen.

Um das zu erreichen, gibt es zwei Philosophien. Die eine setzt auf das multifunktionale Ein-Personen-Team, bei dem Reporter, Kameramann und Toningenieur zu einem Multi-Mann, bzw. zu einer Multi-Frau geschrumpft sind; in der Hand eine Mini-DV mit einem festgeklemmten Mikrofon. Dass es grundsätzlich möglich ist, so zu arbeiten, haben einzelne Reporter immer wieder gezeigt. Natürlich erreicht dieses Verfahren nicht das handwerkliche Niveau eines größeren Dreh-Teams. In schwierigen Situationen stößt ein Einzelner leicht an seine Grenzen; die Ästhetik der Bilder und die Qualität des Tons entsprechen nicht immer den professionellen Standards.

Andere schwören auf ein komplettes, traditionelles Drei-Mann-Team plus Reporter. Sie verweisen darauf, dass unaufdringliches Arbeiten nicht an die Zahl der Mitarbeiter gebunden ist. Außerdem können mehrere Spezialisten sich viel schneller auf eine neue Situation einstellen, sie können schneller reagieren, sie sind jederzeit für alles gerüstet und können samt Gerät schnell den Aufnahmeort wechseln. Da tut sich ein Multi-Mann, der keine Hand frei hat, schon deutlich schwerer.

Natürlich kommt auch für ein Drei-Mann-Team der Moment, in dem man nur zu zweit in eine Situation gehen kann, oder vielleicht sogar einer allein – dabei darf sich dann auch der Kameramann nicht scheuen, die eine oder andere Reporter-Frage zu stellen.

Noch einmal und in aller Deutlichkeit: Ein guter Toningenieur ist in Reportagesituationen (eigentlich) unverzichtbar – dennoch muss sein Job heute oft von unausgebildeten Kameraassistenten übernommen werden – eine Folge der grassierenden Sparwut. Vor allem bei der Arbeit mit mehreren Protagonisten, die mit drahtlosen, unter der Kleidung versteckten Funk-Mikros bestückt sind, ist ein Kameraassistent mit seinen Ton-Künsten oft überfordert. Zumal darüber hinaus noch die Umgebungsgeräusche und der Ton weiterer Personen mit der *Angel* eingefangen werden müssen. Und noch eine weitere Ton-Funkstrecke sei dringend empfohlen: Damit der Reporter jederzeit auch aus der Distanz weiß, worüber die Protagonisten reden, was sie bewegt und beschäftigt, sollte er mit einer permanenten Mithörmöglichkeit ausgestattet sein – auch wenn die Kamera nur im Stand-by-Modus schlummert. So kann er seine Erfolgsquote auf der Suche nach den berühmten *magic moments* deutlich steigern. Selbstverständlich darf ein solches Mithören nur in Absprache mit den Protagonisten geschehen, damit das Mithören nicht zum Abhören wird. Und natürlich gilt: Vertrauliches bleibt vertraulich.

Die Kamera ist – wie kann es anders sein – eine klassische Reportagekamera: Kein Licht, nur Schulterkamera, keine Inszenierung, keine erwartenden Kamerapositionen, keine wissenden Einstellungsgrößen. Die Details zur Kameraarbeit sind im Kapitel über die Kamera in der Reportage nachzulesen (S. 178) . Noch konsequenter als der Reportage-Kameramann muss der Doku-Soap-Kameramann immer dicht an »seiner« Person dranbleiben. Mal eben ein Stück zurückzugehen, um eine Sicherheitstotale zu drehen – das kann bedeuten, einen wichtigen Moment zu verpassen. Es gibt nur eine Maxime: Immer dran bleiben. Entsprechend hoch ist das Drehverhältnis, und auch die Leidensbereitschaft des Kameramannes ist bis zum Anschlag gefordert. So kann es bei einer Doku-Soap leicht passieren, dass aus fünf Stunden Material gerade mal eine Zehn-Minuten-Geschichte destilliert wird – oder vielleicht auch gar keine.

Der Schnitt. Der Schnitt in der Doku-Soap beginnt mit reiner Kärner-Arbeit. Stunden von Material müssen gesichtet, protokolliert, geloggt und digitalisiert werden.

Verhältnismäßig leicht sind die Geschichten im Schneideraum zu bearbeiten, für die man nachher die meiste Anerkennung bekommt. Action-Stories wie: Polizisten stürmen verdächtige Wohnung, entdecken beim Filzen falsche Papiere und verhaften den Mieter samt Freundin. Schnell ist klar, was die Höhepunkte der Geschichte sind: Schusssichere Westen anziehen, Tür aufbrechen, falsche Papiere finden, Verhaftung. Da der Schnitt nie einfach ist, dauert es noch etwas, bis man die richtigen Übergänge, das richtige Timing und die entscheidenden O-Töne beieinander hat. Aber jede Einstellung hat ihren Platz im zeitlichen Ablauf und kann nicht an eine beliebige Stelle gerückt werden. Die Wirkung ist durch die spektakuläre Aktion garantiert – ein klassischer Selbstläufer.

Schwieriger sind Stimmungsgeschichten, bei denen nicht viel passiert, bei denen ein Ablauf, eine Geschichte erst noch im Material gefunden und herausgearbeitet werden muss. Oft hat man in einer *ortsbezogenen Doku-Soap* Personen, die den Ort beispielhaft deutlich werden lassen, wie z.B. »Festmacher« im Hamburger Hafen. Den lieben langen Tag schippern sie auf ihrem kleinen Kahn durch die großen Becken und legen Schiffe an die Leine. Nette Leute, vielleicht etwas wortkarg und nicht gerade überschwänglich in ihren Lebensäußerungen. Hamburger freuen sich nun mal nach innen. Also – die Festmacher machen Schiffe fest; immer wieder dasselbe, Stunde um Stunde, Tag um Tag. So what! »Where is the beaf?«, wie amerikanische Autoren fragen würden. Da ist die Montage gefordert; sie muss aus all den kleinen Episoden die große Geschichte finden und formen. Da wird dann in der Montage aus jeder geschlossenen Schleuse ein beinahe unüberwindliches Hindernis im Wettlauf gegen die Zeit.

Die Dramatisierung des Alltags gehört zu den Essentials des Formats, mit allen Vor- und Nachteilen. Die Arbeit im Schneideraum ist bei der Doku-Soap ein permanenter Kampf mit den dramaturgischen Notwendigkeiten. Jede Person braucht ihre Geschichte, und die muss möglichst klar auf einen Konflikt zugespitzt werden. Wichtige Momente werden gedehnt, Unwichtiges wird gerafft – ohne dass die zeitlichen Abläufe verloren gehen dürfen. Schon beim Ausmustern des Rohmaterials wird überlegt, welche Abschnitte zu einzelnen Sequenzen zusammengefügt werden können. Jede Figur muss optisch eindeutig und mit der zu ihr passenden charakterisierenden Szene eingeführt werden. Auch jede der Einzel-Sequenzen einer Geschichte muss mit einem eindeutigen Bild anfangen, damit der Zuschauer sofort weiß, wo und mit wem es weitergeht, wenn die Sequenzen später *verschachtelt* (parallelisiert) werden.

Die Erfahrung zeigt, wie wichtig es ist, sich langsam an die endgültige Länge jeder Geschichte heranzutasten. Da der Schnitt einer größeren Soap Monate dauert, ist es möglich und ratsam, Rohschnitte beiseite zu legen und sich mit anderen Sequenzen zu beschäftigen, bevor man mit größerem Abstand das Geschnittene erneut bewertet.

Mehr als bei anderen dokumentarischen Formen wird bei der Doku-Soap die Geschichte im Schneideraum nach allen Regeln der Dramaturgie herausgearbeitet – das *Authentische* wird geformt und *gestaltet*. Gelungen ist der Schnitt immer dann, wenn man die gezeigte Geschichte in einfachen Worten nacherzählen kann. Aber bis dahin ist es ein weiter Weg.

Der dramaturgische Ansatz aller Doku-Soaps liegt in der konsequenten Fokussierung auf Personen, die etwas tun, die etwas erleben. Der Zuschauer lernt Menschen kennen, die ihm ans Herz wachsen, durch die er etwas und jemanden kennenlernt. Diese *personenzentrierte Dramaturgie* beginnt bei der

Personenrecherche, setzt sich über den Dreh fort und wird im Schneideraum konsequent weiter betrieben. Jede Folge hat ihre Dramaturgie, jede Einzelgeschichte hat ihre Dramaturgie und jede Sequenz hat ihre Dramaturgie.

Die Dramaturgie der Sequenz. Typisch für die einzelne Sequenz ist der *cliffhanger*. Bildlich gesprochen: Am Ende einer Sequenz hängt einer an der Klippe und keiner weiß: Kann er sich festhalten, oder stürzt er ab.

Übertragen auf die Sequenz heißt das, der Protagonist muss an ihrem Ende irgendetwas wollen, und es sollte unklar sein, ob er es schafft. Im Idealfall gibt es noch irgendetwas oder irgendjemanden, der dem Ziel des Protagonisten im Wege steht.

In Doku-Soaps geht es meistens um Alltägliches, um ganz kleine Konflikte. Und je kleiner die Konflikte, desto sorgfältiger müssen sie herausgearbeitet werden.

Sicherlich wird man hin und wieder auch auf dramatische Sequenz-Geschichten stoßen: Bundesgrenzschützer nehmen einen Verdächtigen bei der Einreise fest und untersuchen seinen Pass: Was zeigen Lupe und UV-Licht? Ist der Pass gefälscht?

Oder: Ein Arzt erklärt einem Obdachlosen, den er ambulant auf der Straße behandelt: »Wenn Du nicht ins Krankenhaus gehst, muss dein Fuß in drei Wochen ab!« – Wird er gehen, oder wird er sich davonstehlen?

Solche starken *Cliffhanger* kommen nicht in jeder Geschichte vor. Oft wird man trotz allen Bemühens keinen oder nur sehr schwache *cliffhanger* finden. Dem Zuschauer muss in diesem Fall deutlich gemacht werden: Achtung - es geht weiter, die Geschichte ist noch nicht ausgestanden. Also tut man gut daran, nichts ans Ende der Sequenz zu setzen, was als Schluss gedeutet werden könnte; also keinen Abschwenk zum Beispiel. Stattdessen geht man mitten aus einer Handlung raus – oder noch besser: Man lässt eine neue Handlung beginnen. Jetzt kann alles passieren – lieber Zuschauer, bleib' dran!

Ab und zu wird man mit sehr ruhigen, spannungslosen, aber für die Geschichte wichtigen oder vielleicht einfach nur schönen Bildern arbeiten. Vielleicht ist dies die letzte, entspannende Sequenz einer Teilgeschichte. Da kann eine davor gesetzte Sequenz mit einem ausgesprochen starken cliffhanger helfen, die Neugier des Zuschauers auch über die Dauer der spannungslosen Sequenz aufrecht zu halten.

Die Dramaturgie der einzelnen Geschichte. Im Verhältnis zur »normalen« Reportage müssen die Konflikte in den einzelnen Geschichten nochmals reduziert und zugespitzt werden. Getreu der hollywooderprobten K.I.S.S.-Regel: Keep it simple, stupid! – Halt es einfach, Blödmann! (Mamet 2001, 31)

Die Konflikte müssen so klar und einfach sein, dass der Zuschauer die verschiedenen Geschichten auch in ihrem Nebeneinander sofort identifizieren kann, so dass er jederzeit orientiert ist, wo er sich befindet. Selbst wenn der Zuschauer einmal einen Switch zwischen zwei Geschichten verpasst, oder einen Dialog nicht genau verstanden hat, muss er den dramaturgischen Konflikt der jeweiligen Geschichte sofort verstehen können.

Wenn man die jeweilige Geschichte ohne Probleme nacherzählen kann, hat man schon viel für eine gelungene Dramaturgie getan. Wenn dann noch die Spannungsbögen der Sequenzen zu einem großen übergreifenden Spannungsbogen zusammenfinden – umso besser.

Manchmal hat man statt einer durchgehenden zwei kleine Geschichten, die jeweils nur zwei, drei Sequenzen lang tragen. Auch so etwas lässt sich montieren. Möglicherweise kann man die eine an den Anfang des Films stellen und die andere an das Ende. Liegt dazwischen eine Nacht, kann man so die Erlebnisse des Protagonisten an zwei verschiedenen Tagen markieren.

Die Dramaturgie einer kompletten Folge. Die meisten Doku-Soaps haben drei bis sechs Folgen pro Staffel, wobei die Folgen entweder 30 oder 45 Minuten lang sind. In Großbritannien gibt es durchaus auch längere Serien mit längeren Folgen.

Wie weiter oben ausgeführt, dreht sich in der Doku-Soap alles um die Protagonisten. Die erste und entscheidende Frage ist, wie viele es denn sein dürfen. Vier ineinander verschachtelte Geschichten pro Folge – das ist das Grundmuster der ZDF-Doku-Soaps FRANKFURT AIRPORT und HAMBURGER HAFEN, bei jeweils 45 Minuten Länge. Gibt es zu viele Einzelgeschichten, dann werden sie zu kurz und man kann nicht mehr emotional erzählen. Miterleben braucht Zeit. Bei Magazin-Reportagen geht man davon aus, dass sie mindestens vier, fünf Minuten brauchen. Bei den noch stärker auf Erleben angelegten Doku-Soaps muss man mit sechs, sieben Minuten Minimum pro Person und Geschichte rechnen. Mehr ist natürlich besser.

Das Doku-Soap-Format bietet mit seinen parallelen Erzählsträngen die Chance, so viel Spannung aufzubauen, dass sich auch Alltagsgeschichten ohne besondere Ereignishöhe attraktiv erzählen lassen. Die Parallelerzählung kann ein Gefühl der Widersprüchlichkeit und Komplexität eines Ortes erzeugen; wenn zum Beispiel bei FRANKFURT AIRPORT in der einen Geschichte bei den weggeschlossenen Asylbewerbern die Obst-Ration nicht für alle reicht, und in der anderen, parallel montiert, die erlesensten Gourmet-Menüs für einen First-Class-Flug verkostet werden.

Eine komplette Folge aus den vielen einzelnen Sequenzen der verschiedenen Geschichten zu bauen, ist in der Praxis ein Vorgang, der auf der Methode von *trial and error* basiert. Hilfreich ist es, die einzelnen Sequenzen jeder Geschichte auf farbige Karteikärtchen zu schreiben. Jede Geschichte bekommt eine Farbe, jede Sequenz ein Kärtchen. Dann schiebt man das Ganze hin und her und überlegt, was wie zusammenpassen könnte, bevor es dann endlich zusammengeschnitten wird. Dieser erste Zusammenschnitt wird noch nicht der dramaturgisch optimale Ablauf sein. Dann geht die Puzzelei erst richtig los. Im Extremfall müssen sogar Geschichten ausgetauscht werden; fast immer wechseln komplette Sequenzabfolgen ihre Positionen im Film. Und auch wenn es an das Fein-Tuning geht und nur eine einzige kleine Sequenz verschoben werden soll, kann es leicht passieren, dass das wieder den Umbau des halben Films nach sich zieht.

Bei all diesen Überlegungen und Versuchen geht es immer wieder um Fragen der richtigen Mischung: Gibt es Substanz-Geschichten und Colorit-Storys, treten Männer und Frauen auf, treffen Aktion und Ruhe aufeinander, begegnen sich Jung und Alt...

Schon banale Details können zum Problem werden. Wenn man zum Beispiel eine Feuerwehr- mit einer Sanitäter-Geschichte parallelisieren will – und alle Protagonisten tragen reflektierende Sicherheitsjacken. Das kann dann schon das Ende der Montage sein, weil dem Zuschauer nach dem Verschachteln nicht schnell genug klar wird, wer wer ist.

Es ist spannend zu sehen, wie sich Geschichten gegenseitig verstärken oder runterziehen können. Da liegt es nahe zu versuchen, die Mängel einer Geschichte durch die Stärken einer anderen auszugleichen. So kann man eine langsame Substanzgeschichte, die keine optische Anbindung an den Ort hat, mit einer quirligen oberflächlicheren Action-Nummer parallelisieren, die starke und typische Bilder des Ortes bringt. Alles, was ein Zuschauer von so einem Film erwartet, muss irgendwo vorkommen: Spannung, interessante Personen und Geschichten, Typisches für den Ort.

Natürlich werden die Geschichten nicht nach einem sich wiederholenden Schema arrangiert. Eine Abfolge wie A-B-C-D / A-B-C-D / A-B-C-D wäre tödlich. Statt starrer Symmetrie geht es bunt durcheinander. Mal steht die eine Geschichte weiter vorne, kommt häufiger und in kürzeren Abständen, mal die andere.

Ein typischer Anfang könnte sein: A-B-A-C-A. Das bedeutet, die Geschichte A ist am Beginn die Hauptgeschichte, sie trägt den Film an dieser Stelle. Daneben werden die Personen von B und C vorgestellt. D tritt vielleicht irgendwann nach der Hälfte des Films auf, wenn C schon seinen Höhepunkt überschritten hat und dabei ist, sich zu verabschieden.

Wenn es in einer Geschichte sehr rasant zugeht, und sich ein Höhepunkt andeutet, ist es naheliegend, schon bald wieder in sie zurück zu schneiden - man macht einen *kurzen Sprung*. Wenn eine Geschichte eine langsamere Entwicklung hat, kann man sich Zeit nehmen, bevor man zu ihr zurückkehrt; man macht einen *langen Sprung*.

Logischerweise wird man meistens mit einer Geschichte starten, die gleich rasant losgeht. Bei dem oben skizzierten Anfang sollte A so eine Geschichte sein. Eine Geschichte, die langsam startet, um dann furioser zu werden, gehört an das Ende eines Films. Im optimalen Fall parallelisiert man die Geschichten, die vom Tempo her komplementär sind und so immer einen Kontrast aus Ruhe und Tempo bieten.

Bei einer *ortsbezogenen Doku-Soap* muss den ganzen Film hindurch der Ort spürbar sein. Das kann und muss nicht eine Geschichte allein leisten; eine Geschichte kann gleich zu Beginn viel vom Ort zeigen, eine andere mehr an ihrem Ende. Verschachtelt man diese zwei Geschichten, ist der Ort so immer präsent, zu Beginn in der ersten und am Ende in der zweiten Geschichte.

Um Verwirrung zu vermeiden tut man gut daran, dem Zuschauer *kurze* und *lange Sprünge* mit filmischen Mitteln zu signalisieren; damit er weiß, was ihn erwartet. Bei einem kurzen Sprung geht man am Ende der Sequenz hart mitten aus dem Geschehen. Bei einem langen Sprung, vielleicht über fünfzehn oder zwanzig Minuten, empfiehlt es sich, ausnahmsweise einen klassischen Abschwenk oder eine ebenso bedeutungsvolle Entfernung der

Kamera von der Handlung stehen zu lassen, um so deutlich zu machen: Von dieser Geschichte entfernen wir uns für längere Zeit.

Da die erste Sendung einer Serie immer besonders viel Aufmerksamkeit auf sich zieht, können Autoren leicht den Fehler machen, alles Starke in sie hinein zu packen – und dann in den nächsten Folgen »nackt« dazustehen. Die Erfahrung zeigt: Eine Konzentration aller starken Geschichten in einem Film bringt nichts, sie schadet eher. Eine starke Geschichte erschlägt die andere; so wird verhindert, dass jede ihre spezifische Wirkung entfalten kann. Wirksamer ist eine Mischung aus starken und schwachen Geschichten, die für Spannung und Entspannung stehen. Nur auf der Folie von erholsamen, vordergründig schwächeren Geschichten können sich die Höhepunkte der anderen richtig entfalten. Die Mischung macht's.

Sicherlich wird jedes Produktions-Team eigene Arbeitsmethoden und auch stilistisch andere Ergebnisse erreichen. Also – ohne Anspruch auf universelle Gültigkeit seien hier einige »technische« Daten einer Doku-Soap wie HAMBURGER HAFEN oder FRANKFURT AIRPORT genannt. Es sind gebündelte Erfahrungen; so kann man es machen, muss man aber nicht.

- Die Sendelänge war 43'30".
- Für den Vorspann mit der Personenvorstellung und für den Abspann mit den Vorverweisen auf die kommende Folge gingen etwa 1'30" ab.
- Die verbleibenden 42 Minuten teilen sich vier Geschichten.
- Die einzelnen Geschichten hatten je nach Bedeutung eine Länge von 6 bis 14 Minuten; die meisten lagen zwischen acht und 12 Minuten.
- Die einzelnen Geschichten bestanden aus vier bis zehn Sequenzen; die meisten aus sechs bis sieben.
- Eine Gesamtsendung hatte 24 bis 28 Sequenzen, von denen jede zwischen 1'15" und 3'00" lang war; die meisten lagen unter zwei Minuten.
- Von den vier Personen einer Folge wurden eine, zwei oder drei in der kommenden Folge wieder aufgegriffen; meistens waren es zwei.

Das richtige Medium – und ein Gelübde. Doku-Soaps eignen sich vor allem für das Medium Fernsehen, und zwar aus gutem Grund. Der Regisseur Dieter Wedel hat einmal auf einen wichtigen Unterschied zwischen Kino und Fernsehen hingewiesen: Im Kino schaut der Zuschauer auf, verliert sich; die Figuren wirken größer, das Geschehen auf der Leinwand wirkt eher märchenhaft. Das Fernsehen dagegen hat per se mehr mit der Realität zu tun, der Fernsehzuschauer guckt auf eher kleine Figuren runter, bleibt mehr bei sich und unterzieht das Gesehene einer unbarmherzigen Überprüfung anhand seiner eigenen Lebenserfahrung.

Insofern ist das Fernsehen genau das richtige Medium für die kleinen »schmutzigen« Geschichten aus dem Alltag.

Aber auch das große Kino liebäugelt mit dem Charme des Ungestellten, mit dem Reiz des Authentischen – spätestens seit den Filmen, die mit dem Siegel des dänischen Dogma 95 geadelt in die Kinos kamen. Dieses cineastische Keuschheitsgelübde, das Lars von Trier im Mai 1995 anlässlich einer Konferenz zum hundertsten Geburtstag des Films auf einem knallroten Flyer unter die Leute brachte, hat (nicht nur) im europäischen Kino Spuren hinterlassen – völlig losgelöst von der Frage, ob es sich bei dem Dogma-Schwur ursprünglich um eine Schnaps-Idee im wahrsten Sinne des Wortes handelte. Zur Erinnerung nochmals die zehn Gebote in der deutschen Übersetzung:

> »Ich gelobe, mich den folgenden Regeln zu unterwerfen, die von DOGMA 95 ausgearbeitet und bestätigt wurden:
>
> 1. Die Dreharbeiten müssen an Originalschauplätzen stattfinden. Requisiten und Bauten sind verboten. (Wenn ein bestimmtes Requisit für die Geschichte notwendig ist, muß ein Drehort gefunden werden, an dem dieses Requisit vorhanden ist.)
>
> 2. Der Ton darf niemals unabhängig vom Bild aufgenommen werden und umgekehrt. (Musik darf nicht verwendet werden, es sei denn, sie kommt direkt am Drehort vor.)
>
> 3. Es darf nur mit Handkamera gedreht werden. Jede Bewegung und jede Stabilisierung, die von Hand erzeugt werden kann, ist erlaubt. (Der Film darf nicht da stattfinden, wo die Kamera stattfindet, sondern es muß da gedreht werden, wo der Film stattfindet.)

4. Der Film muß in Farbe gedreht werden. Künstliches Licht wird nicht akzeptiert. (Wenn zu wenig Licht vorhanden ist, muß die Szene gestrichen oder eine einzelne Lampe an der Kamera angebracht werden.)

5. Optische Bearbeitung ist ebenso wie die Verwendung von Filtern verboten.

6. Der Film darf keine vordergründige Action enthalten. (Mord, Waffen etc. dürfen nicht vorkommen.)

7. Zeitliche und geographische Verfremdungen sind verboten. (Das heißt, der Film findet im Hier und Jetzt statt.)

8. Genre-Filme werden nicht akzeptiert.

9. Das Filmformat muß 35mm-Academy sein.

10. Der Regisseur darf nicht genannt werden.

Ferner gelobe ich, als Regisseur von meinem persönlichen Geschmack Abstand zu nehmen! Ich höre auf, ein Künstler zu sein. Ich gelobe, nicht mehr auf ein ›Werk‹ hinzuarbeiten und statt dessen den Moment stärker zu gewichten als das Ganze. Mein höchstes Ziel ist es, meinen Figuren und Szenen die Wahrheit abzuringen. Ich gelobe, dies zu tun – mit allen Mitteln, auf Kosten jeglichen guten Geschmacks und jeglicher Ästhetik.

Hiermit lege ich das KEUSCHHEITSGELÜBDE ab.« (Hallberg u.a. 2001, 12f.)

Und damit es auch dem dümmsten Kinogänger nicht entgeht, wird das *Dogma 95* als Gütesiegel im Vorspann gezeigt. Wie der Teppich ohne Kinderarbeit oder die Eier ohne Legebatterie – so soll ein Film ohne die üblichen Sünden des filmischen Blendwerks entstehen.

Mal abgesehen vom mitschwingenden Weltverbesserungs-Pathos und der einen oder anderen branchenspezifischen Marotte – eines fällt auf: Offensichtlich handelt es sich hier – wohlgemerkt im Fiction-Bereich – um ein Inszenierungskonzept von Wirklichkeit, das sich in wichtigen Essentials mit dem der Reportage bzw. der Doku-Soap deckt. Der »Schwur der Keuschheit« hat eine ganze Filmemachergeneration beeinflusst. Dass sich das Dogma-Sekretariat in Kopenhagen bereits 2002 aufgelöst hat, und dass nach 31 Filmen offiziell Schluss sein sollte mit Lustig, weil die wuchernde Dogma-Bewegung entgegen ihrer Absicht mit jedem weiteren Film gegen ihr achtes Gebot verstieß – für die Wirkung der dänischen Dogmatiker auf die Wahrnehmung von Geschichten ist das unerheblich.

Auf jeden Fall steht Dogma für eine nicht uninteressante *Cross-over-Entwicklung*: Fiction goes faction. Die Inszenierung gibt sich real, der Spielfilm spielt richtiges Leben. Während sich die Reportage der dramatischen Konzepte des Fiktionalen bedient und mit der Dramaturgie des Spielfilms arbeitet, freundet sich der Spielfilm mit den kleinen »schmutzigen« Mitteln der Reportage an.

Sicherlich ist und war Dogma ein sektiererisch anmutender Ansatz, ein winziger cineastischer David gegenüber dem Hollywoodschen Bombast-Kino. Aber – der Reiz der reduzierten Filmsprache und der Charme der Wackelkamera reichen offenbar bis in die großen Kinosäle, wie auch der Kassenerfolg des amerikanischen BLAIR WITCH PROJEKT (Daniel Myrick, Eduardo Sanchez USA 1999) zeigte. »Im Oktober 1994 verschwanden drei Filmstudenten in den Wäldern in der Nähe von Burkittsville, Maryland, während sie eine Dokumentation drehten. Hier ist, was man später fand.« – so die frei erfundene Geschichte, mit der das angeblich von den Dreien gedrehte und später gefundene Filmmaterial angekündig wurde. Der Film selbst geriert sich als das Rohmaterial der drei Verschwundenen, die einer Hexe auf der Spur sein sollen, dabei Schreckliches erleben und schließlich verschwinden. Wackelnde Bilder sind zu sehen, ohne jede gezielte Kameraführung, minutenlang schwarz; zu hören sind nur angst-gepeinigte Stimmen. Und das Ganze wirkt – auch im Spielfilm. Für einen Journalisten liegen solche genialen Tricksereien jenseits aller Ekelgrenzen – die Erfahrungen mit *gefaketen* Reportagen im deutschen Fernsehen haben (hoffentlich) auch so manchem Zuschauer die Augen geöffnet.

Und wie weiter? Die Entwicklungsmöglichkeiten des Echte-Leute-Fernsehens im Allgemeinen und der Doku-Soaps im Besonderen sind offensichtlich noch nicht ausgereizt. Das ZDF hat zwar zum Jahreswechsel 2002/2003 sein Flaggschiff, die renommierte ZDF-REPORTAGE, nach fast 20 Jahren vom Altar der Prime Time ins Vorabendprogramm gestoßen – aber andere Sender sind da weitsichtiger und setzen weiterhin auf das Potenzial und die Anziehungskraft von Reportage-Formaten auf guten Abendplätzen. Die journalistische Linie des Doku-Soap-Formats mit parallel erzählten Alltagsgeschichten hat sich erfolgreich etabliert. Zum Teil ist es gelungen, neue Programmplätze zu erobern – und damit Befürchtungen zu entkräften, das neue Format tauge allenfalls zum Totengräber der klassischen Reportage.

Und offensichtlich ist auch noch Raum für verwandte dokumentarische Formate mit seriellem Ansatz, die sich inzwischen einiger Doku-Soap-Elemente bedienen, bzw. sie weiterentwickeln. So findet auch der Ansatz der Ortserkundungen weitere Nachahmer, zum Beispiel im tiefen Thüringen: ARTERN – STADT DER TRÄUME. Die 6.800-Seelen-Gemeinde Artern im strukturschwachen Nordthüringen war Schauplatz einer MDR-Doku-Soap vom Frühjahr 2003. Ein Städtchen mit vielen Arbeitslosen (25 Prozent) und wenig Perspektive. Der Anspruch der Macher in diesem Fall: Die Serie soll die Wirklichkeit nicht nur abbilden, sondern gezielt verändern; sie soll Kontakte zu Firmen herstellen, soll Arbeitsplätze schaffen. Überall wird also weiter an neuen Zugriffen auf die Wirklichkeit gearbeitet; um den Preis, dass vieles schnell verschlissen ist, und mit der Hoffnung, dass einiges sich durchsetzen wird. In Großbritannien haben Doku-Soaps Erfolg, die in die Kategorie der – je nach Sichtweise – unterhaltsamen oder despektierlichen Menschenversuche fallen. Da wird zum Beispiel ein Arbeiter, der im richtigen Leben Schafe schert, im Crashkurs zu einem Society-Friseur geschult – mal sehen, was da alles passiert.

Natürlich stellen sich bei jedem neuen Projekt die alten Fragen: Wird das Leben einer Inszenierungsform geopfert, bis auch der letzte Winkel des tristen Alltags seine potenziellen Helden rausgerückt hat? Werden Seelen bloßgestellt und freigelegt, werden Menschen als Laiendarsteller ihres eigenen Lebens funktionalisiert, ohne dass sie es merken, ohne dass sie es wollen?

Oder auch ganz pragmatisch gesehen: Ist der Aufwand gerechtfertigt? Das Format der Doku-Soap ist – entgegen der landläufigen, immer gern zitierten Kritikermeinung – wegen der aufwändigen Recherche und den langen Dreh- und Schnittarbeiten deutlich teurer als vergleichbare Sendeformen.

Die großen ideologischen Grundsatzdebatten um die (journalistische) Doku-Soap sind allerdings vorbei, das Format hat seine Veralltäglichung erfahren; es ist ins Glied der bewährten dokumentarischen Formen eingereiht, als eine moderne Weiterentwicklung des Reportage-Formats. Zumindest gilt dies für seine journalistische Form, wie sie bei den Öffentlich-Rechtlichen entwickelt wurde. Auch die Grenzen des Formats sind offensichtlich: Eine beobachtende Doku-Soap kann nicht die Speerspitze des investigativen Journalismus sein. Aber – mit ihr kann man die alltägliche Wirklichkeit erkunden, mit all ihren kleinen Zufällen, Überraschungen und Verwerfungen. Und niemand hindert den Zuschauer, daraus seine eigenen Erkenntnisse zu ziehen. Und das ist doch auch schon was.

Anhang

Literatur[1]

Ahlke, Karola und Hinkel, Jutta: Sprache und Stil. Ein Handbuch für Journalisten. Konstanz 1999

Appel, Reinhard: Die Reportage. In: ZDF-Jahrbuch 1985. Mainz 1986

Armes, Roy: A critical history of British Cinema. In der Übersetzung zitiert nach: Westdeutsche Kurzfilmtage (Hrsg.): Möglichkeiten des Dokumentarfilms. Oberhausen 1978

Bach, Michaela: Erzählperspektive im Film. Eine erzähltheoretische Untersuchung mithilfe exemplarischer Filmanalysen. Essen 1997

Bachmüller, Hans: Das Talent, Menschen vor der Kamera zum Reden zu bringen. Der Reporter Wolfgang Korruhn arbeitet am liebsten geräuschlos, mit kleinem Team. Süddeutsche Zeitung 1986

Balkenhol, Thomas: Pflicht und Kür der Dokumentarfilm-Montage. Und: Montage-Experimente an der HFF München. In: Beller, Hans (Hrsg.): Handbuch der Filmmontage. München 1993

Benke, Dagmar: Freistil. Dramaturgie für Fortgeschrittene und Experimentierfreudige. Bergisch Gladbach 2002

Berg, Jan: Die Fiktion der Nichtfiktionalität. In: Duisburg, filmforum der Volkshochschule (Hrsg.): Bilder aus der Wirklichkeit. Duisburg 1981

Bergler, Reinhold: Psychologie stereotyper Systeme. Ein Beitrag zur Sozial- und Entwicklungspsychologie. Zitiert nach: Gewecke, Frauke: Wie die neue Welt in die alte kam. Stuttgart 1992

Berg-Walz, Benedikt: Vom Dokumentarfilm zur Fernsehreportage. Berlin 1995

1 Hochgestellte Zahlen am Erscheinungsjahr geben die jeweilige Ausgabe an.

Bitomsky, Hartmut: Nanooks Lächeln. In: Blümlinger, Christa und Wulff, Constantin (Hrsg.) : Schreiben Bilder Sprechen. Texte zum essayistischen Film. Wien 1992

Blank, Rudolf: Die wahren Helden leben nebenan. In: Gong Nr. 27, 1992

Blank, Rudolf: Gedanken zum Thema Reportage. Unveröffentliches Arbeitspapier zur neuen ZDF-Sendereihe: Die Reportage. Mainz 1984

Blümlinger, Christa und Wulff, Constantin (Hrsg.) : Schreiben Bilder Sprechen. Texte zum essayistischen Film. Wien 1992

Blümlinger, Christa: Blick auf das Bildermachen. In: Blümlinger, Christa (Hrsg.): Sprung im Spiegel. Filmisches Wahrnehmen zwischen Fiktion und Wirklichkeit. Wien 1990

Bolesch, Cornelia (Hrsg.): Dokumentarisches Fernsehen. Ein Werkstattbericht in 48 Portraits. München 1990

Brecht, Bert: Werke in 20 Bänden. Frankfurt/M. 1967. Bd. 28

Bresser, Klaus: Sprache, Medien und Politik. In: Der Sprachdienst Jg. XXXVI, H. 4, 1992

Brodmann, Roman: Fernsehjournalismus (Skript der Schule für Rundfunktechnik, ohne Datum)

Buchwald, Manfred: Interview. In: Schult, Gerhard und Buchholz, Axel: Fernsehjournalismus. München 1990[3]

Burgmann, Christhart: Alles kann zum Thema werden. Über einige Bedingungen des Features. In: Kreuzer, Helmut und Prümm, Karl: Fernsehsendungen und ihre Formen. Typologie, Geschichte und Kritik des Programms in der Bundesrepublik Deutschland. Stuttgart 1979

Carrière, Jean-Claude und Bonitzer, Pascal: Praxis des Drehbuchschreibens / Carrière, Jean-Claude: Über das Geschichtenerzählen. Berlin 1999 (frz. Original 1990 und 1991)

Castillo, Bernal Diaz del: Die Eroberung Mexikos. Frankfurt/M. 1988

Donnerstag, Joachim: Der engagierte Mediennutzer: Das Involvement-Konzept in der Massenkommunikationsforschung. München 1996

Duisburg, filmforum der Volkshochschule (Hrsg.): Bilder aus der Wirklichkeit. Aufsätze zum dokumentarischen Film und Dokumentation. 4. Duisburger Filmwoche '80. Duisburg 1981

Ebert, Jürgen: Geschichte der dokumentarischen Methoden und Theorien. In: Freunde der deutschen Kinemathek e.V. (Hrsg.): Der Dokumentarfilm – Ein Modell-Seminar. Berlin 1978

Eder, Jens: Dramaturgie des populären Films. Drehbuchpraxis und Filmtheorie. Hamburg 2000

Egon Erwin Kisch: Der Rasende Reporter. Berlin 1925

Eimler, Wolf-Michael: Textregeln einer Königsform. Fernsehreportagen sollen die Sinne in Bewegung bringen. In: Sage & Schreibe. In: journalist 6/2001

Ertel, Dieter und Zimmermann, Peter (Hrsg.): Strategie der Blicke. Zur Modellierung von Wirklichkeit in Dokumentarfilm und Reportage. Konstanz 1996

Eser, Ruprecht: Unveröffentlichtes Schreiben an den ZDF-Chefredakteur Reinhard Appel. Wiesbaden 1983

Farocki, Harun: zitiert nach: Janke, Hans: Chancen aus der Tradition. Überlegungen zur Programmgeschichte. In: Hillrichs, Hans Helmut und Janke, Hans (Hrsg.): Die entfernte Wirklichkeit. Journalistisch-dokumentarische Programme im Fernsehen. Mainzer Tage der Fernseh-Kritik, Band XVII, Mainz 1985

Filmer, Werner: Zum Selbstverständnis der journalistischen Fernseh-Dokumentation. In: Heller, Heinz-B. / Zimmermann, Peter (Hrsg.): Bilderwelten Weltbilder. Dokumentarfilm und Fernsehen. Marburg 1990

Flaherty, Frances Hubbart: The Odyssey of a Film-Maker. Robert Flaherty's Story. New York 1972 (nach einer Übersetzung der ZDF Aus- und Fortbildung – ohne Seitenangabe) 1972

Friedrichs, Hanns Joachim: Vom »Handwerk« der Sprache. In: Der Sprachdienst Jg. XXXXVI, H. 4, 1992

Geweke, Frauke: Wie die neue Welt in die alte kam. Stuttgart 1992

Goldt, Max: Wenn man einen weißen Anzug anhat. Ein Tagebuch-Buch. Reinbek 2002

Gregor, Ulrich und Patalas, Enno: Geschichte des Films 1895 -1939 (Band 1). Reinbek 1976 (1973)

Gregor, Ulrich: Geschichte des Films, Bd. 4 (ab 1960). Reinbeck 1983 (1978)

Günther, Horst (Hrsg.): Karl Philip Moritz, »Werke« in drei Bänden. Zitiert nach einem Abdruck der taz vom 26. Juni 1993

Haas, Hannes: Die hohe Kunst der Reportage. Wechselbeziehung zwischen Literatur, Journalismus und Sozialwissenschaften. In: Publizistik 3/1987

Hallberg, Julia und Wewerka, Alexander: Dogma 95. Zwischen Kontrolle und Chaos. Berlin 2001

Haller, Michael: Das Interview. Ein Handbuch für Journalisten. München 1991

Haller, Michael: Die Reportage. Ein Handbuch für Journalisten. München 1987 und Konstanz 1990[2]

Haller, Michael: Recherchieren. Ein Handbuch für Journalisten. Konstanz 2000[5]

Hattendorf, Manfred: Dokumentarfilm und Authentizität. Konstanz 1994

Häusermann, Jürg und Käppeli, Heiner: Rhetorik für Radio und Fernsehen. Regeln und Beispiele für mediengerechtes Schreiben, Sprechen, Kommentieren, Informieren, Interviewen, Moderieren. Aarau und Frankfurt/M. 1986

Häusermann, Jürg: Journalistisches Texten. Sprachliche Grundlagen für professionelles Informieren. Konstanz 2001

Heller, Heinz-B. / Zimmermann, Peter (Hrsg.): Bilderwelten Weltbilder. Dokumentarfilm und Fernsehen. Marburg 1990

Hermann, Kai: Die Reportage – eine aussterbende Gattung? In: Hermann, Kai und Sprecher, Margrit: Sich aus der Flut des Gewöhnlichen herausheben. Die Kunst der großen Reportage. Wien 2001

Heussen, Gregor Alexander: Der Fernsehtext hat Macht. In: Sage & Schreibe Werkstatt. In: Journalist 6/2001

Hickethier, Knut: Film- und Fernsehanalyse. Stuttgart 2001[3]

Hohenberger, Eva (Hrsg.): Bilder des Wirklichen. Texte zur Theorie des Dokumentarfilms. Berlin 1998

Hügler, Elmar: Vom Ansehen des Dokumentarfilms im Fernsehen. In: Heller, Heinz-B. und Zimmermann, Peter (Hrsg.): Bilderwelten Weltbilder. Dokumentarfilm und Fernsehen. Marburg 1990

Kaehlbrandt, Roland: Deutsch für Eliten. Ein Sprachführer. Stuttgart 1999

Kammann, Uwe: Carl F. Hutterer. »Was hast Du für Bilder?« In: Bolesch, Cornelia (Hrsg.): Dokumentarisches Fernsehen. Ein Werkstattbericht in 48 Portraits. München 1990

Kandorfer, Pierre A.: Lehrbuch der Filmgestaltung, Gau-Heppenheim 2002[6]

Kandorfer, Pierre: DuMont's Lehrbuch der Filmgestaltung. Theoretisch-technische Grundlagen der Filmkunde. Köln 1994[5]

Kardoff, Ursula von: Georg Stefan Troller. Der Hit-and-run-Filmer. In: Bolesch, Cornelia (Hrsg.): Dokumentarisches Fernsehen. Ein Werkstattbericht in 48 Portraits. München 1990

Katz, Steven D.: Die richtige Einstellung. Zur Bildsprache des Films. Frankfurt/M. 2000[3]

Kerstan, Peter: Bildsprache. In: Schult, Gerhard und Buchholz, Axel (Hrsg.): Fernsehjournalismus. Ein Handbuch für Ausbildung und Praxis. München 1990[3]

Kerstan, Peter: Der journalistische Film. Jetzt aber richtig. Frankfurt/M. 2000

Kiener, Wilma: Die Kunst des Erzählens. Narrativität in dokumentarischen und ethnographischen Filmen. Konstanz 1999

Kisch, Egon Erwin: Der Rasende Reporter. Berlin 1925

Kisch, Egon Erwin: Dogma von der Unfehlbarkeit der Presse. In: Kisch, Egon Erwin: Mein Leben für die Zeitung. 1906 – 1929. Band VIII. Berlin 1983

Kisch, Egon Erwin: Mein Leben für die Zeitung. 1926 – 1947 Gesammelte Werke Bd. VIII. Berlin 1983

Kisch, Egon Erwin: Wesen des Reporters. Zitiert nach Siegel, Christian: Die Reportage. Stuttgart 1978

Kloppenburg, Josef: Bedeutungen musikalischer Elemente in der Musik zum Film. Arbeitspapier für das ZDF 1999b

Kloppenburg, Josef: Wirkung der Musik im Film. Arbeitspapier für das ZDF 1999a

Kluge, Alexander: Die realistische Methode und das sogenannte »Filmische«. In: Ders.: Gelegenheitsarbeit einer Sklavin. Zur realistischen Methode. Frankfurt/M. 1975

Kracauer, Siegfried: Theorie des Films. Die Errettung der äußeren Wirklichkeit. Frankfurt/M 1979[3]

Krafka, Ilse: Die Entwicklungsgeschichte des westdeutschen Rundfunkfeatures von den Anfängen bis zur Gegenwart. Zitiert nach: Burgmann, Christhard: Alles kann zum Thema werden. Über einige Bedingungen des Feature. In: Kreuzer, Helmut und Prümm, Karl (Hrsg.): Fernsehsendungen und ihre Formen. Typologie, Geschichte und Kritik des Programms in der Bundesrepublik Deutschland. Stuttgart 1979

Kreiter, Elfi: »Das kleine Wunder Film«. In: Marschall, Susanne und Witzke, Bodo (Hrsg.): »Wir sind alle Menschenfresser«. Georg Stefan Troller und die Liebe zum Dokumentarischen. St. Augustin 1999

Kreye, Adrian: Beatnik hinter der Kamera. Georg Stefan Troller und Gewalt in Guatemala. TEMPO Oktober 1992

Krieg, Peter: Das blinde Auge der Kamera. In: Duisburg, filmforum der Volkshochschule (Hrsg.): Bilder aus der Wirklichkeit. Aufsätze zum dokumentarischen Film und Dokumentation. 4. Duisburger Filmwoche. 1981

Kübler, Hans-Dieter: Die Aura des Wahren oder die Wirklichkeit der Fernsehnachrichten. In: Kreuzer, Helmut und Prümm, Karl: Fernsehsendungen und ihre Formen. Typologie, Geschichte und Kritik des Programms in der Bundesrepublik Deutschland. Stuttgart 1979

Kuchenbuch, Thomas: Filmanalyse. Köln 1978

Langer, Ingelhard und Schulz von Thun, Friedemann und Tausch, Reinhard: Sich verständlich ausdrücken. München 2002[7]

LaRoche, Walter von: Einführung in den praktischen Journalismus. München 1975
Lederer, Dietrich: Das dokumentarische Prinzip als permanente Kritik des Fernsehens im Fernsehen. In: Blümlinger, Christa (Hrsg.): Sprung im Spiegel. Filmisches Wahrnehmen zwischen Fiktion und Wirklichkeit. Wien 1990
Linden, Peter: Wie Sätze wirken. Journalisten-Werkstatt II. Freilassing 1997
Lukács, Georg: Probleme des Realismus. Berlin 1955
Mamet, David: Die Kunst der Filmregie. Berlin 2001[2] (US 1991)
Mamet, David: Vom dreifachen Gebrauch des Messers. Über Wesen und Zweck des Dramas. Berlin 2001(US 1997/98)
Mante, Harald: Bildaufbau. Gestaltung in der Fotografie. Ravensburg 1969
Marschall, Susanne und Witzke, Bodo (Hrsg.): »Wir sind alle Menschenfresser«. Georg Stefan Troller und die Liebe zum Dokumentarischen. St. Augustin 1999
Metzger, Ludwig und Schnidt, Thomas: Gegen den Vertreter-Journalismus – Identifikation mit den Bedrohten. In: Günter, Janne und Roland, Hofmann, Paul (Hrsg.): Das Ruhrgebiet im Film. 2. Band. Oberhausen 1978
Mikos, Lothar: Fernsehen im Erleben der Zuschauer. Vom lustvollen Umgang mit einem populären Medium. Berlin, München 1994
Mikos, Lothar u.a.: Im Auge der Kamera. Das Fernsehereignis Big Brother. Berlin 2000
Mikunda, Christian: Kino spüren. Strategien der emotionalen Filmgestaltung. Wien 2002
Monaco, James: Film verstehen. Kunst, Technik, Sprache, Geschichte und Theorie des Films und der Medien. Reinbek 2000[2]
Müller, Jürgen K.: Zeichen der Zeit – eine Retrospektive. Renaissance einer Fernseh-Dokumentationsreihe. In: Zimmermann, Peter (Hrsg.): Fernseh-Dokumentarismus. Bilanz und Perspektiven. Konstanz 1994[2]
Nadolny, Sten: Das Erzählen und die guten Absichten. Münchener Poetik-Vorlesungen. München 1997[3]
Nannen, Henri: »Schreib das auf, Kisch«. Stern Nr. 3. 1977
Nannen, Henri: Egon Erwin Kisch oder Warum es die Reporter in unserem Land so schwer haben. In: Schreib das auf. Hamburg 1978
Netenjakob, Egon: Die Liebe zum Fernsehen. Ein Porträt des festangestellten Filmregisseurs Klaus Wildenhahn. Berlin 1984
Nettelbeck, Uwe: Richard Leacocks Vergötzung der Wirklichkeit. In: Filmkritik 1964, Nr. 3. 1964

Netzer, Hans-Joachim: Reportage. In: LaRoche, Walter von und Buchholz, Axel: Radio Journalismus. München 1980[6]
Noelle-Neumann, Elisabeth und Schulz, Winfried: Publizistik (Fischer Lexikon). Frankfurt/M. 1971
Ordolff, Martin und Wachtel, Stefan: Texten für TV: Ein Leitfaden zu verständlichen Fernsehbeiträgen. München 1997
Peters, Jan Marie: Theorie und Praxis der Filmmontage von Griffith bis heute. In: Beller, Hans (Hrsg.): Handbuch der Filmmontage. München 1993
Prase, Tilo: Das gebrauchte Bild. Bausteine einer Semiotik des Fernsehbildes. Berlin 1997
Rabinger, Michael: Directing The Documentary. Boston, London 1992[2]
Rabinger, Michael: Dokumentarfilm drehen. Frankfurt/M. 2000
Radke, Rudolf: Sendeformen mit Definitionen und Zuordnungskriterien. Mainz 1979
Rauter, Ernst Alexander: Die neue Schule des Schreibens. Von der Gewalt der Wörter. Düsseldorf 1996
Reiners, Ludwig: Stilfibel. Der sichere Weg zum guten Deutsch. München 1999[30]
Reisz, Karel und Millar, Gavin: The Technique of film Editing. London, New York 1978[22]
Roth, Joseph: Schluss mit der »Neuen Sachlichkeit«. In: Roth, Joseph: Werke Band IV. Köln 1977
Roth, Wilhelm: Der Dokumentarfilm seit 1960. München und Luzern 1982
Rotha, Paul: Documentary Film. London 1952[3]
Sanders, Willy: Was die Wörter uns verraten. Kleine Geschichten rund um die Sprache. München 2000
Schadt, Thomas: Das Gefühl des Augenblicks. Zur Dramaturgie des Dokumentarfilms. Bergisch Gladbach 2002
Schmittdiel, Walter: Aus dem Wagnis wurde ein Fernseh-Knüller. Die »Reportage am Montag« mauserte sich zu einer der beliebtesten Dokumentar-Sendungen. TV Hören und Sehen, Nr. 50. 1985
Schneider, Wolf: Deutsch für Profis. Wege zu gutem Stil. Hamburg 1993[12]
Schneider, Wolf: Deutsch fürs Leben. Was die Schule zu lehren vergaß. Reinbek 1994
Schneider, Wolf: Wörter machen Leute. Magie und Macht der Sprache. München 1997[7]
Schomers: Michael: Die Fernsehreportage. Von der Idee bis zur Ausstrahlung. Frankfurt/M. 2001

Schult, Gerhard und Buchholz, Axel (Hrsg.): Fernsehjournalismus. Ein Handbuch für Ausbildung und Praxis. München 1990[3]

Schütz, Alfred und Luckmann, Thomas: Strukturen der Lebenswelt, Band 1. Frankfurt/M. 1991

Schütz, Alfred: Das Problem der Relevanz. Frankfurt/M. 1982

Seume, Johann Gottfried: Spaziergang nach Syrakus im Jahre 1802. In: Prosaschriften, ed. Werner Kraft. Köln 1962. Zitiert nach: Siegel, Christian: Die Reportage. Stuttgart 1978

Seume, Johann Gottfried: Spaziergang nach Syrakus im Jahre 1802. Nördlingen 1985. Zitiert nach: Haas, Hannes: Die hohe Kunst der Reportage. Wechselbeziehung zwischen Literatur, Journalismus und Sozialwissenschaften 1987

Siegel, Christian: Die Reportage. Stuttgart 1978

Simmons, Annette: Story Faktor. Mit guten Geschichten Menschen gewinnen. Aus dem Amerikanischen von Ursula Held. Regensburg 2002 (US 2000)

Spiegel-Verlag: Hausmitteilung Betr.: Reporter: Der Spiegel 18/27.4.1964, zitiert nach Siegel, Christian: Die Reportage. Stuttgart 1978

Stader, Josef: Fernsehen. Von der Idee bis zur Sendung. Frankfurt/M. 1994

Stein, Sol: Über das Schreiben. Frankfurt/M. 2000[6]

Steinmetz, Rüdiger und Spitra, Helfried: Dokumentarfilm als »Zeichen der Zeit«. Vom Ansehen der Wirklichkeit im Fernsehen. München 1992[2]

Steinmetz, Rüdiger: Zwischen Journalismus und Kunst. Die Reportage im Fernsehen. Medium Nr. 4 1988

Stelzer, Otto: Kunst und Photographie. München 1966

Süddeutsche Zeitung: »Nach den Sorgen, die man mit nach Hause bringt, fragt keiner«. 1.9.2000

Toeplitz, Jerzy: Geschichte des Films 1895 – 1933. München, Berlin. 1983a

Toeplitz, Jerzy: Geschichte des Films 1934 – 1945. Frankfurt, München, Berlin. 1983b

Trenczak, Heinz: »Der Ort ist der Star«. Ein Porträt des US-Dokumentaristen Frederick Wiseman. In: Blümlinger, Christa (Hrsg.): Sprung im Spiegel. Filmisches Wahrnehmen zwischen Fiktion und Wirklichkeit. Wien 1990

Troller, Georg Stefan in der IG-Medien-Zeitung SIGNAL. Mainz 1991

Troller, Georg Stefan: Zur Psychologie des Dokumentaristen. In: Marschall, Susanne und Witzke, Bodo (Hrsg.): »Wir sind alle Menschenfresser«. Georg Stefan Troller und die Liebe zum Dokumentarischen. St Augustin 1999b

Troller, Georg Stefan: Notfalls ist im Schneideraum noch alles zu retten. Rede zur Verleihung des deutschen Kamerapreises an die Cutterin Elfi Kreiter 1991. In: Marschall, Susanne und Witzke, Bodo (Hrsg.): »Wir sind alle Menschenfresser«. Georg Stefan Troller und die Liebe zum Dokumentarischen. St. Augustin 1999d

Troller, Georg Stefan: Das Wort als Bild. In: Marschall, Susanne und Witzke, Bodo (Hrsg.): »Wir sind alle Menschenfresser«. Georg Stefan Troller und die Liebe zum Dokumentarischen. St. Augustin 1999e

Vertov, Dziga: Schriften zum Film. München 1975

Vieweg, Christine: »Greif nur hinein ins volle Menschenleben« oder: Die Fernsehreportage als Gretchenfrage. Fernseh Information Nr. 3, 27.3.2001

Voss, Gabriele (Hrsg.): Dokumentarisch arbeiten / Jürgen Böttcher im Gespräch mit Christoph Hübner. Berlin 1996

Wachtel, Stefan: Schreiben fürs Hören. Trainingstexte, Regeln und Methoden. Konstanz 2000[2]

Wellershoff, Dieter: Mit der Zeit erzählen. Interpretation eigener Textbeispiele. Unveröffentliches Manuskript o.J

Wember, Bernward: Wie informiert das Fernsehen. München 1976

Wildenhahn, Klaus: Industrielandschaft mit Einzelhändlern. In: Duisburg, filmforum der Volkshochschule (Hrsg.): 3. Duisburger Film-Woche ´79. Dokumentation. Duisburg 1981

Wildenhahn, Klaus: Über synthetischen und dokumentarischen Film. Zwölf Lesestunden. Frankfurt/M., Berlin. 1975

Wilpert, G. v.: Sachwörterbuch der Literatur. 1969

Winterhoff-Spurk, Peter: Fernsehen. Fakten zur Medienwirkung. Bern 2001[2]

Witzke, Bodo: Verblüffende Schnitte und glasklare Sequenzen. Schnittanalyse einer Personenbeschreibung. In: Marschall, Susanne und Witzke, Bodo (Hrsg.): »Wir sind alle Menschenfresser«. Georg Stefan Troller und die Liebe zum Dokumentarischen. St. Augustin 1999

Wolf, Fritz: Der große Boom in Sachen Alltag. Der plötzliche Erfolg der Doku-Soaps. In: M 5-6 / 2000

Zimmer, Dieter: »die reportage« packt heiße Eisen an. In ZDF Jahrbuch 1987. Mainz 1988

Zimmer, Dieter: Die Reportage: Versuch einer Abgrenzung. ZDF-Arbeitspapier (unveröffentlicht). Mainz 1985

Zimmermann, Peter: Dokumentarfilm, Reportage, Feature. In: Heller, Heinz-B. und Zimmermann, Peter: Bilderwelten Weltbilder. Marburg 1990

Zimmermann, Peter: Geschichte von Dokumentarfilm und Reportage von der Adenauer-Ära bis zur Gegenwart. In: Peter Ludes, Heidemarie Schumacher und Zimmermann, Peter (Hrsg.): Geschichte des Fernsehens in der Bundesrepublik Deutschland, Bd. 3. Informations- und Dokumentarsendungen. München 1994a

Zimmermann, Peter (Hrsg.): Fernseh-Dokumentarismus. Bilanz und Perspektiven. Konstanz 1994[2] b

Zschau, Mechthild: Susanne Müller/Hanpft und Martin Bosboom. Eine fatale Vorliebe für Bilder. In: Bolesch, Cornelia (Hrsg.): Dokumentarisches Fernsehen. Ein Werkstattbericht in 48 Portraits. München 1990

Autoren

Bodo Witzke

Bodo Witzke ist TV-Journalist und arbeitet für das ZDF. Er wurde in Krefeld geboren (1955) und schloss sein Studium als graduierter Ingenieur der Fototechnik ab (1978). Er absolvierte ein Cuttervolontariat (1981/82) und ein Redaktionsvolontariat (1986/87) beim ZDF. Seitdem ist er Redakteur in der ZDF-Redaktion Gesellschaftspolitik.

Bodo Witzke ist Autor von mehr als 50 Dokumentationen und Reportagen (Länge von 30 bis 95 Minuten) zu sozialen, entwicklungs-, umwelt- und bildungspolitischen Themen. Seit 1999 entwickelt er Dokumentarische Serien (»Doku-Soaps«). Zusammen mit Ulli Rothaus ist er Autor der zehnteiligen Serie FRANKFURT AIRPORT und der fünfteiligen Serie HAMBURGER HAFEN. Für seine Filme erhielt er neun Preise und Auszeichnungen, darunter den Journalistenpreis Entwicklungshilfe (1995) und den Hugo-Junkers-Preis der deutschen Luft- und Raumfahrtpresse (2000).

Neben seiner Arbeit als Autor hat er zahlreiche Dokumentationen und Reportagen für das ZDF, für 3sat und für ARTE redaktionell betreut, Porträts und Werkschauen der Dokumentarfilmer Georg Stefan Troller und Hans-Dieter Grabe produziert und für verschiedene Veranstalter Fortbildungsveranstaltungen, Sendungsanalysen etc. durchgeführt.

Neben anderen Buchveröffentlichungen ist Bodo Witzke Mitherausgeber eines Bandes über den Dokumentarfilmer Georg Stefan Troller.

Bodo Witzke schrieb für das vorliegende Buch zur Fernsehreportage den ersten Teil zur *Theorie und Geschichte der Reportage* und den zweiten Teil zur *Praxis der Fernsehreportage* (ohne die Kapitel zum *Kommentar* und zur *Endfertigung*.) Den dritten Teil zur *Seriellen Reportage (»Doku-Soap«)* schrieb er zusammen mit Ulli Rothaus.

Ulli Rothaus

Ulli Rothaus, TV-Journalist, arbeitet als freier Autor für verschiedene Fernsehanstalten, in erster Linie für das ZDF. 1952 in Sassenberg (Westfalen) geboren, studierte er Erwachsenenbildung und Soziologie in

Münster und Berlin und unterrichtete sechs Jahre als Lehrer im Zweiten Bildungsweg.

1981 kam er zum ZDF und arbeitete zunächst als Autor und Regisseur von Sendungen zu Bildungs- und Erziehungsfragen, später realisierte er Features über soziale und sozialpsychologische Themen. Hinzu kamen verschiedene Print-Veröffentlichungen. Ulli Rothaus ist Autor von insgesamt mehr als 70 längeren Dokumentationen, Features und Reportagen für das ZDF, daneben drehte er Sendungen und Beiträge für andere Fernsehsender. In den letzten Jahren produziert Ulli Rothaus vor allem Reportagen für die ZDF-Redaktion Gesellschaftspolitik. Zwei seiner Sendungen aus der Reihe »Die ZDF-reportage« erhielten Auszeichnungen. Zusammen mit Bodo Witzke ist er Autor der preisgekrönten zehnteiligen Serie FRANKFURT AIRPORT und der fünfteiligen Serie HAMBURGER HAFEN.

Darüber hinaus arbeitet er als Experte für Sendungsanalysen, Reportage-Workshops, Textseminare und konzeptionelle Beratungen; vor allem für das ZDF und für öffentlich-rechtliche Fernsehsender in Deutschland und in der Schweiz.

Ulli Rothaus schrieb für den Teil 2 zur *Praxis der Fernsehreportage* die Kapitel zum *Kommentar* und zur *Endfertigung*. Gemeinsam mit Bodo Witzke schrieb er den dritten Teil zur *Seriellen Reportage (»Doku-Soap«)*.